Alonso Enríquez de Guzmán

Libro de la vida y costumbres de don Alonso Enríquez de Guzmán

Barcelona **2022**
linkgua-digital.com

Créditos

Título original: Libro de la vida y costumbres de don Alonso Enríquez de Guzmán.

© 2022, Red ediciones S. L.

Diseño de cubierta: Mario Eskenazi.

ISBN rústica: 978-84-9816-050-5.
ISBN ebook: 978-84-9953-301-8.

Sumario

Brevísima presentación

La vida

Alonso Enríquez de Guzmán (Sevilla, 1550-...). España.

Nació en 1500 en Sevilla, era hijo de García Enríquez de Guzmán y Catalina de Guevara, ambos de la nobleza castellana.

En 1526 participó en la defensa de Formentera y en la derrota del pirata Barbaroja, en la batalla de los Gelves.

De regreso a España llegó a sus oídos la historia de la captura de Atahualpa en América y decidió marcharse hacia allí. Sus amigos trataron de disuadirlo pero él y su hermano menor partieron en la nave María la Bella desde Sanlúcar de Barrameda.

A principios de 1535 llegaron a la costa ecuatoriana. Poco después Pizarro lo envió al Cuzco y participó en la defensa de la ciudad, bajo las órdenes de Hernando Pizarro, durante el cerco del Inca Manco, tras el que comenzaron las desavenencias entre Pizarro y Almagro por la posesión del Cuzco.

Enríquez se quedó en el Cuzco tras ser tomada por Almagro y aceptó hablar con Alonso de Alvarado, para que se sometiera con su tropa a las órdenes de Almagro.

Poco después fue designado para viajar a Lima con el factor Diego Núñez de Mercado, a fin de parlamentar con Francisco Pizarro para que designaran árbitros en la disputa por la ciudad del Cuzco. Recibidos el 10 de octubre de 1537 a una legua de Lima acordaron una tregua y la designación de árbitros, aunque al final de nada sirvió, pues ambos bandos se enfrentaron en la batalla de Salinas el 6 de abril de 1538, en la que fueron derrotados los seguidores de Almagro.

Prisionero, lo enviaron a España por disposición del emperador y fue llevado a la Corte, donde pudo recobrar su libertad. Los derechos de Almagro eran defendidos por el capitán Diego de Alvarado, tras cuya muerte Enríquez ocupó su puesto.

Al tal efecto, el emperador nombró cinco jueces del Consejo Real, exigiéndoles que le consultasen antes de dictar sentencia. Al final la facción representada por Enríquez ganó el juicio y se dictó una sentencia que condenaba a Hernando Pizarro a prisión.

Despejado el panorama político y mejorado su estatus con el dinero traído de Indias, se retiró de la vida política y escribió esta obra autobiográfica cuyo título completo es *El libro de la vida y costumbres de don Alonso Enríquez de Guzmán, caballero noble desbaratado*.

Esta narración anticipa algunos de los ingredientes de la picaresca española del siglo de oro.

Capítulo de mi quedada

Cómo fue el príncipe a ver a las señoras infantas sus hermanas de Madrid Alcalá y cómo me llevó consigo y me favoreció

Esta es una carta que luego que llegué a Madrid, antes quél partiese para Zaragoza, escribí al príncipe nuestro señor, porque me lo mandó que le escribiese y me encomendó el negocio en ella contenido:

Esta es una carta que escribí a una señora en la villa de Madrid, sobrina del cardenal fray Francisco Jiménez, rica y hermosa y casada con un pariente suyo a quien ella menosprecia. Y tiene razón. Y llámase doña María Cisneros. Y por la carta se verá el propósito y lo demás; que es esta que se sigue

Lo que me pasó con una dama en Madrid en el año de 1543, mes de mayo. Y porque es caso de admiración e indiscreción, está prohibido contarlo a los vivos. Y doy por testigo a la ilustrísima señora doña María de Mendoza y a la ilustre señora doña Francisca de Sarmiento su hermana y al señor don Álvaro de Mendoza

Capítulo en que se tratarán tres cosas: llegada y estada de Alcalá; y un razonamiento que me hizo en Corte el arzobispo de Toledo; y una protestación que acerca dello yo hice al príncipe nuestro señor

Lo que sucedió en el viaje y casamiento del marqués de Camarasa, hijo del comendador mayor de León y de la excelente su mujer, en la ciudad de Zaragoza, reino de Aragón

Esta es una carta de don Alonso Enríquez, actor deste libro, que escribió a Juan Vázquez de Molina, secretario del emperador don Carlos y rey nuestro señor, estando Su Majestad, y él con él, en Flandes, sobre la muerte y vacante del conde de Gelves, de contraria opinión del autor y en su patria:

Esta es una respuesta de don Alonso Enríquez, autor deste libro, a esta carta supraescrita del sobredicho Pero Mejía, como en ella veréis

De cómo partí de la villa de Valladolid a la ciudad de Salamanca con el príncipe nuestro señor, do se casó

Capítulo cómo salí desta Corte para irme a Sevilla, mi propia naturaleza, en cabo de un año que salí della. Y no me dejara Su Alteza, si no dierala palabra de volver a su servicio y conversación.

Esta es una carta que escribí yo, el autor deste libro, a un amigo mío, consolándole de la muerte de dos hijos suyos que se le murieron en dos meses

Esta carta escribí al príncipe de España nuestro señor verdadero y natural señor, dende ocho o diez días que llegué de su real corte a esta ciudad de Sevilla, según veréis por ella; que es esta que se sigue:

De lo que me acaeció en Sevilla, mi propia naturaleza, después desto en los meses de agosto y septiembre en el año de 1544 con mi propio señor y amigo, juez asistente en ella

Esta es una carta que escribí al príncipe de España don Felipe, de quien este libro os da cuenta

La prisión que vos he contado antes destas dos cartas, en qué paró y quién lo hizo y cómo pagó

Carta del autor al príncipe nuestro señor

Carta-respuesta de don Álvaro de Córdoba por mandado del príncipe nuestro señor al autor

Esta es una carta que escribe el autor a doña María de Mendoza, la excelente, mujer del muy ilustre señor el comendador mayor de León

Respuesta de la excelente doña María

Esta es una carta que yo el autor escribí al conde de Olivares, hermano del duque de Medina-Sidonia, a quien yo tengo tanto deudo y deuda y obligación como en la dicha carta veréis y sobre lo que en ella se trata, que es la siguiente:

Esta es una sentencia dada por el emperador don Carlos, rey de España, nuestro señor, como por ella veréis. La cual me pareció poner aquí porque es cosa notable y digna de saber. Y tras ella vos diré lo que me parece y debéis saber

Autor

Esta es una carta que escribí yo el autor al príncipe de España nuestro señor don Felipe y la respuesta por su mandado de don Álvaro de Córdoba su caballerizo mayor:

Esta es la respuesta de don Álvaro de Córdoba, caballerizo mayor de su alteza, al autor y a la sobredicha carta para Su Alteza:

Capítulo de lo sucedido que en este libro he comenzado y tratado en las diferencias de los gobernadores del Perú y sentencia contra Pizarro

Sentencia contra Hernando Pizarro

Esta es una carta que escribí al príncipe de España nuestro señor de Sevilla en 23 de junio de 1545; y otra sucesiva tras ella para el Consejo Real de las Indias del autor deste libro sobre las cosas sucedidas en las Indias, como por ellas veréis

Esta carta escribe el autor del presente libro al Consejo Real de las Indias, de que es presidente el reverendísimo señor cardenal y arzobispo de Sevilla don fray García de Loaisa, y el doctor Bernal, obispo de Calahorra, y Gutierre Velázquez, licenciado, y el licenciado Salmerón y el licenciado Gregorio López, oidores

Aquí se vos hace saber como vino nueva a esta ciudad de Sevilla que era nacido el infante don Carlos de España y como por alegría entre otras fiestas que el cabildo y ayuntamiento desta ciudad concertó me encargó a mí mantuviese una sortija y pusiese este cartel, como puse, en 18 días del mes de julio de 1545 años. Y dende dos días en adelante, puesto con mucho regocijo y solemnidad, pompa y autoridad, vino la triste nueva como era muerta la princesa su madre nuestra señora. Y las telas de oro y sedas de color que yo para esto y muchos para jugar cañas que tres días antes habían de salir, se convirtió en luto y cumplió el refrán que «No hay risa sin lloro» en esta triste vida ni placer sin tristeza, hasta que vamos a la otra que es sin fin y toda gloria, por lo cual juro de ir a ella. Y cesó la fiesta y no el cartel de ponerse aquí por muchas causas. Que es este que sigue:

Esta es una carta que escribió el autor deste libro al príncipe nuestro señor a ruego y recomendación de Pero Mejía y un libro que hizo como en ella se contiene.

Esta carta que se prosigue es de consuelo, que escribo yo el autor del presente libro a una señora cuñada que se llama doña Mencía de Andrada, a Corte y reino de Portugal, que fue ama y aya de la princesa de Castilla nuestra señora, hasta que se casó con el príncipe nuestro señor. Y no la dejó el rey de Portugal venir con ella; de lo que usó ingratitud y crueldad, diciendo que la había de gobernar. Lo cual suele dios castigar, porque es rey de los reyes. Y por la misma carta entenderéis el caso; Que es esta que se sigue:

Esta que se sigue es una carta que yo el autor del presente libro escribí a Roma al cardenal de Burgos, don Juan de Toledo, hijo del buen duque de Alba de gloriosa memoria que está en la gloria, de cuya vida y muerte en este libro vos tengo contado. Pareciome ponella aquí por ser epístola en que concurre cuenta de mi vida. Para en fin de la jornada daré cuenta del suceso, si se efectuare; y si no, lo que lo estorbó

Capítulo de lo que me acaeció, pasó y pasé en el viaje correspondiente presente, de que vos tengo dicho, para las dichas cortes del emperador y su hijo.

Capítulo de lo que me acaeció en Zamora

Lo que me acaeció en Medina del Campo, viniendo de lo que dicho es de Zamora

Y de cómo llegué a Madrid a Corte del príncipe nuestro señor y lo queme acaeció allí

Esta es una carta que vino de Flandes, donde está Su Majestad, al comendador mayor de León, en que, como veréis, el correo mayor le da cuenta de razón de la orden del Tusón que Su Majestad tuvo; la cual me pareció poner aquí porque hay cosas dignas de saber y nuevas

De cómo hice saber al príncipe nuestro señor, que a la sazón estaba en Alcalá seis leguas de Madrid con las señoras infantas, mi enfermedad

De lo que le parece al autor de la gente y naciones que a visto, tratado y conversado y peleado

De cómo salgo, mediante Dios, de la villa de Madrid, do está la Corte del príncipe nuestro señor, para la del emperador su padre en Alemania

Copia de carta de don Alonso Enríquez a doña María de Mendoza, mujer de Covos, de la victoria del emperador y presión del duque de Jasa, escrita en la provincia de Sajonia a 26 de abril de 1547

Copia de una carta que escribió don Alonso Enríquez de Guzmán, caballero de la Orden de Santiago, a otro caballero de Sevilla que se dice Pero Mejía, en que le daba aviso familiarmente, como amigo, del progreso de la guerra de Sajonia y de la victoria que hubo el emperador nuestro señor en la batalla que dio al duque Juan Federico cuando fue preso

Libro de la vida y costumbres de don Alonso Enríquez de Guzmán
Alonso Enríquez de Guzmán

Dedicatoria

Muy Ilustre señor:

Cuando nuestro Dios su grandeza en la creación y dar ser a todas las cosas manifestó, de tal suerte las ordenó y compuso que para la conservación dellas mismas unas a otras así eslavonó que las superiores tuviesen cargo del regimiento, gobernación y conservación de las inferiores, como los naturales filósofos y también los sagrados teólogos prueban; sin lo cual conservar no se pudieran para que así a los pasados como presentes y por venir en memoria se representasen. Así que desta manera, muy ilustre señor, hallo yo que si las obras y razones en escrituras puestas con trabajo y afán de los que las escribieron y escribimos y escribirán no tuviesen amparo debajo del cual, en todo lo que turase el mundo, se conservasen, muy presto perecerían; y pereciendo, los entendimientos humanos no ternían luz ni carrera que los alumbrasen ni afilasen de la voto y oscuridad que de su propia naturaleza les procede.

Avida esta consideración y entrando en la recámara de mi juicio, muy ilustre señor, no hallé en España a quien con tanta razón la presente obra dirigir pudiese como a Vuestra Señoría, para que por él en luz y sustentación, que conservación llamo, sostuviese, y esto por muchos respetos.

El primero, por lo que confío de vuestra voluntad e inclinación a toda virtud y ejemplo. Lo segundo, porque don García Enríquez de Guzmán, mi padre, fue criado y deudo del vuestro, de que vos sois deudor, y por deudo y deuda que a mi voluntad de serviros tenéis, debéis, ilustrísimo señor, mirar mis cosas y con vuestro sagaz juicio enmendar, encomendándolas, como las encomiendo a Vuestra Señoría y a vuestros sucesores y descendientes dellos, especialmente al ilustre señor don Juan Claros, vuestro hijo primogénito que hoy vive.

Lo tercero, porque viniendo como venís del cristianísimo y fidelísimo y esforzado caballero, don Alonso Pérez el Bueno, que estando cercado de moros, enemigos de nuestra santa fe católica, en el castillo de Tarifa, le prendieron su hijo y, para que se diese y entregase el dicho castillo, lo pusieron en un tapete en el suelo para lo degollar, creyendo hubiera dolor dél. Y no aprovechó la sangre y el amor de hijo, que es el más natural del mundo, por lo que tocaba al servicio de Dios y a la lealtad de su rey, y con animantísimo ánimo puso mano al puñal y lo arrojó, para que con él a su propio hijo degollasen. Y con valerosas y esforzadas palabras él y su mujer dijeron: «Tomá, que acá queda la fragua y el herrero para hacer otro».

Lo cuarto, porque siendo Vuestra Señoría primogénito heredero y según ley y ordenanza verdadero señor de la ilustrísima casa de Medina-Sidonia, la cual tiene y posee 70. 000 ducados de oro de renta con muchos castillos y vasallos, con un hermano mayor inhábil e incapaz de lo merecer y gobernar, estando en vuestra mano ser señor dél y dello sin trabajo ni contradición alguna, lo tomastes y la tomastes dando la obediencia a nuestro sumo Pontífice y rey, nuestros señores en lo espiritual y temporal, como muy católico siervo de Dios y fidelísimo vasallo del rey.

Y así se hicieron todas vuestras cosas como quisistes. Fuistes contra los apetitos y pompas del mundo, que esperando muchos años que se os diese por voluntad de los susodichos señores vuestros superiores, dejando de gozar del dicho estado y de vuestra mujer natural, cristianísima y de gran sangre real y hermosa y moza, forzastes a la carne, trayéndola delante de los ojos. No solamente no fuistes cruel contra el dicho vuestro hermano, pudiéndolo honesta y encubiertamente ser, haciéndole mal y daño, mas antes pusistes muy gran cobro para que otro no lo hiciese, y no solamente no lo consentistes y, como digo, lo defendistes, pero con plegarlas a Dios Todopoderoso y físicos y medicinas lo sostuvistes.

Por las cuales sobredichas razones y respetos no solo Vuestra Señoría es digno que esta pequeña obra se le dirija, del meollo de mi entendimiento salida, pero en su rectísima conciencia y virtud, amor y obligación confiando, mi ánima encomendaría, que es el mayor bien que poseer puedo. La cual obra, ilustrísimo señor, con vuestras ilustrísimas y verdaderas palabras os suplico autoricéis, y certifiquéis esto que digo y en efecto pasó, porque verdaderamente es verdad y de mí se debe creer. Porque lo hice no por pompa ni vanagloria, sino porque muchos hijos de buenos hagan y obren lo que a su estirpe y genealogía son obligados, pues cuando a luz saliere, será cuando yo por voluntad de Dios, Nuestro Sumo Señor Todopoderoso, apartándoseme el ánima de las carnes, quiera poner en la que todos deseamos, que es la eterna gloria sin fin. La cual haya Vuestra Señoría muy ilustre, como desea, y hayan los que más deseare.

Hecho en el golfo del Mar Océano, sin pensar para más a ver a Vuestra Señoría, porque voy con pensamiento de no le ver más. Año de Nuestro muy Salvador Jesu Cristo de 1534 años. Del deudo y deudor y buen servidor de Vuestra Señoría. Don Alonso Enríquez de Guzmán.

Dirigióse este libro después de hecho lo más dél, porque no me quise determinar hasta que examinase de quién sería mejor favorecido.

Al lector

Dios sobre todo

Título del presente libro, el cual fue hecho por un caballero imitando al César Magno; el cual caballero salió de su patria por las del mundo partidas por vellas y adquirir gloria y fama para dejar de sí perpetua memoria. Es repartido en libros. En él concurren cosas saludables para el ánima y para la honra y salud del cuerpo. Veréis en él cosas de muy gran saber y aviso. En el cual veréis cartas de nuestro César que hoy reina en España para el autor y otras suyas a su Católica y Sacra Majestad y a otras personas, así de burlas como de veras; y otras de Su Majestad al serenísimo rey y reina de Portugal, sus hermanos, enviándoles a visitar y a certificar de la prisión del rey de Francia con el autor, que era su criado en el estado de los gentileshombres de su real casa. Es obra muy provechosa y necesaria para todo estado y género de personas y gran generalidad de cosas apetitosas y honrosas. Y demás de lo que a él propio acaeció toca en otras cosas que vio y oyó.

Por ende, o tú, amantísimo lector, si eres curioso por saber e investigar la monarquia del orbe terreno, hágote saber que leyendo esta mi escritura abrás sabido lo que con verdad dél se puede decir, porque vi lo que escribí y escribí lo que vi.

El año de 1518 y medio, siendo yo de edad de dieciocho años, cerca de diecinueve, halléme sin padre y pobre de hacienda y rico de linaje y con una madre muy habladora, aunque honrada mujer y buena cristiana y de gran fama. La cual, no pudiéndome sustentar, viéndome crecido aunque no de edad para casar, por la necesidad me casó. Y congojado de la pobreza y deseoso de la riqueza acordé de ir a buscar mis aventuras. Y salí de la ciudad de Sevilla, do fue mi naturaleza, en este tiempo que arriba digo, con un caballo y una mula y una acémila y una cama y 60 ducados.

Acordé de escribillo aquí y propuse de escribir todo lo que me acaeciese y jurélo para no dejarlo de hacer y no hacer cosa que no debiese. A lo cual podéis dar crédito. He por nombre don Alonso Enríquez de Guzmán y llamóse mi padre don García Enríquez de Guzmán. Fue hijo de don Juan, conde de Gijón, el cual fue hijo o nieto del rey don Enrique de Portugal. Mi madre se llamó doña Catalina de Guevara.

De cómo salí en el nombre de Dios

Fue a Córdoba y a Granada y a Baza, y allí topé con un capitán que había nombre Montalvo. Iba a Italia y yo a la Corte del rey de Castilla, que estaba en Barcelona y habíamos de ir juntos hasta Murcia. Y allí nos habíamos de apartar, como nos apartamos, a nuestros viajes. Y a cuatro o cinco leguas de la dicha ciudad de Baza, do nos juntamos, fuimos a dormir aquella noche a una venta, do a la cabecera de la cama se me olvidaron los dichos 60 ducados, de manera que el dicho capitán los pudo tomar mientras yo salía a no me acuerdo qué, porque él me había entrado a despertar. Y con la prisa que él me dio y poco aviso que yo tenía, partimos sin yo echar menos la bolsa, que no me iba nada en ello.

Y andadas dos leguas, acordéme della y no dónde la había dejado; aunque mirado la falta que me hacía, acordé de volverla a buscar con muy gran diligencia y mayor duelo. Y echa la diligencia y no pasado el duelo, después de haberla vuelto a buscar hasta la dicha venta, pedí consuelo al capitán. El cual me dijo: «Consolaos, caballero, con que el primer descuido que hacéis no es en más de 60 ducados y con que os queda un caballo que podéis vender. Y yo, por la buena compañía y por otra tal, os daré de comer de aquí a que lo vendáis, y no por falta dello lo dejéis de vender a vuestro placer».

Yo le respondí, después de agradecerle su buen comedimiento y liberal cortesía: «Ya yo no puedo venderlo a mi placer, pues en él pensaba parecer ante el rey, con quien voy a vivir».

Entonces me dijo: «Para eso yo os quiero dar un buen remedio que aquí adelante está un gran señor que se llama el marqués de los Vélez, don Pedro Fajardo, en un lugar suyo por do pasaremos mañana, si pluguiere a Dios, que se llama Vélez el Blanco. Si vos sois, el que me habéis dicho, él terná noticia de vuestros padres o en su casa quien los conozca. Contalde vuestro duelo, que bien creo él lo remediará».

Otro día llegamos al dicho lugar y llegué al dicho marqués y díle cuenta de mi acaecimiento por la mejor manera que pude y aun que pudiera ser, y aun con el mayor duelo que aquí podría pintar, pidiéndole por merced me ayudase. Y dijo que si. Y pasaron dos días sin lo hacer, no por falta de acordársele ni de habello menester yo. Como no vi que me ayudaba sino a gastar lo que no tenía, díle una petición por escrito, el tenor de la cual es este que se sigue:

«Ilustre y buen señor: Estotro día hablé a Vuestra Señoría para que me ayudásedes para mi viaje, diciéndoos mis acaecimientos, por amor de Dios y de quien soy. De lo cual, si tenéis duda, os hará información Ortiz, vuestro trinchante, que fue paje de mi padre. Contentarme-he con 10 ducados, los cuales harán a Vuestra Señoría poca falta y a mí gran bien y consuelo. Por cuya ilustre persona de Vuestra Señoría...»

Y respondióme que holgara de hallarse en tiempo de lo poder hacer, pero que al presente no había lugar. Y el dicho trinchante que fue el que me sacó la respuesta dióme 2 ducados de su pobre bolsa y yo fuime al mesón, do hallé al dicho capitán. Y pescudóme cómo me había ido. Y como se lo dije, o de duelo que de mí tuvo o de su acostumbrada virtud, metió la mano en la manga y sacó la bolsa con los 60 ducados y diómela. Y dijo: «Yo os tomé esta bolsa para que supiésedes la falta que os hacían los dineros que dentro van, porque de los escarmentados se hacen los arteros y de los arteros, burladores de los mal vestidos. Por eso vestíos deste aviso y avisáos deste descuido, porque ya habéis visto cómo os podéis remediar dél».

Partímonos con gran placer, el cual no me excusó dalle las gracias. Y fuímonos a Murcia, do nos habíamos de partir. Y partímonos dentro de ocho días que dentro estuvimos holgándonos.

De lo que me acaeció entrando en Barcelona

Llevaba cartas de don Juan Alonso para el arzobispo de Zaragoza, su suegro, y de don Hernando Enríquez de Ribera para el Almirante de Castilla, su primo hermano, de los cuales fue muy bien recibido y tratado. Los cuales me llevaron a besar las manos al rey, que entonces le vino nueva, le habían electo emperador. Y otro día le fue a hablar en mis negocios, y fueron conmigo el duque de Béjar y el Almirante, que era a suplicarle me hiciera merced del hábito de Santiago y un asiento en su casa.

Y remitióme el emperador a don García de Padilla, de su Consejo, el cual era tuerto, y no de nube, y licenciado. Y díjele: «Su Majestad, el emperador, me ha remitido a Vuestra merced, de lo que vengo bien contento y he dado gracias a Dios, porque, aunque no me haga ya otra merced, no habrá sido mi venida en balde, pues me ha remitido a quien me ha de desengañar, pues caballero y letrado es cosa que pocas veces acaece hallarse. Vuestra merced sepa que yo soy venido al emperador como a mi rey natural, para que me reciba por suyo, como a otros hijosdalgo que en su casa tiene, y me haga merced del hábito de Santiago, porque, según soy informado, se hizo par caballeros generosos y que conquistasen o hubiesen conquistado con infieles.

»Y yo vengo dello muy aparejado y bastecido, porque de linaje, como del Almirante de Castilla y duque de Béjar y unos hijos del señor del Aljaba de la ciudad de Sevilla, do soy natural, Vuestra merced se puede informar, soy hijodalgo y vengo de ilustres. Y cuanto a lo de merecer el hábito por servicios, yo me obligo y daré las fianzas que fueren menester a lo merecer. Suplico a Vuestra merced, así por servicio de Dios como por quien Vuestra merced y yo soy, me desengañe y diga si traigo juego de ver, porque me ahorre el trabajo y pocos dineros que tengo y lo ocupe y gaste en otra cosa que más me cumpla.»

Él me respondió: «Mucho más he holgado yo que Su Majestad os haya, señor, remitido a mí, por tener lugar de serviros y hacer por Vuestra merced, porque por cierto por semejantes cosas ando en esta Corte, comiendo adesoras y pasando otros infinitos trabajos. Esto es cuanto a que Vuestra merced sepáis lo que por vos tengo de hacer. Cuanto al consejo que me pedís, por cierto lo que demandáis es muy justo, porque lo que me decís se hicieron los asientos de la casa real y los hábitos de Santiago. Y no sé yo dónde Vuestra merced pueda ir mejor a gastar su trabajo ni su hacienda, que aquí será muy poco, placiendo a Dios y pudiendo yo.

»Y díle muchas gracias y holguéme mucho. Y fui al secretario, Francisco de los Covos, y díle una carta de don Rodrigo Ponce de León, conde de Bailén, hijo del conde don Manuel, en que le decía quién era. Pescudóme qué venía a negociar, y díjele lo mismo que a don García. A mí no me llamó tantas mercedes, aunque las suele él llamar a todos, mas hízome la mayor, si la supiera conocer. Y díjome: "Señor, yo no estoy aquí para engañar ni para desengañar para semejantes que vos. Según el señor don Rodrigo me escribe, quiero tomar trabajo por quitároslo a vos, aunque tengo bien que hacer. Todo el tiempo que aquí estuviéredes será perdido, porque cuanto a lo de vuestro asiento, el emperador no os recibirá al presente y ya que os reciba, habréis gastado más dineros y honra, andando de puerta en puerta solicitándolo, de lo que con el asiento podéis ganar, cuanto más que venís a muy mal tiempo para ello, porque así con estas nuevas de imperio como con estas Cortes de Aragón, Su Majestad no entiende en nada. Y la misma dificultad y mayor pongo para lo del hábito".

»Mi parecer es que antes que más gastéis, os volváis a vuestra tierra, hasta que veáis los tiempos más aparejados que ahora. Y entonces no penséis que con solo vuestro linaje habéis de alcanzar lo que pedís, porque otros, que están tan bastecidos como vos y que han servido mejor que vos, ha muchos días que andan en esa requesta y no lo pueden alcanzar. Con los cuales se ha de hacer primero que con vos, por haberlo servido.»

Yo me fui muy descontento del consejo y más dél, aunque se lo agradecí. Y vuélvome al mi don García. Y servíle y seguíle seis meses, oyéndole muy más dulces y engañosas palabras que las que primero me dijo. Los cuatro tuve que gastar y los dos comí de mis carnes y do las de mis bestias, vendiéndolas y despidiendo criados, hasta que quedé en calzas y jubón, que me fue menester tomar una pica e irme a la guerra que al presente se hizo para ir a tomar los Gelves, que fue cuando la tomamos. Y pasé por mitad de Barcelona delante del rey y de su Corte y de algunos de mi tierra en ordenanza con los otros soldados, con la pica en el hombro. Y dos caballeros de mi tierra, regidores della —el uno se llama Francisco del Alcázar y el otro Juan Melgarejo—, desque me vieron, hinchiéronseles los ojos de agua y llegaron para me sacar. Y yo no quise y embarquéme.

De lo que acaeció en la jornada de los dichos Gelves

Desembarcamos en una isla despoblada que se llama la Formentera, do hallamos la gente que de Barcelona fuimos a Diego de Vera, un caballero anciano, experimentado en la guerra, con cinco mil infantes y cuatrocientos hombres de armas y trescientos a la ligera. Y dende en pocos días fuimos a la isla de Sicilia, do vino don Hugo de Moncada, prior de Mesina de la orden de San Juan, que vino a ser capitán general deste ejército. Y aposentóse él con la gente de caballo en un lugar que se llama Trapana, y los infantes en otro, cinco leguas de allí, que se llama Masara, y al dicho Diego de Vera con ella por su lugarteniente. Y estuvimos desta manera cinco meses, en el cual tiempo me acaeció esto. Y después os diré lo que acaeció al ejército.

Yo, como era tierno de edad y flaco de complisión y recio de voluntad y como salía de las casas de mi madre y me apartaba de sus brazos y entraba en casa ajena de mi nación y de mi condición y en los brazos de los vecinos, no hallaba, sino darme con las puertas en los ojos y otras cosas semejantes. Adolecí de una tan grande enfermedad que me llegó al paso de la muerte. Lo cual me duró dos meses y me hizo gastar mi pobre hacienda y desmamparar mis criados, que se vinieron a Castilla. Y como estos dos meses estuve enfermo, no hubo lugar de conocerme nadie y en el tiempo de Barcelona allí tan enojado de mi malandanza que siempre me apartaba de gentes, de manera que nadie tuvo lugar de conocerme y yo de conocer a nadie. Acordé de ir a Masara, do los infantes alojaban. Asenté en una capitanía del capitán Villaturiel. Y al tiempo que hizo la muestra para pagar la gente, como yo no había hecho muestra de mi nombre y naturaleza, por solo mi persona, poca edad y flaqueza, no me quisieron dar paga.

Acordé de pedir por amor de Dios de puerta en puerta, aunque no me atreví a hacerlo de día. E íbame tan mal de noche, porque temprano se cerraban las puertas, que no me podía mantener ni aderezar la persona, para que me diesen paga, porque la flaqueza era la que más me hizo desechar. Con todo, pasé un mes desta manera: acordé en una iglesia que se labraba a coger astillas y llevábalas a una taberna a vender, y desta manera pasé otro mes y aun cuarenta días, hasta que me encontró un día, que ya de mí aviso tenía, un caballero de Sevilla, llamado Gonzalo Marino, capitán y alcaide de Melilla por el duque de Medina-Sidonia. El cual iba allí por acompañado del capitán general, de la manera del dicho Diego de Vera. Y él, Gonzalo Marino, tenía cargo de la gente de caballo y Diego de Vera, como tengo dicho, de la infantería.

Y díjome: «Yo ando a buscaros cuanto ha que sé de vos, muy quejoso de vuestra desconfianza, siendo yo de vuestra tierra, amigo de vuestro padre, no haber excusado vuestro trabajo en mi holgura, que no la habrá mayor para mí que queráis vos, señor, honraros y aprovecharos de mi hacienda y de mi persona».

Y llevóme a su posada y dióme de vestir y llevóme al capitán general y díjole muchos bienes de mí. Y dentro de doce días me dieron una capitanía de infantería. Y dentro de quince, murió el dicho Gonzalo Marino —que plega a Dios perdone— y dentro de veinte partió el dicho ejército a tomar la isla de los Gelves.

De cómo se tomaron los Gelves

Partimos muy grande armada de naos y la gente que ya habéis oído, porque si unos se habían muerto, otros habían venido. Y a causa de poco viento y mucha calma que nos hizo, tardamos más de lo que pensamos en llegar allá. Y hallamos los moros apercibidos y aviso de treinta mil moros de pie y treinta alárabes de caballo, porque en la dicha isla no hay caballos y no tuvieron lugar de proveerse de más caballos. Y saltamos en tierra e hicimos nuestro reparo y dormimos en él, que era hecho junto a la mar, aquella noche y otra. Y otro día caminamos en orden de pelear y con gran deseo y confianza de los ganar, que fue lo que nos dañó. Y andadas dos leguas sin topar con nadie, pensamos que siempre fuera así. Comenzamos a desconcertarnos y unos cogían higos y otros dátiles —porque es todo espeso palmar—, y otros entraban en las caserías a las robar, aunque no había qué, sino algunas tinajas de miel y de pasas, que no habían podido llevar. Y en esto estando, los moros que asomaban, la cantidad que tengo dicha. Y por presto que nos recogimos, no tan bien como si no nos hubiéramos desbaratado, vinieron por todas partes de nuestros escuadrones, veinte mil a la una parte y cinco mil a la otra y los treinta de caballo por la otra.

Venía adelante en un asno un moroabito, que ellos dicen como acá nosotros hermitaño, el cual los había absuelto a ellos de culpa y a ellos de pena. Y creyendo en su falsa opinión ellos vinieron tan determinados de morir que lo que les hizo no matarnos creo que fue traer más pensamiento de morir que de matarnos, porque se nos metían por las picas, los brazos abiertos, después de habernos tirado las piedras y medias lanzuelas que en las manos traían, que eran sus armas. Murió el dicho moroabito y mil y cuatrocientos moros, y de nuestra parte quinientos. De nuestros setecientos de caballo murieron los que no huyeron, que fueron hasta cinco o seis. Escapó herido con otros dos o tres el capitán general y Diego de Vera.

Desta manera nos recogimos con mucho miedo, porque las ventajas que les tenemos en las armas y en lo demás nos tenían ellos en estar hechos a la tierra y en saber sacar el pie del arena y guardarse de las palmas que son muy altas y muy espesas. Y desde nuestro reparo hicimos nuestro partido como pudimos, que dieron cierto tributo —creo que 1. 000 doblas—, al emperador y, amigos de amigos y enemigos de enemigos. Y así nos avenimos a una isla despoblada que se llama la Fabiana, dos o tres leguas de Trapana de Sicilia, do los desbaratamos.

Lo que allí me acaeció

Fuime con tres criados y 10 ducados a Palermo, una ciudad en Sicilia, y refrescándome y descansando y curando de una herida malsana que tenía, estuve dos meses, do se gastó la mayor parte del dinero. Concerté mi casa de manera que no quedé sino con un criado, y fuime a Mesina, una ciudad en la dicha isla. Y esperando pasaje para Nápoles, acabé lo que me quedaba de los 10 ducados y fue menester hacerme rufián. Porque un día, pasando por donde están las mujeres, evitando mayores pecados, me concerté con una y la llevé a Calabria, que es otro reino, aunque todo es de un rey. Y en un lugar que se llama Ríjoles asenté mi tienda. Y dentro de nueve o diez días vino a buscarme su primer amado de mi dueña, y más por fuerza que por cortesía me tomó la presa, aunque en la verdad le ayudó mucho, así por lo que tocaba a mi alma como a mi honra, haber miedo de morir en tal demanda o de no alabarme de tan feo vencimiento. Fuíme a Nápoles con 8 ducados que por concierto me hubo de dar, aunque, cierto, fueron más sacados con maña que mi necesidad me dio que con esfuerzo de mi brazo derecho.

De lo que me acaeció en Nápoles

Yo llegué desnudo de ropa y de dinero, y vestido con presunción, porque ya estaba conocido de muchos que allí eran venidos del dicho ejército. Y demás de conocer mi naturaleza, conocían haber sido capitán, que es una cosa muy honrada en Italia, y los que lo han sido, siempre les tura la nombradía y respeto. Y fuime derecho a un mesón de la calle que se llama la rua Catalana, do me vio un criado de un caballero muy honrado, gentilhombre del virrey, don Ramón de Cardona, que al presente era. El cual era de mi tierra y se llamaba don Álvaro Pérez de Guzmán. Éste, como tenía más honra que hacienda, porque con ella y con su persona lo había ganado y sustentado, acordó dar mandado de quién yo era al marqués de Luchito, muy aficionado a extranjeros, en especial a los del apellido de su mujer, que se llama doña María Enríquez.

Y estando yo jugando al triunfo, entraron con voz de ser preso. Y yo creíllo, porque de vista no los conocía, y quíseme echar por una ventana abajo, creyendo que era por haber sido rufián. Y plugo a Dios y a su bondad de ellos, como venían determinados a hacer bien, que les duró poco el mal. Y díjome el marqués: «Señor, el alguacil que os viene a prender soy yo, que soy el marqués de Luchito, por mandado del señor don Álvar Pérez de Guzmán que está aquí presente. Y en pago de vuestro maleficio, que ha sido venir a un mesón, teniendo aquí parientes y servidores, habéis de ir a la cárcel, que será mi casa, aunque la vida que os daremos en ella será como a prisionero. Desque sepáis la que nuestra voluntad os desea dar, ternéis descanso».

Tomóme a las ancas de una mula y llevóme a su casa y fui tan bien recibido de mi señora la marquesa, su mujer, cuanto convidado de su marido. Y entre otros muchos refrigerios me dieron, en que durmiese, una cama de tela de oro y de terciopelo. Y otro día en la mañana, aunque tarde, por dejarme dormir y por dormir en buena cama, me despertó un camarero suyo que traía un mercader con muchas piezas de brocados y sedas de todas maneras y una pieza de paño frisado, del cual tomé un sayo y una capa y no nada de lo demás, aunque no fui poco importunado. Estuve allí sesenta días muy festejado, y al cabo déstos, contra la voluntad dellos, me partí de allí para Roma. Y dióme 100 ducados y una haza blanca muy hermosa y otra para un paje, y una maleta de ropa blanca y trece varas de brocado pelo, muy escondido entre las camisas.

Lo que me acaeció en Roma

En llegando a Roma comencé a ver la ciudad por de fuera, y después por de dentro, y estoy por no decir más. Y fuime al Pozo Blanco, que mucho lo había oído mentar. Y por lo que me había vestido en Nápoles había dado a un paje mío corte de vestir de brocado. Hice un sayo y otro de terciopelo y dos capas de paño, la una aforrada en raso. Y en esto estando, envié a llamar uno de mi tierra y mi pariente, que ha nombre Juan de Ocampo. El cual con mucho placer hubo gana de me ver y servir y dio aviso a uno de mi tierra, muy honrada persona y muy rico y estimado en Roma, que se dice micer García de Gibraleón. El cual me llevó a su casa y hospedó muy bien, dándome de comer a su costa, a mis criados y bestias y a mi persona, cuando y como yo quería, con muy gran acatamiento. Estuve allí treinta días.

Partíme para Alemania, do tenía nueva que el emperador venía a coronarse. Y fui encima de una haza y un servidor encima de otra, y 50 ducados en dineros. Y fui a parar a Bolonia, do me adoleció el criado. Y por aguardarle a sanarlo, que sus servicios me lo merecían, estuve hasta que murió. Y gasté de manera que no pude tomar otro y vendí su haza y partíme sin guía ni compañía ni saber latín ni otra lengua sino la de mi tierra, que es la que menos por allí se sabe. Y fuime a Mantua; y había pasado por Florencia, do hallé, haciendo cincuenta sombreros de seda para el marqués de Tarifa. Y de allí fui a Espluque y de allí a Espera y de allí Agusta y de allí a Colonia, donde el buen rey estaba en este tiempo.

Desde la dicha ciudad de Bolonia hasta esta Colonia pasé muchos trabajos de hambre y sed y cansancio. Y así con la soledad, perdiéndome por los caminos, adonde había cincuenta leguas andaba ciento y cincuenta por no saber preguntar. Acontecióme a sesenta leguas de Bolonia, preguntando por Colonia, hacerme volver a Bolonia; como por faltarme los dineros con que comprallo, como por no saber pedir el comer y el beber, como por falta dello, la cabalgadura no poder andar y andarlo en mis pies.

En llegando a la dicha ciudad de Colonia, fuime derecho al emperador, con una ropa de paño pardo aforrada en zorras y una espada y un puñal, y díjele: «Señor, yo soy uno que en Barcelona, por parte de ser de noble generación y a suplicación del arzobispo de Zaragoza y del almirante de Castilla, en Barcelona pedí a Vuestra Majestad el hábito de Santiago. Y por no lo merecer, Vuestra

Majestad no me lo dio. Ahora que lo merezco, como por esta carta del capitán general que enviastes a tomar los Gelves veréis, suplico a Vuestra Majestad haya respeto a mis servicios y naturaleza y muchos trabajos y largo camino que por esto he pasado. En lo cual Vuestra Real Majestad hará lo que es obligado y a mí pagará mis servicios y porná obligación de más servir».

Tomó la carta y remitióme al obispo de Badajoz, que después fue de Palencia y Burgos, que había nombre el bachiller Mota. El cual me dio tan buen despacho cual no sea dado a los moros porque alguno verná a ser cristiano, porque no solamente no me quisieron dar el hábito, pero no me quisieron dar 10 ducados con que me fuese. Y no solamente los pedí, mas trabajé más de diez días en hurtar a ese dicho obispo o al emperador con que me fuese. Y todavía lo hiciera según lo había menester, si no me echaran de sus casas por fuerza, el emperador con no me querer oír, el obispo con decirme que me fuese con Dios.

Estuve allí treinta días. De lo que estos días viví fue que estaba todo el día sin comer; unas veces me iba a las tabernas y hurtaba que comer; otras veces pedía por amor de Dios en el arrabal; otras veces pasaba de la otra parte del río, que estaba un lugarejo donde moran los judíos, y me hacía judío y me daban de comer, hasta que me topó don Lope Vázquez de Acuña, hijo de Rodrigo de Guzmán, Señor del Algaba, una legua de Sevilla, el cual fue principio y causa de todo mi bien y de toda mi honra. El cual evitó ser yo deshonrado y de perder yo mi alma, porque si sobrada virtud y gran bondad no me socorriera e importunara, yo iba perdido y desconfiado de la misericordia de Dios y de las gentes. Y si no fuera sobrada su diligencia, no bastara yo a querer hacer lo que él me decía ni a lo que después hizo por mí.

Llevóme a su posada, do hallé otros dos hermanos suyos, de nombre don Pedro de Guzmán el uno y el otro don Rodrigo de Guzmán, en los cuales hallé la misma voluntad que don Lope y tan gran alegría como si yo fuera su hermano que viniera de tierra de moros, siendo ellos tan honrados en Sevilla, do todos éramos, que con quitarme el bonete ellos en ella dos dedos de la cabeza, quitándoselo yo hasta el suelo, no me daban pequeño favor. Diéronme de vestir, traíanme en las sillas de sus mulas y ellos a las ancas y echábanme en sus propias camas. Cobré tal reputación que quedé como otro tal como ellos. Y el comendador mayor de Alcántara, hijo del duque de Alba, que allí estaba —que el duque es tío destos caballeros, primo hermano de su madre, y el comendador mayor primo y muy grande amigo dellos—, por les hacer placer y moviéndose de misericordia de lo que de mí le contaban, recojóme en su voluntad, de manera que así por su virtud como porque él veía que ellos así lo habían por bien, tratábame como a ellos, de la manera que adelante veréis.

Estos caritativos y excelentes caballeros, el día que me metieron en su casa y en su compañía, me trataron desta manera. Sus criados me acataban, me tenían, me servían como a ellos; cuando habían de cortar unas calzas y dende arriba para ellos, habían de ser para mí. Teníanme por hermano, que no solamente ganaba yo en serio por su naturaleza, que es la mejor de España, sino por su condición, que eran tan bien criados que lo que el uno pensaba quería el otro, y lo que el otro quería, pensaba el otro. Nunca vi discordia en ellos ni una mala palabra en cinco meses que su compañía tuve a costa de su hacienda. Vino a que estos caballeros tenían muy buenos caballos y cuando les pedían uno para justar al uno dellos, respondía: «Yo os lo daré, si no lo ha dado a otro don Pedro o don Rodrigo a don Alonso».

Y lo mismo respondía cada uno de los otros, metiéndome siempre en ello. Nunca hallé en el uno más amor que en el otro ni en el otro menos que en el otro. No sabré decir a cuál soy en más obligación ni cuál fue el mejor. Eran tan cristianos, demás de ser caballeros, que por familiar de ellos, pienso gozar la gloria, a quien Nuestro Señor plega dar ellos. Y porque en otros capítulos mentaré a estos caballeros...

El comendador mayor de Alcántara me asentó con el emperador por contino de su casa, y el duque su padre me dio a conocer con él. Y ya conocido su criado, comencéle a servir en la manera que sabréis. Fue Su Majestad a Valencianas y el rey de Francia vino con grande ejército sobre él. Y a Su Majestad y los de su Consejo parecióle hacer otras cosas que más cumplían a su servicio, y quedó en guarda de la villa de Valencianas —es lugar muy grande, sino que en Flandes no nombran por ciudades sino todas por villas, el conde Nassau con cuatro o cinco mil alemanes de a pie y cierta gente de caballo—. Quedó el comendador de Alcántara y estos honrados caballeros con él, y otros muchos españoles y muy honrados.

De lo que acaeció en Valencianas

Una madrugada tocaron alarma y salimos al campo. Y era que venía el rey de Francia con el más grueso ejército que después que reinaba había juntado. Y creyendo tomarle el río que estaba dos leguas de Valencianas para estorbarle el paso, dímonos mucha prisa. Y por mucha que nos dimos, más se habían dado ellos, pues los más habían pasado. Y nosotros creyendo que eran menos y ellos creyendo que éramos más, acometímoslos con el artillería, que eran cinco o seis piezas, y ellos esperáronnos con tanta que no tiene cuenta, conforme al dicho ejército. Y desque nuestro capitán general fue avisado de los corredores, retrajímonos en cierta manera, como más largamente os contará la crónica que sobre ello se hace, porque esto no es sino para haceros saber mi vida.

De allí fueron el emperador y los señores y caballeros a un lugar que se llama Udinarda. De Valencianas se había retirado el emperador y el dicho conde Nassau, capitán general, con el ejército que allí tenía. Fue sobre Tornay, una gran villa en Flandes del rey de Francia. Y teníala cercada mosior de Frenes. Y llegó el dicho conde Nassau con el dicho su ejército y yo, como hubo de los otros sobrados. Y combatímosla y ganámosla. El rey de Francia había pasado con el dicho su ejército a Italia.

El conde Nassau dijo al emperador como yo le había servido. E hízome merced del hábito de Santiago. Y antes que me lo echasen, sobre ciertas causas que fueron en favor de un amigo mío y en perjuicio de un próximo, desafié a un caballero. Por lo cual me prendieron en su casa de don Álvaro de Luna, capitán de los continos, el cual me dio de comer y buena vida dos meses que turó la prisión, y mucho regalo su honrada mujer, doña Catalina Valori. Y no cuento la causa del desafío, ni en lo que pasó, porque, como digo, es en perjuicio de tercero. Y de allí me sacaron para el castillo de Esclusa. Estuve en él hasta que el emperador se partió a Castilla, que me trajeron en una nao preso hasta el puerto de Santander, do Su Majestad se desembarcó y me envió a su alcalde Ronquillo a la dicha nao en que venía preso con la declaración de la sentencia, la cual fue tan cruel como veréis, porque el emperador estaba enojado, diciendo que le había quebrado la palabra.

Y fue desta manera, que yo había dicho al emperador y a las damas de la reina Germana ciertas cosas en perjuicio de un caballero y en favor de otro, amigo mío. Y desque lo supo otro amigo del otro, dijo en aquellos lugares do yo lo había dicho que quien lo tal había dicho mentía, y que él se lo haría conocer. El emperador me llamó y me dijo, echándolo en burlas: «Vos dic que dijistes esto y Fulano dice que no es así. Reíos dellos y allá se lo hayan».

Yo le respondí que así lo pensaba de hacer. Y salí de allí y desafiéle por dos cosas: lo uno porque yo decía verdad —y aunque fuera mentira, pues lo había dicho con la boca, lo había de hacer verdad con el brazo—; y lo otro porque no era obligado yo a mantener palabra al rey, pues él no la mantiene a nadie. No lo digo por éste más que por todos los reyes, que aun sus justicias traen por gentileza, con palabra de no ofendelle, sacar los hombres de las iglesias y ahorcallos; y dicen luego: «El rey no ha de cumplir la palabra, y yo, como justicia, te la di».

Cuanto más que el emperador no me lo dijo de arte que me diesen contentamiento las palabras, aunque en la verdad ningunas me podía decir que me excusaran de hacer lo que hice.

La sentencia fue cuatro años de destierro de todos sus reinos y que señaladamente fuese a servir este tiempo a una frontera de moros que tiene por nombre Melilla. Revocóme una cédula que me había dado el hábito de Santiago, que me habían de echar en entrando en Castilla, y otra de 200 ducados de ayuda de costa que me había hecho merced, que hablaba con sus contadores, y despidióme de sus libros y casa. Yo vine a Sevilla, porque había cinco años que no había entrado en ella, y había salido della recién casado.

Cómo salí de Sevilla a cumplir el destierro

Vestí dos pajes y un mozo de espuelas con sayos negros y unas letras de terciopelo verde en las espaldas y en los pechos que decían: «A la ventura», y una cama y dos reposteros con un mundo señalado en ellos, y una espada atravesada por él, en lugar de las armas que de mis padres heredé, que son castillos y leones y calderas y bocas de sierpes. Y del mundo salían cuatro rótulos que dicen: «A la ventura», y por orla alderredor del repostero un letrero que dice: «Ven, ventura, que hallarás en mí bien en quien cabrás».

Y 100 ducados en dineros y mi persona bien aderezada, así de ropa como de armas. Y fuime a Málaga, como llegó una cédula del emperador, a suplicación del prior de San Juan, la cual es esta que se sigue:

«El rey

»Don Alonso Enríquez de Guzmán: Por cierto desafío que hicistes con don Francisco de Mendoza, el licenciado Ronquillo, alcalde de nuestra casa y Corte, por el nuestro mandado os desterró de los nuestros reinos por cuatro años, para que los fuésedes a tener y servir a la frontera de Melilla. Y ahora el prior de San Juan, don Diego de Toledo, me ha suplicado os dé licencia que vais con él a la ciudad de Rodas, que está cercada de infieles, o como la nuestra merced fuese. Y yo, por servir a Dios y complacelle, túbelo por bien. Por tanto, os doy licencia que vais a residir en la dicha ciudad de Rodas los dichos cuatro años. Desta mi villa de Valladolid.»

El prior me escribió una carta rogándome esto tuviese por bien y que me esperaba en Cartagena. Y yo partí luego para allá y hallélo partido en una carta suya en que me rogaba que fuese tras él. Y no hallé en qué, y fui a Alicante, que es otro puerto más adelante. Y hallé que estaba para partirse una nao de venecianos para Sicilia, do el prior me dejó dicho que lo hallaría.

Lo que en Alicante me aconteció y en dicha nao y pasaje

Yo estuve allí veintidós días aguardando se acabase de cargar la nao e hiciese tiempo para partirnos. Y estos días paséme por Alicante muy como hombre lastimado y desesperado, y tanto que ponía lástima a los que me veían, considerando y publicando por descansar con cuántos trabajos y peligros había ganado y en cuánto tiempo y cuán ligeramente había perdido lo que yo en tanto tenía, mi hábito y mi asiento y la gracia y conversación del emperador, y cuánto era menester para alcanzar el perdón, y después, a cobrar lo perdido, adonde, si no me acaeciera aquello, fuera muy raez de haber superabundancia; y cómo todo se había de cobrar con mi puro trabajo, porque en la Corte no me quedaba quien de mí se doliese. Parecíame que habían de ser espantables cosas las que yo hiciese para remediarme y para que el emperador las supiese, porque los que tienen parientes y amigos a su lado, cualquier poco es mucho que hacen en su servicio, los que no, muy mucho es poco, en especial que no vo yo a ganar más, sino a ganar lo que había perdido y mucho trabajado por ganallo.

Con esto metíme en la nao para hacernos a la vela otro día en amaneciendo. Y como siempre presumí de hombre de bien, llevaba bien aderezada una cámara en ella y vitualla que me sobraba para mí y para mis criados y para otros cuatro hombres que se me habían llegado, que pasaban a ser soldados a Italia.

Y a la sazón andaban a buscar por todo el reino, en especial los puertos de mar, por mandado del emperador, un capitán Machín, el cual había sido causa principal de todos los daños, de las alteraciones y motines y vueltas del reino de Valencia, en que hubo muchas vírgenes corrompidas y monjas forzadas y viudas deshonradas y altares robados y otras muchas fealdades, que por contar mi caso dejo. Y estando yo en mi nao a las once de la noche, entró el gobernador del dicho lugar de Alicante con mucha gente armada. El cual es un caballero muy honrado y de muy gran linaje y tan bueno por su persona que por sola su condición y maneras bastaría a sus sucesores, sin más mérito de sus antecesores, como adelante veréis, según conmigo veréis.

Entró en mi nao, como dicho os tengo, y preguntó por mí sin habernos hablado palabra en nuestra vida. Subió a mi cámara y díjome: «Señor, pluguiera a Dios que este cargo, que ha cien años que está en mi casa, no lo hubiera estado, ni yo ni mis pasados hubiéramos gozado de los provechos y onores dél, para venir ahora a desacataros, siendo quien sois, informado de vuestra persona, sacándoos de vuestra casa, pues por tal tenéis ahora esta nao los hombres que a ella se acogen. Y pluguiera a Dios esta cédula que, señor, veréis que el emperador me envía, no viniera tan replicada que una vez ni dos que me lo mandara, no bastara, que el rey háse de servir de mí contra malhechores y sus deservidores, y no enojando a tan buen caballero como vos».

A lo que le besé las manos con todo el acatamiento y mejores palabras que pude y Dios me dio a entender. Y mandóme mostrar la cédula del emperador, la cual me mostró y espantó y me hizo creer, si otro gobernador fuera, me llevara a mí preso por estar en su nao y me ahorcara, hallando al dicho Machín en ella. Y en este estante sus alguaciles y hombres que para ello traía cataron la dicha nao y subieron con decílle que no le hallaban. Díjome que holgaba mucho que, no dejando de hacer lo que debía en servicio del emperador, me dejaba a mí contento, y que holgaba de no hallarle, porque las gentes no le tuviesen por descomedido en sacalle de mi nao, porque muchos le vieran sacar y pocos la razón que tenía para ello y cédula del emperador.

Fuese, y otro día de mañana, en comenzando a ser de día, hezímonos a la vela con viento al cuartel, que dicen los marineros, el cual es tan bueno para ir como para venir, porque da en el lado a la nao y no está en más de saber poner las velas. Y estando obra de diez leguas del puerto metidos en la mar, estando yo echado medio mareado so sota —que es la tablazón que es encima de la nao—, hablando con aquellos cuatro compañeros que iban a ser soldados, que arriba digo, y otros marineros, subió el sobredicho malhechor, capitán Machín, muy remojado en vino, porque se había escondido y salvado hasta entonces en una pipa que estaba la mitad llena y la mitad vazía, dando gracias a Dios, que le valiera más dallas a mí, como se había escapado; y todos al derredor dél con gran regocijo. E informéme y supe que era el que venía a prender don Pero Maza, el gobernador.

Y considerando lo que lo encargaba el emperador y lo que mostraba que le iba en ello, por la cédula que ex gobernador me había mostrado, y que si yo no hacía cosas extrañas y espantables, no había de ser oído ni visto ni querido, acordé de prendello, aunque bien vi que se me había de recrecer trabajo. Pero también vi que no podía ser mayor que morir, que es lo que más cierto tenemos de hacer; aunque todavía la carne pudo conmigo que emprendiese en prendello por maña. Y llamé al maestre de la nao y díjele estas palabras so gran juramento:

«El emperador me envía, a suplicación de mis parientes y confianza mía, a hacer cinco mil hombres a Sicilia para socorrer a Rodas, que, como sabe, que está el Gran Turco sobre ella con todo el poder. Y las provisiones para hacerla y cédulas de cambio para pagalla se me quedan olvidadas en el mesón. Por lo que cuanto puedo os ruego miréis lo que Dios será servido y el emperador y la buena obra que a mí me haréis, porque no solamente perderé esta jornada de hacer lo que debo, mas como en el primer cargo que he tenido, que es éste, carezca de cuidado —que es lo principal que un capitán general ha de tener—, sería inabilitado y deshonrado para siempre. Y tanto me pesa por mis parientes, así los que esto me alcanzaron como los que de mí vinieren. Por lo cual demás de la honra que haréis y daréis y servicio a Dios y al rey, os quiero dar 300 ducados, que volvamos.»

A lo que respondió a mí: «Me pesa de vuestra desventura, porque no lo puedo remediar, porque los mercaderes que llevan mercadería en mi nao no me lo consentirán. Y ya que me lo consintiesen, si vendiesen por menos de lo que quisiesen las mercaderías, me las harían pagar. Y después desto, si entrase en el dicho puerto, muy aína con este tiempo podría estar un mes sin salir dél, do mi gente y yo comeríamos más que montan vuestras cédulas. Pero ya que no os puedo ayudar, quiéroos aconsejar. De aquí a Mallorca hay diez leguas. Yo os echaré en tierra. Allí podéis tomar un bergantín y en muy poco tiempo volver a Alicante, y en el mismo a Sicilia».

Yo, como vi su justa respuesta y braba intención, mostréle mucho contentamiento y díle tantas gracias por el consejo como le pudiera dar por la obra. Y aguardé a que se bajasen a comer todos y quedamos arriba el piloto, que es el que gobierna la nao, y dos criados míos y los dichos cuatro hombres pasajeros —los cuales se llamaban Ochoa el uno, y Oviedo el otro, y el otro Ortiz, y el otro Bartolomé—. Y llamélos, salvo al piloto, y díjeles todas estas palabras que arriba digo que dije al maestre. Para lo cual por fuerza de armas les pedía favor y ayuda, y que diesen gracias a Dios y viesen el peligro que ellos iban a buscar. Para mostrar sus personas, para estimarlas y haber cargo lo hallaban tan presto, pues entre hombres de bien y valientes hombres se había de tener en más el trabajo de la dilación de buscar el peligro que el efecto de pasallo. Para lo cual dende entonces los hacía capitanes de cada quinientos. Y holgaron tanto los mozos de espuelas, aunque el Bartolomé creo que era albañir, que me quisieron besar las manos.

Y yo no se lo consentí, mas díjeles: «Vos, capitán Ortiz, íos a la proa y tomá el papahigo en las manos y volverlo-éis a barlovento. Y vos, capitán Oviedo, allegaos al piloto, y si fuere con vos, traé aviso que no sea contra vos; y si no, mataldo. Y vos, capitán Ochoa, andá por este lado de la nao que no suba nadie por la jarcia».

El Bartolomé estaba con gran miedo que no le había de nombrar capitán, y desque dije: «Capitán Bartolomé, tomá la otra parte de la nao», no asentaba los pies en el suelo de placer.

Y yo con mis dos criados —que éramos por todo siete— fueme derecho al mastel mayor y echo mano a la espada y corté la trisa que tiene a raiz del mastel, que es una maroma delgada que sostiene toda la vela mayor. Y cortéla, y cayó la vela tan recio y tan presto que no me pude salir de bajo della. Y dio conmigo en el suelo y di con la cabeza en las tablas y descalabréme un poco.

Y levantáronse de la mesa todos, que estaban comiendo en lo bajo, y salió el maestre por un agujero que se hace cabe el mastel. Y en viéndole la cabeza, díle una estocada por un poco abajo del ojo, y cayó él muerto. Y yo no quedé muy vivo, porque estaba algo atormentado de la caída y caíame mucha sangre de encima de los ojos. El piloto fue de nuestra opinión, aunque no de nuestro pensamiento, porque creyó, y también lo creyeron los de abajo, que me quería alzar con la nao para ser corsario. Y tomaron por remedio enderezar la nao hacia allende, que era lo que yo quería. Y peleamos tanto que me mataron tres capitanes de los míos, en que murió el capitán Bartolomé como un león. Murieron dellos diecinueve, porque en una pieza de artillería, que ellos pusieron hacia arriba para derribar la tablazón y matarnos, mató y perniquebró once.

A los golpes del artillería que ellos tiraban de abajo, así para ser socorridos como para ofendernos, armaron de Alicante dos bergantines y muchos bateles y vinieron a nosotros, unos creyendo que se quemaba la nao, otros que se hundía y pedíamos socorro con el artillería, porque así se suele hacer, otros que reñían los unos con los otros en la nao. Dábanse muy gran prisa por llegar a nosotros y el don Pero Maza con ellos. Los de abajo holgaban ser socorridos, porque creían que luego me habían de cercar, y yo, porque si un poco más tardaran, me desangrara, porque traía una lanzada por detrás del muslo muy mala, porque ya habían quebrado muchas tablas por donde nos ofendían.

Y llegó socorro y todos les dimos la mano para que entrasen. Y llegó don Pero Maza a mí con una espada sacada en la mano y una vara de justicia en la otra, y díjome: «¡Dad el espada al rey!». Yo dísela de buena gana, y aún, según yo estaba cansado, a quienquiera que estuviera tan cerca de mí como él, se la diera, porque luego me sentí desmayado, hasta que me dieron un poco de vino y me tomaron la sangre. Y subiéronse todos arriba, en que subió el capitán Machín, tan sano como un ginjo verde y vestido como un marinero, creyendo que no le conocieran. Y yo, como quien tantos peligros había pasado por él, no lo desconocí y disimuladamente púseme cabo él. Y dijo don Pero Maza: «¿Qué ha sido esto, señor?».

Y yo le respondí que si traía notario, y díjome que cinco. «Pues dame por testimonio como entrego al señor don Pero Maza, gobernador de Alicante y de Origüela, al capitán Machín.»

Y echéle la mano.

41

Y entonces el dicho don Pero Maza asióle y prendió a todos los de la nao. Y llevóme a su casa con grande honra y refrigerios, los cuales allá no me faltaron. Y otro día de mañana descuartizó cinco, que eran de los que habían encubierto al dicho capitán, y despachó un correo al emperador, haciéndole saber la buena nueva y tanto en mi favor que me falta juicio para lo poder contar y escribano que os lo escriba y papel y tinta, si os hubiese de poner los beneficios que con su hacienda y voluntad me hizo y gozo que sintió en que hubiese yo concertado a hacer aquello. Y no tuve yo en nada acertar con ello, sino acertar con tan honrado caballero.

Lo que el emperador respondió al correo que el gobernador le envió y lo que dello sucedió

Dióle muchas gracias por la diligencia y cuidado que tuvo en que se prendiese el capitán Machín, y que lo que le escribía de don Alonso Enríquez, confiaba siempre y esperaba de su condición y naturaleza. Y que luego enviase al dicho capitán Machín a la ciudad de Valencia, do había comenzado su ruin opinión, y lo entregase al virrey della. Y que lo llevase el dicho don Alonso a se lo entregar, dándole gente y lo necesario, porque quien tan bien lo había sabido prender, lo sabría guardar y defender. Y que él había escrito al dicho virrey lo que había de hacer, así de don Alonso como del dicho capitán. Entonces el gobernador me dio unas andas en que fuese, porque aún no estaba bien sano, y diez de caballo y doce ballesteros que iban a pie, y en lo demás, lo necesario que el rey mandaba.

Y salióme a recibir toda Valencia, y entregué mi capitán. Y pusiéronle en muy recias cárceles y fuertes prisiones y dentro de tres días le sentenciaron a atenazar. Y desque le notificaron le sentencia, pidió y requirió a la justicia que por cuanto él era vizcaíno, para confesar se le diesen clérigo de su lenguaje, para que se lo supiese entender. Parecióles cosa razonable, y como Valencia es pueblo donde concurren todo género de gente, halláronlo, y aun pariente suyo, aunque no lo supieron hasta que lo salvó. Y entrólo a confesar; y salió con grandes requerimientos y protestaciones, poniendo a Dios y al rey delante, diciendo que, así para su conciencia como para servicio de el rey, era menester no hacer justicia aquel día, porque descubría grandes cosas de que el rey podía ser servido y otras gentes, y su ánima aprovechada, creyéndolo porque él había tenido mano en grandes cosas. Y aun también después creyeron que codicia de algún tesoro que él tenía ascondido le hizo al clérigo, más que el deudo, hacer lo que hizo. Lo cual fue que aquella noche se encerró con él, y diciendo que metía provisión de cena para los dos, metió un gran cántaro de vinagre y limas sordas y otras herramientas, con que hizo un agujero que salió a una calle angosta y sucia que salía detrás de la cárcel y le sacó y nunca más pareció el uno ni el otro.

Lo que después me aconteció acerca desto

El virrey me mandó llamar y me dijo de parte del emperador que Su Majestad me mandaba, que pues que tan bien le shabía servir contra sus deservidores, que fuese a Molverde, que es cuatro leguas de Valencia, y tomase quinientos soldados que allí estaban alojados, que habían quedado de las alteraciones del reino de Valencia, y que fuese con ellos a pacificar el reino de Mallorca, que estaba alterado contra su servicio por la Comunidad; y que allí hallaría en el campo a don Miguel de Urrea, virrey del dicho reino, con diez mil hombres de guerra, así los caballeros de allí que con él se habían salido como otra gente que había hecho para se defender; y en la mar junto dellos, a don Juan de Velasco, capitán general de las galeras, con ellas y otras naos y bergantines.

Y yo fui a tomar la dicha gente; y en viéndome y que no les llevaba más de una paga —porque les debían cinco—, se amotinaron y concertaron de irse hacia Fuenterrhabía, que a la sazón estaba por Francia y el emperador tenía ejército sobre ella. Y yo hice mandado al virrey de Valencia y él me envió a mandar que fuese al duque de Soborba, que estaba en Soborba, por donde acerca della ellos habían de pasar, y una carta para el dicho duque de que de parte del rey le mandaba que hiciese lo que de mi parte le fuese requerido. Y a mí, que el duque les hablase y tuviese manera con ellos y embarcase por grado, y, si no, por fuerza, porque de la ida a Mallorca había gran necesidad, y a Fuenterrabía ninguna, y gran inconveniente de los robos y fuerzas que en el camino podían hacer, el cual era más de cien leguas.

Y yo tomé la posta y hallé al duque en una casa de placer suya, media legua de Soborba, oyendo misa en un sitial con su mujer. Y llegué y díle la carta del virrey y él no la quiso leer hasta acabada la misa. Y yo dábale mucha prisa, porque los soldados venían ya cerca. Y él tratábame como a correo hasta que leyó la carta y después recompensóme mi honra, porque lo que me hizo era más de lo que merecía. Y díjome que qué era lo que mandaba que hiciese. Y yo le dije que me parecía que Su Señoría debía de salir a aquéllos y con su presencia y buenas palabras, diciéndoles el servicio que harían a Su Majestad en socorrer al virrey de Mallorca y reducírsela a su servicio y el poco que le hacían en ir a Fuenterrabía, aunque no fuese más de dejar de hacer lo que les mandaban y hacer lo que no les mandaban.

Y respondióme el duque: «Eso, señor, no me mandéis vos, porque el rey no querrá que yo muera como necio ni sea deshonrado. Porque yo conozco soldados; y muchos juntos tienen muchos antojos, que son hijos de muchas madres. Y a tirar uno una pedrada, todos tirarán pedradas, y a decir uno una mala palabra, todos dirán lo mismo. Si vos queréis y de parte del rey y de su virrey me lo requerís, yo sacaré dos mil hombres y diez piezas de artillería, y cuando por grado no quisieren, por fuerza os los meteré en las naos, muertos o vivos».

Yo le dije: «No me parece, señor, que habrá tiempo para eso, porque me dicen que llegaban ya al Azabuchal, que es cerca de Soborba, media legua poco más o menos».

Díjome: «No me curéis de eso, que más sé yo de mi hacienda que no vos. Antes de media hora estaré con ellos, como os tengo dicho».

Díjele que sí, que así se lo requería.

Y él llamó a su secretario; dijo que se lo diese por testimonio. Cabalgó en una mula y tomóme a las ancas, y tomó un sombrero en la mano. Dando con él, fuimos corriendo hasta Soborba; y los labradores dejaban los arados y los cabadores las azadas y venían todos tras nosotros. En llegando al lugar, metió más de cien hombres. Y yo le excusé que no sacase más de cuatro piezas de artillería, que él diez, como había dicho, quisiera y pudiera sacar. Y salimos con ellas y con dos mil hombres a caballo y a pie. Y dos tiros de ballesta del lugar venían dos embajadores, soldados de parte dellos, e hincaron las rodillas en el suelo; y dijo el uno: «Muy poderoso señor, nosotros venimos de partes de quinientos infantes, compañeros nuestros, a Vuestra gran Señoría para le suplicar nos déis de comer para el día de hoy y lugar por do pasemos por esta vuestra tierra, porque nosotros vamos a servicio del emperador a Fuenterrabía, que tiene ejército sobre ella».

El duque dijo: «Esta tierra es del rey, y en su nombre está aquí el capitán de vosotros, que es el señor don Alonso Enríquez. Su Merced os responda lo que será más servicio a Su Majestad. Lo que yo le pido por merced es que se haya piadosamente con vosotros».

Y yo mandélos prender y llevar a la cárcel del lugar. Y yendo adelante un tiro de ballesta de nosotros, vimos los soldados en son de batalla, en ordenanza, las picas caladas y las mechas de las escopetas encendidas, mostrando mucha gana de pelear. Enviaron otros dos embajadores y el duque estaba para enviallos a hablar. Los cuales dijeron lo mismo, o casi, que los otros. Y el duque rogóme, delante dellos, que yo le diese licencia que con ellos les enviase a hablar lo que quería, si ellos no vinieran. Yo dije que fuese como Su Señoría mandase. Y díjoles: «Fidelísimos españoles, mucho pesar he habido que comencéis a usar lo que nunca pensaron vuestros pasados y no perseveréis en lo que vuestros padres mantuvieron y os desterraron, que fue en mucha lealtad y fidelidad. Y si me dijéredes que el rey o sus capitanes os dan ocasión para ello, si eso no fuese, no había merecer. Yo vos ruego que volváis a vuestros compañeros y les digáis que, así por esta obligación como por mi amor, ellos se vuelvan a embarcar».

Y ellos dijeron que así lo dirían y que besaban sus muy ilustres manos.

Y así como volvieron, llegó a mí un correo del virrey de Valencia con una carta en que decía: «Sabed que he sabido que un hombre que tiene estas señas, que se llama el capitán Alonso, los lleva amotinados y engañados, creyendo ser capitán dellos. Por lo que debéis luego ahorcallo en viéndolo y pudiéndolo. Y si luego no pudiéredes, será cuando los tuviéredes pacíficos. Y no hagades ende al, que desto será servido Su Majestad».

Con la vuelta del mensaje vinieron seis, los principales dellos, en que vino este que no debiera. Y dijeron al duque muchas cosas, entre las cuales dijeron que mientras no se pasaban a servir a otro señor, no excedían de lo que debían; y que les debían cinco pagas y no les daban sino una; y que los hacían embarcar para islas do había pestilencia y hambre, do nunca pensaban salir, porque las islas eran sepultura de soldados, y que no querían morir tan ruinmente. El duque volvió a mí y díjome: «Señor don Alonso, respondé y mandá, que yo con vos vengo y vuestro alguacil soy yo».

Le dije: «Ya que Vuestra Señoría sea mi alguacil, no quiero que seáis el menor, sino el mayor. Mandadme dar el otro».

Él, no dejando de sospechar lo que yo quería, dándome a entender que hacía bien, con mucha prisa comenzó a llamarlo. Y yo díjele: «Alguacil, tomá éste».

Ya yo lo tenía del cabezón asido, y díjele: «¿Vos no os llamáis el capitán Alonso?».

Dijo: «Sí, que así me llaman, y ¡ha que lo soy más que vos! y quizá he servido al rey mejor».

Dije yo: «Podrá ser que sí que así será. Pero todo lo habéis deshecho con esta bellaquería que en este tiempo habéis cometido. Por lo cual mando a vos, alguacil, de parte del rey y del señor duque, lo ahorquéis de aquel árbol, a vista de los otros».

Él fue ahorcado. Volvíase, yendo a ello, la cabeza y decía: «Serenísimo y muy excelente príncipe, dadme campo con éste que, porque no es para matarse conmigo, me manda ahorcar».

Yo le dije: «Hermano Alonso, mataos en tanto con ese roble, porque yo me quiero matar con estotros vuestros compañeros, que son mejores que vos, si hicieren lo que no debieren; y si no, vivir en su compañía y hacelles honra».

El duque nos concertó, y enviamos al virrey un correo para que les diesen dos pagas. El virrey las envió y otro día en la noche fuese el duque con su gente, y yo con ellos, a dormir al puerto. Y otro día de mañana nos hicimos a la vela.

Lo que de allí me aconteció

Miércoles, en comenzando a ser de día, partí del puerto con los dichos soldados y otras provisiones para los que allá estaban, con nueve naos. Y en menos se pudiera llevar lo que llevábamos, sino por darles a entender a los enemigos que éramos más, para que de miedo se nos dieran, y a los amigos, para que se consolaran y esforzaran. Y llegamos casi en anocheciendo sobre la dicha ciudad de Mallorca, hacia donde el ejército del emperador estaba, que estaba media legua della. Y salía a nosotros una galera para reconocernos, y desque nos conocieron, salvónos con el artillería. Y nosotros allegamos y fuimos muy bien recibidos. Y el virrey y capitán general de Mallorca, que arriba os he dicho, publicó luego que venían cinco mil hombres y don Alonso Enríquez con ellos, pariente del emperador.

Y otro día, por concierto, vino el capitán de la ciudad, que se llamaba el capitán Colón y era bonetero —y casóse ahí con una señora, mujer que había sido de un caballero muy principal, por fuerza—, el cual traía consigo cincuenta hombres de guarda, rogándome que lo oyese. Y el virrey envióme a llamar. Y díjome muy grandes disculpas de grandes y enormes excesos que habían hecho, así en corromper doncellas, hijas de caballeros que huyendo dellos salieron, como tajando muchachos en la carnicería como carneros, y otros poniéndoles por hitos en el terrero para jugar a la ballesta, y cosas semejantes. Las disculpas que me daba era que, si no fuera por él, hicieran más de lo que hicieron, y que les premitía él aquello porque le mataran a él, si no lo consintiera. Y consintiéndolo, excusaba más cosas, porque en ninguna manera tenían razón. Porque cuando ellos echaron a los caballeros de allí, porque querían defender que ellos echasen el virrey, habían sido informados que él y ellos habían ido por los lugares, aldeas de la ciudad, y a los parientes de los que quedaban dentro y a los niños y doncellas corrompían y mataban, por que la Comunidad acordó acá de pagarse dellos y vengarse en la misma moneda.

Preguntado por qué habían echado el virrey, representando la persona de su rey, respondióme que el virrey les hacía mucha sinjusticia, de lo cual ellos con cartas y mensajeros habían reclamádose al emperador. El cual lo remitía al Consejo de Aragón, ado el dicho virrey tenía cuñados y parientes, los cuales informaban al emperador en su favor y contra ellos. Por lo cual acordaron, por poner en cuidado al rey de que los oyese, de echar fuera al virrey, y que no querían ellos más, si él no diera ocasión a que pasara. Y que si yo, con la gente que traía, quería tomar la ciudad, que se me entregaría, con tanto que les hiciese pleito homenaje de acabar con el rey que los perdonase y que enviase otro virrey.

Yo les respondí que ellos me pedían cosas que, a venir pagado y pechado dellos, no me pidieran más; que el emperador me enviaba a hacer lo que el señor virrey me mandara en lo quél pensaba, mas que yo le hablaría. Respondió Colón, que como digo era capitán, el cual era muy cuerdo y muy sabio señor: «Vuestra merced ha hablado como quien sois, y así le suplicamos».

Traté entre ellos y el virrey y concertélos de tal manera que diputasen ellos dos y yo uno que fuese con ellos para que el rey los oyese, porque ellos creían que en oyéndolos, el rey les haría mercedes; y que mientras ellos fuesen y viniesen, estuviese yo en la ciudad con treinta soldados. Y quiero yo hacer este pleito homenaje: que si aquellos hombres el rey no los había oído, que me saliese del lugar; y si el rey los hubiese oído, que él lo hacía y los cónsoles de su compañía y se me entregara a quien el rey mandase, aunque fuese al dicho don Miguel de Gurrea. Entré en la ciudad con este concierto, y fueron los dos diputados y un capitán que el virrey envió de su parte y de la mía.

Y de ahí a veintisiete días vinieron y dijeron que el emperador los había oído tres días en ocho días, cada día dos horas, y que venían satisfechos de la cuenta que de sí habían dado al emperador y que ahora mandase lo que fuese servido. Dentro de nueve días vínome una cédula suya, que el virrey me envió a la ciudad con otra suya del mismo virrey, las cuales me dieron por entre las puertas, porque estaban cerradas, y la ciudad se guardaba hasta que el emperador mandase lo que más fuese servido, no con poca esperanza de ser perdonados ni poco satisfechos de haber sido oídos. El tenor de las cuales cédulas son estas que se siguen. En la del emperador dice así:

«El rey
»Don Alonso Enríquez de Guzmán, nuestro capitán: Vos habéis cumplido la palabra que distes a los desa ciudad de Mallorca, y yo los he oído, porque me lo suplicastes. Yo vos mando que hagáis lo que don Miguel de Urrea, virrey dese reino, os mandare, que en ello seré yo servido. Y no fagades ende al. De Valladolid.»

La del virrey decía:

«Magnífico y noble don Alonso Enríquez de Guzmán, capitán de Su Majestad en este nuestro ejército, que en su real servicio tenemos, salud y gracia. Sepades como yo, don Miguel de Urrea, virrey deste reino de Mallorca por Su Sacra Católica y Real Majestad y del su Consejo, gobernador de Aragón, mando a vos que prendáis la persona de Colón, bonetero, que se llama el capitán Colón, y a los trece cónsules del su consejo y compañía, y mandéis abrir las puertas desa ciudad y oír a justicia a los habitantes; y preveella de lo necesario de lo que en nuestro ejército tenemos y asimismo a nuestro ejército de la dicha ciudad, de hoy a mañana hasta las cuatro después de mediodía. Y si no pudiéredes o no os quisieren cumplir las palabras, os salgáis para nos aprovechar de vuestro consejo y magnífica persona. Y no hagáis otra cosa. Deste nuestro ejército.»

Diéronme estas provisiones a las diez del día, y fuíme a la plaza, do hallé el capitán Colón con la dicha su guarda y cinco de los dichos cónsules. Y díjeles, que lo oyeron todos: «Ya sabéis como os he cumplido la palabra que os di. Ahora os hago saber que el emperador me manda por esta su cédula» —la cual les mostré— «que yo entregue esta ciudad al señor don Miguel de Hurrea, por la cual veo que confía más en vuestras palabras que me tenéis dadas que no en mi esfuerzo ni en los hombres que tengo aquí, porque yo soy uno y ellos son treinta y vosotros treinta mil. Pídoos lo que me habéis prometido y licencia para salir. Y aconséjoos que os me entreguéis, porque me pornéis en obligación de hacer por vosotros, y a Su Majestad daréis crédito de humildad, y vosotros no tan culpados y hombres de vuestras palabras, como en su cédula confía».

Colón respondió: «Señor, Vuestra merced ha hablado como buen caballero, así en servicio de nuestro señor, el rey, como en honra y provecho nuestro. Y desde aquí digo que soy el primero que obedezco el mandado de Su Majestad».

Y asimismo los otros todos dijeron lo mismo, y yo fuime a comer, y cada uno a su casa. Acabado de comer, mandé llamar a consistorio y propuse cosas semejantes que éstas, y mandé pregonar que ninguno trajese armas. Y con buenas palabras puse en yerros al dicho señor capitán y señores cónsules y ordené una procesión muy solemne, con todas las mujeres en cabello y descalzas y niños de la una parte de la procesión, y de la otra parte los hombres, descalzos y destocados, con gran grita pidiendo misericordia. Fuimos a la puerta de la ciudad, donde estaba puesto un altar con Jesu Cristo crucificado muy devotamente, y acá llevábamos a Nuestra Señora. Y hallamos al virrey y a su mano izquierda a don Juan de Velasco, capitán general de las galeras, en sendas sillas asentados. Y allí llegó toda la procesión, pidiendo misericordia.

Y yo llegué de la parte de la ciudad con las llaves y entregueéselas. Y díjele: «Aquí, las puertas abiertas y las voluntades dellos vueltas para servir al rey y a Vuestra Señoría, traemos la intercesora del cielo para que os ruegue por ellos. Acuérdese Vuestra Señoría lo que ella pasó por su Hijo precioso y lo que Él pasó por nosotros».

A lo cual él no me respondió sino tomóme por el brazo y púsome de la otra parte. Y comenzó el clérigo a decir Gloria in excelsis Deo y dijo la misa —que era esto otro día de mañana.

Y entró el virrey en la ciudad, do fue obedecido y tenido. Descuartizó al dicho capitán Colón y a los trece cónsules y a un alguacil. Y con los demás hizo justicia; y los que pudo apañar antes que tomase la ciudad fueron cuatrocientos y veinte, todos éstos ahorcados y descuartizados. E hízose al ejército y quedó él allí como de antes. El virrey escribió mucho bien de mí al emperador. Su Majestad envióme a mandar que fuese a Ibiza, como adelante veréis, porque le habían traído nueva que había en ella mucha pestilencia, y venía Barbarroja sobre ella, que es rey de Argel, que está cuarenta leguas de allí.

Cómo de allí salí y a Ibiza llegué

Llegóme una cédula del rey, el tenor de la cual es este que se sigue:

«El rey

»Don Alonso Enríquez de Guzmán, contino de nuestra casa y nuestro capitán en el nuestro reino de Mallorca: El virrey me ha escrito la buena manera y esfuerzo que en lo que ahí ha sido menester habéis tenido. Lo cual os agradezco mucho. Y os hago saber que de la nuestra ciudad e isla de Ibiza he sido informado que, a causa de mucha pestilencia que en ella ha habido y hay, se ha despoblado de alguna gente y que tiene nueva y miedo que Barbarroja, que se nombra rey de Argel, viene sobre ellos para les cautivar y matar y tomar la dicha isla, suplicándome que les socorriese y defendiese.

»Por ende yo vos mando y encargo mucho la buena guarda y defensión de la dicha isla de Ibiza, y que luego toméis quinientos hombres de vuestra compañía y si no tenéis tantos, los toméis desotros y os embarquéis en las galeras, según de nos a don Juan de Velasco, nuestro capitán general dellas es mandado, y vos vais a la dicha ciudad y os aposentéis en el arrabal della con vuestra gente desta manera: los vecinos que quisieren acoger a los soldados que vos les echáredes por huéspedes, que mandéis a los dichos soldados que les traten bien y que ellos sean obligados a les dar cama, agua y sal y vasija. Y los que no quisieren, que les dejen en su casa este recaudo, y que ellos se puedan pasar ado quisieren. Y que vos tengáis la justicia y gobernación dellos y que el gobernador no se entremeta en ello ni vos en lo que a él. En lo de la paga, va cometido al dicho don Juan de Velasco, para que os concierte con los de la tierra, porque ellos me han escrito que lo quieren pagar. Y por cuanto, como digo, hay pestilencia y otros peligros en que vos en nuestro servicio os soléis meter, os encargamos que llevéis proveído que si vos muriésedes, vuestro alférez sea capitán, y si él muriese, otro, y luego otro, de manera que no haya revuelta sobre quién después lo será. Y placerá a Nuestro Señor que a vos os dará salud. Y no fagades ende al. Desta nuestra villa de Valladolid. Yo el rey. Por mandado de Su Majestad, Ugo de Urrías.»

Luego mostré la cédula a los soldados, y ellos, aunque temerosos de la pestilencia y de entrar en isla, comoquier que salían della y no había falta de la dicha pestilencia en la misma isla de Mallorca, adonde estábamos, no se les hizo tanto de mal. Y embarcámonos en las dichas galeras y entramos en la isla de Ibiza por el puerto más lejos de la ciudad, que se llama el puerto de Pormaña, do está una iglesia con una torre fuerte que se llama de San Antón, porque don Juan de Velasco, capitán general de las dichas galeras, traía muy gran miedo de la pestilencia así por ser de carne y hueso y tener entendimiento, como porque traía muy gran gana de verse con el emperador, con quien tenía mucha conversación, para gozarse con ella, y de muchas hazañas y de muy esforzadas cosas que en la batalla y encuentros, así por la mar como por la tierra, cuen esto de Mallorca que el rey le había encomendado, había hecho.

Y allí vinieron el gobernador y jurados de la ciudad a nos recibir y concertarse. Y don Juan habló con ellos sotaviento desde muy lejos, por el dicho miedo. Y concertónos desta manera: que a mi persona diesen 4 ducados cada día para mi plato, y 100 cada mes; y a los soldados 3 cada mes a cada uno, y 15 al alférez y 10 al sargento. Lo cual ellos tuvieron por bien, creyendo no haberme menester más de un mes, porque estaban en gran peligro, como adelante veréis. Y yo fiéme con toda mi gente a emvolver con ellos, no riéndose poco don Juan de como me había de morir, ni dándome pequeñas voces, diciéndomelo. Y dentro de dos días me envió a llamar que trajese cuarenta escopeteros, porque parecían más fustas de moros en la mar, y quería salir a ellas. De lo cual me espanté mucho, querernos meter en sus galeras, por el dicho miedo de la pestilencia. Y fui con miedo que nos burlaba, y no fuera, con creer esto, si no fuera un capitán suyo, el cual me vino a llamar, que me dio crédito, y me dijo que el dicho don Juan estaba malo, pero no me dijo de qué. Y cuando llegué, supe que era de la dicha pestilencia, con una landre del sobaco, que son las más peligrosas. Y la primera palabra que me dijo fue: «Hermano Alonso, tomado estoy de la yerba».

Yo le dije: «Veis, ahí como en sola la mano de Dios está la vida, que yo vengo ahora de curar dolientes dese mal y enterrar muertos y estoy sano, y vos, riéndoos de mí, estáis malo. Placerá a Dios, no será nada. Y si fuere, el mayor mal que os puede venir será lo más cierto que habéis de pasar, que a lo más tarde que suele ser, se os hará muy temprano, que es morir. Ved lo que mandáis que hagamos».

Díjome: «Que os subáis ahí encima y harán lo que mandáredes, y salid a esas fustas».

Así lo hicimos y peleamos con cuatro y tomamos una. Y estorbónos la noche que tomásemos las otras, estándosenos defendiendo aquella que tomamos, porque nos cupo a la galera capitana. Salió don Juan gomitando, con una espada y una rodela y en camisa, a ayudarnos. Y cayó en la crujía tan gran caída que yo pasé por cima dél y le puse el pie encima como a muerto. Y volvímonos y yo fuime con mi gente a la ciudad. Y aquella noche murió el dicho don Juan de la dicha pestilencia. Y fuéronse las galeras con él a Denia y de Denia a Cartagena, adonde le dejaron sepultado. Y yo quedé allí, aunque pasé muchos peligros y trabajos, como adelante veréis.

Estuve once meses en la isla y después salí della vivo, aunque no muy sano. Dentro de quince días que en la dicha ciudad estaba, vinieron al mismo puerto de Pormaña, que son dos leguas y media de la ciudad, nueve fustas gruesas de moros, los más turcos, y desembarcaron quinientos escopeteros con jubones colorados, y cinco piezas de artillería. Y comenzaron a combatir la dicha iglesia de San Antón, que junto, os digo que estaba, al dicho puerto, donde se habían recogido y hecho fuertes dos frailes hermitaños y treinta mujeres y muchachos pajeses —que ellos dicen— que viven en el campo en sus casillas, y obra de quince hombres de pelea. Y yo, desque lo supe, salí de la ciudad con determinación de morir de mejor gana peleando en servicio de Dios contra aquellos infieles y en loor de la fama, pues ésta y la gloria es la que ha de permanecer, que no en la dicha ciudad del mal de pestilencia.

Y saqué ciento y cincuenta soldados, que los que faltan de quinientos se me habían muerto en los dichos quince días y dejaba dolientes. Los cincuenta que llevaba eran escopeteros y los cien piqueros. Y no con pocos estorbos de requerimientos de los de la ciudad y otros que no digo, fue hasta ponerme media llegua dellos, ado supe que ya estaban para entrar dentro en la iglesia. Y como ellos supieron que yo estaba allí, ellos se aderezaron para venir a mí y yo para ir a ellos.

Y díjeles a los soldados: «Ya sabéis como hoy ha quince días entramos quinientos compañeros en esta isla, y sin pelear se nos han muerto trescientos y cincuenta, sin gozar de lo que ahora nosotros podemos en servicio de Dios y del rey, en loor de nuestras famas, defendiendo aquellos que están allí encerrados, ofendiendo a los que quieren ofender a nuestra santa fe católica. Acordaos cuántos son muertos después que somos nascidos y cuán presto hemos de morir, aunque estuviésemos en la más sana tierra del mundo y mejor y con menos inconvenientes de la vida, cuanto más aquí, que cuantos ahí; que para remedio de nuestra alegría, lo mejor será lavarnos en las sangres, destos infieles enemigos nuestros».

Dijo mi alférez: «Señor, ya sabemos que Vuestra Señoría sabe decir y hacer, y vos sabéis que nosotros sabemos escuchar y obrar. Por lo que se debe excusar lo que más se puede dilatar, porque ¡por Dios! que después que estoy aquí me dio un dolor en la ingre y pensé que estaba asido. Y antes que esto fuese, querría que hiciésemos lo que habíamos de hacer, pues no aventuramos a perder nada y a ganar mucho».

Todos a una voz dijeron: «¡A ellos, a ellos!», con muy gran voluntad, comenzando a caminar hacia ellos.

Me apartó un soldado y me dijo: «Señor, el Gran Capitán de gloriosa memoria, la principal cosa que él tenía era escuchar los soldados. Por tanto Vuestra Señoría no debe dejar de hacerlo, pues en todo lo demás él no os hacía ventaja. Por lo cual, aunque pobre, soy deseoso del servicio de mi rey y fama de Vuestra Señoría, por que debo ser oído, y si fuera bueno lo que digo; si no, sea recibida mi voluntad».

Desque le dije que dijese, dijo: «Señor, yo ha veintitrés años que uso este oficio de la guerra, y he visto y oído muchas cosas della y combatí con Migalote de Prado y he hecho otras muchas buenas cosas».

Díjele que acortase razones. Díjome: «Estos son quinientos enemigos; nosotros somos cien. Yo no digo esto porque no pienso pelear tanto como todos cien, como por la obra en el efecto Vuestra Señoría verá, sino porque no querría que se herrase y Vuestra Señoría no ganase nada, porque no sois obligado, cuanto al servicio de rey, a pelear con éstos, sino a guardar la ciudad. Y si nos matan, perderéis a nosotros y cobrarán ellos la ciudad, que la dejáis desmamparada. Venimos muy desarmados y muertos de sed y de hambre, porque hemos hoy caminado dos leguas».

Y yo le respondí, dándole gracias por su voluntad, y dije: «A lo que decís que os escuche como el Gran Capitán, así lo he yo hecho, como habéis visto. A lo que decís que somos cien y ellos quinientos, ellos son moros y ¿no somos cristianos?, que bastaba. Pero ya vos decís que pelearéis por cien, y los solda-dos son otros cien, que son doscientos, y yo pelearé por trescientos. Veis aquí como no nos llevarán ninguno de ventaja. A lo que decís que vinimos desar-mados, veis aquí un coselete. Trae éste mi paje, porque yo traigo un jubón de malla, vestido que me basta. A lo que decís que venimos muertos de hambre y sed, yo os daré un pedazo de pan, si vos no lo traéis, y todos creo que lo traen, que yo mandé. Y ahí adelante está un pozo, donde hemos de beber y los moros suelen traer pasas e higos que les tomaremos».

Díjome: «Señor, bien me parece eso, pero según razón y ley de guerra, vos no pelearéis de aquí a dos horas, porque en refrescarse los soldados en ese pozo y en dar la vuelta por allí y por acá y por acullá, porque en aquel llano ha de ser la batalla, y en este tiempo podré yo ir y venir a la ciudad por unos zapatos, porque ya veis que no tengo yo ningunos».

Desque le conocí tan claramente el miedo, quise darle de puñaladas, sino por no escandalizar la negociación. Y díjele: «¿Cómo queréis vos ir dos leguas sin zapatos y no media a pelear?».

Díjome: «Señor, porque quiero morir como hombre y no como bestia».

Y díjele: «Pues, ¡isus! No me habléis más a mí ni a otro en esto, sino meteos en escuadrón, so pena que os mandaré ahorcar».

Fuemos, refrescámonos, e hice mi escuadrón. Y ya que íbamos a pelear, no sé cómo, volví la cabeza y veo el mi dicho soldado dos tiros de ballesta camino de la ciudad, quebrándose como conejo. Echo aparte al alguacil, como que quería otra cosa, que andaba en un caballo, y encaminé el escuadrón por donde había de ir. Y voyme al soldado e hícele tomar y llevar a una higuera que se parecía por do habíamos de pasar, y mandéle ahorcar della, y una cédula a los pechos que dijese: «Este mandó don Alonso ahorcar, porque no tenía zapatos. Quien tal hace, que tal pague».

Y después, cuando yo daba vuelta al escuadrón para concertarlo el que no tenía zapato en un pie o lo metía debajo de tierra o lo ponía detrás del otro, para que yo no lo viese.

Cómo fue la batalla

Ya los enemigos venían a nosotros. Y venía delante dellos, obra de diez pasos, un capitán, vestido una marlota de grana hasta el suelo y una escopeta dorada y una mecha encendida, soplándola. Y yo otro tanto, poco más o menos, delante de los míos, con unas calzas blancas y un jubón blanco de terciopelo y un coselete dorado, no más del peto y el espaldar, que me valiera más llevar lo otro armado y aquello desarmado, porque de la cintura abajo y en los brazos me dieron diecisiete heridas. Y yo llevaba una pica por arma ofensiva y una espada en la cinta. Y mi alférez, porque era valiente hombre, cabo mí, y para aquel efecto había encomendado la bandera a otro buen hombre que la llevase en su lugar, que es casi en medio del escuadrón.

Y a los primeros encuentros, ya que el dicho capitán quería meter fuego a su escopeta, díle un golpe en los pechos con la pica y él rebatiómela con su escopeta, y no debía de llevar mucha fuerza. Y no le herí ni creo que le toqué antes del golpe. Sé que él dio con la escopeta a la pica y me la sacó de las manos y me la echó por alto. Y mi alférez, que se llamaba Morata el Tuerto, díole con su pica por el costado derecho y pasóle hasta el corazón, según después vimos, que se lo partió por medio. Hízole dar un salto muy grande y cayó muerto buen rato de nosotros. Y yo puse mano a mi espada y dimos en ellos y ellos en nosotros. Matáronme diecisiete hombres e hiriéronme a mí y a muchos. Matámosles... a ellos sesenta y prendímosles cuarenta y herímosles muchos. Y los más que les herimos fueron ellos y nosotros el agua hasta los sobacos en la mar, queriéndose embarcar. Fuéronse a una isla despoblada dos leguas de allí, que se llama la Formentera, ado estuvieron cinco días. Y como hombres sin capitán, acordaron de se repartir en sus fustas, que —como dicho tengo— eran nueve, y fuese cada una por su parte. Luego escribí al emperador una carta, el tenor de la cual y su respuesta son estas que se siguen:

«S. C. C. M. t

»Porque mi oficio no es escribir sino para hacer saber lo que pasa, para que Vuestra Majestad sepa lo que se me ha de mandar, hasta ahora no lo he hecho, y porque no he tenido tanta necesidad de socorro. El cual ahora he menester, y en especial de alguna munición de pólvora, picas y saetas, y hasta cien hombres de guerra, como el gobernador y jurados desta ciudad a Vuestra Majestad más largamente suplicarán e informarán.

»Por cuanto ayer vinieron a esta isla nueve fustas gruesas de turcos y algunos moros, los cuales saltaron en tierra hasta quinientos y combatieron la iglesia de San Antón, que es junto al puerto de Pormaña. Y yo salí de la ciudad a la defender, porque se había recogido mucha gente dentro, de los que viven en el campo. Presentéles la batalla y ellos holgaron dello. Matéles sesenta y prendí cuarenta, en que murió el capitán dellos. Fueron muchos heridos. Nosotros quedamos heridos, y matáronme diecisiete hombres. Y así acabo, rogando a Nuestro Señor por la sacra y católica y real persona de Vuestra Majestad. Hecha en Ibiza, primero de julio 19 de 1523 años. De vuestro humill vasallo y buen criado, don Alonso Enríquez».

«El rey.

»Don Alonso Enríquez de Guzmán, contino de nuestra casa y nuestro capitán de la nuestra ciudad de Ibiza e isla: Recibí vuestra carta en que me hacéis saber la batalla que hubistes con los moros, enemigos de nuestra santa fe catolica, de la cual y de vuestra salud he holgado mucho, y de lo que los jurados desa ciudad me escriben de cuán bien y esforzadamente os habéis con ellos. Lo cual os agradezco mucho, demás de obligaros a ello vuestra persona y naturaleza. Y me tengo por muy servido de vos y de los soldados que ahí tenéis y os ruego a vos y a ellos lo hagáis como hasta aquí. Y para en vuestras cosas, yo me acordaré dellas como de quien tan bien soy servido. Holgaré saber la mejoría de vuestras heridas. Es hecha en Valladolid, a 12 de julio, años de 1523 años.»

Dentro de diecinueve días vinieron diez galeras y cinco bergantines de franceses que salían de Marsela a fin de tomarme la ciudad, porque tenían nueva que estaba muy más desnuda de gente y vituallas de lo que estaba, aunque no estaba abundante. Enviáronme a decir que andaban a buscar moros y que querían hacer puerto allí. Yo les mandé responder que dos leguas de allí estaba una isla que ha nombre Fromentera, do los moros suelen hacer sus puertos, y que si ellos querían moros, que allí los hallarían, porque allí no había sino cristianos y servidores del emperador. Y llegábanseme al puerto en palabras, y yo, como no estaba acabado de sanar de las heridas, trataba con ellos desde la cama. Y desque esto vi, levantéme, y no dejaron de llegarse más, y mandéles tirar con el artillería. Y ellos no dejaron de hacerlo con la suya. Echéles una galera al fondo y fuéronse. Con tanto escribí una carta al emperador, el tenor de la cual, della y su respuesta, es esta que se sigue:

«S. C. y Real Majestad.

»Con un criado mío, que ha ocho días que es partido, escribí a Vuestra Majestad. Y porque sospecho que me lo han tomado moros y mejor hacer lo que debo, hago la presente con este que los jurados desta isla envían a Vuestra Real Majestad, a quien hago saber como Barbarroja, rey de Argel, enemigo de nuestra santa fe católica, ha cometido su intención. Y vinieron nueve fustas gruesas, y echaron en tierra quinientos turcos y moros escopeteros con cinco piezas de artillería a la una parte desta isla, dos leguas y media de la ciudad, y comenzaron a dar combate a una iglesia fuerte que se llama San Antón. Y yo llegué con mi gente a defender los que dentro se habían acogido y a ofenderles a ellos, si pudiese, con los soldados que aquí tengo, que son hasta ciento y cincuenta, porque los que faltan de quinientos son muertos de pestilencia. Y llevé con ellos algunos de la tierra, aunque éstos más me estorbaban, porque saben más entrar en la orden de segar su pan que no en la de pelear. E híceles embarcar. Matamos sesenta moros y prendímosles cuarenta, y heridos más de treinta, según supimos de un cristiano que rescatamos. Y ellos hirieron algunos de nosotros. Yo estoy mejor de la parte que me cupo. Matáronme diecisiete hombres. Después acá han venido así ellos como otros, y no osan tomar tierra porque ven que no es saludable para ellos.

»Sacra Majestad: Habrá cuatro días que llegaron a esta isla diez galeras y dos fustas y tres bergantines, que eran por todas quince velas, de franceses. Enderezaban al puerto que bate en la ciudad, y enviéles a decir que no entrasen en él, pues eran deservidores de Su Majestad. Y no curaron dello; antes remaron más fuerte. Yo hice poner a mi gente en orden y tiréles con el artillería, y ellos hubieron por bien retirarse. Y fuéronse con una galera menos, que con el artillería les hice hundir.

»Otro día que volvieron o surgieron largo del puerto y enviaron por vituallas con bandera de seguro. Yo no quise conversación con ellos, porque creo que enviaron más por ver el puerto que por vitualla, porque en lugar de despenseros enviaron pilotos. Yo hablé con estos jurados, que el gobernador estaba ausente, malo, que no dejasen entrar a nadie ni les diesen vituallas, porque la tierra es fuerte, si la hay en el mundo. Ellos me dijeron que me requerían de parte de Vuestra Alteza que no les defendiese aquello, porque no tenían pólvora ni el menester para defenderse por fuerza de armas, y que querían por bien contentarlos, que con aquello pensaban de defenderse. Yo, como tengo mandado de Vuestra Sacra Majestad que tome sus pareceres, desconfiado ellos tuvieron por bien de irse, y fuéronse.

»Sabrá Vuestra Majestad que un criado mío que tengo preso en las galeras me ha enviado a avisar como en Marsella hace armada y que ésta se ha de juntar con ella, y que sospecha que es para esa isla. Y créolo, porque es otra Rodas de fuerte y de necesaria para cualquier rey, moro o cristiano, que os quisiere ofender. También sepa Vuestra Majestad que hay muy ruin recado, que no hablan ni aderezan cómo se defenderán, sino qué partido sacarán los de la tierra, desde el mayor hasta el menor, salvo el gobernador, que está *in articulo mortis*.

»En esta isla tiene cierta parte el arzobispo de Tarragona y tiene su justicia. Y cuando salimos en campaña y riñe un hombre con otro, luego reviene la justicia de Vuestra Alteza y la del arzobispo sobre cuál lo llevará, porque aquí no osan ahorcar, sino darles pena de dineros, porque lo del arzobispo está arrendado. Y revuélvese toda la gente, de manera que cuando los he acabado de poner en paz y concertar, ya no estoy para dar guerra a los enemigos de Vuestra Sacra Majestad, a quien está poner el remedio desto.

«Sacra Majestad, en esta gente de guerra que aquí tengo están los veinte hombres desterrados por esos yerros pasados y alteraciones, y también porque han sido en unos bandos de Benavides y Carabajal. Son hombres de poco y han servido mucho a Vuestra Majestad, a quien suplico perdone. Cuya vida y muy real estado Dios guarde y aumente. Hecha en Ibiza a 27 del mes de junio de 1523 años. De Vuestra Majestad buen criado y humill vasallo. Don Alonso Enríquez.»

«El rey.

»Don Alonso Enríquez, contino de nuestra casa y nuestro capitán en la ciudad e isla de Ibiza: Vuestra carta recibí, hecha a 29 del mes de junio, en que me dais larga cuenta de lo que en esa tierra pasa, así en obras como en palabras; de lo cual me doy de vos por muy servido. Y os ruego y encargo así lo continuéis como hasta aquí lo habéis hecho, y en vuestra bondad confío. Y porque el gobernador me envía a pedir licencia para se ir a curar a Barcelona, yo os encargo os encarguéis de su cargo con nombre de capitán general, aunque después vuelva el dicho gobernador. Y así se excusará lo que me escribís.

»Yo ya era informado del inconveniente que podía haber entre las dos gobernaciones. Y porque en los demás que me escribís se proveerá la provisión que conviene, con la cual os escribiré más largo, ceso, encargándoos siempre me hagáis saber de la salud de vuestra persona y lo que más acaeciere en esa tierra. Hecha en Burgos, a 10 de septiembre. Yo el rey. Por mandado de Su Majestad. Ugo de Urrías.»

Dentro de pocos días murió el gobernador y por virtud de esa cédula y otras que con ella vinieron a la tierra, con nombre de capitán general, gobernador de toda la tierra temporal y espiritual, escribí una carta al emperador que decía así:

«Sacra Cesárea y Real Majestad: El gobernador desta isla ha cumplido con Dios y con Vuestra Majestad como buen cristiano y buen caballero. Y en lo que hasta aquí hemos visto y Vuestra Majestad puede ser informado, es que en todas las cosas de vuestro real servicio ha sido fidelísimo y buen caballero y buen vasallo. Y así creo que juntamente con la misericordia divina dará la misma cuenta ante quien todos la hemos de dar y ante quien todos hemos de ser iguales. Por eso vea Vuestra Majestad lo que le cumple.

»Recibiría muy gran merced, si enviase otro en su lugar, porque mi edad ni mi condición no me ayuda a dar la cuenta deste cargo que querría. Nuestro Señor guarde la cesárea y sacra y real persona de Vuestra Majestad, y con mano alzada aumentéis vuestros reinos, como hizo aquel César Augusto de quien Vuestra Majestad tomó nombre. Desta isla de Ibiza, humill vasallo y servidor de Vuestra Majestad, don Alonso Enríquez.»

«El rey.

»Don Alonso Enríquez de Guzmán, capitán general de la nuestra ciudad e isla de Ibiza. Una carta vuestra recibí, en que me hacéis saber la muerte del gobernador desa isla. A mí me pesa de perder tan buen servidor, y he holgado que estéis vos ahí para que supláis y sucedáis en los buenos servicios que él me hacía. Y a lo que decís de vuestra edad y condición, yo me contento con ello, confiando en vuestra naturaleza y en lo que me habéis servido y así os lo ruego y encargo lo continuéis. Y no fagades ende al. Hecha en Burgos. Yo el rey. Por mandado de Su Majestad. Hugo de Urrías.»

Estuve allí otros cinco meses, demás de cuatro que había estado por solamente capitán, con mucha mejor vida que con estotra vana autoridad, porque no crecí de en más de faldas luengas, porque en provechos ni cortesías no vi ni una ventaja. De antes andaba enamorado, en calzas y jubón, de noche y de día; mataba a quien quería y daba la vida a los que quería, sin dar cuenta a nadie. Después que tuve este mayor cargo, podíalo hacer, pero con miedo de mi descargo. Ya que pasaron estos cinco meses y con los cuatro que tengo dicho, nueve, la tierra no tenía necesidad de gente de guerra; acordé de escribir a su Majestad esta carta que dice así:

«S. C. C. Real Majestad.

»Con Francisco de Villalobos tengo escrito a Vuestra Real Majestad, que en su real Corte tengo por mi solicitador y para que dé aviso a Vuestra Alteza de algunas cosas que cumplen a su servicio, a lo cual fuera yo, si no fuera por el peligro que está en esta isla. Suplico a Vuestra Majestad oiga al dicho

Francisco de Villalobos y despache lo que de mi parte le suplicará, porque yo lo merezco a Vuestra Majestad con algunas obras y mucho deseo que tengo de morir en su servicio. Porque éste es el mejor remedio que yo hallo para la salvación de mi ánima: que sea mi fin en servicio de mi rey y señor, que es la principal cosa que cualquier caballero ha de tener y de la que Dios será más servido. Que así pienso, si Dios me da hijos, será éste el primer artículo de fe que yo les mostraré. Y éstas no son palabras, pues la hecha es de dos crison más las manos que la lengua.

»Lo que suplico a Vuestra Real Majestad es que tengo aquí cien soldados que me han quedado de los que metí en esta isla —y fueron escogidos entre quinientos que veníamos de lo de Mallorca— que me envíe a mandar lo que, después de no habellos menester esta isla, haré dellos. Porque hará Vuestra Alteza dos cosas: la una, ser Vuestra Alteza bien servido dellos, porque son valientes hombres y hombres que no tienen otro oficio sino el de la guerra; y lo otro, será hacerles merced a ellos y a mí, porque en verdad, señor muy poderoso, ellos se han aventurado muy bien, con mucho peligro de pestilencia y moros, por servir a Vuestra Real Majestad. Cuya vida y muy real estado Dios guarde y aumente por largo tiempo, como yo, su buen criado y leal vasallo, deseo. De Vuestra Real Majestad buen criado y humill vasallo. Don Alonso Enríquez.»

«El rey.
»Don Alonso Enríquez de Guzmán, nuestro capitán general de nuestra ciudad e isla de Ibiza. Vi vuestra carta y oí a vuestro criado, el cual os llevará despacho de todo muy presto. Vuestra voluntad os agradezco, pues la conozco tan envuelta en obras en lo que toca a nuestro servicio. De Burgos. Yo el rey. Por mandado de Su Majestad. Hugo de Urrías.»

Dende en dos meses vino el dicho Francisco de Villolobos con el despacho siguiente, según y como por esta carta que el emperador me escribió veréis.

«El rey.
»Don Alonso Enríquez de Guzmán, capitán general de la nuestra ciudad e isla de Ibiza. Francisco de Villolobos, vuestro criado, que en esta mi Corte

habéis tenido solicitando vuestros negocios, va a vos por nuestro mandado, según y como por las nuestras cartas, cédulas y provisiones veréis. Y por cuanto de vuestra persona me quiero servir en esta mi Corte, vernéis luego a ella, de do se os encargarán mayores cargos, según vuestra persona y servicios merecen. Y por cuanto los soldados que hay tenéis no son menester, pagándoles un sueldo y poniéndolos do los sacastes, para llevar a Mallorca, sin que les cueste nada de pasaje ni vitualla, para lo cual por otras nuestras provisiones va proveído. Y en lo que toca a la gobernación desta ciudad e isla, entregaréis la vara y varas a mosen Salón y a quien él señalare, porque así cumple a nuestro servicio. Y no fagades ende al. De Burgos. Yo el rey. Por mandado de Su Majestad. Hugo de Urrías.»

Luego obedecí y cumplí la dicha cédula; lo primero por hacer lo que me mandó el emperador, y lo segundo porque esperaba, considerado mis servicios y lo que me había prometido, muy mayores cargos y grandes mercedes, sin esperar otra cédula ni sobrecédula, que suelen esperar los que suelen dejar los cargos, y lo que esperaban en mí, así el rey y los del su Consejo como los de la misma tierra. E hice mi armada y despedimiento lo más concertadamente que yo pude. Hubo en la ciudad muy grandes llantos: unos, los que les pesaba de mi ida, y otros, porque se les acordaba que había ahorcado a sus maridos y a sus hijos, porque allí, de antes, se solía hacer pocas veces. Y no desembarqué los soldados en Monverde, cuatro leguas de Valencia, que es donde los había embarcado para Mallorca, como el emperador me mandó, sino en Alicante, porque ellos así lo tuvieron por mejor. El camino era casi igual para el gasto de las vituallas. Allí desembarcamos y cada uno se fue por su parte. Verdad es que fue después de haberme muerto el alguacil, lo cual hicieron una noche, otro día que llegamos, porque le tenían por diligente en el oficio. Y a mí pésome, por lo que toca al dicho alguacil; y holguéme porque no me mataron a mí. Y así se acabó lo de Ibiza.

Habíaseme olvidado de contaros el desafío que con Barbarroja pasé, el cual es un tirano que fue hombre de poco. Y después por su persona salió de Turquía, do es su naturaleza, con un bergantinejo y siete u ocho compañeros y poco a poco, queriéndole Dios dar la gloria en este mundo, lo poco que ha de vivir en él, que nosotros esperamos en el otro para siempre sin fin, y vino a ser rey de Argel y sojuzgar cincuenta mil hombres que gobierna y manda. Y hallándome ocioso de pasatiempos, quíseme ocupar en esto: enviéle este cartel, el cual y su respuesta es este que se sigue:

«Yo pasé por esta isla, do hallé nueva que, sabiendo la mortandad della, habéis querido venir a ella y os habéis dejado decir que habéis de perder cuanto tenéis y habéis de vengaros de las galeras, porque te tomaron una fusta. Yo digo así; por lo cual te envío esta mi carta de desafío, firmada de mi nombre, para te mantener y cumplir, como solemos hacer los caballeros cristianos, que yo soy el que te la tomé, porque venía en las dichas galeras de Mallorca. Y don Juan de Velasco, capitán dellas, fue ferido aquí del mal de la pestilencia, del cual es muerto. Y cuando te tomé la fusta, el dicho don Juan me había encomendado las galeras. Y pues tienes deseo, según hablas, de vengarte, aquí tienes en quien puedes vengarte y probarlo, porque yo soy el que te la tomé; yo soy el que tengo los turcos por cautivos; yo soy el que te haré conocer quién tú eres, que cosa más mala no hallo a que te comparar, si no es a ti mismo.

»Da orden como en tu tierra —que bien sé que acá no osarás venir— nos combatamos yo y tú. Y si quieres compaña, cinco de tus turcos, que yo llevaré cinco de mis cristianos, y allí verás la ventaja que te tenemos. Para lo cual, digo que espero tu respuesta y te hago saber que otros moros, como tú, te tienen publicado por acá por valiente hombre. Por lo cual te cumple mantenello. Yo soy don Alonso Enríquez, de Sevilla, capitán del emperador y rey, mi señor, de los cuales tiene muchos coroneles en la presente isla de Ibiza. Al presente tengo a cargo a Ibiza para defenderla de ti. Será menester, si aceptas el presente desafío, me envíes seguridad para la dicha isla. Hecha último de mayo de 1523 años. Los que he señalado que irán conmigo son éstos: Tomás de Morata, mi alférez; Juan Rodríguez, mi sargento; el capitán Pérez; Juan de Sosima; Diego Desano. Dóte de término todo este mes de junio, para que te puedas aderezar y responderme. Y así acabo y la firmo y la sello con el sello de mis armas y mi verdadero nombre. Don Alonso Enríquez.»

Respuesta: «Barbarroja, por gracia de Dios y por su gran bondad y por mis merecimientos y peligros de aventuras, rey de Argel, capitán mayor de mis amigos, digo a ti, Juan Alonso, capitán de Ibiza, que recibí tus letras y las mandé ver y responderte desta manera: que cuando tú fueres rey como yo, entonces serás merecedor de me desafiar y yo obligado a salir contigo. A lo que más dices que yo tengo pensamiento de ir a esa isla o enviar, mucho sabes tú, pues sabes allá lo que yo pienso acá. Mandéla escribir en el mes de junio. Barbarroja».

Ésta vino en morisco y mandéla trasladar así.

Cómo salí de allende, do os tengo dicho que desembarqué
con los soldados

Hice luego un correo al emperador, haciéndole saber mi llegada con una carta bien ordenada, a la cual me respondió. Y llegó a Sevilla la respuesta porque un criado mío que la había llevado, llevó ordenado que me la trajese allí, do, como creo que tengo dicho, es mi naturaleza y tengo mi casa. Ado llegué y fui muy bien recibido con alegres voluntades y no con muchas posibilidades, porque no está bien compasada la hacienda de mis parientes, que los unos son muy poderosos y los otros muy flacos. Y los primeros no me quieren conocer, ni yo a los segundos. Y aunque yo traía 2.700 ducados, así por la cuenta que tenía de la residencia, no embargante que no había hecho cosa que no debiese, pero como los buenos no han de temer lo que han hecho, sino lo que les pueden levantar, porque no han de usar cosa mala, acordaba de ir preparado para pasar los trabajos de las cárceles y pagar lo que debiese y no debiese. Por lo que, no dejando de andar y proveer mi casa, como era menester, no descubrí mis dineros ni hice desorden. Y luego vino la respuesta del emperador en esta dicha causa, en una carta que dice desta manera:

«El rey.

»Don Alonso Enríquez de Guzmán: Vuestra venida a vuestra casa, donde me hacéis saber que habéis de reposar algunos días, hasta que yo os mande otra cosa, sea embuenora, y huelgo dello, y así lo haréis. De que hayáis descansado, que vengáis a esta mi Corte. De Burgos.»

Luego le hice otro mensajero, porque supe que había dado en el capítulo que hizo una gran suma de hábitos de Santiago, de los cuales no me había cabido ninguno, habiéndomelo prometido y siendo de mí bien servido, con una carta que es esta que se sigue: «Muy poderoso señor: Yo he sabido que me dejó Vuestra Majestad fuera en los que provéis de hábitos de Santiago. Y yo pensé que yo, habiendo defendido a Vuestra Majestad sus ciudades y lugares de moros y franceses, y otros reducidos de traidores, como está notorio y por vuestras reales cartas agradecido, que en mi poder tengo y probaré, si menester fuere, sin otros muy grandes servicios que aquí no pongo por no ser prolijo, que Vuestra Majestad quitara a otros lo que les había prometido para dármelo a mí, y no lo que había a mí para dar a otros, como hasta ahora se ha hecho. Cúmplase la voluntad de Vuestra Majestad, a quien cuanto puedo suplico que mire el agravio y deshonra que se me hace.

»Porque si Vuestra Majestad no me da el hábito que me tiene prometido, y yo publicado, mostrando su cédula, yo no podría volver ado viese alegre a quien me quisiese mal y triste a quien me quisiese bien. No me parece que es bien que ayude Vuestra Majestad a quien mal me quiere, pues tan bien os he servido contra los que os han querido deservir. Vuestra Majestad lo mire bien, pues la honra es que no se puede restituir. No permita Vuestra Majestad que por vuestra real mano sean vengados de mí mis enemigos, pues aquel César Augusto, de quien tomaste nombre, no se ocupaba en semejantes cosas, no pudiendo ellos con las suyas, y también os y servido yo con las mías contra los vuestros.

»Mire Vuestra Majestad los muchos trabajos Y grandes peligros que he pasado, en los cuales no solamente he aventurado a perder el cuerpo pero aun el ánima, porque no era otro mi fin sino servir a Vuestra Majestad. De solo Vuestra Majestad esperaba el galardón y aunque yo tuviera alguna tacha por donde no se me podía dar el hábito, debiera Vuestra Majestad dármelo por encubrírmela y no dejármelo de dar, porque es dar a entender que la hay. Porque como es notorio a todos el derecho que tengo a él, así por haber mucho tiempo que salí de mi tierra no con otro fin y hasta ahora he perseverado en él, como por haber mostrado una cédula de Vuestra Majestad con firma, lo cual mostraba para defensa de mi derecho y a causa de no habérmelo dado, teniéndolo merecido, y como digo, prometido, que son dos causas éstas para que piensen mal los que me quieren bien, no dándoseme, cuanto más los que me quieren mal. Y temo no haya sido para más condenarme.

»Suplico a Vuestra Majestad que, moderado lo uno y lo otro, me dé este hábito, o recompensa que me satisfaga de la honra que pierdo a las gentes, que yo satisfecho estoy. Lo que Vuestra Majestad no debe estar de su descuido, según el secretario Covos me escribe que hubo, cuando los dichos hábitos se dieron, que no se puede dar hasta otro capítulo —que será cuando Dios quisiere— estando yo, cuando se hizo este pasado, con tanto cuidado y peligro en servicio de Vuestra Majestad. Aunque en dármelo, recibiré más merced que Vuestra Majestad servicio en dejármelo de dar, pues no hay cosa que con derecho lo estorbe ni causa de razón ninguna, pues ¡bendito sea Dios! puso en mí todo lo que la orden requiere. Y yo, para lo demás, me he ayudado obedeciendo vuestros mandamientos y he usado lo que para ello fue fundada la dicha orden, conquistando contra infieles».

A esto me respondió el secretario Covos en una su carta que Su Majestad había recibido la mía y que no me respondía a ella porque cada día me esperaba. Y que así lo debía hacer: partirme luego para allá. Y así lo hice dentro de cierto tiempo, como adelante veréis, que estuve en la dicha ciudad de Sevilla, mi patria y naturaleza, do os contaré lo que aquí en este tiempo me acaeció.

Lo que me acaeció en Sevilla con mis contrarios

Ya os tengo dicho de cierto negocio que acaeció en Flandes, sobre un desafío que hice a don Francisco de Mendoza, por que fue desterrado de los reinos de Castilla por el gran enojo que dello hubo el emperador, según vos tengo contado, lo cual tocaba a caballeros de la dicha mi patria, con los cuales yo quedé tan saneado que no quedase solapado, de manera que pudo tornar a refrescarse.

Como fue desta manera, conviene a saber como don Pero Enríquez de Ribera, primogénito de la gran casa y estado y marquesado de Tarifa, el cual, antes que heredase, se nombró así y después que heredó se mudó el nombre: a don Per Afán de Ribera. Las causas más ciertas en su historia lo veréis, porque es tan honrado y tan valeroso que no se dejará de escribir dél, como de gran príncipe, aunque a mi parecer lo hizo porque había otras casas en España tamañas o mayores que la suya y señores en ellos de los Enríquez por apellido, y de Ribera ninguna sino la suya. Demás de lo cual tenía en sus títulos grande obligación. Y volviendo a mi caso, este señor, antes que heredase —como en este libro en otras cosas os digo— fue muy grande mi señor y amigo. Y aunque el deudo era poco, porque él es de los Enríquez de Castilla y yo de los de

Portugal, que son todos una cepa aunque no deudo conocido, la deuda era muy grande de lo que él me quería y yo le deseaba servir.

«Y ordenamos entramos una justa, desafiando como mantenedores a todos los que quisiesen ser aventureros para justar con los dos. Y este cartel pusimos en las Gradas desta ciudad con toda solemnidad. De lo cual un caballero muy honrado y bien dispuesto, de linaje y de riqueza bastecido como el que más en la dicha ciudad, después de los señores de título, que era regidor en ella y comendador de la orden de Santiago, muy emparentado, hubo envidia dello, por vieja enemistad que nos teníamos. Con deseo de renovalla buscó y hallóla desta manera: que yéndonos a ensayar el dicho don Pedro Enríquez y yo a la tela de la ciudad, que estante está para ello a la Puerta del Sol, cabe la muralla, entre otras grandes grandezas que hay en la dicha ciudad, saliéronnos a ver muchos caballeros. Y allí se revolvió en palabras este dicho caballero —que se llama el comendador Garci Tello—, con don Juan de Guzmán, mi hermano, desloando lo susodicho en lo que se aventajó el dicho arrendador, porque, según parece, venía apercibido de palabras y de criados, aunque no llegaron a las manos por estar presente [don Francisco] de Sotomayor, conde de Benalcázar— y después fue marqués de Ayamonte y después duque de Béjar por parte de la mujer, mas como entonces no era más que marqués, en esta manera lo intitularemos en este libro.

»En este caso yéndonos a desarmar el dicho don Pero y yo después de habernos ensayado y a cenar a casa deste príncipe don Pedro, como otras veces solíamos muchos caballeros, porque siempre y antes que heredase fue gran señor y lo que le faltaba de hacienda le sobraba de valor, do entró el dicho don Juan, mi hermano, diciendo lo que había pasado con el dicho comendador Tello. Y acabado de cenar, díjome don Pero Enríquez: «¿Qué pensáis hacer sobre esto?».

Yo le respondí: «Mal lo ha hecho el marqués de Ayamonte en no hacerlos amigos. Lo que me parece es que vaya uno de parte de don Juan, mi hermano, al comendador Tello y le diga que él ha tomado burlando lo que con él ha pasado; que quiere saber dél cómo lo ha tomado».

Respondióme que le parecía muy bien y que fuese luego y el mensajero, un caballerizo suyo que se llamaba Pero Bravo, hombre anciano y honrado.

Lo cual se efectuó luego, y tomó el mensajero y mensaje al comendador Tello, pasándose por una calle que de las Armas se dice, por donde suelen pasear todos los caballeros de la ciudad cuando no tienen que hacer, con el dicho marqués de Ayamonte. Y dado el mensaje, el comendador Tello respondió, que lo oyó el marqués y otros: «Decilde a don Juan que yo no quiero burlas ni veras con él ni con su hermano, don Alonso».

Y desque supe esto y que ya me obligaba a ofenderle con el poco caso que hacía de mi hermano y mucho de mí, pues no había para qué hacer ninguno, con la mayor disimulación que yo pude me aparté de don Pedro Enríquez, diciéndole: «Beso las manos a Vuestra merced, que me voy a dormir».

Y él me dijo: «Andá con Dios; ya sabéis que no os puedo faltar».

Y así se quedó.

Y don Juan y yo fuimos a mi casa, y luego mandé llamar muy secretamente a tres hijos del señor del Aljaba, don Pedro y don Lope y don Rodrigo de Guzmán, de los cuales os doy larga cuenta en este mi libro y por esto ceso en este capítulo, y a don García, mi hermano, y a Juan de Añasco y Pero de Añasco, mis cuñados, hermanos de mi mujer. Y con don Juan y conmigo éramos ocho, los cuales y yo armados. El comendador Tello, bien espiado que estaba cenando con el dicho marqués de Ayamonte, fuímoslo a matar, para que pagase lo nuevo y lo viejo y se confundiese su vanidad, que en la verdadera en superlativo grado e incomportable, aunque merecía mucho —según he dicho— no tanto cuanto él pensaba y quería que pensásemos.

Y así como salimos los dichos a las once de la noche en orden de pelear, secretos y disimulados, topamos cabe la dicha mi casa a don Pero Enríquez; y con él traía otros tres caballeros. El uno se llamaba don Pero de Ribera y el otro Arnao Elgara y el otro Hernando de Ayala. Y yo, que iba delante, topé con ellos y le dije: «Señor, grande agravio y daño me hace Vuestra merced, porque más os quiero y mejor es que me defendáis mañana de la justicia con vuestro valer y poder que no que me ofendáis al comendador Tello esta noche, porque para eso estamos los que vamos».

Él me respondió: «No gastéis tiempo en balde, que ya que el pueblo sabe que os tengo por pariente y por amigo, han de saber que tengo de poner por vos y por vuestra honra lo posible».

Y no pude con él que se volviese, y así fuimos todos doce en su busca. Y topamos con él, que venía de cenar con el dicho marqués de Ayamonte, en una plaza que se dice de San Juan. Y venían con él un caballero que se llama Diego López de las Roelas, y otro de Sandoval, su primo hermano, y cuatro hombres con cuatro lanzas. Y fuimos para él —el dicho don Lope y don Juan, mi hermano, y yo— que los demás quedaban encubiertos en unos portales. Y como él dijo después, pensó que le envidábamos de falso y teníamos los más puntos y la mano. Y antes que nosotros echásemos manos a las espadas, echó mano él. Y dende en poco tiempo que vino nuestro socorro, huyóle la compañía y quedó él con nosotros.

Y el dicho Diego López, el cual como veía que le habían de aprovechar más las palabras que el espada con tanta gente, no la usaba sino la lengua diciendo: «¡No más, señores! Mirá que vengo yo aquí y que no habéis de matar tantos a un caballero». Lo cual decía muy bien y como honrado caballero. Y si fuéramos menos, creo que lo dijera con las obras, aunque éramos sus parientes y amigos, todos los cuales aprovecharon poco con tantos. Y aproyechóle mucho lo que dijo, porque por ello lo dejamos de matar, aunque tanto le aprovechó una cota sin mangas que traía vestida, no faltándonos poder y voluntad para ello, sino que creimos que quedaba para no poder vivir. El cual comendador Tello, retrayéndose, cayó antes y después de caído, le dimos muchas cuchilladas y estocadas. Y nos fuimos al monasterio de San Agustín, extramuros desta ciudad, do estuvimos un mes retraídos, y otro mes presos en las Atarazanas, y todo este tiempo curándose el comendador Tello de sus heridas.

Y después vino el duque de Arcos de su tierra y el licenciado Girón de Granada, do era oidor de cancillería real, y nos hicieron amigos, aunque no mucho, porque después siempre habemos habido pendencias y diferencias él y yo. Y no he hecho en todo esto diferencia de don Pero Enríquez a nosotros, habiéndola muy grande, pues que él lo quiso que en el hecho la hubiese, porque bien pudiera dejar de ir a ello y con su favor hacello; y ya que lo hizo, no estar retraído ni preso como estuvo, por humanarse como Cristo y redimirnos como hizo, mamparándonos y favoreciéndonos y defendiéndonos, regalándonos y manteniéndonos con gran mesa larga para nosotros y los que nos venían a visitar, pagando armas y costas y penas, que fue por todo más de 1. 000 ducados.

Y así fuimos desterrados por lo que tocaba a la justicia. El dicho marqués de Ayamonte, don Francisco Acuña —que así se llama por razón de la herencia del ducado de Béjar, y de Sotomayor, según he dicho, por la del condado de Benalcázar que heredó de su padre— otro día en la mañana que amaneció herido el comendador Tello, tomó a la duquesa su mujer, que se llama doña Teresa de Zúñiga y de Guzmán, a las ancas de una mula y fueron a ver el herido, que en casa de su madre estaba, porque no era casado. Y entrando, dijo el marqués de Ayamonte al herido: «Más querría ser vos, conde, que el rey que os manda matar y que los caballeros que os salieron a acuchillar, siendo doce y vos uno».

Y otras palabras y visitaciones muy a menudo, sin hacer a nosotros ninguna. De que tomamos gran desabrimiento de Su Señoría, especialmente yo, que fui el autor y caudillo deste negocio. Y a cabo de doce o catorce días, que ya los físicos tenían esperanza de su vida, el dicho marqués dijo al comendador Tello: «Pídoos, señor, por merced que si habéis de ser amigo de los que os han herido, sea por mi interseción, por serlo yo de quien lo he dejado de ser por vos, especialmente del señor don Pedro Enríquez, con quien tengo tanto deudo y razón».

Y el comendador Tello le respondió que no estaba en esa determinación. Dijo el marqués: «Pues, ya que os dejo fuera de peligro, yo tengo que hacer en Ayamonte. Cuando se ofreciere amistad o enemistad con los dichos, hacémelo saber, que cerca es, porque en lo uno o en lo otro me quiero hallar».

Y así se partió dél y desta ciudad y quedó el comendador desabrido, según después pareció, porque hizo las amistades con nosotros por interseción del duque de Arcos, que su hermana era mujer de don Pedro Enríquez. Y así se da fin a esto.

De cómo después que fui a la corte, hallé en Valladolid al dicho marqués de Ayamonte con todos los grandes del reino, que había llamado el emperador, y lo que me pasó con él

Yo llegué a la villa de Valladolid y visitaba mucho al duque de Béjar, de quien era heredero el mismo marqués, por ser casado con hija de su hermano y no tener hijos el duque ni otro más propinco heredero. Y no estaba bien con el marqués, por lo que habéis oído en el capítulo antes déste. Y topábale por las calles y en palacio y no le hablaba de bonete ni de lengua, apartándome dél y dando otros honestos desvíos. Y un día, yendo a comer con el dicho duque, díjome: «Don Alonso, ¿habéis sabido como el marqués de Ayamonte ha comprado un caballo blanco a don Francisco, hijo del conde de Miranda, por 500 ducados?», con grande admiración —y tenía razón— porque entonces el mayor precio del mejor caballo eran 200 ducados, y cuando llegaba a 300, teníase por desatino. Y en la verdad había sido, demás de ser muy bueno el caballo, el excesivo precio querer el marqués contentar al dicho don Francisco por ser de la casa de Zúñiga y del dicho duque y ducado que él heredaba, porque siempre trabajó de tener contento, así al mismo duque, como a padre y señor, como a todos los demás deudos y amigos suyos.

Y respondiendo a lo que el duque me dijo, díjele: «Señor, no se espante Vuestra Señoría el marqués haber dado 500 ducados por ese caballo, porque los da del pan de su compadre y no de su padre, que es a pagar cuando heredare de vos lo que tenéis miserado y guardado».

Y antes que os diga lo que el duque desto sintió y respondió, quiero que sintáis y sepáis que yo hablaba siempre, bien de los que quería bien y siempre mal de los que quería mal, porque, demás de parecerme bestialidad decirme bien de todos ni mal de todos, no resta agradecimiento ni venganza. Y aunque ésta está proivida en nuestra santa fe católica, como no soy santo sino pecador y confío más en la misericordia de Dios que no en mis obras, tengo consuelo con esperanza de enmienda y deseo della, aunque lo mejor sería ser santos y no pecar. Mas como Dios permitió hubiese diablos y otras ocasiones, no es de maravillar, especialmente que con pasión todo se debe de perdonar más que lo que se hace con vicio.

El duque se alteró de lo que le dije en gran manera y díjome: «Juro a Dios y al cuerpo de Dios que le ha de ser más larga la paga que piensan, ni que el uno ni el otro».

Y díle negra comida, y el marqués, de que lo supo, que fue luego, negra cena. Y otro día, paseándonos el marqués de los Veles y yo por la Corredera delante de palacio, topamos con el dicho marqués de Ayamonte y con el conde de Nieva. Y dijo el marqués de Ayamonte al de los Veles: «Señor, troquemos compañías, porque quiero hablar al señor don Alonso».

Y sacóme hacia el campo y a la salidam de la villa mandó quedar sus criados, y fuímonos solos los dos en sendas mulas y espadas y capas. Díjome: «Señor don Alonso, yo os he sacado aquí para deciros lo que oiréis».

Y yo quisiera más estar doliente en la cama, para decir verdad, que sano allí; porque estos grandes señores pocas veces se determinan, y ver a éste tanto, y tenerle por valiente, y que matarme él a mí o yo a él todo me era demandarlo, temblóme la contera y aun el corazón.

«Ya sé» —dijo el marqués—, «questáis enojado de mí. No tenéis razón, porque si yo favorecí contra vosotros al comendador Tello, entraba en mi casa y vos no. Y él me dio el pago que yo merecía y que vos me habíades de dar, porque yo me enemisté con el señor don Pedro Enríquez, que es persona tan calificada y mi primo segundo, y con los demás que le acuchillastes, que pocos me salían de deudo. Y encargéle y roguéle que si había de ser amigo de vosotros por otra mano, que no lo fuese sino por la mía, para restaurarme con vosotros. Y que si no lo había de ser y se sentía por injuriado, que yo pornía mi persona y estado por él contra vosotros. Y con esto me fui a Ayamonte, do dije que me enviase el aviso de lo que de mí quisiese.

»Y cuando no pensé, supe por otras vías como por mano del señor duque de Arcos habían hecho sus amistades. Y creo que me han dicho que no quisiera que me fuera de con él. Y a los que quiero más de lo que es razón no les doy nada, por do podréis entender que no os estorba mi amistad la del comendador Tello. Tras esto os quiero decir que he visto que no me habláis bien y que habláis mal de mí al duque mi señor. Es menester que os determinéis aquí; y si no os determináredes, os hago saber que si quisiéredes mi amistad, en mí ternéis buen amigo; y si no, yo os prometo, como caballero, de haceros matar, si más decís mal de mí al duque.»

Yo le respondí: «Yo he oído todo lo que Vuestra Señoría me ha dicho, y respondiendo a todo junto con brevedad, digo que quiero más vivir en vuestra amistad y ser vuestro servidor que no morir de otra manera; cuanto más que yo ya veía esto que Vuestra Señoría me ha dicho y yo deseaba reconciliarme en vuestra gracia», como desde entonces quedé. Y después le envié presentes, y él a mí mercedes. Y así se da fin en esto.

Cómo llegué al emperador y lo que me pasó con él cerca desta pendencia

En besándole la mano al emperador, de recién venido de Sevilla, díjome un flamenco que se llama Falconete, a quien había dado el emperador la encomienda y veinticuatría de Sevilla que tenía el dicho comendador Tello, porque se tuvo por cierto que había muerto de las heridas: «¿Por qué no matastes a aquel comendador, que había habido yo su vacante?».

El emperador se acordó dello y díjome: «Pues ¿cómo, don Alonso?, ¿todas ésas eran vuestras valentías, que fuistes doce y muy armados a matar a uno?».

Yo le respondí: «Señor, es verdad, y yo os diré por qué. Habéis de saber que yo lo quería matar y por esto fui con doce y muy armados; que si yo quisiera que me matara él a mí, fuera solo y desarmado».

Y así doy fin a esta plática por daros cuenta de lo que me pasó con Su Majestad acerca de mi venida en Sevilla, en la redución del reino de Mallorca y defensión de la isla de Ibiza, porque ya os tengo dicho que cuando a esta ciudad vine y me aconteció esto que os tengo contado destas cuchilladas y diferencias, venía de servir a Su Majestad en esto, y Su Majestad me había escrito que descansase en Sevilla y luego fuese allá.

Y porque no quede nada por decir, desque el comendador Tello fue sano de las dichas heridas, porque yo dije ciertas palabras contra él, se juntó con sus deudos y me dijo otras, de que todos quedamos satisfechos, aunque después, por otra liviana cosa, le desafié, diciendo que ya que yo le había tomado con mis deudos y él a mí con los suyos, que bien sería que nos hablásemos a solas y que escogese él el lugar, que yo iría con una espada y una capa. Y él fue a la Vitoria a esperarme, que es fuera de la ciudad. Y súpose sin falta suya ni mía. Y fuimos presos y amigos, aunque no mucho, porque aunque no nos hablamos, no nos tomamos mala voluntad ni nos hacemos malas obras. No pongo en este mi libro las palabras que pasamos, porque las que se dicen con ímpetu no está en mano de las gentes ni se debe hacer caso dellas. Y pues nosotros no lo hacemos, no lo agáis vosotros, especialmente que yo os confieso que él no quedó de mí afrontado. Y quien dijere que lo quede yo dél, miente.

Lo que me pasó con el emperador, nuestro señor, cuando fui a darle cuenta y descargo del cargo que me dio de la defensión de Ibiza y redución de Mallorca, en respuesta de que su secre-

tario me escribió a Sevilla que me esperaba Su Majestad para saberlo de mí

Primero os quiero decir y avisar que no me echéis culpa ni dudéis porque parecería en algunas partes este mi libro que desvaría y desconforma las razones de los tiempos. Porque algunas cosas digo en un capítulo que acaeció en dos tiempos diferentes uno de otro y que me acaecieron otras cosas en otro tiempo que hubo en medio, acuerdo ponerlo todo junto por no derramar lo que hace a un caso en muchas partes. Y por tanto, dad crédito a todo. No digáis: «¿Cómo pudo ser esto?», porque yo os certifico que pasó así y que en algunas cosas me acorto por la prolijidad y por otros inconvenientes.

Y viniendo en lo que hace al caso del dicho capítulo: yo llegué a la Corte del emperador no tan próspero como el Próspero Colona ni tan desautorizado como don Pedro de Bazán. Y fuime derecho a casa del secretario Covos, do le hallé en anocheciendo, que él me vio y yo le vi y él ojo en mí y yo ojo en él, como en el balandrán de la otra con la otra. Pesándole de verme, se turbó y un rato no me habló, porque le habían dicho que así en robos como en fuerzas como en sinjusticia, ahorcando los hombres sin causa, corrompiendo doncellas, dañando y disfamando dueñas, cohechando de sus dueños y consintiendo los robos en mis soldados, había sido muy desconcertado y malmirado en servicio de Dios y del rey y de mi cargo. Y cuando me habló, díjome: «No quiero reprehenderos lo que me dicen que habéis hecho, sino lo que veo que hacéis, teniendo en poco en el acatamiento que debéis al emperador y a la guarda de vuestra persona, queriendo poner a vuestros amigos en trabajos, no pudiendo remediaros, según dicen, que son muchos vuestros desconciertos. Yo, como el que más os quiero, dellos, así por lo que toca a vos, como en lo que toca a mí, en vuestro peligro y en mi trabajo, os aconsejo y cuanto puedo ruego con vuestra ausencia déis lugar a que se olviden vuestras cosas, porque cierto os certifico que he trabajado que no os vayan a buscar y que está de vos enojado el emperador».

Yo le dije: «No echo culpa a quien ha informado a Vuestra merced ni a Vuestra merced haberlo creído, porque ellos por hablar con vos y vos por usar con ellos vuestra acostumbrada bondad con todos en oíllos y dallos crédito. Pero pídoos por merced que, sabida la verdad y oídas y vistas las partes a quien atañe, como viene en las provisiones reales, si alguno de mi derecho yo hiciere tuerto, lo que contra mi alma y servicio del rey y honra de mi persona que yo he hecho o dicho, o hiciere, que Vuestra merced dé por ninguno lo entendido y oído y así creído, porque bien creo de mí no juraría Vuestra merced ser verdad el mal que os dijo, porque soy muy hidalgo y muy honrado y muy leal en el servicio del rey y muy aficionado a Vuestra merced. De do se debe creer como parecerán mal vuestras costumbres, las cuales han sido dechado de mis lavores, que aunque no estábades presente de mi vista, nunca Vuestra merced ni sus condiciones lo dejó destar en mi voluntad y deseo y obras, por do se debe creer no fueron tan malas como me mostráis que os han dicho. Antes os quiero decir que desta manera, muchas gracias a Dios y a vos, fueron tan buenas que vos me habéis de dar muchas gracias por lo que toca al servicio de Dios y de mi honra, y el rey muchas mercedes».

Él me respondió que por quienquiera holgara mucho de aquesto, cuanto más por mí, que no había a quien más quisiese. Yo le comencé a dar cuenta dello, como adelante veréis, y él a creerme. Respondióme que holgaba mucho dello, que le dijese en que quería que me ayudase. Yo le dije que en hacer que mi residencia me la tomase caballero y no letrado, porque yo fui proveído por capitán y no por gobernador e hice justicia con razón y no con leyes. Él se obligó a ello y así lo hizo, como adelante veréis. Y lluego me llevó a las ancas de su mula a la casa del duque de Alba, don Fadrique de Toledo, el cual no se espantó menos de mi vista que os he dicho que hizo el secretario. El cual dijo: «¡Cómo! ¿tenéis con vos ese perdido?».

Y así de la manera que dicho tengo, satisfice al uno como al otro.

Y concertamos como otro día me llevase el duque a besar las manos del emperador, el cual hallamos en una cuadra, de pechos en una ventana. Y dijo el duque: «Dé Vuestra Majestad las manos al virrey de Ibiza», burlándose con él y conmigo. El emperador volvió y no le plugo de me ver, según mostró, y no me preguntó nada ni me dio de buena gana la mano. Y el duque llegó a él y le dijo que a según mi razón y atrevimiento, él creía que yo traía buen juego y más para ganar con él que no para perder. El emperador dijo: «Deso holgaré yo, por cierto».

Y así se entró en una cámara y yo me fui con el duque a su posada. Y otro día me dijo el secretario Covos que Su Majestad mandaba que la residencia que fuese tomada por Hernando de Vega, caballero de la orden de Santiago y comendador mayor de Castilla, y por el doctor Carabajal, letrado y de su Consejo de Cámara; los cuales me la tomaron.

Y en principio preguntaron si era verdad que yo había ahorcado o mandado ahorcar un hombre porque no tenía zapatos. Yo les dije que sí. Preguntaron porqué hice una cosa enorme en deservicio del rey y de Dios y de mi honra. Yo les dije, protestándoles primero que mirasen mi confesión por términos de hombres de guerra; y que los moros vinieron y cercaron a una, iglesia de la isla, la cual era fuerte, junto a un puerto que se llama de Pormaña, dos leguas de la ciudad do yo y mi gente estábamos aposentados. Y como tuve el aviso que no fue pequeño, porque con cinco piezas de artillería y con quinientos turcos y moros, todos arcabuceros y flecheros y escopeteros la combatían. Estaban dentro dos frailes hermitaños y hasta treinta hombres y mujeres y muchachos comarcanos que allí se habían acogido, los cuales tienen por allí sus casas y hacendejas; y llámanles pajeses, como acá labradores.

Y yo, doliéndome dellos, puesto que no era obligado a más de guardar la ciudad, constitución real, considerando esto que he dicho; y aquello debe de agradecer el señor a su criado que a aventura de su persona hace en su servicio más de lo que es obligado, por do le debe de pagar más de lo que con él está concertado. Y yo, como lo había más por esto que no por estotro, que aunque era mucho mi salario —porque eran 4 ducados cada día y cien cada mes—, en más tenía lo por venir que lo presente, haciendo cuenta que si vivía, vencía, y si moría, no veía ni oía, hice tocar mis atambores y mi gente en ordenanza y salí una hora después de amanecido de la ciudad con cien soldados —porque los demás que allí había metido se habían muerto de pestilencia— los cuarenta escopeteros y doce ballesteros y cuarenta y ocho piqueros y cincuenta hombres de la tierra con sus ballestas, mal aderezados.

Y a legua y media de la ciudad paré en un pozo a refrescar y allí, visto yo en la gente buen ánimo y voluntad de pelear, y yo, mal por mal, más gana de morir a manos de aquellos moros en servicio de Dios que a manos de ruines físicos del mal de pestilencia —que había mucha—, en servicio del rey. Mandé hacer el escuadra para efectuar nuestra intención. Y en esta sazón llegó a mí el dicho soldado ahorcado por no tener zapatos y díjome: «Señor, el gran Capitán de gloriosa memoria, que fue más esforzado que Aníbal y más sabio que Salomón y más franco que Alejandro, oía a todos los que le querían aconsejar, de cualquier manera o calidad, en cualquiera cantidad, y después hacía lo que le parecía. Y pues en todo sois su semejanza, seldo en esto».

Yo le dije, más por esforzallo que por creerlo ni ser vano, que en todo decía verdad y que así quería oíllo, encargándole fuese breve, porque me daban prisa las lamentaciones de los frailes que en la iglesia estaban y las clamaciones de las mujeres y alaridos de los moros, lo cual todos casi oíamos y mis corredores del campo me decían. Él me dijo: «Señor, brevemente os quiero decir que por tres cosas no debéis de pelear: la una, porque hacéis más de lo que sois obligado, y ternía el rey razón de se enojar, porque el rey no os mandó que defendiésedes los campos ni los montes ni la iglesia de San Antón, sino la ciudad y vecinos della. Y si aquí morís y morimos, quedan desmamparados y vos no habéis hecho lo que debéis. La otra es que habíamos de venir hartos y bien armados, y tenemos mucha falta de lo uno y de lo otro. La otra es que son ellos quinientos y nosotros cien. Y porque no penséis que lo digo de miedo, digo con esta cien que lo tengo dicho que creo de vuestra persona, que si peleamos que no me haréis ventaja».

Yo le dije: «Mucho más huelgo desto postrero que con todo lo que me habéis dicho. A lo cual, aun no tenemos mucho tiempo, quiéroos responder. Y a lo primero os digo que si venciéremos, con el vencimiento seremos gozosos y habremos cumplido. Y si muriéremos, una higa para Su Majestad y otra para quien nos lo tuviere a mal. Y cuanto a lo segundo, digo que ninguno ha hambre, si no lo pide al que sabe que se lo ha de dar. Y pues vos lo habéis hecho, debajo de aquella higuera está un criado mío con cosas de comer, al cual os remito, y también para que os dé una cota de malla o un coselete, cual más quisiéredes. Y a lo tercero, que pues son quinientos y nosotros cien, que vos sois tan valiente como yo, que como dicho tengo no me ha pesado de salir, digo que debéis vos pelear por doscientos, que yo por otros tantos pienso hacello, y peleando vos y yo por cuatrocientos y los cien por cien, somos tantos a tantos».

Él me dijo que lo había satisfecho.

Y a todo esto no cesaba mi sargento y lugarteniente de hacer el escuadrón y poner la gente en orden de pelear. Y yo voyme a poner en la hilera delantera como es razón y suelen los capitanes. Yendo mi camino adelante, dentro de poco tiempo volví mi cabeza atrás y vi, obra de tres tiros de ballesta, al dicho soldado camino de la ciudad por un prado fuera de camino. El cual creo yo que quisiera él más que fuera monte, aunque no llevara los pies tan a su placer, quebrado como conejo, remitiéndose más a las armas dél que no a las que yo llevaba. Y yo, disimulando cuanto pude —porque los soldados son en parte como carneros, porque por donde va el uno van todos— dije a mi lugarteniente que fuese poco a poco hasta meter la gente en una cañada y allí hiciese alto, como dicen los hombres de guerra, para estar quedos hasta que yo volviese.

Y tomé mi alguacil y canciller y dos alabarderos y fuíme a cazar mi soldado, y no con falta de temor que se me había de entrar en alguna cueva que fuera menester hurón para sacallo. Y él, cansado y parado como perdiz —que a todo esto se puede comparar— y contempla en su bravosidad. Díjele: «¿Dónde vais?».

Díjome: «Señor, a la ciudad, porque yo me he hecho una cuenta que dejaréis pasar la siesta y en este tiempo seré de vuelta con unos zapatos, porque estoy descalzo».

Y es menester que os acordéis como arriba digo que había legua y media a la ciudad y media a los enemigos. Yo, desque vi la ruindad del conejo o perdiz —cual más quisiéredes—, el cual había llevado siete u ocho meses sueldo como valiente hombre al rey, que por ladrón merecía muerte y no la vida por covarde, mandéle ahorcar en un árbol por donde había de pasar con un papel en los pechos que decía así: «Éste manda don Alonso ahorcar porque no tenía zapatos».

Y en la verdad, aunque no fuera por más de por esto, lo merecía, porque le daba paga doble —que son 6 ducados cada mes— y no tenía zapatos. Y ya que los tuviera, quería más andar legua y media por huir que media por alcanzar.

Pasando por allí los soldados y viendo esto, el que no deseaba ser valiente hombre deseaba ser zapatero si no tenía zapatos, o si los tenía rotos, para cosellos. Y así llamé luego un ballestero para que me descubriese un montecillo, y no tenía zapato en un pie. Y díjele: «Llamáme otro que esté mejor herrado».

Y él, con pensamiento que lo había de ahorcar como al otro, díjome: «Señor, luego vi que me queríades enviar fuera y ando mejor sin zapatos que no con ellos, y por eso me descalcé éste y por venir presto a vuestros mandamientos no me descalcé estotro».

Fue y vino, reventada la sangre por los dedos de los pies. Y porque por esto quise enviar a otro a otra cosa semejante y no enviaba a él, me dijo: «Mientras más sangre me sale por los pies más recio estoy; por eso no me dejéis de mandar».

De la manera que se dio la batalla, y después a esto diré cómo fue absuelto de la residencia, volviendo a este propósito

Luego nos fuimos hacia los moros y los moros hacia nosotros. Y venía delante un capitán esforzado y en todo peligro osado, con un gran capuz de grana vestido y lo de los lados alzado en los ombros y una escopeta dorada en las manos, armada y una mecha encendida, y sus soldados con unas jaquetas coloradas que no le habían de haber costado mucho. Y por dalles a entender que era más poderoso que ellos, acostéme hacia la mar; y ellos no me creyeron, y tenían razón, porque ya tenían presos de la tierra cuatro o cinco hombres que los habían avisado, y yo no lo sabía. Y asimismo se acostaron ellos hacia la tierra; nosotros, para que ninguno dellos no se nos fuese a la mar, y ellos, para que ninguno de nosotros fuese a la tierra. Y más por falta de tiempo y lugar que con sobra de voluntad, revolví sobre ellos y ellos sobre nosotros. Y a los primeros encuentros fueron el dicho su capitán y yo, porque veníamos cada veinte pasos delante de nuestra gente.

Murieron el mismo capitán y cuarenta hombres, y prendimos setenta y herimos muchos. Y ellos a nosotros mataron diecisiete e hirieron hasta treinta, en los cuales entré yo no menos que el que más, que me cupieron dieciséis heridas de flechas y un arcabuzazo. Y dimos con ellos en sus navíos, todos los más dellos a nado. Fue la mayor parte de nuestro vencimiento que llegamos muy presto los unos a los otros y llevamos nosotros picas y ellos no. Y no tuvieron lugar, sino de escopetas, y hacernos mucho daño, lo cual tuvieron las picas. Y en esto quiero cesar en esta materia aunque otro día volvieron creyendo que yo estaba muerto, y medio vivo salí. Y quiero contentarme con habérmelo loado de la manera que habéis visto, lo cual, cierto, no he podido excusar por contaros la verdad y porque una razón tiraba de otra. Y como en ellas yo era el principal, demás de hacerme agravio a mí dejallo de hacer, hacello-ía a la escritura.

Cómo salí de la residencia y cumplió conmigo el secretario Covos

Hernando de Vega y el doctor Carabajal, que, como dicho tengo, a mandado del emperador y negociación del secretario Covos, el cual no solamente mantuvo verdad y trabajó por mí sino por todos que se le encomendaron, porque era noble de condición y nación, desque vinieron, oída la respuesta que les di del que ahorqué porque no tenía zapatos y de otros que me hicieron, no solamente vieron que era razón no darme pena ni culpa sino gracias y mercedes.

Y otro día fui a ponerme delante el emperador, el cual, antes que yo llegase, porque iba determinado de decirlo, me llamó y me dijo: «Don Alonso, mucho he holgado de la buena cuenta que habéis dado, aunque creo que os habéis ayudado con vuestra discreción. Pero comoquiera que ello sea, me tengo de vos por muy servido».

Yo, muy agraviado de aquellas palabras, le dije: «Señor, bien creo que Vuestra Majestad sabe la verdad y queréis alegar duda con color de hacerme discreto, porque si me hubiésedes de pagar lo que os he servido, me habéis de hacer rico, y esto no podía ser sin que quedásedes vos pobre».

Él se rió; díjome: «Tenéis razón. Hablá a Covos que acuerde vuestros negocios».

Al cual no fue menester importunarlo mucho, según el cuidado que dellos tenía y de todos los del reino, en especial de los que habían servido, así por lo que tocaba a la honra y conciencia de su señor el rey, como por hacer su noble condición, que era tanta su bondad que cierto os sé certificar en el mundo conocí par ni creo que nadie. Porque el emperador nunca lo tuvo con él y por él se gobernó en conformidad y concordia de sus reinos y señoríos y en loor de todos los otros, así de cristianos como de moros, porque con sus obras se cree que eran por gracia del Espíritu santo, según eran generales. Así su loor era general y no creo que estuvo encubierto en ningún rincón del mundo.

Y volviendo a lo de arriba, dentro de nueve días me dijo el dicho secretario Covos: «El emperador me ha mandado que os diga que por el asiento de contino de 40. 000 maravedís que os daba y os quitó cuando os despidió y desterró de sus reinos por el enojo que de vos hubo en Flandes, que ahora os hace merced de un asiento de gentilhombre de su casa, que son 90. 000 maravedís en cada un año y 500 ducados en dineros, para en tanto que se ofrezca en que poderos hacer mercedes. Y que el hábito de Santiago que le habéis pedido no os da al presente hasta que haga capítulo de esta orden, porque en el pasado él ha prometido de no darlos sino en capítulo».

Yo le besé las manos a él, o besara, si me las quisiera dar; y le mostré alegría y el agradecimiento al rey, no porque me parecían mayores las mercedes que lo que yo las merecía sino considerando que no por solo ellas lo había yo hecho ni por recibir paga; antes, la mayor parte por pagar lo que debía a quien soy. Esto no lo quiero jurar. También lo hice porque, así como los servicios están en mano del servidor y a su eleción y condición, así han de estar las mercedes en el señor. Y por tanto ninguno debe de dejar de hacer lo que es obligado. Y si por falta de naturaleza y de otras cosas que le liga, no lo es, trabájelo consigo, porque más digno de loar es el que paga sin prenda ni contrato su deuda que no el que por codicia de cobralla la prenda o miedo que por justicia se la haga pagar, la pague.

Ni debe culpar, a lo menos con ferocidad, al señor no dalle tanto cuanto le parece a él que debe ser, porque lo debe de saber él mejor. Porque nosotros, como cosas propias nuestras, dámosles otros entendimientos y parécennos más hermosas, y no nos acordamos tan bien de los desméritos como los méritos. Y muy aína será porque el señor no podrá. Y para serlo es menester quizá más lo que gaste desordenadamente en su casa que no la orden de dallo a algunos de los que se lo merecen. Porque teniendo pompa, el señor satisface más a más y muestra temor y señorío con potencia para tenernos en paz y en justicia. Y si se aberigüare que solo por no querer no lo da, aun esto se puede pasar, porque como cosa que Dios le dio, para que hiciese dello lo que quisiese, como cristianos y ley virtuosa debemos habello por bien.

Lo que ya como cortesano me sucedió

Comencéme a poner en orden, aderezando mi casa y persona y criados y bestias, así con los 500 ducados como con 2. 000 y tantos que de Ibiza saqué. Anduve lo más honradamente que pude en la Corte tres años, porque los dichos 9. 000 maravedís de partido no eran bien pagados. Y en este tiempo poco más o menos acaeció ser preso el rey de Francia en una batalla en Italia con el ejército del emperador. Y cuando vino la nueva a Su Majestad, estaba en la villa de Madrid. Y acordó hacerlo saber a los reyes sus amigos y a los hombres de título de su reino y a sus ciudades. Y a mí, como uno de los gentileshombres de su casa, porque por información del secretario Covos supo que la mitad de mi linaje tenía en Portugal, envióme allá con cartas de creencia, según como aquí veréis porque iban abiertas, para hacer saber al rey y a la reina la prisión del dicho rey, con las palabras que aquí diré y las que me respondieron, porque no me mandaron tener secreto ni hallo que conviene a nada tenello.

La carta que escribió el emperador al rey de Portugal

«Serenísimo y muy excelente rey, primo y hermano: Sabed que el rey de Francia tenía su ejército y persona en Italia sobre la muy ciudad de Pavia. Y mis capitanes generales con su ejército socorrieron la dicha ciudad y diéronles la batalla y prendieron al dicho rey de Francia y desbarataron su ejército, como más largamente os dirá don Alonso Enríquez de Guzmán, gentilhombre de mi casa real, que va informado de un gentilombre que me trajo la nueva y certificación, el cual no os envío porque llega muy cansado. La serenísima y excelente persona real vuestra Dios Nuestro Señor guarde y aumente. De Madrid. El rey. Covos, secretario.»

Otra carta desta manera llevé para la reina su mujer, hermana del emperador. Y fuime derecho a apear a casa de su embajador, el cual hizo saber luego mi llegada al rey. Y el rey envió a decir que otro día, sábado, me llevase, porque ya él shabía a lo que venía. Y entraba en Consejo para saber como lo tomaría, porque aunque el emperador era su cuñado y amigo, como el rey de Francia era cristiano y no era su enemigo, era bien mirallo. Y otro día, sábado, enviónos a decir que quedase para otro día, domingo, acabando de comer. Y así fuimos a esta hora, y fue conmigo el dicho embajador, que se llamaba Juan de Zúñiga, el cual fue por secretario del Gran Capitán y mediante sus buenas obras y mejores pensamientos llegó a esto y creo que si no muriera, creo que a más. Vinieron a ir conmigo el conde de Villanova, mi cuñado, casado con mi prima hermana, y el capitán de la isla de la Madera y conde de las Desiertas, casado con hermana de mi padre, y don Diego, mi hermano, y don Juan de Guzmán, que a la sazón estaba huido allá y era natural de Sevilla.

Y entramos al rey en una cuadra donde me estaba aguardando, muy bien acompañado, así de obispos como de señores y otra gente. Y yo, sin le pedir la mano, porque así fue ordenado, hinqué la rodilla en el suelo y besé la carta del emperador, diciendo cúya era. Se la di y levantéme; y él comenzó a leer la carta. Y acabado, me dijo: «Don Alonso Enríquez de Guzmán, el emperador me escribe que vos me informaréis cómo fue preso el rey de Francia de su parte. Yo vos ruego, si no recibís trabajo en ello, lo hagáis; y si no, cuando más os holgáredes dello».

A todo esto él estaba en una silla sentado y yo en pie, algo abajado. Hinqué las rodillas en tierra y pedíle la mano. Y diómela, asiendo de la mía tanto, dándome a entender a mí y a los que nos vían que fue para levantarme, como para que se la besase. Y asimismo me la mandó, y yo beséle la mano y levantéme.

Y díjele que: «El emperador, mi señor, hace saber a Vuestra Alteza, como a su primo y hermano y de quien, creo, holgará de toda buena ventura que le haya acaecido, como a Su Majestad de la que acaeciere a Vuestra Alteza según el deudo y amistad y razón que entre entrambos hay, que estando el ejército del rey de Francia sobre la su ciudad de Phabía en Lombardía, el rey de Francia con su propia persona se quiso hallar en la toma della, queriendo usurpar y por fuerza tomar su juridición real, con derecho y justicia que a la dicha ciudad y reino Su Majestad tiene, queriendo con fuerza de armas atraer a su servicio la dicha ciudad y reino, haciendo forzosamente muchas fuerzas y daños en los cristianos —teniendo nombre de cristianísimo— en deservicio de Dios Nuestro Señor y en desplacencia de la majestad del emperador mi señor.

»Y su capitán y capitanes generales con su ejército se llegaron hacia la dicha ciudad. Y una noche el marqués de Pescara, que es uno dellos, con dos mil escopeteros, dio dentro en el foso dellos y aunque era breve su estada, no dejaba de tener tiempo de se poner a caballo los que no lo estaban. Y peleando fue preso el dicho rey de Francia y el principal, que ellos dicen de Barra, y otros muchos mosiores que en este memorial se contienen. Y el rey de Francia y ellos fueron metidos en la ciudad de Phabía con más acatamiento que pudieron, aunque se cree que más le tuviera en París. Y desbarataron su ejército de manera que no quedó ninguno sin ser preso o muerto o herido o huido; y que en el ejército del emperador mi señor, así como no hubo culpa no hubo daño.

»Y porque yo no tengo más que decir sino responder a lo que Vuestra Alteza me preguntare, hago saber a Vuestra Alteza que vengo informado de todo lo que más allá pasa del mismo que de allá vino a hacerlo saber al emperador, que Su Majestad lo mandó que así lo hiciese para decillo a Vuestra Alteza, el cual no vino como Su Majestad quisiera, porque se halló su persona en todo, porque viene muy cansado.»

El rey dijo: «Don Alonso, decí al emperador que yo he holgado mucho de toda buena ventura que le haya acaecido, especialmente désta, que tengo por cierto que será causa de paz universal en la cristiandad».

Luego me aparté del dicho rey, porque demás de ver que se acababa aquí la plática, en sus meneos vi que había gana de retraerse. Y fuímonos al aposento de la reina su mujer, y halléla sentada en un estrado y díle la carta. Y leyóla y díjome: «Don Alonso Enríquez, a vos os quiero yo satisfacer, que al emperador mi señor y hermano no hay necesidad, según la confianza que Su Majestad de mí tiene y la razón que yo tengo. Yo soy informada que vos no habéis comido y téngoos gran ventaja para pelear con vos, porque me habéis de decir muy por extenso todo cómo ha pasado, porque cierto Dios ha mostrado la justicia y razón del emperador, por lo que le doy muy grandes gracias. Y porque al rey mi señor, en holgar desto, nadie ni yo le hará ventaja y no sé si querrá que con vos santifiquemos esta fiesta, íos a comer y estad aparejado para cuando os enviare a llamar».

—«Tampoco hay necesidad de decir yo a Vuestra Alteza que el emperador mi señor cree que Vuestra Alteza holgará de sus buenas venturas.»

Y poniendo fin a nuestra habla por entonces, levantéme y fuime a comer. Y todos los que dicho tengo que fueron conmigo y otros muchos volvieron y dejáronme en casa del dicho embajador. Y fuéronse a comer a sus casas y los más dellos volvieron a la tarde. Y la reina no me envió a llamar hasta una hora antes que anocheciese. Y cuando me vio, me dijo: «Aunque el rey mi señor me ha dicho lo que le habéis dicho, que no he estado ocupado en otra cosa, holgaré que tornemos a hablar en ello».

En lo cual no hicimos parada hasta que el rey vino. Y dende en media hora que hubimos todos tres hablado, que sería una después de anochecido, levantóse el rey y tomó a la reina por la mano. Y vamos a un corredor, do hallamos a la infanta, su hermana, con todas las damas de la reina y suyas y los infantes sus hermanos, don Luis y don Hernando, y el Cardenal y menestriles y cantores y hórganos y clavecímbalos. Y sentámonos en sarao, y comenzaron las músicas a andar por su orden, y las damas y galanes a danzar y a bailar, así en morisco como en cristiano.

En este tiempo atravesó una dama muy privada de la infanta, por nombre doña Leonor de Castro, y pidiendo licencia a la con quien yo estaba, que era una sobrina mía, se sentó en medio y me dijo: «Do ao demo la fala entre parentes, que non podéis falar en padres y madres y persoas pasadas de esta vida. De mí os hago saber que vengo enamorada de vos. Por tanto os suplico que me vaya bien con vos, porque vengo determinada de serviros y andar de amores con vos, porque me parece que si no, hago con vos lo que nunca hizo mujer con hombre, según lo que me parecéis y vengo informada».

Yo luego vi que querría grasejar, como ellos dicen, y que grasejase yo con ella. Yo, como no soy falto desto por la miseración divina, acordé de darle las manos llenas, y así hiciera lo demás, si ella quisiera, aunque era fea.

Díjele: «Señora, Vuestra merced ha acertado en enamoraros de mí, porque soy mejor en sustancia que no en apariencia. En lo cual y en todo lo que Vuestra merced fuere de mí servida, lo seréis. Y tan poco faltará potencia como voluntad. Lo cual os digo porque es muy cierto de los negocios decir que suplirá la voluntad lo que las fuerzas no alcanzaren. Pues yo he alcanzado hasta el cielo en alcanzaros a vos, digo que alcanzaré hasta los abismos, si es en vuestro servicio».

Díjome: «Castellano, sois o demo y falais peligroso. Por ende digo, aynda que me habéis enojada en responderme a lo que no vos digo, mucho más os quiero ahora. Ya que estoy enamorada de vos, mientras más hiciéredes porque no lo esté, menos aprovecha. Dígoos, si me queréis entender, que vos ruego que no hagáis conmigo tan gran señor como sois ni de tanto merecimiento, sino que vos humanéis y os conforméis con el mío».

Yo le dije se, que fuese así, que toda la ventaja que le tenía daba por ninguna y que yo me hacía su igual, pero que era menester que ella lo consintiese.

En estas risas y falsas consecuencias estuvimos todo el dicho sarao, que turaría tres horas. Y así rogándome que, porque no era razón que ella fuese a buscarme por el autoridad de mi merecimiento, que viniese otro día al comer de la infanta su señora. Y yo caí luego en la cuenta que, como se trataba casamiento entre el emperador y la infanta, quería granjearme ella. Y ella otro día fue al comer de la infanta.

Qué es lo que de allí me pasó y después acerca dello

Yo entró donde la infanta comía, ya que casi acababa. Iba conmigo el embajador del emperador. Y por este respeto y por el que dicho tengo hubo gran regocijo y alboroto sobre nuestra entrada, así en la serenidad de la serenísima infanta como en la diligencia de sus oficiales, apartando y componiendo la gente, como la compostura de sus damas. Y yo, como no habían alzado la mesa, fuíme derecho a la mía, la cual me recibió con alegre gesto y no con fermoso, por lo cual debéis de creer que era muy sabia y muy privada. Porque después que su ama fue casada con el emperador, casó ella con el hijo del duque de Gandía, primogénito de su casa y estado.

Y estando hablando semejantes cosas que las pasadas alzaron la mesa. Y llegué a la infanta y díjele: «Señora, el emperador mi señor me ha enviado a los serenísimos y muy excelentes rey y reina, hermanos de Vuestra Alteza, con la certificación de la prisión de la persona del rey de Francia y rota de su ejército. Yo que he traído nueva y buena no querría volver sin ella. Por lo que acordé y determiné de ver y hablar a Vuestra Alteza y besarle sus reales manos, a quien suplico me perdone mi atrevimiento».

Y besándoselas, me dijo: «Don Alonso Enríquez de Guzmán» —sin habérsele yo dicho ni dádole carta por do le viese, y después de casada no me supo el nombre, como adelante veréis— «yo os agradezco mucho la nueva que habéis traído y no la que llevaréis. Pero yo os ruego y encargo que autoricéis la que lleváredes, como habéis hecho la que trajistes, acordándoos que sois la mitad portugués».

Yo le dije: «Eso más tenéis».

Y riéndose y riéndome, levantéme más enamorado della que de mi dama, ni que mi dama de mí, aunque decía de sí. La cual no pudo dejar de declararse conmigo, así en las veras como en las burlas, diciéndome mil bienes de su señora la infanta. A lo cual le dije: «Ya vos entiendo, como dijo la marquesa de Portugal a un criado suyo que andaba enamorado».

Díjome: «Pues que me entendéis, entenderéis el bien que vos viene en ello».

Digo: «Señora, ¿habláis en general o en particular? porque no soy muy amigo de la república, y mío, soylo mucho».

Díjome: «Si vos hacéis algo en esto, de lo que vos sobrará verná bien a muchos, inda que vos no queráis».

Y despedíme por aquel día. Y estuve cinco días en Portugal, pasando cada uno dellos mil cosas déstas.

El rey y la reina, cuando quisieron que me partiese, me enviaron ciertas cartas de creencia para el emperador, en respuesta a las que traje, 30 cruzados de a 10 ducados cada uno de parte del rey, y de la reina 20, que en nuestro vulgar castellano son 500 ducados. Yo tomélos y guardélos, aunque cierto me pesó, como Dios es verdad, en que no eran más. Y así me partí, donde vine al emperador.

Lo que con Su Majestad entonces me acaeció. Después diré el pago que su mujer me dio

Volviendo por la posta, como había ido, encontré que salía de su villa de Coria el duque de Alba, en unas andas metido. Y llegué a besarle las manos y a verlo. Y no me quiso hablar hasta que me entrase dentro en las dichas andas con él. Y dióme cuenta y mostróme una carta del emperador que él le había escrito, en que le hacía saber que luego se partía de la villa de Madrid, donde yo le había dejado, a Nuestra Señora de Guadalupe; y que él iba derecho allá a besar las manos de Su Majestad. Y según la dicha carta decía el día señalado que había de ser en Guadalupe, no me hacía mucho estorbo el consejo y ruego y rodeo que el dicho duque me hacía, y casi fuerza, porque en ley de razón se contiene o se debe creer que el ruego del señor es mandamiento, y teniendo yo por tal al duque y él a mí por amigo —y como tal siempre me ayudó y aconsejó—, aunque no dejé de ver que fuera bien no embarcarme en otra cosa hasta que hubiera dado cuenta al emperador mi señor de lo que me había mandado, especialmente siendo el impedimiento con el mismo duque, que el emperador shabía que me holgaba yo con él y él conmigo, que parecía que esto hacía olvidar lo que hombre era obligado.

Considerando las dichas cosas que dicho tengo, acordé de irme con el duque y despachar luego el correo que yo llevaba por guía con una carta del duque y otra mía para el secretario Covos, haciéndole saber la causa y las causas de mi quedada, y que si Su Majestad no hubiese de venir a Guadalupe o si dilatase la venida, lo hiciese saber, con el mismo correo, para que yo cumpliese mi jornada, según Su Majestad fuese servido y yo debido y Su Merced complacido. Porque como dicho tengo y más diré y más merece, este secretario

Covos todas las causas ajenas que se le encomendaban tomaba como propias, y más las mías que de nadie.

Y fuímonos el duque y yo gastando nuestro tiempo, que aunque no fuera refrán verdadero Cualquier tiempo pasado fue mejor, lo podía decir por éste, porque dentro en las andas hablamos en burlas y en veras y hacíamos visajes y esgrimíamos y cazábamos, haciendo halcones de burlas y de los escuderos perros, porque dondequiera que yo me hallo querría dar este oficio a esta gente. Porque os hago saber que es el más ruin estado, porque son importunos y lisongeros e interesables y sucios y mazorrales, y presumen del contrario de todo esto por ser mentirosos. Y no quiero dejar de decir lo que más me parece dellos. Y digo que el peor injerto en que la caballería se debe de ingerir es en esta mala sabandija de escuderos, porque en confesos son amorosos y liberales y limpios y honrados y bien ataviados, y en villanos son verdaderos y corteses y conocidos y honrados. Y no quiero decir el por qué es todo esto, porque está muy claro y por ocuparme con el escudero y acabar la jornada del duque y mía.

El cual en siendo caballero, luego es soberbio y dice que es montañés y que dél abajo no debe nada a nadie. Es peligroso; soberbios todos, desafiadores, porque digan: «Fulano y Zutano se acuchillaron».

Todo lo que tienen les parece poco, así de honra como de hacienda. Son amancebados y nunca oyen misa. No temen el infierno porque han pasado por la rueda de los estribos y acicates y tajones de las correas, del espada, y laonas de las corazas. Hiédeles la boca. Por la mayor parte son izquierdos. Los más no conocen ningún pariente, así por no hacerles bien como porque no les haga mal. Porque, como dicho tengo, luego os dirán que son Mendozas u Ortizes o Guzmanes. Y generalmente son borrachos y particularmente son muy bellacos. Son perrillos de muchas bodas todos. Los más son barbiprietos. No tienen otro bien sino saber trasnochar y madrugar. Y no pierden el camino. Y hacen bien gazpachos con aceite y vinagre y sal y agua; y para esto es menester que consintáis que os quiebren la cabeza con decir que es usanza de guerra, y que no vale nada el hombre que no es para todo, y que en Francia todos son oficiales, y que el rey y los musiores, cuando se pierden en las casas de sus criados, ellos se guisan de comer y sacan sus alfanges de hacer leña y fuego. Y para reducir esto y tornar a lo que se trata deste capítulo y comienzo dél, aunque no he comenzado a decir lo que hay en esta gente, según hay mucho que decir dellos, acabo con decir que son ladrones, aunque no sea con necesidad de «si te vi, burléme; si no, calléme», aplicándolo a cosas de palacio, aunque las haciendas no les ayudan a ser caballeros y a llamar a sus mujeres e hijas «don», y presto será, a ellos.

Y llegados el duque y yo a Guadalupe con todos los placeres y regocijos que dicho tengo, fuimos bien recibidos de los frailes de la santa casa, ado, holgando y contemplando así en el monasterio como en la villa y campo, estuvimos cinco días, en cabo de los cuales vino el emperador. Y no aquel día que llegó, sino otro, le fui a besar las manos y a dar cuenta de lo que me había mandado, y el duque conmigo porque ya él lo había hecho. Y hallélo en un corredor y díjele lo que dicho tengo que el rey de Portugal me respondió y la reina su mujer, y díle sus cartas. Beséle la mano, la cual nunca quise ver cortada, porque demás de conocerle buena voluntad para me hacer merced, un rey en quien tantas calidades en cantidades concurren nunca se ha visto ni esperé ver. Del cual no digo más, porque muchos que dél escriben, a quien debéis dar más crédito que a mí, lo hacen.

Y luego me dijo: «Don Alonso, Vos, habéis cumplido muy bien con lo que debéis y me debéis».

Y hechóse de pechos encima de un pretil del dicho corredor y díjome: «Llegaos acá y decíme de vos y a mí qué mundo corre en Portugal».

Yo le dije: «Si Vuestra Majestad quiere que yo os hable con todo el acatamiento que debo y mesura ordinaria, será responder a Vuestra Alteza a lo que me fuere preguntado. Y si lo tengo de hacer como amigo —pues que el mayor servicio que os puedo hacer es teneros por tal—, será dar a trueque cortesías de señor por verdades con amor. Las cuales, si soy consentido, pues del desacato no hay nadie testigo, deciros-he como de mío todo lo que vi y oí y debéis de hacer».

Él me dijo que holgaba mucho dello como yo lo quisiese.

Y yo le dije: «Señor, vi un rey gordo, pequeño de cuerpo, con pocas barbas, mancebo y no muy discreto. Parece a Gutierre López de Padilla. Vi a la reina su mujer, bien dispuesta y apuesta, muy honrada y muy sabia. Parece con Vuestra Alteza. Vi una infanta bien así y más, si más puede ser, a la cual querría que pareciésedes vos, dándole cuenta de lo que dicho os tengo en el capítulo antes déste y asimismo lo que dije y me dijo. Lo cual no le pareció mal, según adelante vi y veréis, aunque al presente metió palabras en medio, sin responder a ellas, diciéndome: "Decidme si el infante don Luis es tan alto como yo y en qué se ocupa"».

Y acabado de le dar cuenta dél y de los otros sus hermanos y cosas de todo Portugal, por lo menos de la Corte que es lo más, que él me dijo: «Tornáme a decir, don Alonso, estas palabras que me dijistes que os respondió la infanta».

Yo le dije: «Ahora creo que es buena yerba la que traigo, pues obra en vuestra herida. Ahora creo que sois hombre como los otros que Dios a su semejanza hizo, pues sentís lo que se debe de sentir. Y desta manera efectuaréis una cosa de que Dios será muy servido y vos muy contento y vuestros vasallos satisfechos, porque todos lo desean. Y aunque la infanta no tuviese otra cosa buena sino desearos, porque trae en sus insignias y divisas "César o nihil", os merece, cuanto más que no tiene par ni cuento ni basta ningún juicio saberlo —así como ello es— decir su hermosura, su cordura, su saber, su prudencia, su meneo, su sosiego, su edad, su semblante, su mirar, su honestidad, su oír, su considerar.

»Yo vos ruego y aconsejo, so pena de muerte —que me la déis si os miento— que si hubiéredes de enviar a alguien que os case con ella, sea de quien os confiéis; antes que os la llegue que no que os la aparte; y que si pudiéredes ir corriendo, que no vais a espacio.»

El emperador me dijo: «Habéis visto que me he reído. Esto basta a daros por respuesta. Pero todavía, ya que os he hecho embajador, por hacer bueno mi juego, quiero hacer cuenta de vos. No os pregunté que me dijésedes otra vez lo que la infanta me decía, desque os respondió, sino para saber si se lo levantáis y verlo en ver si me lo decís la una vez como la otra».

Yo le dije: «Mucho más os quiero ahora, pues eso no puede ser sino para agradaros más della. Y lo uno huelgo de posponer por lo otro, pero como ello sea tan verdad no he miedo de herrar».

Y como cierto lo era, tornéselo a decir así y no fue solo aquel día ni solo aquella vez las que me lo preguntó.

Y ahora diré, para venir a lo que paró esto, la enemistad que tuve con su confesor, y cómo la reina de Portugal me dio una carta para él; lo que, desque se la di, él me dijo, y entre el emperador y él y mí acerca dello pasó.

La enemistad del obispo de Osma, confesor del emperador, y mía, y la amistad de mi señora doña María de Mendoza, mujer del secretario Covos, comendador mayor de León de la orden de Santiago, y bienes y mercedes que me hizo, teniendo respeto ella a que me quería bien su marido y su marido a que me quería ella, conociendo entrambos el deseo que yo tenía de servirlos y ellos usando su virtuosa condición. Y así se concluirá en este capítulo hasta que se casó el emperador

El obispo de Osma fue fraile de la orden de Santo Domingo y tan agudo y diligente y mañoso que le hicieron general de la dicha orden. Y después, en reputación del cargo y dicha de su signo, vino a ser confesor, del emperador y obispo de Osma de la manera que digo que hubo estotro cargo. Doña María de Mendoza, mujer del secretario Covos, comendador mayor de León de la orden de Santiago, fue hija mayor de don Juan Hurtado de Mendoza, conde de Ribadavia, y de doña María Sarmiento, condesa, su mujer. La cual sobredicha doña María de Mendoza, demás de ser hija deste padre y desta madre, que fueron muy altos de linaje y muy bajos de humildad, fue ella tan discreta y graciosa y tan cuerda y tan honrada que ningún sabio descontentó ni descontenta de su bondad, honrando a todo el mundo, no deshonrando a nadie, haciendo bien a muchos y mal a ninguno, mamparando y negociando a quien se le encomendaba. Era cristianísima y afable y conversable, muy misericordiosa, muy hermosa y bien dispuesta, muy honesta, con ser regocijada, usando de los tiempos conforme a razón. No parecía sino hermana de su marido, así conformesen la condición como en la intención y costumbres.

Por parte de lo cual y de mi buen conocimiento, diligencia y comedimiento fue admitido a su voluntad, así dél como della, aunque ella, como mujer, en aparencias, así con lágrimas y hablas en mis malos acaecimientos mostraba más sentimiento, como en los buenos, alegría. Y así en regalos y en almuerzos y meriendas y camisas y tovallas siempre me proveía y con cuidado requería, como si yo fuera su hermano de los que ella mucho quería.

Yendo Su Señoría un día a holgarse a una huerta en Madrid, estando allí la Corte, y yendo con ella dos señoras de allí, doña Isabel de Quintanilla la una y doña Catalina Laso la otra, y sus hermanos y yo, desnudámonos en calzas y jubón en la dicha huerta. Y como habíamos merendado, corriendo tras de uno di una tan gran caída de la cual quedé por un gran rato muerto y tenido por tal.

Mi señora doña María y las otras señoras, llorando, se llegaron a mí, y púsome en sus faldas mi señora, llamándose desdichada, y desastrada su venida, según después me dijeron. Y llegó el arzobispo de Toledo, que venía a ver la dicha huerta, y con él el dicho obispo confesor. Y como vieron el alboroto y la junta y supieron que estaba allí mi señora doña María, llegaron e hicieron su cortesía. Y brevemente se les fue hecha relación del acaecimiento. Y respondió el confesor, como hombre que creyó que yo era muerto: «En esto había de parar éste. Váyase Vuestra Señoría».

Y llevóla luego de allí el arzobispo, el cual me dio por disculpa después, que había aceptado el dicho del confesor, por no ver llorar a mi señora doña María. Del cual confesor no quise tomar disculpa sino cargalle muy gran culpa. Y fundé enemistad contra él, hablándole por «Merced», que según era vano era la mayor venganza que yo dél podía tomar, especialmente siendo perlado.

Mediante el cual tiempo, como dicho tengo en el capítulo antes de éste, me envió el emperador a Portugal. Y la reina, cuando me quise venir a Castilla, no sabiendo nuestra enemistad, dióme una carta para el dicho obispo confesor, rogándome y encargándome mucho se la trajese a buen recaudo; y cuando se la diese, mucho le encargase de su parte el negocio que en ella venía y que se lo acordase muchas veces, porque era cosa que, si se hacía, recibiría yo parte del bien, que era muy grande. Y yo, así por cumplir su mandamiento como porque el tiempo me dijera lo que era el negocio de que yo había de recibir parte, aunque se me hizo mal por nuestra enemistad, topé con el dicho fraile en una claustra del monasterio de Guadalupe, que salía del aposento del emperador. Y fuime hacia él y él hacia mí. Creyendo que le iba a demandar perdón, porque era cuaresma, me dijo que ya Nuestra Señora y el tiempo hace milagros.

Yo díle la carta de la reina, encargándosela mucho. Y él leyóla y díjome: «Señor, yo pensé que la reina de todos los reinos espirituales y temporales era la que hacía este milagro, que en este santo tiempo y en esta santa casa suya me hablásedes y perdonásedes. Si en algo creéis que os he herrado, lo cual yo no he hecho con voluntad de os enojar, antes fue de serviros, porque según me dicen que fue la causa, no fue la mía haceros sinsabor sino quitaros la gente de encima de vuestra congoja que, cuando decís que os enogé, teníades. Y ahora hame venido esta merced por la intersección de la reina del más pequeño reino temporal. Mas como no se menea acá la hoja en el árbol sin la voluntad de Dios, dél recibo estas mercedes; y no creo que son las menores que me ha hecho».

Y por conservar esta mi amestad y por hacerla de nuevo según mi voluntad, acordó de mostrarme la dicha carta que yo le había traído y darme cuenta del negocio, así por tener conversación conmigo como darme crédito que me tenía en mucho, diciéndome: «La reina de Portugal ha mucho tiempo me manda que case al emperador con la señora Infanta su cuñada. Y en verdad que, así por lo que debo a obedecer sus mandamientos como a hermana del emperador y señora a quien se debe acatar y obedecer, como por la voluntad y merecimiento de la misma infanta, como vos que de allá venís bien creo que sabéis. De lo cual os suplico me informéis, que será lo que más que otra cosa creeré.

»Deseo que Su Majestad casase con Su Alteza. Y también, porque la infanta de inglaterra con quien estaba tratado es niña y más ajena de nuestra naturaleza y condición y principalmente por lo que debo al servicio del emperador, se lo he muchas veces suplicado y acordado, acordándome que me dicen que parece, así en el nombre como en sus obras según sus muestras, a la reina doña Isabel, agüela de entrambos, trayéndole a la memoria algunas cosas que en secreto de Su Majestad yo sé —de la gana que tiene de ir a tomar la corona a Roma y de ahí ir a dar una vuelta a Alemania y a Flandes— y que desta manera podrá dejar contentos y pacíficos sus reinos con tal señora y gobernadores.»

Desque vi que dio fin a su plática, lo cual no os cuento aquí ni contaré por entero, porque sería menester de solo ello hacer un libro mayor que éste, le dije: «Señor, no quiero tornar a hablar en la queja que de vos tengo por no acordarme mi enojo, que ya se me acaba, ni dároslo a vos para que principiéis en él, según decís que no lo habéis tenido. Por tal solamente quiero decir que yo más quiero que el bien en este mundo me venga público que no secreto, aunque sea con perjuicio alguno ni aun mucho; lo uno, porque no me lo dé Dios, si no lo quiero para repartillo, especialmente en placer a mis amigos y pesar a los que no lo son; y lo otro, porque quisiera yo que antes vos me quisiérades mal que pensaran todos los que allí estaban que me queríades bien que no solo vos quererme bien y todos pensar que me queríades mal.

»Y cuanto a lo que me mandáis que os diga de la señora infanta, lo que sé es cierto: tal cual en este mundo nunca vino ni habrá su par entre las celestes. Y cuanto a la cuenta que me habéis dado, con el acatamiento que debo le beso las manos».

Aunque no digo aquí que no le llamaba «Señoría», no le dejé de hacer entonces, y él a mí «Merced».

Él me dijo: «Pues hagamos una cosa, señor don Alonso: entendamos entrambos en este casamiento, y de entramos será el trabajo y solo vuestro el galardón. Esta tarde nos juntemos con el emperador y si os hablare en cosas de Portugal —que según veo, en todo este año creo no hará otra cosa— movelde plática de la señora infanta, poque tenga yo ocasión, sin pesadumbre dar cuenta de la carta que la reina me escribe a Su Majestad, porque de otra manera no osaré. Que es verdad que, demás de estar concertado el dicho casamiento, como dicho tengo, con la infanta de inglaterra, puesto que las cosas andan de arte que ayudan mucho a la razón y a lo que todos deseamos, muestra tanta vergüenza y corrimiemto el emperador hablalle en casalla, que en verdad ya yo la tengo de le hablar en ello. Que llega la cosa que, echándoselo por la sucesión de sus reinos, me dijo: "Heredero tengo en el rey de Hungría, mi hermano, y sus hijos".

»Y esto no solamente me lo decía con la lengua sino con la color del gesto. Yo le dije que fuese así como lo mandaba y que para eso era Su Señoría gran señor en este mundo y esperaba serio en el otro, para aventurar a perder lo déste de honra por lo del otro de gloria. Cuanto más que desque el emperador viese bien lo que lo aconsejaba, aunque en la primera vista lo condenase, en la revista lo daría por libre».

No con pocas ceremonias y amores nos apartamos; y a la tarde juntámonos y hablamos al emperador. Y preguntóme: «¿Queréis que hablemos en portugués o en castellano?».

Yo le dije: «En cualquiera lengua será bien y sará bien, y sabré bien decir la hermosura y discreción y gravedad y autoridad y excelencias de la infanta de Portugal. Y si el diablo ha de llevar el alma al obispo de Osma, confesor de Vuestra Majestad, que está presente, es porque, según dicen, él os lo desvía; lo cual no haría —perdóneme Dios— si hubiese de gozar de su hermosura. Pero yo, como quiero bien a vuestro cuerpo y a vuestra alma y sé que con casaros con ella el cuerpo ha de gozar y el alma salvar, según es hermosa y discreta, quiero sobre ello importunar».

Y apartándome a hablar con un flamenco, sin dejarle responderme, llegó el dicho obispo confesor y, según después me dijo, como diré adelante donde más, y le dijo: «Porque no diga don Alonso con verdad que desvío este casamiento, él trae una carta de la serenísima reina de Portugal» —que mostró—. Y ellos estuvieron hablando dos horas. Y en este tiempo me salí y dejé juntos.

Y otro día me convidó a comer el obispo confesor. Y acabado, me dijo: «Señor, como os tengo por discretísimo y sagaz, de gran sustancia, acuerdo de daros cuenta de todo lo que pasa. Habéis de saber que, como ya os tengo apuntado, el emperador es vergonzoso, porque es muy honesto y muy acabado de bondad —bendito sea Nuestro Señor— y sobre todo muy casto. Si no me ayudárades vos con vuestra sagasidad, no me supiera ayudar. Y desta manera, trabando de vuestras sustanciales y graciosas palabras, así entré» —y dando cuenta de todo el negocio como os tengo ya dado, aunque no de lo que le respondió el emperador—. Lo cual fue —y os diré en menos palabras que él me las dijo, por tornar a lo que hace al caso— que el rey de Inglaterra andaba de tal manera que creía que se había de desconcertar lo concertado y que desta manera se efectuaría estotro. Y muy gozoso el fraile porque no le había respondido cosa que a esto pareciese, loándome mucho al emperador, como arriba digo.

Dije: «Señor, de todo querría oír loar al rey sino de casto. Por lo que es proveído es por el deleyte que el hombre tiene en no serlo y el daño que hace en serlo. Para lo primero tiene Su Majestad prudencia y abstinencia, y para lo segundo hacienda para restituir el daño, y honra para la fama, porque no hay nadie que no querría más que fuese su hija manceba del rey que abadesa de un monasterio, porque después de serlo, puede ser santa, y siéndolo, no pierde honra y gana hacienda para ella y para muchos; y no faltará quien sea abadesa. Y especialmente que el rey ha menester tanto ser potente para dejar sucesión en sus reinos, para dejar quien los gobierne como hicieron sus antecesores, como para ganar el reino de Francia».

Entonces me respondió el obispo y alzó el brazo y dijo: «Cuanto en eso, potentísimo, si potentísimo hay en el mundo, es el honesto».

Y callado algo, con el deseo que tenía de ser muy amigo, dióme cuenta de muchas cosas; que, aunque en la verdad no fue mala su intención —como dice Pero Juárez de Castilla de los excesos del conde don Hernando, que adelante trataremos—, fue mala su obra, como fue la de este dicho conde. Si no, tómenle juramento al conde de Gelves y al licenciado Céspedes, que cierran la boca cuando oyen hablar en él. Y volviendo a nuestra plática, como yo estaba falso con él —porque el que una vez me hierra nunca me acierta—, di el entendimiento que quise a sus palabras y la asonada que se me antojó. Y representélo al emperador, y más con lo que yo saqué con discreción de lo que él me dijo con necesidad, puesto que él no era necio, que de la parte que él me había dado con amor y el emperador con certidumbre. Porque le acertaba en las mataduras, que lo tuve desavenido mucho tiempo y aun es mi opinión que por apartallo de confesor lo hizo cardenal y envió a Roma.

De cómo casó el emperador y el galardón que su mujer me dio

El emperador vino a casar con la dicha señora irifanta; y si no queréis creer que ayudé yo a ello, creé que no desayudé, y si mi obra no tuvo autoridad, que tuvo amor y voluntad. Y venida Su Majestad a Sevilla, do se casó y yo soy natural, vino con ella el marqués de Villarreal, que es el principal señor de Portugal, el cual y yo somos primos segundos. Y llegamos entramos a Su Majestad y díjole él: «Señora, según lo que os merece don Alonso Enríquez y lo que él merece por su persona y linaje, más honra me hace a mí que yo a él en que hagamos saber a Vuestra Majestad el deudo que nos tenemos, que es primos segundos. Y porque en causa propia no tiene tanto lugar, siendo manifiesta por ella el agradecimiento, así porque yo querría —así por lo que toca al servicio de Vuestra Majestad como a él—, que fuese gratificado, acuerdo de deciros que le debéis mucho en vuestro casamiento, según lo ha deseado y procurado».

Yo le dije: «El marqués me ha hecho merced y favor en decir a Vuestra Majestad el deudo que le tengo y la deuda que vos me tenéis, la cual, si se ha de pagar conforme a lo que siempre deseo y desea mi voluntad, no hay precio ni cantidad en el mundo. Pero todavía quiero decir que la obra fue alguna, pues para decir bien de quienquiera no falta pesadumbre y para decir mal, crédito».

Su Majestad no me respondió palabra, lo cual al presente atribuimos al espanto dél casamiento, porque era fresco, y fue tan fresco que para mí se hizo agua o nada. Y andando el tiempo, supliquéle me hiciese merced de pedir el hábito de Santiago al emperador para mí. Y díjome que sí; y dilatómelo tanto con tanta flojedad que ado me pensaba contentarme con el maestrazgo de

Santiago, me sobrara paño con solo el hábito con no ser más de un palmo de grana.

Y vista la dilación, volví a mi enamorada, doña Leonor de Castro, y díjele: «Amores, tus ojos son vencedores. Plega a Dios que me vaya a mí tan bien con ser vuestro enamorado en Castilla como os fue a vos con serlo de mí en Portugal, pues todo lo que me mandastes hice, así allá como después acá».

Ella, como dicho tengo, era muy discreta, y díjome: «Yo fue parte para suplicaros lo que vos hicistes y no lo soy para pagaros lo que merecéis. Aunque fuera emperatriz, no creyera menos desto, cuanto más seyendo su dama y no hermosa. Por manera que, aunque os quiera hacer llana mi persona para que hagáis secución en ella, de deuda tan debida no presta. Mas yo falaré a la emperatriz y le diré que muito amara que a vos faza de su Consejo, porque le cumple, y vos dé muyta renta».

Fue tanta que cupo en el aduana de Sevilla, que no renta más de veinte o veintidós cuentos. Y a lo de mi hábito, respondióme en largo tiempo que no lo había podido acabar con el emperador su señor.

Lo que de allí sucedió

El emperador, desde dos o tres meses que se casó con su mujer, de Sevilla se fue a la ciudad de Granada, do acabó de estar el verano. Y allí, viéndome gastado y trabajado y desagradecido y mal empleado y al emperador mi señor ocupado con su recién casado, que yo había negociado, dando gracias a Dios y contemplando la desdicha mía en remisión de mis pecados, condenándome por do pensé que me había de salvar, dije al emperador: «Señor, tres o cuatro años ha que vine a serviros y de defenderos vuestras villas y lugares de moros y de franceses. Y dello me mandastes y dello me hiciera yo. Y en agradecimiento dello me hicistes merced de 90.000 maravedís en cada un año de partido, con título de gentilombre de vuestra casa, con 500 ducados en dineros. Luego para sello y prometimiento de, en habiendo en qué, hacerme merced para que yo descansase en mi casa, pues soy casado, habiendo memoria que, con sello, ha diez años que hago vida en vuestro servicio y no con mi mujer. Y los cuatro he pasado en esta esperanza, lo cual ya antes me importuna y os importuna que me consuela.

«Por lo que me contentaré y recibiré muy gran merced de Vuestra Majestad me déis en mi casa lo que en vuestra Corte. Y pues que el hábito de Santiago no me lo podéis dar o queréis hasta el capítulo, yo he por bien de esperallo, pues he esperado la muerte por vuestro servicio. Y no hago menos en lo uno como en lo otro, según los que me quieren mal han de pensar que es por desmérito de mi condición, lo cual fue lo que me hizo trabajar en esto, porque desque supe las asperezas de la orden, me dejara dello.»

El emperador me respondió que era muy contento y mandóme dar una escribanía que a la sazón estaba vaca en Málaga, que rentaba 20. 000 maravedís, y una cédula en esta guisa:

«Contadores mayores de la reina Católica, mi señora, y míos: Sabed que por muchos y buenos, leales y señalados servicios que don Alonso Enríquez de Guzmán, gentilombre de nuestra casa, nos ha hecho, así en prender al capitán Machín, que andaba en la mar en nuestro deservicio, como en la toma de Gelves y Berbería, y en la ciudad de Tornay de Francia, como en la redención del reino de Mallorca, como en la defensa de la ciudad e isla de Ibiza contra moros y franceses, siendo nuestro capitán general, que nuestra merced y voluntad es de le hacer merced por todos los días de su vida de 60. 000 maravedís cada un año, librados y pagados por sus tercios cada cuatro meses, ni un día antes ni después, señaladamente en las rentas de Sevilla, donde le sean ciertos y bien pagados. Y dadas nuestras cartas de libramientos y asentada esta mi cédula en los vuestros libros que vosotros tenéis, volvelde este original al dicho don Alonso para que tenga en su poder. Y no fagades ende al.»

Luego me vine a descansar y con voto de no casar a nadie, antes descasar a quien pudiese, por lo menos deseallo. Y en cabo de un año, poco más o menos, ofrecióse el capítulo que deseaba para haber el dicho hábito, para el cual lo tenía prometido.

Cómo fue a negociar el hábito de Santiago y lo que me sucedió sobre ello y acerca dello

El emperador a la sazón llamó a Cortes, así a los grandes de su reino como procuradores de sus ciudades. E hizo capítulo de todas tres órdenes —Santiago,

Calatraba y Alcántara—, porque le escribió el rey de Hungría, su hermano, la muerte del rey de Hungría su cuñado, de quien él sucedió y tomó nombre del dicho reino por su mujer, y del rompimiento y mortandad y destrucción que en el mismo reino hizo y esperaba hacer el Gran Turco, y a pedir socorro para lo defender y ofender. Y juntos en la villa de Valladolid yo fui allí en requesta de aquesta dama, porque en la verdad, como en algunas partes deste libro lo tengo comenzado a decir, yo cuando pedí este hábito, enamoréme dél por su gentileza sin saber sus asperezas. Y como pasó tiempo sin poderlo alcanzar, hubieron lugar los que me quisieron mal de juzgar lo que quisieron, y aparejo en mí para poderlo decir y certificar por ser regocijado y hecho a mi voluntad, siendo —como Dios es verdad— contra ella en lo que tocase en mi deshonra. Y pues, como en principio he dicho, que cuando esto se leyere tengo necesidad de más honra pata el alma que para el cuerpo, y ésta no se ha de ganar con juramentos falsos, podréisme creer, pues éste es el menos que se puede jurar.

Y después me conocí que me había de costar caro el casamiento de esta dama o, por mejor decir, recibir trabajo manteniendo con ella lo que su estado merece, y trayendo tan poco dote, porque encomienda nunca la dan sino a quien mata puerco y no a quien mata moro, como solía, porque desta manera la de don Pedro Portocarrero, que es la mejor de la orden, fuera mía, sino 12. 000 maravedís de pan y agua mal pagados y ciento y trece paternostres de rezar cada día; y que, aunque mi mujer sea fea, sea obligado a echarme con ella y no con otra. Entonces no pude salirme afuera, porque vi que el emperador holgaba conmigo como con loco.

Y así habían de ser las mercedes, porque no podía negallas, viendo que me las hacía. Y aunque eran pequeñas según lo que yo le merecía, eran grandes según Su Majestad era mezquino y que en cosa de orden ni de honra no me había de hacer merced. Y considerándolo tal, ni el rezar ni la castidad no me lo estorbó ni otra cosa mayor lo hiciera. Trabajélo y seguílo y no fue menester poco, porque por el desafío pasado y contado el emperador quedó de mí tan enojado que no solamente determinó de no dármelo, pero jurólo y fue menester traer dispensación de Roma para asolvello del dicho juramento. Porque, como creo que dicho tengo, que fueron causa ciertas palabras que el emperador me dijo en secreto, de que el que desafié de mí le había dicho, que aunque tomado todo junto fuera bien disimulallo, tomándolo como se debe tomar, fue bien hacelle lo que hice y aventurar lo que aventuré, aunque no lo ignoré.

Y llegué a la villa de Valladolid, donde hallé al emperador en las dichas Cortes con todos sus grandes y procuradores de ciudades, como dicho tengo que llamó. Y yo fui en compañía, esta jornada, de don Pedro Enríquez de Ribera, natural de la ciudad de Sevilla, primogénito heredero del marqués de Tarifa, el cual dicho don Pedro fue un hombre más presto hombre que creo que ninguno en el mundo, vivo de ingenio, verdadero amigo de su amigo, especialmente si no le daban lugar a que no se pudiese indeterminar. Tenía muy liberal condición, mucho esfuerzo y pocas fuerzas, muy franco y poca hacienda. Y con esto vivió muy honradamente y fue temido y amado. El cual por su virtuosa condición, aunque entre mí y entre él no había deudo conocido —y si alguno había, pasaba de segundo grado—, siempre holgó de mi compañía.

Y llegamos juntos a la dicha villa de Valladolid. Fuíme a posar con Su Merced y luego a hablar al emperador. Y díjele: «Mis amores, tus hábitos son vencedores. Señor, ya Vuestra Majestad sabe cuánto ha que deseo el hábito de Santiago, y me lo tenéis prometido para el capítulo primero, en el cual estamos. Acuérdoos la memoria y acúsoos la promesa».

Él me dijo: «Don Alonso, al fin se canta la Gloria».

Y hasta ver este fin pasaron seis meses, y creo que turaran más, si no lo concluyera sospecha —nombre de pestilencia—, que hizo al emperador partir de allí para Palencia. Y mandó que no fuese con él nadie sino sus oficiales y los de su mujer, y déstos, no más de los que no podían excusar; y los grandes y perlados y procuradores y comendadores, que se fuesen donde quisiesen y por bien tuviesen.

Y el prior den San Juan, que es uno de los principales del reino en calidad y en cantidad, que es un hombre, como ya tengo tocado en este libro, que ha por nombre don Diego de Toledo, todo junto y cada cosa sobre sí de alto y derecho y blanco y colorado; las otras cosas que la gentileza demanda, tan bastecido cuanto su condición y obras en lo espiritual y temporal merece, conviene a saber: ser muy buen cristiano, devoto de oír sermones, inclinado a ver misas y hacer mucho bien por Dios, no decir mal dél ni oíllo a nadie, muy noble de condición, muy liberal, muy honrado y esforzado, muy cuerdo y considerado, muy poderoso y muy bajo, siendo poderoso con poderosos y humilde con los humildes, muy conversable y aplacible, muy agradecido, muy inclinado a hacer siempre bien a muchos y no mal a ninguno, aunque fuese en su perjuicio, antes siendo el mejor del reino que no de ninguno, aunque fuese el más ruin. Debajo de la cual comparación que se sigue, juzgaréis, esto y lo demás.

Él tenía siempre muchos y buenos caballos y daba 100. 000 maravedís de partido a un caballerizo para que fuese conforme a su servicio y voluntad y a la honra de sus caballos. Y porque un barbero suyo, que ha por nombre Pero González Mojarra, se enseñó a vellos curar y pensar y engordar en su mismo perjuicio, ¡hay de la honra de sus caballos! porque les hacía tirar coces, no sabiéndolos cabalgar, siendo conocido por barbero y pareciendo zapatero desposado a la jineta, le tuvo y sostuvo en el dicho oficio.

Y tornando al mío, el dicho prior me dijo: «Hermano mío, pues el emperador se va con sus oficiales a Palencia, yo me quiero ir con mis amigos a Consuegra. Por ende, pues vos sois uno dellos, aparejaos, que el uno es don Enrique de Toledo».

Éste es un primo hermano suyo, el cual, como Dios es verdad, sin compostura, todo lo que sé juzgar y considerar, hacía ventaja así al dicho prior como alguno, si alguno había en el mundo tal como él. Porque cuando eso digo, os sé decir que no teniendo más de 150. 000 maravedís de renta, en bestias y criado y honestas comidas, sin borracheras ni puterías sino con honrados caballeros que llegaba a sí y se llegaban a él por su noble condición y conversación y fama, gastaba 2. 000 ducados cada año el que menos. Y no os sé decir de dónde los había sino que no los robaba ni malganaba, porque nunca a nadic vi quejarse dél. Verdad es que el dicho prior de San Juan le ayudaba como hacía a todos sus parientes y a los que no lo eran.

Y asimismo me dijo que llevaba a don Enrique de Silva y a don Hernando Álvarez de Toledo, sin otros criados suyos de muy buen linaje y honrados y muchos, «con quien» —me dijo, «hermano»—, como dicho tengo, «holgaremos y abremos placer. Y de allí creo que iremos a visitar a la mi villa de Lora, que es nueve leguas de vuestra tierra».

Yo le dije que le besaba las manos a Su Señoría, mas que así como era obligado más a él que a nadie, así lo era más a mí que a él, que yo había esperado tanto tiempo al capítulo de orden de Santiago para que me diesen el hábito, el cual estaba ya fenecido, y el emperador para proveer. Y él me dijo: «Mirá que no ha de entender en nada Su Majestad hasta en Palencia, adonde no os ha de dejar entrar a vos ni a nadie. Y como habéis destar una legua de allí solo, mejor estaréis conmigo, aunque sea más lejos».

Yo le dije que obedecía mediante el acatamiento de su persona, pero que no le aseguraba en ausencia.

Luego, sin más yo saber, aquella noche se fue al emperador y le dijo: «No quiero decir a Vuestra Majestad cuánta razón es que deis el hábito de Santiago a don Alonso, pues la razón sois vos y vos la razón, sino suplicar a Vuestra Majestad me haga merced de mandalle que vaya conmigo a Consuegra y prometelle que su ausencia no le hará daño».

El emperador me dijo otro día: «Don Alonso, bien será que os vais con el prior, porque no ha de entrar nadie conmigo en Palencia sino los que no puedo excusar para mi servicio. Yo me acordaré de vos ni más ni menos como si fuésedes presente».

Yo caí en la cuenta. Y estaba el señor prior presente; y lláméle y díjele en presencia del emperador: «¿Vuestra Señoría anda por allí?».

Y así determinamos todos tres la partida.

Y de allí nos fuimos el prior y yo al secretario Covos, y díjole el prior al secretario todo lo que pasaba y su intención que era llevarme consigo, pidiéndole por merced me aconsejase que lo hiciese. Y ofrecióse de ayudarme en mi ausencia y así lo hizo. Y concertamos que se quedase un mozo del prior con él para que luego que se hiciese el negocio, enviase el despacho, el cual fue dentro de dos meses, casi en cabo dellos.

Una carta para el prior y otra para mí del secretario Covos; palabras y tenor de las cuales:

«Muy ilustre señor: A don Alonso Enríquez escribo sobre lo que Vuestra Señoría me mandó y cierto, por deuda del uno y obligación, yo quisiera enviar el despacho a su voluntad. Mas como a los reyes no deba hombre importunar ni repetir en cosas tan determinadas como Su Majestad tiene de no le dar el hábito, porque lo juró cuando aquel enojo le hizo en Flandes, me debe Vuestra Señoría perdonar y a don Alonso aconsejar que haya paciencia, como por mi carta verá, que creo que le valdrá más. Y así ceso, rogando a Nuestro Señor Dios por la muy ilustre persona de Vuestra Señoría.»

Carta del dicho Covos para don Alonso

«Señor, bien creo que tenéis creído de mí que soy vuestro amigo y que deseo vuestra voluntad y prosperidad. Y por esto no os quiero decir, lo que holgara, que el emperador os diera lo que deseáis y merecéis. Y en cuanto a lo del hábito, no ha lugar al presente porque Su Majestad ha dado muchos que no ha podido excusar, así a procuradores de Cortes como a otros que lo han menester más que vos, para ser honrados con él. Paréceme que será bien que supliquemos a Su Majestad que cumpla los 70. 000 maravedís de juro que os tiene hecho merced a 100, pues habéis más menester esto que eso otro para quien sois. Y porque el señor prior os dirá sobre esto su parecer, ceso.»

Respuesta de don Alonso para Covos

«Muy magnífico señor: Recibí la carta de Vuestra merced. Y a lo postrero della digo que querría más 2 maravedís que dos palmos de honra, cuanto más 30. 000 que me ofrecéis; y más perder 70. 000 que decís que Su Majestad me ha dado que no perder dos dedos della. Lo cual pierdo yo más, si el emperador no me da el hábito de Santiago, pues me lo tiene prometido, y yo publicado. Y cierto, si no me lo da, antes será más cierto serville yo en volverle los dichos 70. 000 maravedís que me hizo merced que no recibir los 30 para cumplir a 100, porque éstos serían azotes y no maravedís, y dados de mis enemigos, los cuales dicen que por hombre desconcertado me lo deja Su Majestad de dar. A quien suplico mire lo que hace. Y porque tras ésta seré allá, ado responderó a lo primero y alegaré a esto postrero, no digo más sino que diré tanto cuando allá esté que o mereceré el hábito de Santiago para vivir en él, o en el de San Francisco para morir, si no me dejaren salir del reino, porque esto merece el rey que paga mal a sus criados y servidores. A Vuestra merced no echo culpa, aunque no dejo de creer que toda la tenéis.»

Luego me partí dentro de ocho días; y el dicho prior de San Juan me ayudó y favoreció, así con sus dineros como con sus cartas para el emperador y para su confesor y para el secretario Covos, de muy buena tinta y con grande afición de que supiesen la razón que yo tenía de me quejar y de se él agraviar, por parecer que había causado mi ausencia mi menosprecio dél, de no haber aprovechado su suplicación. Y porque la del confesor me acuerdo y es más digna de loar, pongo aquí, que decía desta manera:

«Reverendísimo señor: Yo supliqué al emperador nuestro señor no dañase venirse conmigo a este mi priorazgo don Alonso Enríquez para haber el hábito de Santiago que Su Majestad le tiene prometido y él, por cierto, muy mereci-do, que es el mayor inconveniente que tiene para habello, por muy buenos y señalados servicios que él le tiene hechos, como por su persona y linaje. Lo cual acordando yo a Su Majestad, me dijo que nadie lo shabía mejor que él. Y habiéndome conocido esto y prometido que no le haría estorbo llevarle conmi-go, paréceme que hacía menos por mí en darle el hábito que hacía por Diego Hurtado, cuando le dio cinco para quien él quisiese. Holgaré y recibiré merced que Vuestra Señoría diga esto a Su Majestad por la mejor manera que le pare-ciere y quisiere. Y por lo que toca a don Alonso hologaría que se me deshiciese este agravio y recibiré merced en ello, y será la primera que Su Majestad que me haya hecho en mi vida. Y no ha sido éste el primer agravio, porque me quitó el priorazgo de San Juan cuando el rey Católico, de gloriosa memoria, me lo dio, siendo elegido por la religión de San Juan de Rodas. Y cierto quisiera hallarme en disposición de ir a dar cuenta desto a Su Majestad en persona.»

Con esta carta y con las otras que dicho tengo fue a Burgos, do la Corte estaba, y fuíme derecho a darle cuenta al confesor de mi vida y de mi muerte, porque por tan cierto tenía lo uno como lo otro, y así había menester remedio el alma como el cuerpo. Porque estaba desconfiado y dañado y determinado a no volver a mi tierra sino irme lejos della, sin el dicho hábito, por no dar placer a mis enemigos y hacellos verdaderos, y pesar a mis amigos, haciéndolos mentirosos. Y díle la dicha carta y díjele lo que me pareció y os debe parecer. Y él me rogó que comiese con él y que, en acabando, me respondería. Y ya casi que acaba-mos de comer, entró el secretario Covos. Y yo hízemele extraño y díle la carta del prior de San Juan. Y todavía me quiso abrazar y dijo que cuando le hubiese oído, no le echaría culpa. Y apartáronse el dicho confesor y él. Dende un rato me llamaron entrambos, y allí me dio muy grandes disculpas, con juramento, el secretario, que no estaba más en su mano. Y se concertaron él y el confesor de hablar al emperador. Y me rogó el secretario me fuese a cenar con él y con mi señora doña María, su mujer, que me tenía deseo de ver y sabía que estaba allí y estaba enojada y espantada como no me había ido a apear a su posada como otras veces solía. Y yo se lo prometí y cumplí. Y a la noche fui, y no mal recibido, porque como dicho tengo, ella es tan buena como la bondad y la bondad no tal como ella. Y dentro de cuatro días que me dijo el secretario y el confesor que ya habían hablado a Su Majestad y que el negocio estaba en buenos términos.

Fue y le dije: «Muy poderoso señor, si tan riguroso habéis de ser para gobernar vuestros vasallos como los ajenos, tan presto perderéis los unos como ganaréis los otros. Acuérdesele a Vuestra Majestad lo que os he servido, y si no os queréis ocupar en esto, sea que me habéis prometido el hábito de Santiago y dádolo a muchos a quien no lo habéis prometido ni ellos tan bien merecido».

Él me dijo: «Don Alonso, no os lo dejo de dar por no acordarme de lo uno y de lo otro. Pero bien sabéis que por el enojo que me hicistes en Flandes, juré de no dároslo».

Yo le dije: «Señor, juramento... en perjuicio de parte no es válido, especialmente de honra y de alma, que en todo se me seguiría peligro, haciendo Vuestra Majestad este agravio en complacencia de los que me quieren mal, dándoles autoridad y crédito Vuestra Real Majestad».

Él me respondió: «Hablá a Covos».

Y entróse en su recámara. Y dentro de ocho o diez días me dijo el secretario Covos que el emperador me hacía merced del hábito de Santiago; y porque yo tenía muchos que me querían mal, casi tantos como los que me querían bien, fue menester la probanza de mi linaje tan de raíz que, después de haberla yo hecho y pasado el trabajo, holgué con todo más que si se hubiera hecho cuando luego lo quise.

De cómo salí de allí con mi hábito

Fui con el emperador que se partió a la sazón a la villa de Madrid. Y en medio del camino está un lugar grande con una muy buena casa fuerte que se llama Buitrago, que es del duque del infantazgo. Y a la entrada de la dicha casa, que se apeó el emperador en ella, que había acabado la jornada de aquel día, todos los que con él iban se fueron a sus posadas sino yo, que venía muy contento y privado suyo. Y al subir de la escalera, púsose delante de Su Majestad de rodillas un hombre pequeño de cuerpo, barbinegro, escofiado, y dijo: «Sacra y

Cesárea Majestad, yo soy un camarero, criado del duque del infantazgo, vuestro vasallo. Y como supe la partida de Vuestra Majestad de Burgos a Madrid y que había de ser el camino por esta villa, sin saberlo Su Señoría, tomé algunas cosas de su recámara para ponerlas en esta casa. Y aunque estoy cierto que de serviros no se enojará, no lo estoy de no haberos traído lo que más pudiera haber traído, lo cual no hice por no haber lugar para ello, haciéndoselo saber, porque anda en el monte cinco o seis leguas de Guadalajara, donde tiene su asiento. Suplico a Vuestra Majestad que mande dar una carta de seguro para él».

El emperador dijo que bien, y yo dije que tenía razón.

Y entramos en una sala muy grande, la cual estaba aderezada de una tapicería de oro y seda y lana de figuras grandes del tiempo viejo con muy gran dosel de brocado pelo. Y luego entramos en una cuadra de muy buena tapicería de oro, seda y lana, y una cama de brocado pelo. Y el camarerito barbinegrito, escofiadito, morisquito —porque dice que había sido esclavo—, iba delante guiando al emperador. Entramos en otra gran sala entapizada de otra tan rica tapicería con una cama de lo mismo. Luego entramos en otra sala entapizada de muy rica tapicería, siempre mejor la una que la otra, y un dosel de raso carmesí guarnecido de oro. Luego entramos en una cuadra, la cual estaba colgada de paños de brocado raso y una cama de lo mismo, así en lo alto como en lo bajo, y por el suelo en lugar de alhombras brocado pelo, para lo cual no solamente me parece que lo trajo prestado de sus vecinos, sino que no bastaron las acémilas y carruajes de sus lugares, sino que buscó de los ajenos.

Y el emperador sentóse en una silla, y yo holgara de sentarme en un vanco, aunque fuera de aquellos altos del herrador. Y díjome el emperador, no menos falso él en la negociación que yo deseaba que lo estuviese, porque de oídas tenía por tan vano a este duque cuanto era, y me aborrecía: «Don Alonso, mejor aderezada está mi posada que no la vuestra».

Dije yo: «Por eso es Vuestra Majestad rey y yo vuestro vasallo, y vuestro huésped, el duque del infantazgo, y mío, un vasallo suyo».

Dijo el emperador: «No debe ser eso, sino que vos debéis ser muy ruin escudero y yo muy buen caballero».

Yo le dije: «Señor, de veras tengo deseo de conocer este duque. Según las grandezas que dél oyo contar, paréceme que debe ser de otra hechura en su cuerpo que los otros duques, pues lo es en sus grandezas. ¿Qué debe ser lo principal de su recámara, pues esto es lo accesorio?».

El emperador puso la mano en el rostro para encubrir la risa. Y el camarero no asentaba los pies en el suelo de gozo, que no hay alvéytar que le diera por sano, parecía que tenía veinte esparabanes, que no había sentado el un pie en el suelo cuando luego el otro, y el otro cuando luego el otro. Yo hacía que no le veía. El emperador díjome: «¿Nunca habéis visto al duque del infantazgo?».

Dije: «No, señor, pero figúraseme que debe ser un hombre de ciento y cincuenta años, según son muchas las cosas que dél oigo, alto de cuerpo y membrudo, la cara grande y un grande ojo en la frente y que está siempre riéndose. Señor, ¿es éste el que dio al rey de Francia los caballos aderezados de oro y perlas y los grandes collares esmaltados y las gruesas cadenas de oro a sus criados?».

Dijo el emperador: «Sí».

Digo: «Pues ahora que no está aquí nadie que se lo pueda decir, y aun con todo esto le he miedo Vuestra Majestad le mande matar, que juro a Dios que son términos los suyos y maneras para ser señor del mundo. Mirad, señor, que lo fue Julio César, mirad, señor, que es bueno quitar los inconvenientes».

El emperador dijo: «No tengáis pena, don Alonso, que mientras vos viviéredes, no he miedo a nadie».

Y éntrase en una recámara, y yo fuime a mi posada. Y dijo verdad el emperador, que no la hallé tan aderezada como él la suya, porque cené en una cocina y dormí en una cocina y desnudéme y vestíme en una cocina.

Y otro día de mañana Su Majestad se partió de allí a un monte que estaba cerca de allí, y otro día a Madrid, en el cual y por el camino no dejamos de gustar de lo tratado y pasado. Y parece que el dicho camarero después, omediante su buena diligencia o clemencia divina, fue perdonado de su dueño, sin carta del emperador, y contólelo que había pasado, de lo cual gustó y creo yo tan bien el amo como el criado. Y porque me había olvidado entre las otras cosas que pasaron entre el emperador y mí, el emperador, sabiendo que me pesaba que algunos grandes señores me escribiesen descortésmente, me preguntó: «¿Con qué manera os contentaría de que escribiese el duque del infantazgo?».

Y yo le había dicho: «Antes que viese estos retazos de su recámara ni hubiese oído otras grandes grandezas suyas, no me contentaría con menos de "Magnífico señor".

»Y ahora lo haré con "Especial amigo"».

Y parece que contóle esto con lo otro; y escribióme una carta desta manera: «Señor —y si quisiéredes "magnífico"—, hacedme del ojo: Un criado mío ha dicho que supo que dijistes al emperador nuestro señor que deseábades conocerme. Y desta manera cierto vivimos entramos con un deseo, porque lo mismo hago de veros yo a vos, señor, y teneros por mi grande amigo, porque por no habello hallado tal cual me dicen que sois que me satisfaga, estoy sin ninguno. Pídoos por merced, si queréis aceptar esta conformidad, vengáis a ver esta vuestra casa que tengo en este lugar de nuestro señor el rey. Y así quedo, rogando a Nuestro Señor guarde vuestra muy noble persona y mi estado acreciente. De Guadalajara, para lo que, señor, mandáredes. El duque del infantazgo».

Esta carta me dieron en Madrid, que son diez leguas de Guadalajara, y luego le respondí otra, que es ésta:

«Muy ilustre señor: Una carta de Vuestra Señoría recibí y no quiero besaros las manos por ella, porque hace Vuestra Señoría lo que le cumple. Porque siendo Vuestra Señoría tan gran señor y yo tan buen servidor, no quedaría nada en el mundo que no fuese vuestro. Y así porque vivo con el emperador y no querría que fuese en su perjuicio como porque, si está Vuestra Señoría contento de mí, quiero yo contentarme de vos, hasta que sepa, no acepto el amistad, ni obedezco el mandamiento sino apelo dello, hasta en tanto que vea lo que me cumple. Porque como la vida es corta y por los amigos se ha de poner y en esto no hay ventaja ni diferencia sino en el estado y señorías, que es cosa que se puede tomar por fuerza, quiero ver primero lo que hago. Y así quedo, no por eso dejando de ser obligado de servir a Vuestra Señoría, por cuya muy ilustre persona acreciente quedo rogando a Nuestro Señor. De Madrid, buen servidor de Vuestra Señoría. Don Alonso Enríquez.»

Destas cartas nos escribimos muchas de burlas y de veras, hasta que nos vimos, yéndose el emperador a Italia, y pasó por allí. Y yo quedéme dos días con él, haciéndome muy grandes fiestas y gasajados, y dióme un caballo. Pero adelante veréis por dónde, aunque me diera dos ni todo su estado, tengo razón de estar quejoso dél, porque en la verdad siempre hicieron en mí más impresión las buenas obras que las muchas dádivas, y yo más caudal de lo primero que de lo segundo.

De cómo el emperador se fue a Italia y yo quedé en españa, siendo mozo y recio, y su criado y capitán y su aficionado

De Madrid fue el emperador a parar a Toledo, do determinó y efectuó su partida a Italia para tomar la corona del imperio y posesión de rey de Romanos en Roma. Y yo, como posaba y trataba en la posada del secretario Covos, comendador mayor de León, supe antes que muchos esta determinación. Y una noche hallé al emperador en conversación con sus cortesanos y entré y dije: «Señor» —que lo oyeron todos— «ofrecer yo a Vuestra Majestad lo que soy obligado, no hago nada, que sería mi persona y mi hacienda para esta ida que queréis hacer a Italia, porque por parte de ser vuestro criado y vasallo os lo debo. Ofreceros mi libre albedrío, que Dios me dio, y serviros con buena voluntad, esto quiero hacer y hago. Y se me debe agradecer y así creo que lo harán cuantos viven en vuestros reinos».

El emperador holgó desto, porque le dio ocasión a que diese cuenta de su partida a todos en general, sin parecer que le constreñía necesidad, porque como sus escritores más largamente escribirán, era un hombre libre y sin querer que creyese nadie que tenía necesidad de nadie. Y dijo: «Señal es eso que hasta aquí no me habéis servido en buena voluntad, pues no me lo habéis ofrecido hasta ahora, y también que nos queréis dar a entender que sabéis antes los secretos de nuestra determinación que nadie. Y pues ya vos los sabéis, bien es que lo sepan todos».

El duque de Alburquerque dijo: «Teniendo Vuestra Majestad don Alonso, cierto para esta jornada no será menester más».

Yo respondí en burlas al dicho duque y de burlas venimos a las veras.

Y tratóse y declaróse la partida; dende en cuatro o cinco meses efectuóse y el mismo día que Su Majestad salió de Toledo para irse, yendo su camino en el campo, llegué al él y le dije: «Señor, aunque seáis seco para otros, no lo habéis de ser para mí porque todos dicen que cuando ponen en vuestras manos su determinación para seguiros y serviros en esta jornada, les laváis de aquel pecado y lo ponéis en las suyas. Y aunque en el principio de vuestra determinación os ofrecí mi libre albedrío y determinada voluntad que Dios me dio, no se entiende que, si no lo es la vuestra, lo ha de ser la mía. Quiero saber si es vuestra voluntad y holgaréis que os vaya a servir, y esto no para que os obliguéis a hacerme mercedes, que así como me las podéis negar cuando os las pidiere, si quisiéredes, me podéy negar esta palabra, sino por llevar más contentamiento y armada mi voluntad para pelear y aventurar la vida y mi estómago para que no se me revuelva en la mar».

Fuimos hablando en esto una gruesa legua. Y no bastó haberle dicho esto ni tener más conversación con él que nadie para dejarme de responder lo que a los otros. Y fue esto: «Don Alonso, hacé lo que quisiéredes, que de lo uno y de lo otro me terné de vos por servido y tan bien me podré servir de vos acá como allá, y allá como acá».

Yo le dije: «Señor, pues determino de esa manera: de matar antes conejos en un monte mío y comellos, que no que me mate la mar y me coman peces».

Y beséle la mano y quedéme. Y víneme a Sevilla a mi casa y holgué en ella y en el dicho monte.

Y dende a siete u ocho meses echóme de Sevilla el asistente della, por complacencia y diligencia de los que me querían mal en ella, de los cuales por ello era él muy su amigo, porque de antes que lo fuese, me quería mal. Llamábase el conde don Hernando de Andrada, porque siendo muchacho fue a Italia con un capitán general que se llamaba Portocarrero y él iba capitán particular de quinientos soldados de Galicia, donde él era natural. Y llamábase entonces Hernando de Andrada y tenía 600. 000 maravedís de renta. Y después hubo el «don» y título y más renta, porque el dicho Portocarrero, en llegando a Italia, murió y como hombre de buen linaje encomendó el ejército hasta que el rey proveyese de capitán general. Mediante este tiempo, se dio una batalla con los franceses, y de buena dicha venciola, aunque la batalla no fue capital ni de mucha gente sino de hasta dos mil hombres que salían de un castillo, que iban a otro, y él con otros tantos. Los reyes Católicos, don Hernando y doña Isabel, de gloriosa memoria, que miraban mucho esto y lo pagaban, tuvieron respeto a su poca edad y a su buena dicha y diéronle el «don» y el título y mucha más renta de la que tenía. Y trajéronlo a su Corte por no quitalle el cargo con menosprecio. Y allí estuvo mucho tiempo, donde se hizo tan cortido cortesano, así con vino de San Martín como con malicias y envidias y desvergüenzas que allí se usan y se aprenden, lo cual es malo, si es para solo usallo, y bueno, si es para solo entenderlo.

El cual, no teniendo respeto ni miedo ni vergüenza a nadie y, como dicho tengo, como ya de antes me quería mal, hizo pesquisa contra mí y prisiones en mí. Y yo fuíme a la emperatriz nuestra señora y su real Consejo, que quedó por gobernador en estos reinos, y quejéme dél y llevéme mil y seiscientos capítulos contra él. Y luego me dieron una provisión, así como prové su mala intención y nuestras enemistades antes que viniese a ser juez, en que le mandaban que no tuviese que hacer conmigo ni con mis criados sino el alcalde de la justicia de Sevilla y que él o su lugarteniente fuese con él, a hacer las pesquisas contra mí y enviarlas allá. Y prometiéronme que en cumpliendo los dos años que hubiese estado en la dicha ciudad, lo quitarían della, porque por ley hecha y pasada en Cortes estaba capitulado que no pudiese ser uno juez ni asistente más de dos años en ninguna ciudad ni lugar sin serle enviada residencia, y que con este título le sería mas honesta, y que yo hubiese paciencia ocho meses que faltaban.

E hízome la emperatriz nuestra señora merced de 300 ducados de oro de ayudas de costas, para lo que el dicho su juez me había hecho gastar contra justicia y razón. Los cuales me fueron librados y mal pagados, como penitencias dadas y no cumplidas, en Martín Sanches, contador de cuentas, y no benditas. El cual era vizcaíno viejo, gordo y mal criado y mal inclinado. Y sobre la cobranza dellos quise matar a él y a un hijo suyo; y fui preso por ello en casa de un alguacil y después desterrado cinco leguas de la Corte.

Lo que me acaeció en este destierro con el dicho duque del infantazgo y con el marqués de Villena, duque de Escalona, y cómo fue libre y pagado

La Corte a la sazón estaba en la villa de Madrid, y para cumplir el dicho destierro parecióme buen lugar Santorcás, que era cinco o seis leguas de allí y dos de Guadalajara, donde el dicho duque del infantazgo estaba, creyendo que así cumplía su voluntad como el destierro. Y llegado al dicho lugar, el cual es del arzobispo de Toledo, don Alonso de Acevedo, que es otra buena joya, como adelante trataremos, fui a un mesón. Y creyendo que a lo menos de mi amigo, el dicho duque, vinieran muchas cargas de cebada y gallinas, hice echar mucho a mis caballos y en lugar de otras carnes, que comiesen gallinas mis criados, con aditamento y apercibimiento al mesonero que de la provisión que el duque mi amigo hiciese pudiese pagarle cebada por cebada y gallinas por gallinas. Y el dicho mesonero, como shabía mejor la verdad desto que yo, aunque no era tan su amigo, que todas sus liberalidades y grandes grandezas eran torres y humos y falsas consecuencias, díjome: «Señor, ¿vos traéis dinero para pagarme si el duque no proveyere?».

Digo: «Sí; si no, cata hay mis bestias. Pues echa y derrueca».

La ración de mis criados de cada día era una gallina a comer y otra a cenar y tres celemines de cebada por bestia, porque se la hacía mondar y aechar muy bien. Y escribíle una carta que dice así:

«Muy Ilustre señor: Ya Vuestra Señoría sabrá lo que me ha pasado en mi tierra con el conde Hernando y en la Corte con Martín Sanches. Yo soy llegado a esta villa, desterrado hasta que sea la voluntad de Su Majestad que no lo esté. No me entré luego en esa villa do Vuestra Señoría está, porque ya saben en ella que soy vuestro amigo y vengo desbaratado. Es menester que Vuestra Señoría me envíe luego a negociar mi destierro.»

Respondióme:

«Señor: Yo hago luego lo que me mandáis. Y así quedo para lo que me mandáredes.»

Pasáronse siete días. Yo, desque vi que se tardaba la respuesta y que ya no había gallinas en el lugar ni venía la paga dellas, escribíle otra, suplicándole me hiciese merced de dar prisa a mis negocios y de enviarme 50 ducados. Él, como supo del segundo mensajero —y dicen que la sobrecarga suele matar la bestia que no la carga— derrengóse con él, y en leyendo la carta volvióse de pechos encima de una cama y dijo que le dolía el estómago. Y echaron fuera al mozo, riñendo con él sus criados, de que pensó ser muerto, diciendo qué desdicha había sido aquélla que, en dándole la carta, estuviese malo el duque. Yo, desque sentí la negociación y de conocer a mi amigo; cenamos aquella noche mis criados y yo una muy gentil ensalada. Y otro día de mañana pagué la posada y lo que habíamos comido, bien gastado de lo que habíamos gastado. Fuíme a

Yllescas, siete u ocho leguas de Escalona, y envié un mensajero y escribí una carta al duque della y marqués de Villena, que decía así:

«Muy Ilustre señor: Aunque la familiaridad no haya sido mucha, la voluntad que yo siempre he tenido no ha sido poca para servir a Vuestra Señoría, a quien hago saber que yo ando desterrado de la Corte y gastado, y al presente tengo necesidad de 50 doblas. Vuestra Señoría me las mande enviar y será tener pagado adelantado para serviros de mí.»

Respondióme:

«Magnífico señor: Recibí vuestra carta, y sé todos vuestros acaecimientos, de lo que en verdad me ha pesado. Y de no haber sido nuestra conversación —como, señor, decís— mucha, no me ha placido; antes siempre la he deseado y procurado. Y porque no solamente querría serviros con mis dineros sino con deciros lo que deseo que hagáis, querría que viniésedes a Escalona. Y si así acordáredes, enviádmelo a decir a este monte do estoy monteando, que luego me iré allí. Y si no, lo que más fuere vuestra voluntad, porque allí proveeré lo que, señor, mandáredes, para lo cual estaré siempre aparejado. El marqués y duque.»

Luego me fui a Escalona y allí le hice un mensajero al monte, cuatro leguas de allí. Y luego otro día vino y me aposentó. Y si el mesonero de Santorcás estuviera allí, de las gallinas y cebada que sobraba se pudiera muy bien pagar. Y estuve allí cuatro días comiendo con él y con mi señora la marquesa, su mujer, la cual es muy honrada y muy hermosa. Y cuando me quise partir, me envió 100 ducados dobles y a decir que no me enviaba más porque podía yo enviar por más cada vez que quisiese.

De allí me vine a Toledo, do estaba con su padre el conde de Ribadavia, que era corregidor de allí, mi señora doña María de Mendoza, mujer del secretario Covos, comendador mayor de León. La cual escribió luego al presidente del Consejo Real que negociase con la emperatriz que me alzase mi destierro. Y alzómelo, y de allí víneme a Sevilla, sin querer entrar en la Corte, con una cédula de la emperatriz que dice así:

«La reina

»Por cuanto los nuestros alcaldes de Corte, por ciertas palabras de amenaza que don Alonso Enríquez dijo, le desterraron desta nuestra Corte con cinco leguas alderredor della, sin declarar tiempo, mi merced y voluntad es de declarar, como por la presente declaro, que el dicho destierro sea por seis meses, los cuales comiencen correr desde el día que fue desterrado. Y habiendo cumplido aquellos, por esta mi cédula le doy licencia y facultad para que pueda entrar y estar en esta nuestra Corte con las dichas cinco leguas alderredor, libremente, sin caer ni incurrir por ello en pena ni calunia alguna. En Ocaña, a 27 días del mes de octubre de 530 años. Yo la reina.»

Y yo, viendo que esta cédula vino monda y que los ducados de que había hecho merced —por lo que hube enojo con Martín Sanches— no venían, acordándoseme que por ellos había estado ocho o diez meses en la Corte, gastando lo que tenía y lo que no tenía, porque el conde de Miranda y la marquesa de Lombayn y Juan Vázquez de Molina me habían dicho que esperase, que Su Majestad quería hacer alguna merced, con la cual confianza no solamente, como dicho tengo, gasté mi hacienda pero gastara la del arzobispo de Toledo, si él quisiera. Porque a la sazón os hago saber que me vino una muy grande enfermedad, peligrosa y congojosa. Y dándoseme por amigo el dicho arzobispo, don Alonso de Acevedo, le escribí una carta que dice así:

«Muy ilustre y reverendísimo señor: Yo estoy purgado hoy para cauterizarme mañana de una muy grande enfermedad. Con el doctor Juárez vuestro físico Vuestra Señoría se puede informar. Y tengo necesidad de algún dinero para me curar. Suplico a Vuestra Señoría me socorra, pues soy caballero y pobre, y vos generoso y rico.»

Respondió al que llevó esta carta que de aquellos ducados que siendo yo capitán de Ibiza que había ganado me podía curar ahora. Y volvióse para los que allí estaban y dijo: «¡Gentil cosa! Díjome el otro día que tenía 5.000 ducados en dinero y envíame ahora a pedir que le socorra».

Dijo el doctor Villalobos: «¿Quién, señor?».

Dice: «Don Alonso Enríquez».

Vino a noticia todo esto de Juan de Samano, secretario de Sus Majestades y del Consejo de las Indias. Y fue por mí a mi posada y llevóme a la suya y curóme cincuenta días que turó la enfermedad, con tantos regalos como si yo fuera infante de Castilla. Y aína diré que no con menos solemnidad, porque era un hombre que con ser muy hidalgo y buen caballero, por haber sido pobre, no se quería ahorrar ni dejaba de usar lo que entonces. La señora doña Juana de Castrejón, su mujer, ni más ni menos holgó de curarme y gastar su hacienda, que para mujer no es poco esto. Desque sano, me dijo Juan de Samano: «Ved, señor don Alonso, el dinero que habéis menester para iros o para estaros, que mi casa y lo que en ella hubiere no os puede faltar».

El conde de Osorno, don García Manrrique, me socorrió de muchas necesidades que tuve, así en darme de comer a mí y a los míos y a mis bestias como en muy buenas veneras de oro y sortijas. Era un hombre muy cuerdo fuera de su casa y de muy grande autoridad, y muy loco y muy regocijado en ella, digo conmigo y con el arcediano de Segovia y con don Pero Laso, el de Madrid, y don Benito, que eran hombres desta condición.

Después volví a la Corte; lo que me acaeció en ella

Vine de pasada por la Corte, que estaba entonces en Medina del Campo, viniendo de Valladolid de ver a mi señora doña María de Mendoza —y era camino para mi tierra— y por besar las manos al presidente, el cual se llamaba don Juan Tavera y residió mucho tiempo en Sevilla; y así porque entonces no teniendo él mucho, era mi padre muy gran su amigo, como porque después, siendo arzobispo de Santiago y presidente del Consejo Real, me trataba como entonces y me tenía muy buena voluntad; y también por ver a la señora doña María Madalena, hija del dicho conde de Osorno, dama de la emperatriz y muy mi señora. Fui a Palacio una noche a la cena de Su Majestad, no para la hablar ni a cuantos con ella son, sino porque en este tiempo podía hablar a la dama. Y vióme la dicha doña Leonor de Castro, marquesa de Lombay; y como dicho tengo, era muy sabia y muy discreta. Acordándosele el cargo en que me era su querida señora por su intersección, envióme a decir con un mozo hidalgo que fuese muy bien venido. Por lo que me obligó otro día a irle a besar las manos a su casa.

Y díjome en viéndome: «Señor don Alonso, no tenéis razón de estar quejoso ni mal conmigo».

Contándosela yo y dándosela a entender, respondió su marido, don Francisco de Borja, marqués de Lombay, primogénito heredero del duque de Gandía su padre: «Señora, nunca medre yo, si no tiene razón el señor don Alonso».

Dijo la marquesa: «¿No veis que no quiere besar las manos a la emperatriz?».

Pasamos muchas cosas que serían prolijas contarlas. Convidáronme otro día para comer. Estuve allí ocho días holgándome con mis amigos, especialmente con mi Juan de Samano, sin besar las manos a la emperatriz ni dello cuidado había. Ya que me quería partir, fuíme a despedir del dicho presidente. Y preguntóme si había besado las manos a la emperatriz. Díjele que no.

Díjome: «¡Santa María!, ¡mal caso es ése!».

Díjele: «Yo lo voy a hacer».

Y fui a Palacio por miedo que no me prendiesen por ello y no por gana que lo había.

Y envié a decir a Su Majestad que estaba yo allí, y Su Majestad, que entrase. Y así en la entrada, porque estaba retraída, como en la salida, porque me habló muy bien, quedé contento y aína diré que pagado, según la humildad con que me dijo: «Don Alonso, ¿por qué estáis mal conmigo?», y otras palabras muy de compañía, tanto que dijo una Fulana de Melo, creo que camarera mayor: «Decid, don Alonso, ¿por qué recrecentáis cosas de las que os pasaron en Portugal con Su Majestad, quejándoos?».

Dije yo: «Señora, no se puede dejar de añadir con enojo y con razón».

Dijo la emperatriz: «Dice verdad».

Quedé con Su Majestad que, cuando se ofreciese en qué, me haría merced. De manera que creo y cree que lo que en su perjuicio he dicho ha sido acrecentando —como dijo la Melo, o mal mirado— no embargante —que no se puede excusar algún descuido, la cual dirá: «él quiso decir tan de golpe lo que en mi servicio había hecho que se descoltró».

De allí me fui a despedir de los dichos marqués y marquesa de Lombay. Y el marqués me dijo: «Yos, señor don Alonso, a Sevilla, pues estáis de camino y vais tan bien con Su Majestad, que es lo que yo mucho deseaba, porque un caballero tan honrado como vos no era bien que estuviese mal con tanto bien como hay en Su Majestad, que es tanto que quien no lo conociere, no terná conocimiento de hombre de razón. Y pues Su Majestad os ha cometido de hacer mercedes, yo fiador, enviáme desde Sevilla el aviso dellas con un vuestro, el cual estará en mi casa como en la vuestra, hasta que vaya bien despachado. Yo os doy mi fe como caballero y por vida de la emperatriz y de mi mujer de solicitallo como si me fuese la vida en ello».

Con esto me partí luego con determinación de enviar al dicho criado en llegando a Sevilla, que no faltará que se pida. Y lo que sucediere se porná adelante, aunque haya otras cosas en medio que me acaecieron.

De cómo salí de la Corte de la emperatriz esta vez

Fui cuartanario y muy congojado de la prolijidad y desganamientos desta enfermedad, porque después que se fue el emperador, no salí desta Corte sino preso o mal herido y desagradecido. Y por olvidar la dolencia y sustentar mi alegría, a Castrocalvón, donde el señor prior de San Juan y conde de Alba estaban ballestando. Y en el camino supe como estos mis señores y amigos, que grande amor me tenían y buenas obras me hacían, eran idos a una enfermedad que dio al duque de Alba, de que murió, padre del prior y suegro del conde. Y fuíme, que estaba cerca, a Astorga, porque el marqués della me tenía buena voluntad y yo le era servidor. Al cual, en determinando mi ida, que fue desde cuatro leguas y de noche, escribí una carta que decía así:

«Muy ilustre señor: Yo vengo por estas partes cuartanario y con intención de estarme en este lugar siete u ocho días. Vuestra Señoría mande aposentar a mí y a los míos, y fuera de palacio, porque no quiero ser como el conde de Miranda, que no sabe lo que come ni lo que bebe, porque no le dan sino unos entresuelos muy oscuros.»

Esta carta le dieron otro día de mañana, calzándose las botas para ir a ver a su hermana que estaba parida quince leguas de allí. Y respondióme otra así:

«Señor: Yo he holgado mucho de la venida de Vuestra merced a esta nuestra tierra y casa y, por cierto, más que con la del señor conde de Miranda, aunque es mi tío. Y porque voy de mucha prisa, porque me esperan, a una mi hermana que está parida y a Juan de Vega, su marido, que está preñado, me debéis de dar licencia; que el lunes, que será pasando mañana, seré con Vuestra merced.

A la marquesa queda el cargo de serviros y agradaros, que según sabe que lo deseo, yo creo que nadie le hará ventaja. Y por vida de mi señora doña María de Mendoza, no sea la salida deste lugar hasta que yo venga.»

Y yo fui allá y fui tan bien honrado y tratado, así de la señora marquesa como de sus oficiales, que no lo pongo aquí porque no lo sabré escribir tan bien. El marqués vino el martes siguiente y dióme tan buena vida diez días que quise estar allí; que el menor de los pasatiempos y estimaciones fue sacarme tres veces a caza en caballos blancos y overos de gran precio, con jaezes de oro y caparazones de brocado.

Y de allí me vine a Zamora, que era mi camino derecho para Sevilla. Y allí me vine a posar en casa de don Enrique Enríquez de Guzmán, hijo del conde de Alba de Lista, primogénito de su casa, el cual es casado con doña María de Toledo, nieta del duque de Alba, hija de don García, primogénito de la casa, la cual, demás de ser la mayor de sus hermanas era la mejor. Y no les haría agravio, porque así era de las del mundo —afuera doña María de Mendoza, dicha en este libro— pero era tal como ella. Los cuales, marido y mujer, me hicieron tantos amores y buen tratamiento, así en camas de seda como en viandas delicadas y suaves y sustanciales, y visitaciones de su cuarto al mío, que no hicieron más a sus padres:

Curábanme allí dos físicos que tuve ocho días. Diéronme una receta estos físicos de cosas que por el camino podía comer que no me hiciesen daño a la cuartana. Lo cual acordé poner aquí, así por vello y usallo, porque del camino voy escribiendo este libro, como porque me parece que es bien que no solamente sepáis mi vida sino cómo habéis de vivir y tratar a esta mala sabandija, sudosa, aftuosa, desgañosa, congojosa. Dicen que el melón no es malo en invierno ni en verano; que cardo es bueno, y alcaparras y camuesas, y toda cosa de monte: perdiz, conejo, puerco, venado, y lobo mejor que todo.

También os quiero decir un razonamiento que me hizo un fraile francisco, confesor del dicho señor prior de San Juan, y lo que le respondí. Dijome: «Señor, yo he sabido, pocos días ha, que estáis malo, que fue ayer, que antes hubiera venido, y que vuestra enfermedad es cuartana, que os ahogan flemones. Lo cual podéis creer que es sentencia divina, porque sois maldiciente. Debéisos de enmendar, si queréis sanar. Y no sé qué provecho o pasatiempo halláis en decir mal de vuestro próximo, al cual manda Cristo nuestro Redentor améis como a vos mismo. Y no solamente no lo amáis pero desamáislo y desdeñáislo y deshonráislo. De lo cual, si quisiéredes proseguir en ello, gustaréis dello, gozaréis poco en esta vida de trabajos y pagarlo-éis en la otra perpetua, para siempre sin fin, de gloria y de pena».

Respuesta, que no se fue sin ella: «Reverendo padre, según oléis a ello, pensé que el mal de mis flemones, era por miseración de vino y no divina. Y sufríme desto, pues os sufro que me digáis maldimente. De lo cual no me pesaría si me lo dijésedes, como lo soy, y desta manera no sería reprehensión. Porque Dios, cuando hizo próximos, él no quisiera que ninguno fuera malo. Y pues después lo consintió, no le pesará porque los apunte hombre. Y si en ello se ha hierro, grande es su misericordia. Y no tengáis por mal, padre, que el hombre diga mal del malo, porque de otra manera no se podría decir bien del bueno, ni sería hombre tan querido ni tan agradecido, porque el que dice siempre bien de todos da crédito a su buena condición, y aun no dejar de juzgar unos que es de miedo, y otros que es de empacho; otros de que le falta saber para decirlo o sentirlo; otros, que hay tanto mal en él que, por no darse en el ojo, no da en la honra del otro. Especialmente, padre, que si no hubiese ponzoña, no habría de menester atriaca. Si no se dijese mal de unos, no era menester decir bien de otros, sino como el labrador, que le preguntaba el confesor por sus pecados, y decía: "Como antaño".

»Cuanto más que es mi opinión que muchos se hacen buenos con el miedo que no digan mal dellos ni los tengan en esa reputación, teniendo acusadores. Ésta es mi respuesta y si queréis saber más, pues me lo preguntáis qué es el provecho que se me sigue, que unos me tratan bien, porque digo bien dellos, y otros, porque no digo mal, sabiendo que soy hombre que lo sé decir y hacerlo».

Y así quedamos amigos, con otras muchas cosas que entrevinieron después. Por lo cual y por decir verdad, el olor del vino fue por aplicarlo al consonante y propósito de su razonamiento y mi respuesta, y no porque olía a ello porque es un muy honrado y devoto padre. Dijo el padre: «Señor, también he sabido que en Sevilla, donde sois natural, decís mal de hombres sin razón».

Respondíle: «Padre, perdóname por ello; no debéis de conocer la razón, por lo menos no tan bién como yo, porque si uno no es mi amigo y no me ayuda, aunque no lo sea de mi enemigo ni le ayude contra mí, no debo de dejar de quejarme dél, y aun tratalle muy aína tan mal como si lo hiciese».

Dijo él: «¿Cómo, señor? Porque un hombre no os sirva, ¿habéis de estar mal con él? ¿Qué obligación me da Vuestra merced en su razón para que lo haya de hacer, y vos tratalle mal, si no lo hace?».

«Yo os lo diré, padre. No se entiende para los que no me conocen ni aun para los que no me tienen ninguna obligación, como lo han ofrecido, que con éstos, cuando no hacen lo que yo quiero y quieren tenerme contento a mí y a mi enemigo, como hay algunos en mi tierra que lo hacen, visitando ambas las partes, paréceme que es buena razón en dicho y aun en hecho, porque demás de quererme engañar, débese de presumir que van a avisar y que vienen a oír para parlar.»

El fraile: «Pues ¿cómo, señor? ¿Por qué juzgaréis vos lo peor? ¿No es mejor que yendo a visitar vuestro contrario, lo haga a vos que no a el otro y no a vos?».

—«No. padre, porque desa manera… guardarme-ía dél, como del enemigo, y destotra, fíome como de amigo. Dios dijo en el Evangelio: "El que no es conmigo contra mí es".

»Y porque los dolientes tenemos libertad de despedir los visitadores, váyase Vuestra Reverencia con Dios, hasta otro día.»

De allí me partí dél y llegué otro día a Salamanca, do fui a posar a un mesón. Aunque llevaba buena cama y una arcas de todas conservas, no pasé tan bien el día de mi cuartana como en Zamora con la dicha compañía. Ado volvió el dicho fraile a visitarme, y díjome: «Muy magnífico señor» —y noble auditorio pudiera decir, porque me habían traído media arroba de vino blanco para darme unos vaños a las piernas— «no quiero» —dijo— «entrar con Vuestra merced en cosas del mundo, porque sois muy mundano, y concedo que en las cosas dél me satisfacistes en Zamora, a lo menos conceder que teníades alguna razón; sino, si Vuestra merced me da licencia, deciros-he en lo que herráis acerca desta murmuración y lo que perdéis en el mundo que esperamos de perpetua gloria o pena. Porque éste es un poco de viento, en especial ahora que son más cortas las vidas de los hombres que nunca. Cristo nuestro Redentor tiene por bueno, y aun en vuestra orden tal cual lo tenéis ordenado, que roguéis a Dios por los que os hacen mal como por los que os hacen bien. Y desta manera alcanzaréis el siglo, y no de la que, señor, usáis».

Yo le respondí: «Ya os entiendo: yo dije stotro día mal de los de vuestra orden. Y a lo que decís de mi orden, que es tal cual digo, que querría tanto morir vestido un arnés, siendo buen cristiano por mi ley y por mi rey, como en vuestro hábito y haber vivido en él cincuenta años. A lo que decís que quiere Dios que le rueguen por bienechores y malechores, al Evangelio que ya alegué me remito: que el que no es conmigo contra mí es».

Replicó el padre: «Luego el poder de Dios queréis tener».

Dije yo: «No quiero resucitar muertos ni salvar ánimas ni gobernar los cielos y la tierra, mas quiero decir mal siquiera de cuatro o cinco que se traen por flor en Sevilla, en riñendo yo y otro, u otro y yo, o ir a ver a entrambas las partes y no decir mal de nadie ni nadie dellos. Y por lo uno ni por lo otro no me daría 2 maravedís, que dijo el gallo a la gallina en Italia —que parece que allí deben de hablar—: "Mal haya la casa donde no hay patrón", y ella dijo: "Mal haya la casa donde no hay harina".

»De manera, padre reverendo, que si la olla no lleva tocino, no hallo que tiene buen sabor ni se puede llamar, a lo menos, olla podrida, porque éstas con razón son las buenas. Y si el hombre no sabe decir un poco de mal —no apruebo que sea mucho— no lleva sustancia ni crédito el bien que puede decir, porque se atribuirá a la condición del que lo dice y no de quien se dice, como en la pasada plática de Zamora a lo que os dije».

Dijo el fraile: «Siendo poco, como decís, no lo tengo por malo, que de rejalgar dicen que no es malo un bocado».

Y miró a su compañero, en el cual, como vio que lo tenía convencido, dijo: «Señor, siendo poco o mucho, os iréis al infierno».

Díjeles: «¿Conoceréis que el Evangelio es mejor que vosotros y más verdadero?».

Dijeron: «Sí».

—«¿Y Cristo nuestro Redentor?»

Dijeron: «Sí, por cierto».

«Pues dice, si no lo sabéis, "Maldito el hombre que fía en el hombre".

»Y andí con Dios, que me viene el frío.»

Y volvíme dél a otra parte. Y fuéronse.

Otro día volvieron, pero no volvieron otro, porque concluimos la plática desta manera. El reverendo padre me dijo: «Téngoos por tan sabio y tan buen cristiano que me parece que es pecado y poca diligencia mía dejar de sembrar en tan buena tierra, porque, como yo quitase a Vuestra merced unas durecidas pedrezuelas que hay en vos, creo verdaderamente que daríades cien por uno y vos quedaríades bien informado para en este mundo y rico para en el otro. Yo tengo a Vuestra merced por hombre muy libre y muy hecho a su voluntad. Pues hágoos saber que, por honrado y valeroso que seáis, no dejáis de tener dueño, que es el Señor de los Señores y rey de los reyes, Dios Todopoderoso encarnado en el vientre virginal de Santa María Virgen; el cual por nuestra redención pasó muerte y pasión nos ha de dar pena y gloria. Y quiero que sepáis que cuando un señor sabe que en su casa hay un hombre maldiciente y revoltoso, le aborrece y echa de casa. Pues no queráis que sea menos virtuoso Dios, siendo el sumo Señor, ni penséis que os ha de dejar de castigar ni que vuestro esfuerzo ni fuerzas ni saber ni mañas os han de poder defender dello, siendo su voluntad, como estoy yo cierto que lo será, si usáis estos vuestros menosprecios y este murmurar y mal decir».

Yo le dije: «Padre, quiero comenzar el rávano por las hojas, porque dicen que son más sanas, respondiéndoos a vuestro razonamiento por lo postrero y acabar en lo primero, como misa mozárabe. Está Vuestra Reverencia engañado conmigo, y aun con vos, e informado de algunos que no me entienden o quieren mal. Yo, verdad es, como tengo dicho a Vuestra Reverencia, que digo mal de algunos, pero con razón y justa, porque doy traslado a la parte. Nunca dije mal de nadie que no holgué que lo supiese, o para que me enmendase o para que alegase de su derecho. Y las cosas que se dicen públicas o son dichas con razón o con verdad: con razón, habiendo hecho por qué y mereciéndomelo; con verdad, siendo así y mereciéndolo él. De manera que antes creo que por esto me ha de dar Dios gloria que pena, pues, como creo que os tengo dicho, es castigo y enmienda para él y espantajo para los otros; cuanto más que no soy tan maldiciente como debéis de ser informado.

»He dicho mal de los frailes franciscos por lo que os tengo dicho, volviendo por los dominicos porque me parecen que tienen razón en ciertas opiniones. Digo mal de los que me quieren mal por decir bien de los que me quieren bien, porque si un manjar, como tengo dicho, no va mezclado de dulce y agrio, no lleva sabor ni sazón. Y si el conejo no lleva salmorejo, no le comen tan bien. Ni parece tan bueno el bendecir si no hay un poco de maldecir. Yo os concedo que ha de ser poco lo malo y mucho lo bueno, como la sal en el guisado, aunque haya de ser dulce. Y así lo he hecho y prometo hacer.

»A lo que decís de lo que debo a Dios, como es razón de tenelle por Señor, en verdad que aunque no hubiese de darme pena ni gloria perpetua, como desespero, por solo haber pasado lo que por nosotros pasó y la parte que me cabe, yo lo tuviese por Señor y muriese por su servicio, cuanto más que le tengo amor y temor. Para lo cual bien creo no basta discreción ni consideración ni fuerza ni esfuerzo, sino guardar sus mandamientos y creer en Él bien y verdaderamente y en lo que manda nuestra madre santa iglesia. Con esto puede ir Vuestra Reverencia muy descansado, que como cosa que tanto me toca, miraré en ello, lo cual es tan claro que si fuese más ciego, no dejaría de vello».

Él me dijo: «Señor, así lo creo y así lo quiero, y con Vuestra merced».

De allí vine a Alba de Tormes, do hallé muerto al duque viejo, donde murió santísimamente, y heredado su nieto don Hernando Álvarez de Toledo, el cual, así en lo espiritual como en lo temporal, creo no le iba en zaga. Recibióme muy bien, porque de antes me tenía muy buena voluntad y yo a él gana de serville. Aposentóme luego en su propia cámara, muy mi cama a la pareja de la suya, con mucho amor y voluntad y honra. Y al cuarto día prosiguió mi enfermedad. Me hizo aderezar un cuarto en otro más alto que el suyo, do me subía a ver y visitar. Y asimismo la duquesa su mujer lo hacía, con muchos pajes enviándome regalos. El día que yo me abajaba a vella, lo me hacía echar así vestido en su propia cama y ella a la cabecera como si yo fuera su hermano.

Y cuando me partí, que fue a cabo de veinte días para Sevilla, ni faltó mula de andar llano ni dineros, los cuales fueron 100. 000 maravedís, con estas palabras: «Hermano, pues habéis conocido mi voluntad, razón es que conozcáis mi obra, y si no fuere tal ésta como estotra, es porque el duque mi señor, para cumplir su ánimas y descargar su conciencia, ha ocupado el dinero que dejó. Y estos maravedís he buscado prestados, por que creeréis que cuando los tenga de míos, os daré más».

Y plega a Dios que como yo dél fue tratado y recibido, sea mi ánima ante Dios. Y como esto es verdad, lo cual en verdad todo el libro podéis creer, porque si no es algunas circunstancias, toda la sustancia es verdad y pasó así.

Fuime por Medellín, do el conde dél estaba. Es muy grande mi señor, y amigo y hospedóme como tal. Y porque se iba a cazar y yo a curar, no estuve con él más de un día y una noche. Y de alli víneme a Sevilla.

Y no quiero dejaros de contar la gloriosa muerte del muy valeroso y humano y cristiano del dicho duque de Alba, don Fadrique de Toledo, abuelo deste dicho sucesor suyo, don Hernando Álvarez, que aunque no me hallé a ella, vine dentro de ocho días y súpelo de muchos y mucho bien. Y no pongo de su vida porque fue tal y tan subida, no haciéndole ventaja nadie en lo espiritual y haciéndola él a todos en lo temporal, teniendo a los reyes por señores y ellos a él por compañero y amigo, siendo tan afable con ellos y leal como conversable con cuerdos, con locos, con frailes, con niños, con grandes, con chicos, porque para todos tenía su medida igual según cada cual, en lo cual, como digo, no quiero más largo hablar, porque sería estorbar y ocupar mi juicio. Y porque es menester muy mayor, acuerdo remitillo a quien lo tenga y más desocupado esté, que según sus cosas fueron grandes y de gran sustancia y muy dignas de saber y de notar, muchos, creo, habra que le hagan. Por lo que digo solo su muerte, la cual fue estando veinte días en la cama de tercianas, sobre haber vivido setenta y cinco años de la manera que dicho tengo —o por mejor decir—, dirá la crónica que dello creo que se hará; a la cual me remito si es hecha con buena voluntad.

Y en su enfermedad nunca dejó de levantarse a hacer sus necesidades, ni hubo en su cama que pareciese ni oliese mal. Y un día antes que diese el alma a Dios, sentado en el servidor, mandó llamar al obispo de Córdoba, don Juan de Toledo, y prior de San Juan, don Diego de Toledo, sus hijos, y conde de Alba de Lista, su yerno, y don Bernaldino de Toledo, su nieto, hermano segundo del heredero, y díjoles: «Hijos, ya sabéis que en sanidad no soy hombre de largos razonamientos, por que no lo debo de hacer ahora. Yo creo que moriré mañana, mediante la voluntad de Dios. Lo cual no sé por gracia de Espíritu santo sino por discurso de medicina, porque yo he entrado bueno en el seteno y catorceno y salido mal dellos, y estoy flaco y sin pulso. Quiéroos acordar y hacer saber que esta casa y estado de Alba os ha dado lo que tenéis y ayudado lo que ha podido. Encárgoos mucho por lo que la debéis y por mi bendición la honréis y acatéis y sirváis y sigáis mejor que hasta aquí, que bien creo que don Hernando que sucede en ella lo merecerá. Y cuando él no lo hiciese, el nombre, casa y estado os lo tiene merecido».

Los cuales comenzaron a llorar y él a consolar, con decir: «¡Cómo! ¿pensábades que había de vivir para siempre? ¿No me hace Dios harto bien, que cinco o seis años que es costumbre de vivir más en este mundo me aparte de pecar? Juro por su santo nombre: no me sé determinar de qué holgara más, de morir o de vivir».

A los cuales llamó y abrazó y echó la bendición. Y echado en su cama, pidió extremaunción, la cual le dio el obispo su hijo, señalando él mismo muchas partes donde no se acostumbra poner, diciendo muchas palabras muy esforzadas y santas. Y estaban veinticuatro frailes gerónimos y franciscos. Había muchas veces confesado y recibido el Santísimo Sacramento, hasta que dio el alma a Dios, que fue otro día, según nuestra fe y lo que en la misericordia de Dios esperamos. Ni dejó de hablar con teólogos cosas de su conciencia ni de decir esforzados y donosos dichos, burlando y reyendo, ni de oír a los físicos para su salud.

Y estando en artículos mortales, llamó al dicho heredero de su casa y estado y díjole: «Vos heredáis, hijo, esta casa, que yo heredé con siete cuentos y dejo con veinte de renta, y sin perjuicio de la honra della y mía y de mi alma, que es la principal. Porque siempre he catado y amado y temido a Dios Todopoderoso y agradecido lo que por redimirnos quiso pasar. Y he servido bien y fielmente a mi rey. Así os lo encargo lo hagáis y alcéis pendón y bandera por la santa fe católica y sirváis a vuestro rey, así en seguir su Corte real como en todo lo demás, mirando lo que conviene a la honrfmyfjoa de vuestra casa».

Y besóle luego la mano el dicho nieto, el cual, con heredallo, mostró tanto sentimiento de su fallecimiento que verdaderamente se debe creer que no lo deseó ni lo quisiera. Y así dio el alma a Dios el viejo. Y el mozo partió a Flandes, donde al presente el rey estaba, cumpliendo los consejos y mandamientos de su agüelo, como discreto y obediente.

Lo que me acaeció llegando a Sevilla, así sobre esta dicha muerte del señor duque como en mi vida

Acordé de hablar a algunos beneficiados en la santa iglesia de Sevilla, amigos míos y hombres de buena intención, e híceles relación desta muerte deste gran señor. Y como ellos la sabían de su vida, fue muy bien acogida. Y dimos orden como se dijese en el cabildo y ayuntamiento de la dicha iglesia, acordándoles como, demás de merecer el duque que le hiciesen honras en memoria de su fama con deseo de su gloria, por muy notables cosas y excelentes y valientes que hizo en este mundo, como por lo que según nuestra fe hizo en servicio de Dios para gozar el otro, trayéndoles a la memoria como, cuando se les cayó la principal parte de su iglesia, les ayudó como gran príncipe con 900. 000 maravedís. Y sabida y oída esta razón, acordaron de lo efectuar, aunque hubo alguno que dijo que mirasen que en esta ciudad e iglesia tan insignia nunca se hizo, ni hicieron tal por el duque de Medina-Sidonia, bueno que la mandó, ni por alguno de sus antecesores ni sucesores, ni se hacian por los duques de Béjar y Arcos y conde de Urueña, que en esta sazón son muertos. Ni faltó quien respondió, porque fueron todos a una voz, que ni tenía razón el que esto propuso ni lo había para que por ellos se hiciese como por el duque de Alba.

Lo cual se hizo desta manera. Domingo, a 4 de febrero de 1532, a vísperas y otro día a misa, convidados los caballeros desta ciudad todos, aunque los que fueron son éstos: el licenciado Gutierre Velázquez, oidor de la cancillería de Granada, juez de residencia del asistente en esta ciudad al presente, y su lugarteniente el licenciado Carlo Val; el señor Luis de Guzmán, señor del Aljaba, y su hermano don Rodrigo; el señor conde del Gelves, don Jorge de Portugal; el señor don Pero Portocarrero, heredero del marquesado de Villanueva; Pero Juárez de Castilla el viejo, y su hijo el mozo; Diego López de las Roelas, Pero Mejía; el alcaide del alcázar real, Francisco de Santa Cruz; don Juan Hurtado de Mendoza y Luis de Monsalve, obispos de Escalas y Mompalao; y el que predicó, que es de la orden de San Francisco y de muy gran fama. Hubo mucha gente ciudadana. Dijeron la misa mayor con sus vestiduras de terciopelo negro. Fue el provisor del arzobispo el que la oficio, y canónigo en la santa iglesia. Fue puesta la tumba grande en que se suelen hacer las honras del rey Santo que ganó la ciudad, con un gran paño que toda la cubría de luto, con un crucifijo muy rico y devoto encima. Y las cuatro partes de la tumba, las armas y bandera que él había ganado, pintadas en grandes pliegos de papel, del dicho duque: y alderredor cincuenta hachas blancas encendidas y luego en sus escaños, cercada la tumba destos caballeros que dicho tengo.

Los cuales otro día a misa también vinieron con otros muchos que no cuento. Y acabado de decir el Evangelio, como es uso, subió el dicho obispo, fraile de San Francisco, en el púlpito, y acabado de decir la salutación, yendo por su sermón, hablando en el temor de la muerte y en el temblar de las carnes cuando el alma se quiere arrancar del cuerpo y en la turbación del juicio y miedo del trabajo y arrepentimiento de lo pasado y esperanza de lo por venir, volvióse para la dicha tumba y dijo:

«¡Cuán libre debéis vos estar, gran príncipe, duque de Alba, de ver todo esto, pues fue tan notable vuestra vida y muerte! En lo cual siempre amastes a Dios, siempre le servistes y acatastes, siempre le temistes vos, bienaventurado duque. En setenta y cinco años que vivistes, conocistes y seguistes nuestra santa fe católica ensalzándola y sirviéndola y aproándola. Vos hacíades limosnas, porque el año que moristes, distes siete cuentos a doncellas y poco menos en todo lo que vivistes; y hacíades casas de vuestra morada y palacios reales. También hicistes monasterios angelicales para los siervos y ministros de Dios y de la santa fe católica, y los dotastes y honrastes. Y si hicistes algunas profanidades en este mundo por algunos fines que a ello vos forzaban, así de honrar a vuestro rey y Corte real suya como por otros fines, dando hachas a damas y vestidos de brocados y sedas, no dejábades de encendellas y traellas delante del Santo Sacramento ni vestir con las dichas ropas a imágenes de la gloriosa Virgen María. Y sirviendo a vuestro rey en honra y mandamiento de nuestra ley, defendiendo los dichos sus reinos, siendo capitán general ganastes todas estas banderas.»

Y alzó los ojos arriba y dijo: «¡Cuán cierto estoy, iglesia, que no vos caeréis vos, predicando de quien tan bien os socorrió cuando lo hubistes menester, que os envió 900. 000 maravedís!». Y otras muchas cosas predicó, que por no ser prolijo, no pongo aquí. Y así se acabaron las dichas honras deste valeroso y bienaventurado y no en contentamiento de todos, porque los parientes y criados destotros duques se enojaron y no fueron allí, porque no se hacía lo mismo por ellos.

Lo que me acaeció en Sevilla

Luego como llegué desta venida de la Corte, hallé a mis amigos muy revueltos con mis enemigos, y éstos muy quejosos, diciendo que yo, antes que me fuese, los había dejado indignados. Y asimismo con cartas desde allí lo sustenté y pasé adelante. Y en verdad ellos la dijeron en esto, porque me parece que es bien siempre hacer amigo del amigo y enemigo del enemigo, como arriba tengo dicho y sustentado, declarando que es bien decir mal del malo y bien del bueno; porque ni el uno sería castigado ni el otro galardonado, y siendo rasados ambos por un rasero, no sería justa la medida ni razonable. Y si ellos sintieran lo que a mí me revolvían y el mal que de mí decían, hallaran que no era menos que lo que de mí se quejaban, sino que en caso propio siempre se pasan las cosas más livianamente.

Vinieron a reñir y a desafiarse, porque en el tiempo del dicho conde don Hernando, asistente desta ciudad, mis contrarios estuvieron prósperos y favorecidos. Y después que la justicia vino de por medio, que fue un juez de residencia, contra el dicho conde, y lo principal que le hallaron fue parcialidad que con ellos tuvo y sostuvo mientras tuvo el cargo, halláronse abatidos y corridos. Y porque considerando Juan de Torres, mi amigo muy grande, alguacil mayor de Sevilla, el favor que habían tenido y como con él, no teniendo este cargo, y conmigo, siendo yo su amigo, estos caballeros Tello se habían demasiado en murmuraciones y presunciones y vanas congregaciones, quitó a dos criados de Francisco Tello las espadas en hora vedada, y ellos le dieron ocasión a que dijo que al mismo su amo se la quitaría.

Por lo cual fue desafiado el dicho Francisco Tello y de Juan de Torres aceptado. Parece que el tercero no dio lugar al concierto, porque no es razón de hablar, especialmente en escritura, en menoscabo de la honra de caballeros, aunque sean enemigos. Por lo cual fueron presos, el desafiador en las Atarazanas, de los caballeros y hombres honrados cárcel, y el desafiado en casa del señor del Algaba, señor nuestro y amigo muy grande. Y el tercero fue un caballero amigo nuestro, aunque no en tanto grado que le pareciese mal lo que hizo, y un hermano mayor suyo que mostraba mayor amistad y no quiso aceptar esta embajada, que primero fue requerido con ella.

Y vino a mí y díjome: «Señor don Alonso, yo siempre os he tenido por especial amigo y he tenido especial cuidado de vos agradar y no enojar, y asimismo a Juan de Torres vuestro amigo. Y por eso no quise aceptar la embajada que mi hermano como mozo efectuó, el cual está preso en las Atarazanas con Francisco Tello. Quiero saber de vos si os pesará que yo le vaya a ver, estando en compañía de vuestros contrarios. Y asimismo vos pido consejo, haciéndoos saber que demás de ser mi hermano, hijo de mi padre y de mi madre, es mi amigo muy grande».

Yo lo respondí: «De ninguna cosa me puede pesar que vos, señor, parezca que hacéis contra mí, porque estoy muy saneado de vuestra voluntad. En lo del consejo, paréceme que no le habéis de ver, pues todo el mundo ve que sois más mi amigo que de mis contrarios, los cuales se han de recatar de vos. Y si no lo hiciesen, os hacían más mengua. Y si se supiese lo que en vuestra presencia se hablaba en estotra parte, aunque otro lo dijese, se había de poner sospecha en vos. De manera que haciendo a todos, principalmente a vos, daño, debéislo de excusar, pues si es tenernos a todos por amigos, quien mucho abarca poco aprieta y quien a dos señores sirve, al uno y al otro ha de enojar, cuanto más a tantos. Y aun otros muchos refranes y aun autoridades y sentencias de filósofos y teólogos y grandes hombres vos podría decir sobre esta materia. Para cumplir con vuestro hermano y con vuestra voluntad, papel y tinta en él y con él, y buenos manjares y presentes y regalos; nunca cesar acá de hacer sus negocios. Y entonces verá él y veréis vos y verá Dios y el mundo que forzáis vuestra voluntad por hacer lo que debéis, y que hacéis lo que debéis pues hacéis lo que hacéis».

Estos mis contrarios, como dicho os he, en tiempo del dicho conde, asistente parcial suyo, quisieron gobernar no solamente lo humano sino lo divino, porque querían tomar el cielo con las manos. Y si ellos se juzgaban por lo que él bebía, no herraban, porque es más vino de lo que cogen en Guadalcanal, Constantina, Castilleja y la Redondela. Y desta manera teníanme atribulado y casi abatido, muchas veces preso y otras, desdeñado y desacatado.

Y confieso que si en el caso de la justicia no tuviera dos grandes y especiales amigos y hermanos, que en verdad por tales tuve el tiempo que viví, los cuales se llamaban por nombre el licenciado Andrés de Vergara, alcalde mayor y veinticuatro de Sevilla y natural della, y el otro el licenciado Juan de Herrera, alcalde de la justicia de la dicha ciudad, natural de Úbeda y Baeza, porque de entrambas partes era aparentado y honrado. Los cuales fueron en verdad tan honrados y sabios, letrados y caballeros que ni en leves ni en caballería, ni en el Consejo Real ni en su Corte no hubo quien les hizo ventaja, ni creo que habrá. Porque asimismo para lo demás, afuera de justicia, así con sus valerosos ingenios como con sus caballerosas personas, me aconsejaban y ayudaban, esforzándome en dicho y hecho, porque, como dicho tengo, fueron hombres para decir y hacer. Y porque aunque en ellos hubiera, como fuera, si en mí no hubiera, comedimiento, afición ciega para cegalles a hacer lo que no debieran de hecho contra derecho, por hacer por mí contra la voluntad déstos y deste su asistente su parcial, bien creo y debéis creer que todavía yo los llevara, al menos que no me llevaran; mas certíficovos en verdad que no solamente en caso propio mío mas en ajeno, en el cual interviene importunación y deseo de estar bien quisto y miedo destarlo mal, nunca en sus cargos de justicia les pedí cosa en que no debiesen, y pocas y casi ninguna de las que debiesen a quienquiera, porque los quisiese mal por amigos, por sus personas y por sus cargos, porque eran tan buenos y sabios en las burlas como en las veras.

Luego que vi que iba de mal en peor y que llegaba a los abismos, porque el dicho conde hacía inquisición de mi linaje, habiéndola de hacer los inquisidores de sus obras, acordé cortar la soga, porque no pudiese alcanzar más. Porque según él y sus consortes traían larga diligencia, no podía estar en salvo el que repica, cuanto más el que replica. Así creo que quedaron condeñados en sus honras muchos deste mal juez y quiero que le tengáis por tal, que a Dios quisieron juzgar, porque dijo que si fuera él Pilatus, que más azotes le hiciera dar, porque quién le metía a él decir que era hijo de Dios.

Fuime a la Corte; quejéme dél. Enviaron a Gutierre Velázquez, oidor de la cancillería y audiencia real de Granada, por juez de residencia, el cual fue muy buen caballero y justo. Así lo sentenció, por público parcial de mis contrarios y en un cuento de maravedís, de cosas mal hechas que hizo. Y a estos otros, como dicho tengo, como la justicia estaba de por medio y no le consentía sus excesos y vanidades, túvolos mucho tiempo presos, donde se pareció y mostró la sinjusticia que el dicho conde su parcial me hizo, cuando a mí me tuvo preso. Por lo cual y por otras muchas cosas que el dicho conde asistente, como dicho tengo en este libro, hizo contra justicia y contra mí en contentamiento de los dichos mis contrarios, de quien él era principal, determiné de irme a me quejar al rey ante su Real Consejo, de donde sucedió quitarle del cargo y dallo por parcial e interesal, por lo que fue condeñado en un cuento de maravedís por el dicho juez de residencia en pública sentencia, como dicho tengo. Y acordé de escribir aquí, lo que en el camino me pasó con un mesonero, y otras cartas y cosas que acerca del dicho conde y caso mío en el dicho camino me aconteció, que es esto que se sigue.

Éste es un traslado de cierta cuenta que don Alonso Enríquez da a un amigo suyo, que se llama Cristóbal Mejía, sobre ciertos agravios que un asistente de Sevilla, do él es natural y reside, prendiéndole y echándole de ella, le hizo, haciendo placer a los que le quieren mal y pesar a los que le quieren bien. Y yendo dél a quejar al rey, escribió lo siguiente, y le acaeció esto

«Quiero daros, señor, cuenta de mi camino hasta aquí de todo lo que he pensado y pasado y obrado y caminado. Y pienso perseverar, pues os la he dado de lo que he soñado, y debo dar de todo, que justo es que en dicho y en hecho cumpla hombre con su amigo. Y como a tal, así os suplico y, si menester es, requiero ante Dios y el mundo, deis dello cuenta a nuestros amigos y señores míos, porque según el escritura es larga, será darles trabajo con ella y no parecerá tan bien leerse en muchos pliegos, porque parecerán bullas, y todo trabajo que se puede excusar a los amigos se debe de hacer, aunque sea dándolo al amigo. Porque cuando muchos toman cuidado de una cosa, no hacen tan bien y pasan más congoja. Y aunque sea dalla a Vuestra merced, haciéndoos relator, como yo esté —como cierto estoy— muy aparejado de tomar cualquiera trabajo por descanso, y oficio por honra en vuestro servicio, de lo que doy mi fe, como caballero, es verdad. Y pídoos, señor, por merced que lo que yo con mi basto y voto juicio herrare, Vuestra merced con vuestro agudo y delgado entendimiento lo enmendéis. Debajo de la tal confianza me atrevo a hacer la presente escritura, también por consuelo del trabajo pasado que me ha dado el señor conde don Hernando de Andrada, asistente desa ciudad de Sevilla, y también del presente, porque caminar y solo no es poco trabajo.

»Por lo que acuerdo, mientras que un criado mío me busca algo de comer para sustentar la vida, por no morir homicido, escribir lo siguiente, y también porque en parte me parece disculpa —y quiero que sea notoria— y en parte para partir la pena con mis amigos, pues de la dellos no menos tengo yo de recibirla. Para lo cual vuestra bondad y sagaz juicio imploro.

»Yo salí de Santiponce y vine a comer a Guillena con don Pedro de Guzmán. Y cierto, no me supo mal, aunque no venía muy sabroso. Mas como no gusté con el gusto del paladar sino con el de la voluntad y conocimiento que le tengo, quedé satisfecho por aquel día. De allí vine a dormir al Garrovo, porque me dijeron que era mejor camino por la Sierra Morena, loándomela de harta y viciosa. Y por ocupar mis ojos y excusarlos no llorasen por no cegar, que fueran dos daños: el uno estorbar la vista de ver a Dios y a mis amigos, y el otro doblar el entendimiento para recibir más pena y con los manjares refrescar el apetito, que traigo muy amargo, y ocupar el entendimiento, no perseverase en el trabajo de haber venido un extranjero a echarme de mi naturaleza, teniendo amigos y hermanos, y no tan falto de entendimiento ni esfuerzo ni fuerza que se pudiese contar por gran milagro resistir esta compusición con tan poco fundamento y ofensa hecha a vosotros y a mí.

»También me dijeron que era tierra de mucha caza, y llevé aparejo para ello. Y salí a montear un puerco, porque esto tengo por postrero remedio, porque es caza en que se ocupan pensamientos y trabajos. Y suelen decir que un fuego quita a otro, aunque he visto que si es mayor el primero, no aprovecha el remedio. De manera que si no arde más el del Consejo Real y, a todo reventar el de la persona que Dios mantenga, doquiera que estuviere, yo podré decir que purgaré mis penas en vivas llamas ardiendo. Y no sería tanto mal, si fuese pecado de do se esperaría gloria. Lo cual yo no conoceré que acometí, porque yo no tengo a Dios por tal que no culpe más al conde que a mí; ni a los hombres, si me quieren oír, porque en caso propio quienquiera sabe más que nadie. Maté un puerco y él a mí, un lebrel. Y pluguiera a Dios fuera yo el dicho lebrel, al cual dije por obsequias: «Navajadas tenéis, amigo, y duélenvos; tuviéralas yo, y no vos».

Vine otro día a dormir a la Higuera, y otro al Cañaveral, do salí a caza de conejos, porque andaba dividiendo las cazas y creyendo que los extremos son los que suelen dar lugar, y cétera. Y perdíme en el monte con mi ocupado juicio, porque ni como ni bebo ni huelgo, sino pensar en mi notorio agravio. Y dije por él, cantando:

> Por el montesito solo,
> Solo por el monte estos días,
> ¡A, tan largos para mí!

No solían ser así.
Estas plazas para mí
No solían ser así.
Solía que mis amigos me visitaban
Y asistentes me honraban.
Ahora véome cuitado,
Cercado de alcornoques y quemados,
De mis amigos desmamparado,
De asistente agraviado.
¡No solían ser así!

Ni la sierra ni la caza ni mis cantares me aprovechó, y despedíme della, diciendo: «Por vos, morenica la sierra, era yo venido aquí. ¡Hay!, ¡malferido de mi lebrel!».

De allí vine a un lugar que se llama Fuentes, de la encomienda mayor de Santiago en la provincia de León. Y según yo venía dañado de la ponzoña que el dicho conde me había dado, hubiérame desbaratado con los vasallos de la orden sobre el aposentar de los míos. Y en la verdad, no como desconcertado sino como hombre quedé allí. Pensé sacar antes consuelo que castigo ni merecello, porque, como arriba digo, siempre tuve ojo a recibir otro enojo en que me quitase el que llevaba. Y tampoco aprovechó esto, como el fuego pasado.

Y vine otro día a dormir a Zafra y fui a posar a un mesón do estaba un mesonero que, por cierto, según lo que luego vi en él, me pareció filósofo. Y por lo que aquí os contaré que con él me acaeció, por tal lo ternéis. Primero me dio cuenta cómo había andado por el mundo, por donde me pareció que ternía experiencias para dar remedio a los acaecimientos dél. Yo venía tan lastimado que, no a quien supiese que me había de dar remedio, pero a un hombre que estuviese en duda, si me lo sabría dar, tenía determinado de pedirle para livianar mi pena y contéle mi duelo. Y díjome que me lo agradecía mucho, así por la confianza que mostraba tener dél como por la causa que le daba para poderme decir lo que le parecía.

Y metióme a un corral y allí sentados en sendas sillas, avisó a un su criado que a nadie dejase entrar donde estábamos. Y rogóme que por extenso le dijese todo lo que me había acaecido, para que él me fuese respondiendo. Y díjele:

«Yo soy don Alonso Enríquez, caballero de la orden de Santiago, como veis. Soy criado del emperador en uno de los cuatro estados de su casa, y no en el menor dellos. He sido su capitán particular y general. No le he hecho traición ni cometido vileza, no le teniendo desamor ni le he sido desagradecido. No me he quejado dél, no siendo tan bien pagado de los servicios que le he hecho cuanto mi obra ha merecido. No soy puto ni hereje, ni tan mal cristiano que no tenga y crea todo lo que tiene y cree la iglesia; y rezo lo que a mi orden conviene, como todo cristiano debe hacer, sin ninguna hipocresía. De lo cual os doy cuenta para que mejor podáis determinar el caso que os diré, considerando lo dicho de mi persona y lo que con ella se ha hecho.

»Sabréis que el conde don Hernando de Andrada, natural de Galicia, el cual y yo nos conocimos en algún tiempo en la Corte del emperador nuestro señor; y no menos presume él de más gracioso que yo de más valiente. Y desta causa nunca en el tiempo que nos conocimos me tuvo buena voluntad, aunque me la mostró. Y vino a mí en Toledo y díjome: "Don Alonso, ¿qué cosa sería, si yo hubiese de venir a ser asistente de Sevilla?".

»Yo, aunque puse duda en ello, no se lo mostró; antes le dije: "Holgaría dello por ser de vos favorecido, pues os tengo por principal señor".

»Él me dijo: "Yo soy vuestro servidor y a la obra me remito".

»Vino a serlo, y yo a verlo en la dicha ciudad. Y díjele: "Señor, yo creo que me tenéis tan buena voluntad, así por lo que me habéis prometido como por lo que os y merecido y debéis a mi voluntad, que muy aína por me hacer merced, os haríades a vos daño, lo que no es razón ni consiste en virtud yo lo consienta. Por lo que he acordado deciros la merced que me habéis de hacer, en lo que no recibiré pequeño bien y vos ningún agravio".

»Él me dijo que me pedía por merced que me viniese a comer con él de hay a dos días, yo y don Pero de Guzmán, hermano del duque de Medina-Sidonia, que era cortesano y al presente ahí estaba, nuestro amigo; y que acabado de comer, hablaríamos lo que yo quisiese. Comimos, él y el dicho don Pero y la señora condesa su mujer y yo, en buena amistad y compaña.

»Y alzada la mesa, le dije: "Señor, lo que yo quiero suplicaros es que aquí está un hombre que me quiere mal, y yo no a él bien, que se llama Fulano, que me tiene en poco, el cual yo querría que él, más que nadie, me tuviese en mucho. Y como vos seáis el mejor espejo en que él y los otros lo pueden ver, así por haber visto en lo que en la Corte me tienen como en ser tan razonable y principal persona que deban creer ser verdad, yo merecer más de lo en que él me tiene, quiero suplicaros que así con vuestro oficio y con vuestra persona, así en el onor conversable como en el oficio de judicatura, no le hagáis diferencia más a él que a mí. Y esto digo porque podría ser descuidaros conmigo, como más conversable a vuestro servicio y conversación, porque tanto me pesaría desto como si conmigo hiciésedes lo que no debíades, injuriando al otro. Porque en esta ciudad se ha de mirar mucho en esto, para que todos vean que hacéis lo que a vos toca, que tanto lo he por esto como por lo que me toca a mí".

»El conde me rindió las gracias, de arte que me engañó, que hasta entonces no lo estaba, y esto dicho tanto fue por tentalle como porque lo hiciese. Y dentro de pocos días topó conmigo, viniendo el dicho Fulano con él, y díjome: "Beso las manos a Vuestra merced, señor don Alonso. No diréis que no os honro".

»Por donde me mostró no honrarme por lo que yo merecía sino por la diligencia mía, y haber dado cuenta al otro dello. Y sentí tanto esto que no me pude sufrir dél sin decir mal dél en dicho y en hecho.»

Mesonero: «Por Dios que me espanto mucho del emperador y de su Real Consejo, do consiste tanto juicio y experiencia, hacer juez de judicaturas y de hombres pacíficos, de deudas y cosas de pueblo, al conde don Hernando, el cual, por cierto, conozco muy bien, y es muy buen caballero y valiente hombre y muy cuerdo. Pero como haya gastado lo más del tiempo en ser capitán general en el campo, que es muy diferente que gobernación de pueblos, tengo causa de admiración. Pero como en las cosas de los reyes haya muchos fines muy grandes, no sé en esto qué me juzgue más de atribuirlo a lo mejor, y que por algún buen fin se hará.

»Pero quiero decir lo que me parece que vos debéis de hacer con él, pues me decíades que le conocíades: moderar y disimular y recoger vuestra flema y dejar pasar esta ira, pues según su edad y costumbre de lo que suele tener el oficio allí, los asistentes habían de durar poco y dijérades para vos: a otro lo haréis que me vengará, pues sabíades que había tanto aparejo para ello.»

Don Alonso: «¿No has oído decir que el perro con rabia a su dueño muerde, y que los primeros movimientos no son en manos de los hombres?»

Mesonero: «Si hemos de estar a dichos de viejas, deciros-he más de los que vos me podéis decir, porque tengo más edad, pero no querría engañaros con ellos. Cierto mejor fuera acatalle y serville y agradalle y darle a entender que todo lo que hacía era por vuestro bien, y que no entendía que lo hacía por otra cosa, porque dicen que "no hay peor sordo, y cétera".

»Pero yo digo que en partes, no hay mejor sordo que el que no quiere oír, especialmente en un juez que representa la persona del rey, que a tuerto o a derecho hace lo que quiere. Y en muy pocas veces —que ninguna se torna con ellos que no lleva en la cabeza, y menos, que él con él se toma— les puede hacer mal ni quitar de su oficio, porque ante quien os podéis quejar son jueces como ellos, dicen que "un lobo no mata a otro".»

Don Alonso: «Tú mismo me has dicho que no es para juez de pueblos, y pues tú lo conoces, que no has sido del Consejo Real, mejor lo conocerán ellos, quejándome yo y dándoles causas para ello.»

Mesonero: «Sí; pero también me habéis dicho que le deshonrastes, representando él la persona real, y tenéis por ello pena. Y si yo fuese a quien os quejásedes, así lo haría, porque no se ha de mirar a él, sino a quien representa. Y así como se tiene un mal clérigo lo que hace en el Sacramento lo que un bueno, y así se cree, por muy malo que sea, haciendo del vino sangre y del pan carne; porque las cosas de los oficios en lo que toca a las dignidades seglares han de imitar a las divinas.»

Don Alonso: «Sí; pero desa manera no habría residencias ni quejas, ni hombres desagraviados, y los jueces, so color de representar al rey, con la máscara de sus insignias harían muchos agravios, y no habría remedio para ellos.»

Mesonero: «Antes sí, y muy cierto.»

Don Alonso: «Ruégote que me digas en qué consiste.»

136

Mesonero: «Yo lo diré. El juez, como os he dicho, representa al rey y está debajo de su mano y no tiene a otro a quien tema ni obedezca. A ese mismo rey hemos de recorrer por el remedio. Y presupuesto esto, digo que el remedio más saludable que vos podéis tener sería que, pues no está en vuestra mano escoger, juez en vuestra república a vuestro propósito, sino tal cual el rey le diere, tener con él paciencia y del agravio que hiciere, recurrir a quien le eligió.»

Don Alonso: «Ya te he dicho que hay pocos hombres que se pueden sufrir y que por eso me quiero ir a quejar al Consejo Real, y dije lo que dije.»

Mesonero: «No tengo fiuzia en el tal Consejo, porque no les duele duelo ajeno, especialmente si es su amigo la parte. Y débelo de ser, así por el oficio que le dieron como por el que tenía antes dél, siendo conde, mayormente que por nuestros pecados esos del Consejo están tan enmascarados con el nombre e insignias que tienen, encubriendo debajo de la nobleza exterior muy vulgar servidumbre y bajeza en sus costumbres, que pocos dellos —o ningunos, por mejor decir— en sus dignidades y en sus oficios hacen lo que deben; antes, con la máscara que digo de su nombre y dignidad, encubriendo lo que son, conservando con este nombre e insignias el autoridad que no merecen por si, por que no usan dello sino para pecar más libremente o sin que nadie les pueda ir a la mano. Y por esto me parece que mejor remedio hubiera sido disimular, como dicho tengo, con el dicho conde don Hernando de Andrada, pues con el oficio y condición, como decís, usa de lo que estos otros, y aventura todo lo que le puede suceder y el daño tan conocido de su fama, para salir con sus porfías y vanos intereses de pundonores y ganancias livianas con sus extrañas de gallego.»

Don Alonso: «Si tan bien sintieses lo que te digo como sabes lo que dices, menos culpa me echarías. Yo te prometo que según me trató, así por lo que tengo dicho como por lo que más pasó, no me culpases tanto ni me excusases vengarme yo de mi daño. Porque dado caso, como dices, éste representa la persona del rey, he oído declr que al injurioso juez cada uno lo puede resistir por su propia autoridad, especialmente en defensa de la honra, que es premitida de jure divino. Y en caso que el juez no haga lo que es en sí hacer como juez, representando al príncipe cuyo oficio tiene, cada uno le puede decir lo que Cristo dijo a los hipócritas: "En verdad no os conozco".

»Porque por las obras de fuera y no por las aficiones de dentro ha de ser conocido el juez por juez y el regidor por regidor y el cristiano por cristiano, así cada uno en su dignidad.»

Mesonero: «Mal puede sentenciar el juez sin oír las partes y serle hecha entera relación del caso. Yo os tengo respondido a lo dicho y así haré a lo que más me dijéredes.»

Don Alonso: «Sí diré de muy buen grado, y agradeceré que me digáis sobre ello vuestro parecer.»

Mesonero: «Soy contento.»

Don Alonso: «No solamente no se contentó con decirme lo que yo arriba os dije, de lo que yo mucho me enojé, sino revolvióme con mis contrarios, tomando oficio de sedicioso, habiendo de tener especial cuidado de pacificar los que lo fuesen. Y él y sus oficiales incitaron a mis contrarios, diciendo que decía mal dellos, y diéronle ocasión, y creo que consejo, que en una plaga delante de su casa me viniesen a hablar, aderezados de armas y palabras. Y yo me salí dellos lo mejor que pude, salvando mi honra, aunque no con poco trabajo ni poco peligro, que cada uno pueda decir lo que quisiere. Y después mandó prender a mí en mi casa por cárcel, y al otro, que es el Fulano que arriba digo, en casa de un oficial suyo, para le dar más honra y hacerle echar, sin haber hecho nada. Que aunque lo hubiera hecho, le fuera mejor disimullalo que no dar mañas con que se publicase. Y como consentidor y favorable, no prendió a los auxiliantes, como de derecho era obligado. Y otro día topó con un hermano mío y le dijo recio: "Señor don Luis de Guzmán, ¿qué os parece como han hecho desdecir a vuestro hermano, don Alonso, públicamente?".

»Del cual él fue bien respondido, según dél fue informado y de otros que lo vieron, diciéndole: "Si el rey os envía para eso, bien hacéis vuestro oficio".

»Y envióme, con un Juan de Torres, regidor de Sevilla, a decir que si hablaba con él, me haría saltar los dientes a coces. Díme si te parece que es éste buen juez, y si el rey, que lo hizo, esto sabe, si lo castigará. Otras cosas muchas pasaron, de las cuales no te doy cuenta por no ser prolijo. Éstas bastan por ser las más señaladas.»

Mesonero: «Cierto, yo estoy muy espantado de lo que habéis contado, y quiéroos sobre ello decir mi parecer, y pues no puedo ayudaros, aconsejaros, aunque en la verdad mejor lo supiera hacer, si pusiérades un mesón, para decir lo que habíades de usar en él. Mas considerando que él que se convida, fácil es de hartar, en lo que yo herraré, no faltará otro que lo enmiende y que mejor os pueda aconsejar. Digo que me maravillo y pongo alguna duda —perdóname por ello—, en lo que contáis, porque, como arriba os he dicho, no creo que el emperador y su Consejo enviara tal gobernador a una ciudad tan noble y tan leal como Sevilla. Y si así es, que él ha hecho lo que decís y quieren hacer lo que deben, de creer es que lo castigarán como injuria hecha a sus propias personas, de la cual estáis vos muy libre, pues se hizo con voz y poder del rey, aunque fuera mucho más de lo que contáis. Y de una cosa no tengáis duda, que si por respeto de teneros a vos el rey y su Consejo en poco o a él en mucho, lo disimularen, que Dios lo castigará, que es justo y soberano juez, porque no hay cosa más difícil de restituir ni que más ante Dios se demande y Él castigue, como la honra robada. Paréceme que lo habéis de disimular ahora, pues que no lo hicistes al principio, y como cuerdo y sosegado, dando autoridad a vuestras palabras, no contándolas sin fruto, con consejo de letrado, porque a las veces las palabras de nosotros suelen dañar donde pensamos que aprovechamos, con la sustancia dello en escrito debéis de contar vuestra injuria en el Consejo Real, quejándoos dellos y suplicándoles con todo acatamiento, como a daña-dores, os recompensen vuestro daño, porque ellos fueron contra él, y que os agradezcan y tomen en servicio ayer consentido tantas cosas fuera de razón al dicho conde don Hernando. Y desta manera se podía poner remedio y cura en vuestro daño.»

Don Alonso: «En la verdad, vos lo habéis dicho tan bien que para toda mi vida os quedaré en obligación.»

Mesonero: «Pues, alliende de lo dicho, os suplico que esa obligación en que me decís que quedáis, me paguéis en hacer lo que os dijere, que cumple mucho a vuestra persona.»

Don Alonso: «Ninguna cosa, por dificultosa que sea, que vos cumpla y a mí sea posible dejaré de hacer, mayormente siendo en mi provecho.»

Mesonero: «Lo primero que os suplico es que no estéis triste ni toméis pasión ni pena de lo pasado, pues como os dije, en ello no recibistes afrenta y no hay cosa en que más se parezcan los hombres generosos. Y de lo contrario, se os seguirá mucho daño, porque como dice Salomón, "El espíritu alegre del hombre hace la su vida florida de hermosura, y el triste no tan solamente consume la carne, mas desgasta los huesos".

»Lo otro, que cuando dieren cuenta deste vuestro negocio al presidente y esos señores del Consejo, les habléis bien y apuestamente, porque según dicen los sabios, entonces es buena la palabra y viene bien, cuando es verdadera y dicha en tiempo y lugar do conviene; y apuestamente dicha cuando no se dice a grandes voces ni otrosí muy bajo ni mucho aprisa ni muy de vagar; y diciéndola con la lengua y no mostrándola con los miembros, haciendo mal continente con ellos, así como moviéndolos mucho a menudo, de manera que semeje querer mostrar lo que se dice más con ellos que con la palabra, porque aquesto es gran desapostura y mengua de razón. Y desta manera se autorizará lo que dijéredes y oiros-án y darán más crédito a ello y no ternán ocasión de decir que por falta de vuestra razón se deja de hacer justicia. Y ellos buscan sus mañas y rodeos para dar razón a lo que mal hacen.

»Lo otro que habéis de hacer es que cuando hiciéredes relación deste vuestro negocio, no mostréis saña ni la tengáis, porque será muy grande inconveniente para que se haga lo que a vos cumple y, según dicen los sabios, "La saña embarga el corazón del hombre", de manera que no le deja escoger la verdad, y demás desto, hace al hombre estremecer el cuerpo y perder el seso y cambiar la color y mudar el entendimiento y hacerle envejecer antes de tiempo y morir antes de sus días. Y el rey David tuvo la saña por tan fuerte que dijo en su corazón a Dios, "Domine, in furore tuo arguas me".

»Y aun con ella os podréis encender tanto que os desmandéis a decir, en ofensa del rey, cosas que dichas os cuesten la vida o la hacienda, la cual, después de la honra, sois obligado a conservar. Y por esto dijeron los sabios que no era menor virtud guardar hombre lo que tiene que ganar lo que no hay. Y esto es porque lo que guarda, lo guarda por seso, y la ganancia viene por aventura.

»Y con esto, yo fiador que vuestro negocio haya buen fin, aunque me hace dudar lo que os dije yo: el hierro tan grande que estos señores del Consejo hicieron en dar cargo de su gobernación al señor conde, no porque en él haya falta, sino porque visto estaba que, siendo tan gran señor y tan poderoso, había de tener atrevimiento a hacer semejantes cosas que las que me habéis dicho y aun otras muy peores. Y como desto, que era lo precedente, imana esotro, en lo precedente tiene la culpa, por el consiguiente la tienen en lo susecuente, de manera que os vais a quejar a los mismos culpados.

»Lo cual no acaeciera, en el elegir de sus oficiales tomaran el consejo que dio Aristóteles a Alejandro de la manera que había de tener en la gobernación de su casa, porque entre otras muchas cosas y singulares que he leído que le aconsejó, me acuerdo que leí haberle dicho que los que eligiese para oficiales de su casa y reino no fuesen muy pobres ni muy viles, ni otrosí muy nobles ni muy poderosos. Y esto dijo él porque la pobreza trae a los hombres a codicia, que es raíz de todo mal, y la vileza les hace que no conozcan ni se paguen de las cosas buenas ni grandes. Y los poderosos atreverse-ían a hacer cosas que se tornasen en daño y menosprecio del rey y como ése decís que ha hecho. Y por esto, para oficios semejantes se deben de tomar de los hombres medianos, catando primeramente que sean de buen lugar y leales y de buen seso y letrados, y que tengan algo. Porque siendo de buen lugar, habrán siempre vergüenza de hacer cosas que estén mal al rey. Y la lealtad les hará amar y agradecer el bien que les hiciesen. Y por el seso conocerán a sí mismos y guardarán sus buenas ordenanzas. Y por esto dicen los sabios que "bien aventurados los hombres que toman la carrera mediana".

»Yo os digo que si destos medianos fuera el gobernador desa vuestra Sevilla y elegido conforme a lo que dice Aristóteles, que no os hubiera acaecido que me habéis dicho. Pero los del Consejo se disculparán todos que ellos no lo eligieron sino el presidente, y el presidente que el emperador. Y así irá todo con el diablo. Verdaderamente si yo osase decir lo que desto siento, yo os dijese de qué manera andan estos oficios y gobernaciones, pero no hay ahora otro Marcursio que se atreva a decir por su república, como el se atrevió a morir, echándose en la boca de infierno por salvar la suya; ni aun otro Mucio Escévola que consienta quemarse su brazo, ni tomar un poco de trabajo de escribir, o por miedo o porque por aventura el que lo osaría decir es tan pobre y terníanle en tan poco que no hiciesen caso dél.

»Y a la verdad, como todos andáis metidos en esta codicia de adquirir bienes, el grande no sabe decir sino lisonjas al emperador, o porque le dé más de lo que tiene o porque le deje gozar de lo que posee y le consienta y dé posada a lo que bien y mal hiciere en su tierra y el del Consejo público por ser del secreto, y el del secreto porque le den la encomienda y el obispado para su hijo o sobrino. Todos dicen lisonjas y nadie dice ni osa decir el detrimento y falta que hay en el reino de gobernadores y jueces, y aun estoy por decir que el mismo Consejo. Aconsejéos arriba que no tuviésedes ira, y enciéndome yo tanto en esto que aínas diré tanto que me aten, mayormente si me tomasen allá en pleito, pues si hubiese de deciros la manera que tienen los jueces que acá envían y lo que ellos acá hacen, nunca acabaría. Baste que lo dejo, porque no oso ni quiero ser Marcursio ni menos Escévola. Sola una cosa no dejaré de decir: que hay muchos que más son para machos de recueros que para gobernadores y verlos-éis con unas opalandas de seda —unos asistentes, otros corregidores, otros tenientes—. Y los que algo saben están al rincón, y aun vienen a parar a ser aguadores o mesoneros, como yo. Y de aquí vienen a andar el mundo y el reino como anda. Pero yo os aseguro que si este conde que aquí tenemos en Zafra —marqués que será, placiendo a Dios—, vive y se hace hombre y me favorece, que yo os escriba sobre esto bien por extenso.

»Ahora baste lo dicho para lo que toca a vuestro negocio, porque tengo muchas cosas en que entender, y es tarde para ir a palacio, que los que vivimos en tierra destos señores hemos continuamente de procurar de tenerlos contentos. Y Nuestro Señor os dé buen viaje, que por cierto yo quedo en obligación de serviros todas las veces que vengáis por esta pobre posada. Y por tanto perdoná lo que he mal dicho.»

Don Alonso: «Es verdad que en mi vida topé hombre que tanto placer me diese como vos me habéis dado. Y paréceme que no puedo creer que de persona de vuestro hábito haya salido cosa tan buena y tan bien dicha como habéis dicho. Y si este vuestro conde tiene el conocimiento que yo de vos, por lo que me habéis dicho, tengo, él lo hace el más mal del mundo en no haceros mucha honra y teneros continuamente en su casa, porque de verdad os digo que de eso poco que tengo holgaría partirlo con vos, si quisiésedes dello aprovecharos.»

Mesonero: «Señor, yo lo agradesco y tengo en muy gran merced, pero yo quiero conformarme con el dicho de Celestina, que dicen que "Más vale un pedazo de pan con placer que muchas buenas viandas con cuidado y pesar".

»Y vivo contento y no quiero esas probanzas, mayormente andando el mundo tan a revés como anda. Aquellos señores, no creo ni privan con ellos sino lisongeros y chocarreros. De los que son sabios y los pueden servir a las derechas, no hacen más caso que de los barrenderos o de los "satireferos", que así los quiero llamar, que piensan toda su felicidad consiste en que —así los sabios como los que oigo—, les hagan una misma veneración y reverencia. Y de la misma manera los tratan y tienen en pie de día y de noche, no haciendo más caso dellos que de los otros. Lo que no se hace delante de Dios, porque aun allá hay accesión de personas, y por esto algunos que yo conozco huelgan más de estarse en sus rinconsillos que no delante destos señores, despestañados, esperando no sé qué, que nunca viene, y aun ellos a las veces son mal servidos.»

Don Alonso: «En la verdad, muy bien me parece todo lo que decís, y yo querría que estuviésedes desocupado para que más me dijérades, y venir yo de espacio para oírlo. Pero pues vos os vais a palacio, yo querría cabalgar, que querría mucho llegar mañana a ver al conde de Medellín, que es el mayor señor y amigo que yo tengo en el mundo.»

Mesonero: «Plega a Nuestro Señor lleve a Vuestra merced como desea, y al señor conde dé vida y seso para que prosiga lo que ha comenzado en lo que toca al bien de su tierra y república.»

Don Alonso: «Por vuestra vida que, aunque estéis de prisa, os detengáis y me digáis lo que deste conde de Medellín habéis por acá oído, porque según parece, lo debéis de conocer.»

Mesonero: «En la verdad, muy molesto se me hace decíroslo por la prisa que tengo; también porque vivo en Zafra y está aquí una tía deste nuestro conde que fue casada con su agüelo dese conde de Medellín, que en forma le pesa de oír decir bien dél. Pero con condición que me deis vuestra palabra como caballero que lo que os dijere, que no lo diréis a persona que se lo pueda decir, y yo os diré lo que acá dél se dice.»

Don Alonso: «Yo os lo prometo.»

Mesonero: «Pues, lo que yo sé dél es que es muy buen caballero y, de muy principal y antiguo linaje, e hijo del más noble y humilde hombre que hubo en esta tierra, que me parece que si llegara a ser señor, mandará a toda Extremadura. Y cuando mozo, antes que fuese conde, le conocí yo; teniendo padre y agüelo. Y aun estaba algo más dispuesto abajo en la villa. Y aun conocí dél que tenía las cuatro principales virtudes que ha de tener un caballero, conviene a saber: cordura y fortaleza y mesura y justicia. Y era tan amado de todos los de aquel pueblo que a ninguno hablé que no me dijese que deseaba verle en el estado que ahora está. Y esto creo que lo puso tan temprano en él, después que es señor y sucedió en el estado. Me han dicho que tiene tanta vigilancia en la gobernación de su tierra que todos los que saben la poca edad que tiene no están poco maravillados de verlo y oirlo, porque en él caben todas las virtudes que en buen señor deben estar.»

Don Alonso: «Mucho he holgado de haber oído lo que me habéis dicho, porque, como os dije, es muy mi señor y nunca menos se esperó dél, según las muestras que tenía antes que fuese señor.»

Mesonero: «En mucho cargo son a Dios sus vasallos de haberles dado tan buen señor y deben tener especial cuidado de rogar a Dios por su vida. Al cual plega a Nuestro Señor prospere muchos años, y a Vuestra merced dé buen viaje.»

Don Alonso: «Así haga a vos. Y con tanto quedá con la bendición de Dios.»

Esto me acaeció, señor, con este mesonero de Zafra, que en la verdad en mi vida topé con hombre que tan bien me pareciese. Y de allí vine otro día a Medellín —el cual conde se llama don Juan Portocarrero—, do hallé al dicho conde y dél fue muy bien recibido, porque demás de llevallo su condición y manifigencia de venillo a ver a mí, porque ha mucho que nos conocemos y le soy servidor —y no de ahora—, es él señor mío y me quiere bien. Porque en Flandes, estando en la Corte del emperador, llegué yo allá muy desbaratado de la hacienda y vestidos y autoridad, y partió conmigo la capa y la cama, no porque no fue toda una, dentro de dos días hasta más de dos años. Y abrazóme cuando me vio. Dentro de un rato me dijo: «Mucho me pesa en veros triste, que me dais a entender que no os da contentamiento mi tierra, pues lo principal por que holgué de heredalla fue porque os serviésedes y aprovechásedes della».
Hube de darle cuenta de mi trabajo y acaecimiento.

El conde: «Mucho me pesa que os haya acaecido ese trabajo, por dos cosas: la una, porque tenéis más culpa en conocer al señor conde don Hernando y no habelle sabido tratar y curar, pues sabéis, que es tan buen caballero que cuand presto es de enojar, tan presto se le va el enojo.»

Don Alonso: «Dad al diablo, señor, tal cura que entra penetrando las entrañas. Eso, es, señor, cuando el ballestero tira sin yerba, que hay remedio y sufrimiento y tiene cura. Pero éste dióme en medio del corazón y con mucha yerba, haciendo placer a quien mal me quería y pesar a mí, haciéndolo verdadero y a mí mentiroso, haciéndolo poderoso y a mí hombre bajo, haciéndome mal en lugar de bien, haciéndome el sueño del perro, porque como a Vuestra Señoría he dicho, habíame prometido a mí amistad y favor, cuando por mis pecados y mala suerte le eligeron por asistente de Sevilla. Y después usó conmigo todo el contrario; y fue porque quiso saber de mí en lo que me había de aprovecharme, para después dañarme en ello.»

El conde: «Pues, ¿qué es lo que pensáis hacer sobre ello?»

Don Alonso: «¿Qué, señor? Si lo supiese, no os lo contaría a vos ni a nadie, porque si lo cuento, no es sino para haber remedio y consejo. Y si lo supiese, no estaría triste.»

El conde: «¿Cómo os lo puede dar el que no lo tiene para sí? Lo que os certifico es que mi persona y mi hacienda no os puede faltar.»

Don Alonso: «Como yo tenga eso, no tengo al mundo en 2 maravedís.»

El conde: «Alegraos y hayamos placer.»

Otro día corrióme cuatro toros y un juego de cañas. Y otra noche, y otra y otra y otra disfrazámonos muchas veces y holgámonos, así por las calles como por las casas. Pero por más que hice, nunca pude disfrazar el corazón, que siempre tuve tan conocido que por él me conocían a mí. Porque como es el que manda las carnes, no me dejaba hacer aquellos ademanes ni meneos que antes que esta mala ventura hubiese, yo solía hacer. Y vínose el conde para mí y decíame: «Las tristezas no me han espantado hasta ahora, pues que sus extremos llegan a un hombre tan alegre, sabio y cuerdo como vos haceros usar su ruin oficio, dando tanta pena a los que somos vuestros amigos y servidores en veros triste».

Esta noche, estando cenando, me dijo: «Si fuésedes cazador, haceros-ía traer mis halcones para que escogiésedes. Con todo, vengan, que quizá querréis alguno para enviar a algún vuestro amigo. Y si no, agradaros-éis de algún cazador, que hay dos o tres locos entre ellos».

Hízome tomar un neblí muy singular, el cual envié luego al señor don Luis de Guzmán, señor del Aljaba y mío. Otro día, antes de otro que me quisiese partir, me daba un caballo muy bueno y hermoso. Y con venirme por causa del conde don Hernando, no le quiero más que a mi vida, al cual Dios salve y a mí no olvide. Y así voy mi camino. Es hecho en Santa Olalla y acabado, por mejor decir, que siempre he venido royendo en este jubón por el camino. Escribíme como os sabe a vos.

Una carta que envió el dicho mesonero a don Alonso

«Muy noble señor: Como esta mi casa sea de trato y caminantes de alias vias, dende en dos días que Vuestra merced de aquí se partió, supe ser así los agravios y notorios sinsabores, mezclados con malicia solicitados de malquerientes, que el conde don Hernando os hizo; y para decir verdad a Vuestra merced, por dos cosas: la una, porque en caso propio siempre los hombres, especialmente donde hay pasión, acrecientan y no mudan su culpa y la otra, haberse dejado engañar de sí o de quién fue el dicho conde, para haberos de hacer un agravio, un sinsabor, un casi afrenta, echándoos de vuestra naturaleza y prendiéndoos en voz de revoltoso, haciendo placer a vuestros enemigos, pesar a vos y a vuestros amigos, que es lo que más se debe sentir, aunque para esto hay buen remedio de consuelo, que es señal que no lo sintieron, pues que no lo remediaron, alegando su derecho, resistiendo su pasión con libertad y poder y caballería que Dios les dio.

»Y a lo de la prisión, está muy notorio, según soy informado, que no creerá a lo tal nadie. Porque si Vuestra merced lo fuera lo que él quiso dar a entender, también os lo hubieran sentido los otros asistentes como él. Y de creer es que deben haber sido tan justos y tan mirados y recatados y ejecutores en sus oficios como él. Y pues ellos no os han hallado tan malvado y tan revoltoso como el señor conde ha querido dar a entender que sois, mandándoos prender en voz de las señales, y necio quien el contrario creyere, que fue pasión que fue la que fuerza el juicio y los hombres a hacer lo que no deben. Y por cierto yo no creo otra cosa; bastara hacello hacer el señor conde. De lo que a Vuestra merced yo no echo poca culpa por la ocasión que también me dicen que distes, aunque no fue más de no sufrille. Pero esto basta, pues es juez del rey y de un rey a quien en tanto cargo sois de voluntad y de mercedes, y también a su persona del dicho señor conde, que cierto es merecedor de cualquier respeto y acatamiento y sufrimiento. Y no dejo de creer que debe estar arrepentido y que seríades buenos amigos, si reconociésedes culpa y ofreciésedes enmienda. Lo que suplico a Vuestra merced mire, como cuerdo y sabio que sois. Y por esto, no se deje de aconsejar con quien más sienta que basta, porque, como digo, en caso propio no mira hombre tan sin pasión lo que le toca. Y con esto acaso, rogando a Nuestro Señor por su muy noble persona. De Zafra. Último de enero. El servidor de Vuestra merced, Alonso de Tapia, mesonero.»

Respuesta de don Alonso al Mesonero

«Alonso de Tapia, mesonero. Amigo: Vuestra carta recibí y plega a Dios me dé paciencia para usar lo que en ella decís, como entendimiento para entenderlo, porque no menos gracias debo daros por lo uno que por lo otro. Porque bien se que, así para lo divino como para lo humano, toda paz y concordia es provecho del ánima y descanso del cuerpo, y demás desto, reposo al espíritu, que no es poco bien. Pero, ¿cómo queréis que quiera dejarme ser engañado, que es la mayor fortuna que a cualquier hombre que tenga sentido pueda venir? Si el conde me hiciera mal por hacérselo yo a él, si el conde me hiciera pesar por hacerse placer a sí, tuviérades razón, porque se le siguiera algún interese a la honra o a su apetito. Pero por honrar a otro quiso deshonrarme a mí; por hacer placer a otro, hacerme pesar a mí, con prometerme hacerme bien, hacerme mal. Y con todo esto, mirad en qué tanto tengo vuestras buenas palabras y consejos que lo deseo así hacer como me lo decís. Y ruego a Dios Nuestro Señor me ayude a ello, y a vos y a vuestra casa guarde y prospere. Y yo quedo ahora y en todo tiempo para lo que os cumpliese. Don Alonso Enríquez.»

El conde de Medellín

«Magnífico señor: Después que de aquí partistes, no he sabido de vuestra magnífica persona, y la mía no reposa hasta saber della, así por lo que cualquier amigo es obligado a placelle o a pesalle con el bien o con el mal de su amigo, como para ver si habéis menester algo de lo que yo pudiere o tuviere. Para lo cual acordé de escribiros ésta y que la lleve vuestro servidor Jejas, para que él os importune que me contéis vuestras nenesidades; a quien me remito. Y así quedo, rogando a Nuestro Señor por la magnífica persona de Vuestra merced, y honra y estado acreciente. Desta mi villa de Medellín, a 10 días de el mes de febrero. El conde de Medellín.»

Respuesta de don Alonso al conde

«Ilustre y muy magnífico señor: Las manos he besado a Jejas, vuestro criado, por serlo de quien tantas mercedes me ha hecho en obras y palabras, que es lo que deste triste mundo se procura y desea. Plega a Dios me dé tiempo y lugar en que os lo sirva. No hay al presente que hacer saber a Vuestra Señoría sino que el señor prior de San Juan me envió un mozo suyo, diciéndome de lo que pesaba de lo que el conde don Hernando conmigo había hecho, y que me rogaba que luego fuese allá donde Su Señoría está y que él me consolaría mi trabajo. Creo que me quiere dar cuenta de lo que ya otras veces me ha dicho, que es que, siendo su amigo, el dicho conde fue a quitallo de la posesión del priorazgo con gente de guerra, con poder y favor del cardenal fray Francisco Jiménez, para darlo a don Antonio de Zúñiga, hermano del duque de Béjar, el cual, demás de pedille su hacienda, era enemigo de la casa de su padre.

»En lo demás, yo me he holgado con Jejas moliente y corrientemente, como muele el molino, acordándome que es criado de Vuestra Señoría y enviado de su parte a ayudarme y favorecerme. Lo cual ya no es menester avisarme, pues tan creído lo tengo, ni tampoco certificallo. A Vuestra Señoría lo pediré cuando lo hubiere menester, pues es cosa tan clara que no tengo otro bien en este mundo. Y también me he holgado con el dicho mensajero por la conocida amistad que nos tenemos, como Vuestra Señoría en su carta dice. Por cuya ilustre y muy magnífica persona quedo rogando a Dios Nuestro Señor. Hecha en San Olalla a 18 de febrero. Buen servidor de Vuestra Señoría. Don Alonso Enríquez.»

«Ya que quería cerrar ésta, me llegó un criado del señor don Juan de Ribera, porque supo que había tres o cuatro días que estaba maldispuesto. Yo voy derecho donde está. De allí haré mensajero a Vuestra Señoría.»

Demás dé lo que he pasado y obrado hasta aquí vós quiero dar cuenta de lo de adelante, porque veáis que no dejará de hacerse lo que yo quiero y lo que pienso por falta de no mirar adelante, porque suelen decir que quien adelante no mira, atrás se halla. Y por no hacello así por falta de diligencia ni errallo por inocencia, acuerdo de prepararme de favores y consejos, así como habéis visto que lo he hecho, hasta con un mesonero, como veréis en los traslados de las cartas que he enviado y me han enviado, los cuales traslados dellas, bien y

149

fielmente, letra por letra, de verbo ad verbum, pongo aquí y a vos lo hago saber, porque si herrare, no sea yo el culpado, pues no lo fui en saberlo hacer.

Esta carta envió el conde de Medellín al conde de Osorno, que es presidente del Consejo de las Hórdenes, a la cual jurisdición reconozco obediencia y castigo.

«Muy magnífico señor: Aunque désta no había necesidad, por ser el mensajero tan servidor de Vuestra merced, hame dado la ventaja, la cual tengo con todos en este caso. Y pues el señor don Alonso Enríquez me ha hecho tanto favor en esto, suplico yo a Vuestra merced, por vida de mi señora la condesa, se me haga a mí tanta merced, demás de la que a él se le hará, que en todo lo que le tocare, lo mande favorecer y aprovechar, y no solamente como presidente sino como señor desta casa y como cosa que toca al servicio de la de Vuestra merced y por ser un caballero tan honrado y tan vuestro amigo y que para defenderse de quien lo quisiere maltratar no tiene más deste favor. Paréceme que me obliga a mí a suplicarlo a Vuestra merced muy afectuosamente, y a Vuestra merced, hacello así por lo que merece, de lo cual yo soy buen testigo, como por lo que yo también merezco a Vuestra merced. Vuestra merced no consienta que de nadie sea maltratado, y si lo ha sido, le dé favor para remediallo, pues no teniendo él éste por contrario, es tan buen caballero que nadie será parte para hacerle agravio. Y así acabo, suplicando a Vuestra merced esto y me haga saber la salud de su muy magnífica persona y la de mi señora la condesa y la de los desposados, cuyas manos de Su Señoría y de Sus Mercedes beso. Servidor de Vuestra merced. El conde.»

Escribió otra el mismo señor conde de Medellín a un criado suyo que en la Corte tiene por solicitador de sus pleitos y negocios, que dice así:

«Pariente: Ya conocéis al señor don Alonso Enríquez y la obligación que mi persona, criados y hacienda tienen de servirle y acudirle. Mirad que tengáis mucho cuidado de ello, aunque dejéis por ello lo que a mí tocare. Y quedo muy descansado, así en el crédito que de vos tengo como el que vos tenéis en esos mercaderes, para lo que dellos y de sus haciendas el señor don Alonso hubiere menester.»

Carta de don Alonso al duque de Alba y su respuesta, de su propia mano y letra

«Muy ilustre señor: Por mucha prisa, con gran trabajo que llevo por llegar al Consejo Real para me agraviar y por esta vía vengar del conde don Hernando de Andrada, pues por ella me ha querido y determinado ofenderme. Porque no me hizo Dios tan malaventurado ni tan maniatado que había él de venir a echarme de mi tierra con sus manos por lavar y con palabras y maneras maltratarme, si no fuera con favor e insignia del muy alto y muy poderoso Consejo.

»Y por esto paso sin pasar palabras con Vuestra Señoría y besarle sus muy ilustres manos, para lo cual no quise hacello sin pedir perdón y socorro y acordar a Vuestra Señoría cuán vuestro servidor yo soy, cual más cierto estaréis enviándomelo a mandar a mí que a pedir por merced al dicho conde. Y como para con Dios y el mundo tenéis la misma obligación de favorecerme que yo de serviros, y el contrario sería robo. Pues de vuestra muy ilustre persona y de vuestros hijos todos he sido muy claro y buen servidor en el reino, y fuera del reino, con cargo y sin cargo, olvidando algo de lo que he sido obligado al servicio de mi dueño cuando Vuestra Señoría me ha habido menester. Cosa razonable os pido y lo que bien podéis hacer y lo que os merezco, en pedir ahora a Vuestra Señoría me favorezca y escriba al presidente y a los del Consejo me hagan justicia, así por lo que cumple al servicio de Su Majestad como a mí, trayéndoles a la memoria lo que yo he servido al rey; y cómo Vuestra Señoría conoció a mi padre y oyó decir de mis agüelos que no debían nada al conde don Hernando. Y así quedo esperando la respuesta de Vuestra Señoría en este lugar que se llama San Olalla, rogando a Nuestro Señor por su muy ilustre persona y estado, guarde y aumente con muy mayores señoríos por largos tiempos, como Vuestra Señoría merece y yo, su buen servidor y criado, deseo. Don Alonso Enríquez.»

Respuesta del duque a don Alonso

«Señor: Recibí vuestra carta y holgue, cierto, con ella, aunque más fuera con vuestra honrada y deseada persona, y que el conde don Hernando hubiera hecho con vos, señor, lo que fuera razón. Y no fue menester para hacello yo, acordarme en ella la obligación que yo tenga de hacer, señor, lo que os tocare, pues con vos ni con otro a quien yo lo debo no me habéis visto hacer otra cosa.

Y más quisiera que me mandárades escribir al conde mi parecer. Mas pues así lo ordenáis, cúmplase lo que queréis y lo que más, señor, mandáredes. El duque-marqués.

»No me espanto de vuestras enemistades y del conde, porque dos zapateros que moran juntos las suelen tener.»

Del dicho duque al presidente del Consejo Real, arzobispo de Santiago

«Muy reverendo y muy magnífico señor: El señor don Alonso Enríquez me escribió de San Olalla y no me vino a ver, excusándoseme venir, enojado del conde don Hernando que dice que tenéis por asistente en Sevilla. Y aunque no hubiera otra razón sino ésta, fuera justo me perdonara el conde, y cuanto más haber sido don Alonso mi amigo muy cierto y muy ordinario, y haber conocido al señor don García Enríquez de Guzmán, su padre, como valiente caballero en las guerras de Granada en servicio de Dios y de la corona real, capitán de quinientos jinetes del señor duque de Medina-Sidonia, el cual lo tenía por muy pariente, y no por menos, por cierto, a sus agüelos los reyes Católicos, don Hernando y doña Isabel, nuestros señores, porque era nieto del conde Gijón e hijo de don Diego Enríquez, comendador de los Santos, los cuales vienen del rey don Enrique de Portugal.

»Y yo fiador que el emperador, nuestro señor, tiene buena voluntad a don Alonso y conoce que lo ha bien servido, porque Su Majestad me lo ha dicho a mí. Suplico a Vuestra Señoría se considere todo esto y le desagravie y escriba al conde conozca todo esto. Así quedo, rogando a Nuestro Señor por la muy reverenda y muy magnífica persona de Vuestra Señoría. Para su servicio. El duque-marqués.»

Ahora habla don Alonso con Cristóbal Mejía a quien da la dicha cuenta.

«No hay más que hacer saber a Vuestra merced. Cuando lo hubiere, yo terné el cuidado debido a vuestro servicio y contentamiento como lo he tenido hasta aquí. Yo trabajaré de volver a esa ciudad do tengo señores y amigos y hermanos, 147. 000 maravedís de renta, de juro y en censo, sin los del hábito, dellos me dejó mi padre y dellos me ganara yo. Y aquel Dios que hizo amigos al conde don Hernando de Andrada y al comendador Tello y conformó sus voluntades y condiciones y compañeros a Pero Núñez de Guzmán y a Francisco de Tavera, et ascendit ad celos, sedet ad desteran Dei Patris Onipotentis; inde venturus est judicare vivos et mortuos, me cumplirá mi voluntad, juntamente con mi buena diligencia, que dice que es madre de la buena ventura. Y si así no fuere, irmehe, como me voy, a Italia y de allí donde yo quisiere y por bien tuviere, con un paje que canta y muy bien y escribe esta letra, diciendo esta canción:

> Si muero en tierras ajenas,
> Lejos de donde nací,
> ¿Quién habrá dolor de mí?
> ¡O triste amador perdido!
> Cautivo, sin redención,
> Estraño de mi nación,
> Lejos de donde nací
> ¿Quién habrá dolor de mí?
> Donde no soy conocido,
> ¿Quién me terná compasión?

»Luego sale un acemilero que me sirve de compañero y con una voz muy ronca hace un romance de Allá en Gargantalaolla. Y así quedo y voy tan servidor de Vuestra merced como por las vuestras cartas, hechas y recibidas de vos a mí y de mí a vos de Sevilla a la mi casa de Santiponce, somos obligados y jurados, rogando a Nuestro Señor por la muy noble persona de Vuestra merced y por tiempo en que con obras pueda mostrar lo que por palabras y cartas he manifestado y escrito en vuestro servicio. Es hecha en Santa Olalla —o acabada, por más cierto hablar—, a 20 de marzo de 1532 años. El servidor de Vuestra merced, don Alonso Enríquez.

»Mis encomiendas sean dadas a quien Vuestra merced viere que las merece y yo debo, y no las que tengo sino las que deseo.»

Y como el dicho conde don Hernando era amigo parcial de mis contrarios, tenían informado al presidente y Consejo Real ser yo el escandalizador y causador de las revueltas, y como después su sucesor del dicho conde, juez de residencia, Gutierre Velázquez, halló a ellos los culpados y los revolvedores, acordé de escribir, viéndolos presos, al señor presidente del Consejo Real esta carta, la cual de palabra a palabra es esta que se sigue:

«Reverendísimo y muy ilustre señor: Quiero hacer saber a Vuestra Señoría reverendisima el gozo y descanso que mi ánima ha sentido, de la fatiga y riesgo que ha salido, empidiéndola con su oficio de asistente el conde don Hernando, procurando de echalla de allí, más que de honralla a buen lugar, por el maltratamiento que a la casa de mi morada —que es el cuerpo—, hacía, maltratándolo, prendiéndolo, deshonrándolo, como a aleve y malhechor, haciéndolo revolvedor y escandalizador, como ahora se ve el contrario. La cual cuenta doy a Vuestra Señoría como señor de mi padre y amo, y como a hombre que de lo uno y de lo otro entenderéis el trabajo que me daba y peligro que yo pasaba.

»Sepa Vuestra Señoría como Gutierre Velázquez, licenciado y buen juez, letrado y buen caballero, que contra el dicho conde vino a Sevilla, que fue condeñado por público y averiguado parcial de mis contrarios y en un cuento de maravedís de cáñamo y yerro que sacó para Galicia. Y asimismo tiene presos a los de su parcialidad por cosas que hicieron, estando vezados a la dicha parcialidad: Francisco Tello, porque el alguacil mayor quitó las armas a un criado suyo después de las diez, que la premática lo permite y se acostumbra hacer en la ciudad con todos los que son tan buenos y mejores que él. Porque sospechaba que el dicho alguacil mayor lo hacía por darme contentamiento, no le quiso hablar ni enviar a hablar; antes le envió desafiar con su vara real a cuestas. Y el comendador Tello, su primo hermano, luego dende en pocos días, antes que saliese esotro de su prisión, topó con un alguacil del dicho alguacil mayor y le quitó la vara real de las manos y la echó en el suelo, por que también está preso; y yo suelto y absuelto de las culpas que el conde don Hernando me ponía, y no con solo el mundo sino con Dios, que es el principal, porque me he confesado y comulgado, aunque no me ha pesado de la sucesión de los negocios y del daño que ha venido a éstos. Porque se ve claramente, si el conde fuera justo, los prendiera, como a mí hacía a cada paso, que no topaba al almotacén que no pensaba que me iba a prender, y que si ellos no fueran injustos, no los prendiera estotro buen juez que está de por medio, y yo libre, desembarajado y descansado. Y paseo las calles del rey, sin miedo. Bendito Dios, a quien encomiendo a Vuestra Señoría reverendísima que os haga en este mundo padre y en el otro, santo. De Sevilla, a último de marzo de 532.

»Acuérdese Vuestra Señoría que cuando me fui a quejar deste conde, dije en el Consejo Real que, para que se viese que tenía pasión particular con ninguno, se mirase como ningún asistente me había hallado tan malo como él y que ninguno vendría que hallase en mí lo que él decía. Como se ha parecido y se parecerá adelante.

»Y luego que me acaeció todo esto, fue a ver al señor obispo de Córdoba, hijo del señor duque de Alba, recontada su vida y muerte en este libro. Y porque quiero acabar de contarlo todo lo que toca al fallecimiento del dicho señor duque y los notables acaecimientos que en la dicha su muerte aconteció y luego sucedió, así a su misma persona como a la de sus hijos, acuerdo ponerlo aquí. Estos dos traslados de una carta que he dicho en este libro, que el muy ilustre señor, don Diego de Toledo, prior de San Juan de Castilla, su hijo, escribió al cabildo y ayuntamiento de los beneficiados clérigos de la santa iglesia de Sevilla, agradeciéndoles las osequias que por el dicho ilustrísimo duque su padre se había hecho, y otra para mí, mandándome que la diese. El tenor de la cual, como Dios es verdad, letra a letra, son estas que siguen. Y después de la cuenta de lo que me acaeció de la venida de Córdoba y llegada a Sevilla.

»Muy reverendos y muy magníficos señores: El señor don Alonso Enríquez me ha informado largamente por su carta de la memoria que Vuestra merced ha tenido de hacernos merced a todos los desta casa con las osequias que mandastes, señores, hacer en esa santa iglesia por el alma del duque mi señor, que en gloria sea. Y lo que se puede juzgar desto, a mi ver, son dos cosas: la una, que Vuestra merced ha manifestado en esto su mucha virtud y el amor y voluntad que a Su Señoría teníades, y la otra, que el duque mi señor era tan amigo y servidor de Vuestras Mercedes y os tenía tanto amor que fue justo que le paguéis en la muerte lo que él a todos os quiso, en general y particular, en la vida y la mucha deboción que tenía a esa insignia iglesia. Y habéisme, señores, obligado tanto por ello que, en cuanto viviere, me ternéis por muy vuestro amigo y servidor, para cumplir con toda voluntad lo que en general y particular me quisiéredes mandar. Y así os suplico tengáis siempre memoria desto.

»Y porque el señor don Alonso que ésta a Vuestra merced dará, os podrá, señores, informar más largamente desto, como persona que conoce bien la voluntad con que lo digo, no diré más sino remetirme a él y suplicaros, señores, le mandéis dar fe. Guarde y acreciente Nuestro Señor las muy reverendas y muy magníficas personas de Vuestras Mercedes. Da Zamora, a 13 de marzo.

»Yo sé bien que, sabido esto por el duque mi señor y sobrino, que quedará en la misma obligación que yo. Por ausencia de Su Señoría haya Vuestra merced ésta por suya. Servidor de Vuestras Mercedes. El prior de San Juan.»

«Señor: Yo recibí vuestra carta e hicístesme tanta merced con ella que no lo sabría decir, lo uno en hacerme saber de vos, señor, y de vuestra salud, que deseaba mucho, y lo otro en darme tan larga parte de la memoria que los señores del cabildo desa santa iglesia hicieron por el duque mi señor, que sea en gloria. Y comoquiera que yo estoy bien certificado que esta obra ha salido de vuestras manos, que lo encaminastes vos, señor, con poca posibilidad, me han obligado esos señores y así se lo escribo largo, ofreciéndoles mi persona y casa para todo lo que mandaren, y remitiéndome a vos, señor, para que más largamente se lo certifiquéis de mi parte. Pídoos, señor, por merced les deis mi carta y que les digáis en este caso todo lo que os pareciere.

»En lo que toca a vos, señor, y al trabajo que en esto habéis tomado, no me quiero detener en rendiros las gracias de tan buena obra, pues sabéis que yo soy tan vuestro que merezco muy bien cualquier merced que en ausencia y en presencia me queráis hacer. Y tengo ésta por principal, por ser tan calificada y de tanta satisfación para mi descanso. Por este padre se hizo todo lo que hubo lugar, por mandarlo vos, y lo mismo se ha de hacer siempre en toda cosa que por acá se ofrezca. Y porque creo estáis bien certificado desto, no alargo más de decir que quedo bueno, loado Dios, y lo mismo don Enrique y doña María, mis hijos, los cuales se os encomiendan. Guarde y prospere Nuestro Señor vuestra muy noble persona y vida. De Zamora, 13 de marzo. La carta va abierta, para que la podáis, señor, ver.»

Con esta carta del dicho señor prior me fui luego al deán y cabildo, que juntos en su ayuntamiento estaban, y pedí por merced a un grande amigo mío me ayudase a solemnizar esta embajada, el cual se llamaba Juan de Torres, veinticuatro y alguacil mayor de Sevilla, y hombre de muy gran calidad y cantidad, así de mucho linaje como de mucha renta. Y dicho a estos señores que estábamos a su puerta, salieron muchos dellos a recibirnos. Y asentados y reposados, les dije: «Señores, el señor prior de San Juan me envía a mandar que con toda solemnidad y autoridad dé esta carta a Vuestras Mercedes de Su Señoría. Y para solemnidad pedí por merced al señor Juan de Torres la cumpliese, y para el autoridad me vestí este capuz cerrado».

Leída la carta, me preguntaron si quería decír más. Dije que el señor prior de San Juan decía tanto en la dicha su carta que no me dejaba a mí que decir, sino obligar mi persona y bienes que la mantenían, lo que él ofrecía. Dijéronme que ellos me responderían. Y dende en ocho días el deán y cabildo respondió, remitiéndome a mí por una carta suya y a mí dijéronme muchas cosas que les obligaban a habellos servido al duque su padre y de servir a Su Señoría.

Lo que de la venida de Córdoba me sucedió

De Córdoba vine a Fuentes, y el señor deste lugar me dijo como eran amigos mis amigos con los que no lo eran. Y asimismo me lo dijo en Carmona el corregidor de allí, y en llegando a Sevilla, todos los más della. Y yo, así porque siendo especial y particular en estas enemistades no me convino hacerse en general, como mis amigos en disculpa me dijeron, sin particular y especialmente darme cuenta dello y tomar mi consejo y voluntad, aunque estuviera a cien leguas, cuanto más no menos de veinte; y lo otro porque no me parece que se debía atribuir más a mi soledad que a mi humildad, no aprové las dichas amistades, antes le reprové, disculpando a mis amigos que no era bien que goce las amistades, pues que se las pidieron y no eran ellos los afrontados, y lo fueran, si las negaran, y estaban aparejados para hacer lo que yo después quisiera, como luego, en viniendo, me dijeron que se profirieron.

Mostré enojo de mis contrarios, diciendo que ellos eran los que habían de querer saber cómo quedaban conmigo y pensar que no tenían hecho nada sin mí. Y así por esto como porque no pensasen que la necesidad de la soledad me hacía humillar y venir a su amistad y conversación, dije en llegando que no me pesaba de mis amigos haber hecho las amistades, por lo que dicho tengo, sino de los que no lo eran, por no tenerme en tanto que no pensasen y creyesen que no habían hecho nada, dejándome fuera de las dichas amistades, por lo que dicho tengo. Y parecía que me tenían en poco, pues no habían querido saber cómo quedaban conmigo.

Y luego los dichos mis amigos, especialmente Juan de Torres y Diego López de las Roelas, que es de los principales, me vinieron a decir que ellos no habían hecho amistad, si yo no la consintiese y que ésta fue su intención y condición y que yo viese lo que ellos quería que hiciesen sobre ello. Yo les pedí por merced que, así por lo que les tocaba a ellos como a mí, no hiciesen inovación alguna, porque a ellos sería tenido a liviandad y a mí que los quería tornar a revolver, de lo que el emperador recibiera deservicio y desplacer, especialmente habiendo el cardenal de Sevilla trabajado en esta conformidad, que tan revuelta estaba en esta ciudad, y que podría informar, quejándose de mí, que me dejasen a mí, que cuando yo me fuese a holgar entre mis amigos, me podrían dar mis amigos las manos. Sabido esto, los contrarios se escandalizaron y publicaron que yo quería tornar a revolver la ciudad. Y entendiendo algunos caballeros en mi amistad con ellos, supe que dijo el comendador Tello que juraba a Dios y a Santa María que cualquier que le tornase a revolver, le había de matar a puñaladas. Y yo, como claramente vi y veis que decía por mí, así por no le quedar otro enémigo si yo no, por las dichas razones, como por entender yo en cuestión con ellos —y entendieron en mis amistades y en la dellos—, cuando él dijo estas amenazas, parecióme que le debía de enviar, y envié, una carta, el tenor de la cual es el siguiente:

«Señor comendador Tello: Yo sé que habéis hablado ciertas palabras vanas, diciendo que daréis de puñaladas a quien os ha de revolver. Y porque yo estoy cierto que soy ese por quien decís, no quiero revolver más de que a vos y a mí. Aguardo en mi casa para que me enviéis a llamar con una espada y una capa ado quisiéredes señalar. Y si de mí no os fiáredes, podéislo hacer del señor Hernando Cigarra o del señor Sancho de Herrera, y veréis y verán cómo me dais las dichas puñaladas. E hicistes mal en no haber procurado cómo quedastes conmigo en las amistades que hicistes.»

Dada esta carta con persona no conocida, el dicho comendador Tello la tomo como buen caballero. Confiándose de mí quiso gozar de la libertad que en ella le daba y envió a decirme con el dicho Hernando Cigarra que me esperaba en un monasterio fuera de la ciudad que se llamaba la Vitoria. Y yendo el dicho Cigarra y yo a efectuar la negociación, a la puerta de mi casa encontramos al licenciado Gutierre Velázquez; oidor de la cancillería real de Granada, juez de residencia de la dicha ciudad de Sevilla y asistente della, con otras muchas justicias, alcaldes y alguacil mayor, y metiéronme en mi casa. Y mandó el dicho juez de residencia jurase en su vara dónde iba. Y ya que yo le dije que yo era caballero de la orden de Santiago y que so muchas y graves penas era establecido en ella que no pudiese jurar sin especial licencia del maestre, él me dijo que me llevaría preso muy gravemente y me pondría muchas penas, si no lo hiciese. Las cuales me puso y no le aprovechó nada.

Echó mano del dicho Hernando Cigarra, el cual no tuvo con que se excusar y juró toda la verdad. Y llevóme el dicho justicia y justicias a las Atarazanas, donde me dejó preso. El señor don Pero Enríquez de Ribera, como hombre que en deudo y deuda, así de ser de su linaje y de su voluntad, me topaba y me dijo: «Señor, ved lo que queréis que haga. Si queréis que entienda en las amistades, pues, no habéis perdido nada, si no, sea como vuestra voluntad fuere. Ya sabéis que os tengo de ayudar».

A mí me pareció que era bien y demás de besalle las manos por las palabras, supliquéle por la obra que nos hiciese amigos. Y así lo fuimos y allá había traído del dicho lugar de la Vitoria y dado por cárcel la casa de Francisco Tello su primo.

Lo que de aquí sucedió

Mis amigos y los principales destas diferencias, que eran Hernando Arias de Saavedra, alguacil mayor de Sevilla, y Juan de Torres, su lugarteniente en el dicho oficio, que yo había tenido maneras para que lo fuese, siendo tan bueno y teniendo tanto como él, porque en un tiempo el dicho Juan de Torres fue tan grande mi amigo que ninguna cosa le decía que no hacía, ni por ninguna cosa lo podía dejar de ser por mi parte ni creo por la suya, aunque no era hombre de mucha constancia, si no fuera por lo que adelante veréis. Que el dicho Hernando Arias y él, en viniendo que yo vine de Córdoba, como ya arriba he dicho, me pidieron que yo no fuese amigo del licenciado Vergara, el cual siempre tuve por hermano, y del alcalde de la justicia, Juan de Herrera, que ya en este libro habéis oído —los cuales, como dicho tengo y digo y diré, han sido y son y serán hasta que muramos mis íntimos amigos—, diciendo que en la dicha mi ausencia y en presencia dellos en negocios y perjuicio, en complacencia y guarda y defensión de nuestros contrarios, así con sus oficios reales, sacándoles de sus prisiones, como en sus personas, con buenas conversaciones en sus casas y en las suyas, les habían ayudado y favorecido y libertado, y que a mi ausencia no habían guardado el amistad que debían ni a sus presencias lo que fuera razón.

Y yo porque, aunque esto fuera así, tengo por grandes amigos a éstos, había de pensar que aquello que ellos hiciesen era lo que cumplía y porque en la verdad no lo creía, porque yo shabía quién ellos eran, respondíles que me espantaba y no les quise decir lo que sobre ello había de hacer, porque siempre me aparté de darles razón que hiciesen lo que hicieron, lo cual fue gana que siempre tuvieron de ser amigos de sus contrarios. Y desque supe la verdad, metiendo la mano en la llaga, hallé que se habían engañado con los dichos licenciados, porque ellos siempre hicieron lo que debieron y nosotros quisimos, sino que no era razón, que ni ellos hicieran ni nosotros quisiéramos que la cosa fuera tan por el cabo que, siendo ellos jueces, fueran matadores. Y diciéndoles yo esto y otras cosas cerca desto, que por no escribir yo tanto desto no diré, acordaron de decir que todavía había de ser enemigo del licenciado Vergara y Herrera. Y yo les dije la verdad, que había de perder antes a todos que a ellos.

Y así partidos, presenté una provisión real que gané y me hizo merced el emperador, para que se tomase información si era bien y utilidad desta ciudad de Sevilla que estuviese todas las noches abierta [la puerta], porque la suelen cerrar, así porque en tiempo que había conquista de moros y reinaban en el reino de Granada, era menester; por lo cual como alférez le quedó las llaves della al oficio de alguacil mayor, por lo cual se le hace grande enojo al dicho Hernando Arias —que tiene el dicho oficio al presente—, en presentar la dicha provisión, la cual cree que si no se presentara conmigo, no se presentara ni hubiera quien la pidiera ni osara y lo otro por el almojarifazgo de la ciudad, que no entren cosas ni mercadurías sin pagar sus derechos. Y otros de trigo y vino se han puesto a contradecir mi demanda, especialmente, como digo, el dicho Hernando Arias por su preeminencia iba en la consecuencia particular contra este bien general. En el cual pleito se anda cuando esto se escribe. Y acabado mediante la voluntad de Dios se os dará cuenta de lo que sucediere.

En el cual tiempo el dicho Hernando Arias con su oficio de alguacil mayor y Juan de Torres su lugarteniente me rondaban el barrio de mi morada con intención y manifestando, al salir de noche en la hora vedada que ellos rondan la ciudad, preguntarme de manera quién era, para que les respondiera de que pudiera asir para revolverse conmigo, para acusarme otro día en resistencia, o si le matase algún hombre y lo mismo con los míos. Para lo cual presenté una provisión real que no tuviese que hacer conmigo ni con ellos; y requerí al juez de residencia, que entonces le tomaba del asistente y éste estaba en su lugar, los mandase que no me tocasen, aunque me hallasen en su frecuente delito, porque me temía que me habían de echar quien se revolviese conmigo, para esecutar su intención. Y así lo hizo.

Y luego sucedió lo que en esta carta veréis, que escribo al cardenal y arzobispo de Santiago y presidente del Consejo Real para la gobernación destos reinos de Castilla en ausencia del emperador y en presencia del emperatriz:

«Reverendísimo señor y muy ilustre: Mirando que soy criado y galardonado del rey y deseoso de la pacificación de su reino y que lo tiene a cargo y gobernación Vuestra Señoría Reverendísima y que mi padre fue vuestro servidor y me crió el arzobispo mi señor, tío de Vuestra Señoría, acuerdo de darle aviso de todo lo que a esto conviene y puedo servir.

»Y es que Hernando Arias de Saavedra, alguacil mayor desta ciudad, trajo enemistad con don Juan de Mendoza, teniente de alguacil mayor de su antecesor, por lo que dice que trabajó de haber el dicho oficio. Y el dicho don Juan, por pagarse una veinticuatría, y como éste se ha casado con prima de los Tellos y ellos son rijosos y presuntuosos, bandejaron con él en cabildo y fuera de cabildo, hasta quitarlos las varas a sus alguaciles por las calles y desafiárselos, como Vuestra Señoría sabe.

»Y de aquí vino una conformidad tan grande que se juntaron y confederaron todos, así los dichos Tellos como don Juan de Mendoza y Hernando Arias y Juan de Torres, su teniente, y sus parientes —que tiene dos o tres sobrinos regidores— y ellos proveen los oficios y no basta tercio de asistente ni concierto para resistillo. De manera que anda la cosa entre Hernando Arias y don Juan de Torres y Garci Tello, el comendador, que son las cabezas de sus deudos. Y viendo esto algunos de los regidores que quedaron fuera desta liga quejábanse y tachábanlo. Y a éstos por esto y a mí, porque presenté una provisión real sobre el abrir de una puerta desta ciudad, hannos tenido enemistad y querido castigar, como señores en señoría.

»Y habrá cuatro o cinco días que entró Juan de Sayavedra en esta dicha ciudad, padre del dicho Hernando Arias, e hizo gran Junta de caballeros, regidores, y no regidores. Y dijo que él shabía que la gobernación de Sevilla no estaba buena ni acabada de pacificar, porque todavía había algunos regidores que se quejaban que proveían todos los oficios de la ciudad su hijo Hernando Arias y sus deudos y amigos; y otros presentaban provisiones contra su oficio, desacatándolo y tiñéndolo en poco; y que el alcalde de la justicia le parecía que andaba fuera de su liga, siendo teniente de su sobrino Arias Pardo. Lo cual quería remediar desta manera: que señalasen ellos dos caballeros que se juntasen con él para ver proveer los dichos oficios y para echarlos del pueblo los que fuesen contra esta liga y opinión. Y que él se ofrecía quitar la vara al alcalde de la justicia y darla a quien no hiciese más de lo que él mandase, porque Vuestra Señoría le escribía que tuviese cargo de la pacificación desta ciudad. Y mostraba una carta, más moderada de lo que publicaba, porque vuestra Señoría no le daba cargo dello, sino agradecerle lo que había hecho y que así lo hiciese siempre.

»Dijo más: "Este cargo tomo yo. Tomad vosotros de pedir residencia para el alcalde Vergara. Y si no hallaren por do le quiten la vara, porque éste es tan sabio que siempre se ha guardado desto, cuando viniere provisión, que se le vuelva a suplicar cien veces della, alegando con las ordenanzas de Sevilla que no pueden ser veinticuatro y alcalde mayor".

»Y los unos querían que los dos compañeros que dicho tengo fuesen Francisco Tello, tesorero de la Casa de la Contratación, y don Pedro que dicen el Zorro, veinticuatro; otros que fuesen Luis de Medina y Guillén de Casaos, veinticuatros. En lo cual vino a parar y a quedado entre estos tres cónsules, aunque Luis de Medina y Guillén de Casaos no sabían nada.

»Dijo Juan de Sayavedra —que estaban todos en su casa—: "Gracias a Nuestro Señor que hemos dado orden como vivamos contentos y pacíficos, y hemos hecho junta de nobles, y que quien algo quisiere, por esas puertas ha de entrar".

»Gutierre Velázquez, juez de residencia, desque esto supo ser así —juró por Dios y por Santa María y por la señal de la cruz, lo cual quise que fuese por juramento por obligarme a probarlo y así me ofresco so pena de perjuro, lo cual va firmado de mi mano— el cual Gutierre Velázquez, viendo estas juntas y este querer ser señores y hacer de Sevilla señoría, les habló y desbarató.

»Y ahora ordenan de enviar un jurado viejo, que se llama Juan Serrano, de mala condición e intención, para que pida al conde don Hernando, porque dice que dijeron: "Haciéndole nosotros espaldas al dicho conde, dará de coces a estos alcaldejos y los deshonrará a cada paso y echará a don Alonso de Sevilla y dirá quién son a los judíos y hacelles-ha hacer la flema, porque Gutierre Velázquez anda de por medio e igualándonos a todos. Y bueno es que, porque un judío sea veinticuatro, ha de ser tal como nosotros".

»Y a mí me dijo Juan de Sayavedra, en presencia de testigos, que querría más 2 maravedís que todas mis provisiones, y que ahora que él venía, vería cómo se batía el cobre.

»Esto es lo que pasa y porque estoy de partida para Alemania, no digo más, sino que al emperador diré cómo lo hice saber a Vuestra Señoría. Y Vuestra Señoría envíe a saberlo de Gutierre Velázquez que, pues es tan cuerdo y tan sabio, sabiendo que lo sabe Vuestra Señoría, él hará más sobre ello que, usando de su virtuosa condición, hace, por no cortarles las cabezas, porque se contenta con aplacallo y estorballo y —encomenzádolo ha—, tapallo. Y aunque esto sea bueno, porque más vale que no sea que no que sea y se castigue, todavía queda aquella mala intención para en habiendo lugar.

»Y no se me debe culpar, pues escribo que lo remedie quien lo debe y puede remediar, pues no me entremeto a quererlo hacer yo —que a querello hacer mal, bien pudiera hacerme yo y otros dos vanos y no faltar otros diez—, sino que lo de César sea de César y lo de Dios de Dios. Yo me contento con lo de César, que es poco; y buena pro haga a Vuestra Señoría Reverendísima lo de Dios, que es mucho, pues sois su ministro y figuranza, y en espiritual y temporal tiene poder. Lo cual quedo rogando a Él por muchos tiempos tenga por bien y dé gracia a Vuestra Señoría acabe en su santo servicio. Amén. De Sevilla, a 18 días de julio, del buen servidor de Vuestra Señoría, que sus reverendísimas y muy ilustres manos besa. Don Alonso Enríquez.»

Prosiguiendo en mis enemistades de Sevilla y lo que sucede de la puerta que en ella quiero abrir, digo que don Pero Enríquez de Ribera, primogénito del marquesado de Tarifa, ya dicho en este libro, estando a la sazón ausente y en la Corte de la emperatriz en Castilla, que el emperador estaba en Alemania, me escribió una carta, rogándome, aconsejándome y mandándome fuese amigo de los dichos mis enemigos, así por lo que tocaba a mi descanso y quietud como a su contentamiento, por algún servidor que entre ellos tenía, y que me quitase del pleito de la dicha puerta que tocaba a la calidad de oficio de alguacil mayor de la dicha ciudad, el cual tenía Hernando Arias de Saavedra, amigo dellos y enemigo mío, habiendo sido muy grande amigo, como dicho tengo, el cual es hijo de Juan de Saavedra, señor del Viso del Castellar. Y puesto que yo había de cumplir los mandamientos del dicho don Pero Enríquez, en deudo y en deuda y en obligación de haber de ser señor de los grandes de Castilla, pareciome que tenía metido mucho resto y que debía ver bien mi juego. Y sobrevino sobre esto en algunos días muchos amigos míos que me rogaban lo mismo.

Y en esta sazón vino el dicho Juan de Saavedra, padre del dicho Hernando Arias, al cual yo fui a ver por las obligaciones que en el razonamiento que le hice oiréis, que es éste:

«Señor, yo me acuerdo que en mis prisiones me habéis visitado y en mis adversidades me habéis ayudado. Y por esto vengo a visitar a Vuestra merced, aunque las obras que y recibido del señor Hernando Arias vuestro hijo no sean espuelas para ello, porque siendo mi amigo y teniéndole yo por señor, pasó con mis contrarios, a quien y su oficio ellos poseen, contra el cual he presentado ciertas provisiones reales. Lo cual hago saber a Vuestra merced para que, como a señor, no me echéis culpa y como a hijo y servidor, me mandéis en lo que os tengo de servir», y con propósito de hacer lo que me mandara, pues hacía en ello lo que el dicho don Pedro hacía como señor en la dicha su carta y los otros, como amigos.

Respondióme: «La verdad es, señor don Alonso, que Hernando Arias tiene la culpa de consentir vuestras competencias, porque la casa de Saavedra no la suele traer sino con los duques de Medina o de Arcos. No quisiera que me hablárades en mi casa, por responderos como fuera razón, que cosa es que, en volviendo yo la cabeza, hayáis hecho cosas que no debiérades, siendo noble de noble generación. En verdad que estoy muy enojado y que me pesa, porque excusé al señor cardenal, cuando, desafiastes a Garci Tello, y me dijo que por qué os consentíamos en Sevilla; que él quería mandaros echar della, pues nosotros no lo hacíamos».

Yo le dije: «Eso merezco oír y debo consentir, pues vyne a casa de Vuestra merced. De la cual me voy y según viéredes lo que hago, así veréis lo que me aprovecha lo que me habéis dicho».

Y fuime a casa del dicho cardenal arzobispo de la dicha ciudad de Sevilla, llamado por nombre don Alonso Manrrique. Y aquel día me dijeron estaba ocupado y que no le podía hablar. Y otro día me dejaron entrar y halléle que acababa de comer y el obispo de Escalas con él. E hice mi acatamiento debido y Su Señoría su acostumbrado, porque es muy bien criado. Y sentados y reposados, le dije: «Reverendísinio señor, yo vine aquí ayer y según creo que estáis informado de mí, tampoco venía hoy cierto me quisiera Vuestra Señoría oir. Por eso no vengo tan proveído de razones como debiera ante Vuestra Señoría, que sois semejanza de Dios y su ministro. Mas la materia es tan dispuesta que ella me alumbrará el camino. Y Vuestra Señoría Reverendísima es muy pastor y yo vuestra oveja. Y pues tenéis tan buen salario, razón es sea yo bien guardada y doctrinada como tal. Y el buen pastor, como la oveja se le desmandare, ále de dar un chiflo; y cuando no lo entendiere, tirarle con la honda, y cuando no quisiere, con el garabato traella arrastrando. Porque dijo Dios, y en la Sagrada Escritura lo dice, cuando el cristiano no quisiere venir a la iglesia por grado, sea apremiado y traído por fuerza.

»Y en la ley de judicatura seglar no se permite sentengcia sin oír las partes y darles publicación de testigos, para que cada cual alegue de su derecho y los tache. Y con todo esto, hay primero azotes y luego orejas y luego horca. ¿Por qué, en la ley de Dios, no me ha oído Vuestra Señoría y de la primera sentencia me ha ahorcado la honra, diciendo como habéis dicho a Juan de Saavedra que yo debía ser echado del pueblo como malo y revolvedor? Yo soy bueno y justo y cuando no lo fuera, Vuestra Señoría me debiera de chiflar y traer por fuerza para castigar, y no condenar por complacer a los que me quieren mal.»

Él me dijo: «Señor don Alonso, la verdad os han dicho, porque yo os tengo por revolvedor deste pueblo, del cual cierto merecéis ser echado, y por falta de memoria lo he dejado de efectuar. Y haré si no os enmendáis, porque cierto tenéis muy malas costumbres, porque no solamente os holgáis de revolvedor, pero os honráis de haberlo hecho».

El obispo se hincó de rodillas y quitó su bonete y dijo: «Antes que responda el señor don Alonso, me haga Vuestra Señoría merced de consentirme hablar. La verdad es que bien creo que el señor don Alonso quiere en esta ciudad mandar y poder más de lo que su hacienda y oficios en ella sería razón que hiciese. Pero también creo que Vuestra Señoría le dice más cosas de las que cree dél por castigalle».

Yo le dije: «Vuestra Señoría me ha reñido tan reciamente y el señor obispo ha vuelto por mí tan moderadamente, y lo que Vuestra Señoría me ha dicho ha sido tan certificado dello que no hay que decir en mi respuesta, sino que yo quiero decir que soy el que decís y que me consuelo con que, entonces es la mujer buena cuando públicamente es mala; y que he sido bastante para poner a Vuestra Señoría en confusión y para echarme de Sevilla, lo cual hará justicia, si hallare contra mí por dónde, y Vuestra Señoría, si yo fuere hereje. Solamente una cosa os quiero conocer, lo cual yo he hecho y siempre haré, que yo he revuelto a mis enemigos, que son esos de quien estáis informado, con mis amigos».

Y con esto me levanté. Y no le aprovechó nada decirme que nos viésemos después, que por sus costumbres y por las mías yo os juro que no sea en su vida.

Viéndome acusado y perseguido con sus mañas destos caballeros mis contrarios Tellos y especialmente del comendador Tello, acordé repararme y defenderme, ofendiéndoles y confederándome con quien contra ellos me pudiese ayudar y defender y ofenderles, porque demás de ser muchos y ayudarse mucho, no entendiendo en otra cosa, con mentiras y con verdades, en dicho y en hecho, en justicia y fuera de justicia, sino en hacerme mal y daño; yo en no les hacer bien a ellos. Y porque los hermanos naturales, hijos de mi padre y madre que Dios me dio, no son tan hechos a mi voluntad como quisiera y escogiera, si en mi mano fuera, acordé de tomar uno natural de la ciudad de Sevilla, mi propia naturaleza, el cual se llama Pero Ortiz de Zúñiga, mancebo rico y honrado y de muy buen linaje, el cual fue gentilombre y sabio, aunque esto no se le pareciera con ser callado y mustio; y quien no le conocía como yo, estaba en él engañado. Era valiente y hombre determinado y muy sosegado. Con el cual me ermandé y confederé de tal modo, dándonos por prendas nuestras almas y conciencias y fe de caballeros, porque aunque fuésemos ausueltos de las almas, no pudiésemos dejar de quedar prendados por la ley de caballería, pues a esta ley no hay Santo Padre que nos pueda asolver. Lo cual se hizo desta manera que aquí veréis, que es esto que se sigue:

«Ésta se hace en memoria, de lo siguiente porque, aunque en las voluntades esté escrito, pues dellas salió efectuarse, es bien que cada cual de nos, de los dos, lo tenga firmado, para afirmarlo en nuestros juicios, por no herrarnos, pues tanto nos va en ello, y prendar nuestras palabras y fe de caballeros, pues tenemos prendadas las ánimas y obligadas las conciencias. Y es verdad que martes antes de mediodía a 12 de noviembre, año de Nuestro Salvador de 1532, don Alonso Enríquez y yo, Pero Ortiz de Zúñiga, entramos en la iglesia de San Miguel, perrochia en la ciudad de Sevilla, y pusimos nuestras manos derechas encima de un ara consagrada que el sacristán de la dicha iglesia nos entregó y juramos por Dios en ella consagrado y por su consagración de ser hermanos en amor y muy firmes amigos y buenos desde el dicho día hasta el postrero de nuestras vidas, del uno y del otro, y de ayudarnos y defendernos en dicho y en hecho, en presencia y en ausencia, con nuestras personas y haciendas contra todos los que a él y a mí y a mí y a él quisieren ofender, aunque tengan deudo u otra deuda alguna ni sea hermano natural ni amigo, que para esto decimos que esto preceda a todo, y que antes ni después con otro alguno habemos hecho ni haremos el tal juramento, hasta que el uno de los dos fuese muerto. Y que demás desto que lo prometemos como caballeros hijosdalgo una y dos y tres veces y tantas cuantas veces el derecho y ley de caballería permite. Hecha en el mismo día y firmada de mí, el dicho Pero Ortiz que recibo otro traslado désta, y del mismo don Alonso.»

Pues como esto se hizo para nuestros contentamientos y honras y no se debía de esconder ni tener secreto, pues entrambos dello éramos contentos y no nos dolían prendas, pues tales como habéis visto las dimos, no se nos dio nada, y antes lo quisimos que se supiese, porque estuviesen advertidos en ello todos para no ofendernos al uno en ausencia del otro, ni al ausencia del otro en presencia del otro. Debió devenir a oídos de nuestros contrarios, los cuales deseaban maridar a una hermana suya con el dicho Pero Ortiz de Zúñiga y vían que por allí se podía estorbar, demás de la ayuda que contra ellos le podía ayudar él y sus deudos, que son los principales desta ciudad, que aunque no fuera más que de su persona sola, siendo tan limpia y honrada y determinada —como dicho tengo y torno a decir—, que no puede ser más, tenían razón. Y así procuraron de intentar si nos pudieran apartar, aunque después que supieron la verdad de cuán ligada estaba nuestra amistad y hermandad, se sosegaron y disimularon.

Y por cuanto dice que el dicho Pero Ortiz, mi hermano, y yo hicimos cierto recaudo falso de dos cartas de desafío, la una para uno dellos y la otra para otro nuestro amigo, y la justicia con sospecha tomó su dicho al dicho Pero Ortiz, mi hermano. El cual, teniéndolos en poco y en mucho mi amistad, confesó que él y yo lo habíamos hecho. De lo cual fui yo avisado, y aconsejado que él y yo nos ausentásemos, antes que la justicia encomenzase a ejecutar en nos, para dejarla amansar y aplacar la ira de los enemigos. Y yendo y enviándolo yo a llamar a una iglesia con un mozo mío, el cual solo dijo en la calle que estaba allí aguardando, publicaron los dichos nuestros contrarios que lo sintieron, que se andaban todos paseando en la calle, que era desafío, por lo que el dicho Pero Ortiz, mi hermano, había confesado. De lo cual, como Dios es Trinidad, antes yo olgaba, porque viesen los contrarios que se declaraba por mí contra ellos en hacerlo y conocerlo y no tener miedo ni empacho dellos.

Los cuales nos echaron la justicia luego encima, y aunque el dicho Pero Ortiz, mi hermano, veía que era mentira, así por lo que me conocía y por lo que entre él y mí había como porque él ya shabía que habíamos de ir allí a cenar, porque ya yo se lo había dicho y él a mí respondido que de ahí a una hora o dos iría, porque el mozo no iba a decirle que tardaba sino que fue tanta la trápala que sobre ello trajeron que ni todo esto ni hablar él ni yo ni hallar la cena hecha adonde yo estaba aprovechó al presente, hasta que después supieron la verdad y la justicia se halló corrida, especialmente por haber sido inducida por mis enemigos.

Los cuales, cuando supieron la verdad, se quisieron ahorcar, pues su propósito y deseo no podía llegar a efecto contra mí ni apartar al dicho Pero Ortiz, en el cual siempre hallaron fimeza como en buen caballero, aunque al presente se engañaron en su tibieza, como dicho tengo, que es un hombre sosegado. Y por acatamiento de sus deudos no se osaba tanto manifestar. Y desta manera los dichos mis contrarios lo venían a visitar en las cárceles donde estábamos, ado tuvieron maneras para que estuviésemos apartados. Y a los que le decían que cómo, confesando el dicho Pero Ortiz que les había ofendido tanto como yo, le visitaban, respondían que era un ángel y que yo le había engañado. Y desque supieron bien la voluntad de Pero Ortiz, desengañáronse ellos.

Lo que de aquí me sucedió

Viendo las maneras y diligencias que estos mis contrarios en mi persecución traían e inventaban en público y en secreto, con verdad y con mentira, y pobre de hacienda y no rico de parientes —porque aunque los tengo ricos, que son los mayores señores de Portugal y de Castilla, no soy yo rico dellos, pues no me quieren ni pueden aprovechar, así por su ruin voluntad como lejura, porque no me han menester ni moran cerca de mí, lo que no hacen mis contrarios, porque no hay uno mejor que el otro ni más ruin que el otro y todos son vecinos—, viendo esto, acordé ir a buscar de comer y hacienda. Porque aunque, como dicho tengo en este libro, lo he buscado hasta ahora, no ha sido mal ni he hecho poco del día.

Y visto que aun éste no me dejaron mis padres y es menester, para sufrir la ira de mis enemigos y adversarios, tener alguna superabundancia para de criados hacer deudos y de beneficios oficios, porque todos los más son regidores en la ciudad que vivimos y yo no, acordé en secución desta determinación poniendo promotor fiscal en la cancillería de mi juicio en las partes contrarias, de ir a una de tres partes: o a servir al emperador mi señor, o a Nápoles donde es virrey un hijo del duque de Alba —que ya habéis en este libro oído decir la parte que yo tengo en esta casa—, o a las Indias.

Y acordamos en la dicha nuestra cancillería por sentencia definitiva, llamadas y oídas las partes, vistos todos los provechos e inconvenientes, de ejecutar lo postrero, porque me dicen que hay bestias extrañas, fieras de cien mil maneras, para ver si me matarán y brevemente despacharme desta presente vida y fatigas, o traer con que las pueda sufrir. Porque lo primero paréceme que es largo y peligroso y engorroso; peligroso para el ánimo que aquí se me asienta el albarda, deseando que se mueran para ser beneficiado; engorroso, porque los que viven pueden las más veces más que yo y llévanme lo que he deseado de entre las manos. Y cuando venga a tener de comer a bien librar, que Dios me quiera dar vida para lo esperar y el emperador hacienda para lo gozar, no terné dientes con que lo mascar. Pues lo segundo, habiendo hombre servido a un rey, no me parece que es bien comenzar a servir su virrey.

Es menester saber que en estas Indias hay mucho oro y plata y moneda amonedada, parte pendiente, calenturas y otras enfermedades muchas, pero también es bien que sepáis que donde está el peligro, allí está la ganancia, y que quien no aventura, no ha ventura, y que traigo en las letras de mis banderas de las capitanías que he tenido, las cuales son pardas y unas letras de oro en ellas que dicen así: «Quien no teme la muerte goza la vida».

Esta es una carta que escribí a su madre de Pero Ortiz de Cúñiga, mi amigo y hermano, que es esta que se sigue:

«Magnífica señora: Desde aquí que estoy lejos desa ciudad y cerca de morir, porque estoy malsano por lo uno y por lo otro, tengo de decir verdad, pues estoy en esta disposición y voluntad de no volver más allá, aunque sanase, porque tengo hacienda para me poder sustentar como quien soy en mi naturaleza y quiero pasar por acá mi fortuna.

»Y quiero hacer saber a Vuestra merced como Luis de Medina, por su autoridad y especial voluntad, no le deja sin le haber por merced los Tellos, ni le deja sin dejar al Tellico para casar con su hijo, ni se quiso mostrar con el señor Pero Ortiz de Zúñiga, ni que tuviese diferencia con ellos, echándome la culpa a mí como al hijo de la madrasta. En lo que, si Vuestra merced me quiere mirar, miró solo su bien particular y deseo y voluntad susodicha y no lo del señor Pero Ortiz, porque aunque yo lo empusiera, en poner aquellos carteles y otras cosas peores, no le habían de aconsejar que conociera que yo le había osado engañar y que él no había mirado en ello, cuanto más que es cierto que yo no se lo hice hacer.

»Verdad es que yo me holgué dello, como pesara si fuera en perjuicio de algún amigo mío, haciéndole que me quitase la habla y que Vuestra merced le riñiese, como si yo le hubiera acusado o descubierto o hecho alguna traición. En lo cual vino el señor Alonso Hernández de Santillana por el amistad que tiene, con su hacienda, temiendo que le había de meter en peligro. Y el señor Pero Ortiz de Sandoval, como muy buen caballero, en verdad no excedió sino en querer cumplir a Vuestra merced su voluntad dello, en que fue inducida y engañada, que después cuando me partí, salió conmigo media legua y nos abrazamos y quedamos muy amigos. Y aunque no me dijo que se arrepentía y que yo no había hecho cosa que no debía, entendí yo después, siendo tan sabio y buen caballero, quiso tornar a mi amistad, que fue señal que no la tiene por muy mala. Y porque con quien yo la tuve más en este mundo fue don Lope, hermano del señor del Aljaba, que está ya en el otro, quiero decir, en compañía de una cama y una mesa y una bolsa y una voluntad, se dio tanto, hasta que falleció. Y en esta villa nunca le vino de mi amistad afrenta ni trabajo ni peligro ni congoja. Así sus hermanos y el señor don Pedro Enríquez, a quien yo tengo por señor y Su Merced a mí por amigo, fueron conmigo a acuchillar al comendador Tello.

»En verdad yo excusé que fuera en ello, porque huyo de meter a mis amigos en peligro y trabajo, ellos, pidiéndoles yo consejo y consuelo para amansar y pasar la soberbia del comendador Tello, robando las honras a los hijosdalgo, que es cosa que no tiene restitución, y aplicándolas a su cámara. Porque había respondido a don Juan mi hermano que no era hombre para tomarse con Su Alteza en burlas y en veras. Y aun más me dijo: "¡Si él piensa que le viene ancho la majestad!".

»Me respondieron que ellos se habían de hallar en la encomienda y esforzaron para ello que yo solo con mis hermanos lo quisiera matar. Y así lo hiciera, si ellos no fueran amigos de piedad. Nos los quitaron.

»También quiero que sepa Vuestra merced que no se puede quejar del amistad que hice al señor Luis Ponce su hijo, porque como Vuestra merced puede saber, que Diego Ponce de León y el licenciado Gonzalo Hernández y de otros sevillanos que en la Corte estaban a la sazón y sus criados y esclavos que ahora Vuestra merced tiene en su casa. Y yo le hallé en la dicha Corte solo; y estuvieron en mesón o posada por sus dineros. Y yo le recogí en la mía sin ellos y le hice conozer la emperatriz y a los grandes y a las damas. Éstas son las obras que yo hago a mis amigos. Tampoco en placiendo a Vuestra merced, por regidores, que de mí se aprovechó.

»Suplico a Vuestra merced que, no sentencie sin oír las partes, ni solo por información de los contrarios condene. Y esto no hice cuando allá estuve, porque soy muy libre y pienso que no he menester a nadie sino a Dios. Y porque esto no quise satisfacer al señor cardenal, que también él tiene engañado, ni aun desde aquí lo hiciera, si no me obligara a ello quien Vuestra merced es. Y fue al señor Alonso Ortiz, a quien yo tuve por señor y soy su servidor del señor Pero Ortiz de Zúñiga.

»Al cual, si vuestra Merced manda, trabajaré de casar con una parienta de mi señora doña María de Mendoza, a quien aquí vine a ver, porque soy su deudo y servidor, mujer del comendador mayor Covos, la cual está por dama de la emperatriz nuestra señora. Y élo comenzado a hablar y voylo a acabar ya en esta parte. Si Vuestra merced manda ir a la Corte por eso, allí me envíe su voluntad, que dalle-án dineros, yo hacer beneficios para él y para sus deudos e hijos, cuantos tuviere. Y envíeme el memorial de su hacienda. Y éstas son las obras que hago por mis amigos y en lo que lo siento y más. Y acabo, rogando a Nuestro Señor le guarde y acreciente la magnífica persona de Vuestra merced y a mí, señora, no se trergar [...] bien apasionados y más amigos de su propio interese que nadie. Hecha en Valladolid, a 10 de enero.»

Luego a la sazón yo fui acusado del dicho comendador Tello mi contrario, diciendo y levantándome que yo había desafiado al dicho Pero Ortiz de Zúñiga mi amigo y hermano, porque su fin, como dicho tengo, fue y era de enemistarnos y deshermanarnos, siendo por él inducida la justicia en esta guisa. El licenciado Gutierre Velázquez, oidor de la cancillería real de Granada, que al presente era juez de residencia en Sevilla, apellidó a la ciudad y con mucha gente de caballo y hachas encendidas en las manos, que comenzaba a anochecer, me fue a hallar con ímpetu y reguridad en el monasterio de San Juan de Aquile, do yo estaba esperando a cenar al dicho Pero Ortiz mi hermano. Y yo, desque vi el alboroto salí a la puerta del aposento del prior de la dicha casa, con quien éramos convidados. Y llegó el dicho Gutierre Velázquez con mucha caballería, como dicho tengo, amigos y enemigos, los unos para ver, los otros para prender, los unos para aplacelle, los otros para pesalles de lo que me acaeciese; los unos para ofenderme y los otros para defenderme.

Dijo el dicho juez en voz alta: «¿Qué es esto, señor don Alonso? Estando el rey fuera del reino, ¿se lo revolvéis? Estas vuestras cosas fin han de haber. Tomalde ahí, señor Hernando Arias, alguacil mayor».

Y yo respondí: «Señor Gutierre Velázquez, cuando el delincuente estuviere manso y obediente no ha de estar el juez bravo ni desacatado. Yo soy un servidor del emperador y su criado. Antes le ayudaré a apaciguar sus reinos que no a revolvérselos. Yo soy justo y deso que me pedís no sé nada. Y para que se averigüe, yo hago cuenta que no estoy en lugar sagrado. Ved cómo queréis que vaya y a quién daré el espada, que así lo haré como Vuestra merced mandáredes».

Respondió: «Cabalgue Vuestra merced antes a las ancas de una mula de un deudo suyo, que aquí vienen algunos. Y dé el espada al señor alguacil mayor».

Así lo hice y puse en las ancas de don Hernando Enríquez de Ribera. Leváronme a las Atarazanas de la ciudad, donde, como dicho tengo, luego otro día me soltaron.

Año de Nuestro Salvador de 1533, en cuaresma me confesé y recibí el Santísimo Sacramento, como cualquier fiel cristiano lo debe de hacer. Entre otras cosas de que me quise enmendar fue declarar, como declaro, que muchas cosas van en ese libro, así por hacer buenos vocablos como buenos propósitos y consonantes compuestas, para poner apetito al que le leyere, aunque mucha de la sustancia dél es verdad. Digo que crea cada uno lo que debe creer, para no hacer perjuicio a su conciencia ni a la mía.

Ésta es una carta que escribí en este tiempo al prior del convento de Sevilla de Santiago del Espada, para que entendiese entre mis contrarios y mí:

«Muy reverendo señor padre:

»Como tengo a Vuestra Paternidad por prior, señor y padre, quiero encargalle y decille mi conciencia y condición, la cual como humano y hombre mundano ha sido más así que debiera para lo que cumple a mi ánima. De lo cual me he acusado y confesado a un buen letrado padre espiritual, el cual ha recibido mi voluntad y absuelto de mis excesos y pecados y malas inclinaciones, con tanto que me aparte y enmiende dello y limpie y escombre la casa del alma y reciba a Dios Todopoderoso en ella con determinación de tenérsela desocupada, limpia y aderezada para hospedalle muchas veces. Y así por ser huéspede que me tiene pagado adelantado con su muerte y pasión por mi redención como por lo que puede hace en mi salvación en la vida perdurable, como por ser justa y razonable y descansada para pasar la poca déste, como por ser aconsejado del cristianísimo y muy ilustre señor prior de San Juan, del cual he sido en estas mis enfermedades muy regalado y muy honrado y muy curado, como si fuera hijo o hermano suyo, como por estar muchos días en esta cama, doliente de una hinchacón de una pierna, de la cual, aunque no me ha temblado la contera de morir dello, duélenme las costillas de estar echado. Do por la longura del tiempo y recogimiento y sosiego he tenido lugar de pensar y recapacitar y creer mis culpas y pecados contra mi Dios y mi reposo. Por lo que he determinado tomar el consejo que se me ha dado y, por lo que arriba digo, encomendar mi conciencia a Vuestra merced en esta manera:

»Conviene a saber que ha mucho tiempo que está endurecida la enemistad en perjuicio de nuestras almas, vidas y honras del comendador Garci Tello y mía, aunque mis culpas y excesos han sido gran parte para ello, de lo cual he pedido a Dios perdón, con propósito de me enmendar. Y quedo haciendo penitencia dello. Y pido a Vuestra Paternidad de mi parte se lo demande a él, para que también acuse su pecado. Digo que también se acuerde cuando envió a decir a mi hermano don Juan que no quería su amistad ni su enemistad, porque no era hombre que con él había de tener lo uno ni lo otro, amenguándole y desmintiéndole de su honra, y que tampoco la quería con su hermano don Alonso, lo cual de su parte nos dijo Pero Bravo y aun más por el santo tiempo en que estoy; y que se lo había dicho delante de caballeros.

»Y porque sería nunca acabar, por lo menos ser prolijo, quiero contarlo por grueso: la habla que me hizo en el barrio del Duque con sus deudos, los menosprecios que conmigo ha hecho en dicho y en hecho, en ausencia y en presencia, diciendo mal de mí y teniéndome en poco, no teniéndome tan gran ventaja ni razón que no me diese ocasión a volver por mí y a mis deudos y amigos aconsejármelo. Cuando le desafié, dijo muchas cosas en mi perjuicio, aniquilándome y soalzándose tanto que, en mi conciencia, que burlando dello como cosa enorme, lo decía el que se lo oía, que dice que se lamentaba y quejaba, como si yo fuera su criado y comiera su pan. Levantóme un falso testimonio y acusóme delante de la justicia seglar que yo había desafiado a Pero Ortiz de Zúñiga mi hermano. E hízome prender por ello.

»Y juro por la comunión y confesión que he hecho que, por ser sin escrúpulo creído, hago signar esta carta de escribano, que me la ve firmar acabada de hacer, que nunca tal por pensamiento me pasó, ni hiciera por cosa que el dicho Pero Ortiz me hiciera. Y por lo primero de la dicha plaza dice que dijo a Francisco del Alcázar, que entendía en nuestras amistades, no me acuerdo qué en nuestro perjuicio al señor don Pero Enríquez; también, cuando en las del dicho desafío a Per Afán de Ribera, cuando en las que digo que melevantó e hizo prender, que dicho tengo, que respondió a Pero Bravo que dijese a don Juan mi hermano. De lo cual debe pedir perdón a Dios. Y yo se lo perdono y propongo y juro por Dios y Santa María y por el hábito de Santiago que él y yo tenemos, que de aquí adelante no diré cosa en su ofensa y sinsabor, en su presencia y en su ausencia, aunque sepa que él lo hace de mí, si no fuese defendiéndome de la culpa que en nuestras enemistades me echasen y discul-parme desto cuanto pudiere ser.

»Y porque de su condición y de la mía sé que teniendo conversación no podremos dejar de pecar, digo que me parece que no la debemos tener, sino como hombres que casi no nos conocemos. Y digo so pena de perjuro y de mal caballero que yo mantendré esto y así puede Vuestra merced salir por fiador. Por cuya muy reverenda persona quedo rogando a Nuestro Señor guarde y acreciente. De Alcázar. Y en verdad, señor, no pienso entrar en algunos años, sino por allende o acuende o en Santiponce con mi mujer. A servicio de Dios y mandado de Vuestra merced. Don Alonso Enríquez.»

Ésta es una carta que escribió don Alonso Enríquez, autor deste libro, a Juan Ramírez Cigarra en consuelo de una muerte de su hermano, porque era su amigo y sabio y bien entendido.

«Señor: Aunque yo presumiese de tan elocuente y prudente que pudiese dar consejo y consuelo a todo el mundo, no sería a Vuestra merced, pues sois la propia prudencia y cordura. Mas hacerlo-he por tres cosas: la una, especial-mente porque el enojo e impetuoso priva a estas dos y no las deja ejercitar en caso propio; la otra, porque el deseo que yo tengo de servir a Vuestra merced y verle fuera de congojas me hace atrever a deciros mi parecer y también que pérdida de tan gentil caballero y honrado hermano es razón que lo sintamos todos los que le conocíamos, especialmente los que de Vuestra merced y de la suya somos servidores, por lo que tanto escribo ésta por consolarme como por consolarosla otra —porque la tercera no quede en el tintero—, que me veo tan enfermo de tantas enfermedades y lleno de congojas que estoy para dar consejo en medicina al propio Avicena y en asias y congojas al propio Job.

»Por lo que me parece, señor, que después de dar gracias a Dios de sacar al señor Guillén de Casaus desta venta do ya no se vende sino píldoras y jarabes y por fruta nueva y buena, agua del palo, y esto no lo dan poco caro, porque las más veces cuesta la vida y llévalo ado de balde y muy barato, si bien sabemos compirallo, le darán y nos darán manjares celestiales, con tronos y dominaciones, etc. Y ya que por nuestros pecados no hagamos tan buena consideración, mirad que el mejor consuelo es dejar de mirar muertes ajenas Y acordarnos de la propia, la cual venga tan tarde y a tal tiempo que gozéis deste mundo y del otro. De mi casa de Santiponce.»

Ésta es una carta que escribí a don Juan Alonso sobre el caso que ella dirá:«Muy ilustre señor: Según Juan de Torres me ha dicho, en esta cama echado, no bien sano, puesto que —bendito Nuestro Señor—, fuera del peligro en que he estado, como había conocido tristeza en Vuestra Señoría del fallecimiento de vuestro criado leal y mi verdadero amigo, el licenciado Vergara, que Dios por su infinita bondad y piedad reciba en su santa gloria. En lo cual Vuestra Señoría muy ilustre mostráis los quilates de vuestro juicio y de vuestra grandeza, convidándonos y obligándonos a los que quedamos a que os sirvamos como él, para como él recibir la paga, pues tan buen pagador sois. Finó aquel que vuestra madre conoció, de quien mucho se confió y sirvió; finó aquel que en este mundo no tenía otro espejo que Vuestra Señoría ni otra bienaventuranza que serviros; finó aquel que sustentaba y publicaba, declarándolo, vuestro ser, honra y grandeza; finó mamparo de vuestros deudos, servidores y criados y allegados a vuestra casa. Y yo como uno dellos y principal amigo suyo, pelándome estas barbas, regándome mis mejillas lo hallo menos.

»Escribo ésta no con poca música desta manera para que Vuestra Señoría se consuele con tristeza, porque no hallo otro consuelo en este caso, por lo cual también la escribo. Verdad es que me ayuda a ello saber que la señora Catalina su mujer desea ver el cargo de su marido en poder del licenciado Uzeda, para que con él será padre de sus hijos, porque siendo tan su amigo del marido y del padre con su oficio parecerle-ha que no lo han perdido. Y pues en vuestra mano, muy ilustre y buen señor, está la redención que, aunque haya finado, no muera la honra deste que tanto os sirvió, no lo dejéis de hacer, señor mío. Así os lo suplico yo, pues el licenciado Uzeda por su parte no lo desmerece.

»Y si me dijéredes que lo procura para el licenciado Gallegos Hernando Arias y Juan de Torres, tres cosas quiero decir a esto. La una, que el Evangelio dice: Primun michi, secundun tibi. Éste es vos, pues es vuestro, y éste hará de mejor gana vuestro servicio y edificará con mejor gana que no estotro, que fue criado de vuestros contrarios y ha de hacer lo que hubieren gana los que le dan el oficio más que quizá lo que hubiere Vuestra Señoría. Sobre la cual conciencia, para honra deste mundo y gloria del otro, no debéis aventurar la vuestra, especialmente siendo tan descuidado como son los dichos Hernando Arias y Juan de Torres, cuanto más que se cumplirá con ellos con decirles que éste hará lo que ellos quieren, aunque esto tampoco lo haría porque sería aventurar una vana gloria deste triste y breve mundo por la verdadera, sin fin del otro.

»La otra es la más virtuosa desta vida: hacer por el muerto que os sirvió en vida y excusar de dar lugar a que digan de vuestra conciencia que está puesta a cargo de quien tan poco mira por la suya propia en cargo de justicia tan necesaria, de prudencia y conciencia y miedo a Dios y vergüenza a las gentes, y mamparar la viuda y dar padre a los huérfanos. La otra es que parecerá muy mejor que gratifiquéis a vuestros criados, especialmente a Uzeda que tan efectuosamente os ha servido y sirve y ama y de vuestra prudencia y conciencia es pregonero, que no a los del duque de Arcos que tan defectuosamente se han hoy en día en vuestro servicio, como el dicho licenciado Gallegos. Sabio y poderoso sois, de los cuales se espera ver y oír sucesiones. Por lo que quedo consolado que Vuestra Señoría lo hará de manera que no haya que no se pueda loar. Por cuya muy ilustre persona quedo rogando».

Este don Juan Alonso a quien se escribe esta carta es hermano segundo, primogénito del duque de Medina-Sidonia, el cual fue menguado de juicio y de potencia, sin poder ni saber tener acceso a mujer, por lo cual la que había de ser su amada, doña Ana de Aragón, nieta del rey de Aragón y de Castilla, don Hernando Católico de gloriosa memoria... Los cuales se casaron y gobernaron este estado cuerda y sabiamente como cristianos y servidores de su rey. Y así efectuaron su casamiento con consentimiento del papa, los cuales hicieron todas sus diligencias para ver si era justo, como fue.

Y este licenciado Vergara, que al presente murió, de quien se trata en la dicha carta, era su teniente de alcalde mayor de Sevilla y de su tierra y el mayor amigo mio que tuve en la vida humana, de quien en algunas partes hablo en este libro. El cual era en letras leído y gran letrado, y agudo en caballería, sabio y regocijado, gracioso, humilde y soberbio en cada tiempo y lugar necesario; era rico y valeroso, muy amigo de sus amigos. Llamábanle los enemigos, porque no hay valor de persona donde no hay de los unos y de los otros, «el rey Chiquito» porque no había en que le perjudicar sino en la estatura del cuerpo. Porque si, como nace rey de natura, se hiciera por ventura y merecerlo, él lo había de ser. Puse muy gran luto por él; peléme las barbas y regué mis mejillas cuando supe su fallecimiento, porque tengo por cierto que lo mismo hiciera al mío, si fuera antes que el suyo. El cual Nuestro Señor Dios Todopoderoso le haya en su santa guarda y defensa y reciba en su santa y celestial gloria a él y a nos, desque de este mundo fuéremos al de perpetua vida. Amén.

Esta siguiente es una carta que escribió don Alonso Enríquez a otro caballero que se llamaba Pero Mejía, porque se habían prometido de, si pudiesen y Dios Todopoderoso lo permitiese, el primero que muriese aparecerse al otro. Y a este propósito escribió la dicha carta, la cual es esta que se sigue:

«Señor: Yo me acuerdo que prometí a Vuestra merced, en finando, hacérmeos parecer. Y porque ya es hecho, quiero haceros saber cómo fue lo uno y cómo ha de ser lo otro. En saliendo desa ciudad se me comenzaron a hinchar las piernas y a secar la voluntá y andárseme los dientes y muelas. Cayendo y levantando llegué a Valladolid y después a Madrid, después en Aragón, donde vi y oí y pasé grandes cosas extrañas y fieras de cien mil maneras. Y porque estoy dando cuenta a Dios y no ha de ser lo que ser solía, porque solía que andaba, y ahora non, con las dichas mis piernas, no diré sino lo que me causó el fallecimiento de la vida humana, de los trabajos corporales y grandes caminos y muchos soles y pocos refrigerios.

»Vine a estar malo de calenturas con soledad en la cama. Di lugar que se juntase con el trabajo espiritual y juntos, hice tender mi repostero para morir en él, según está establecido en mi religión. Orlélo con asias y pasiones tristes, lleno del alma a cuya es en él, desta manera. Viniéronme grandes flaquezas, grande revolvimiento de estómago y un frenesis que me despachó. Turbóseme el juicio; nunca lo perdí. Enfriáronseme las puntas de los pies. Conocí la muerte aunque no la había visto y aunque venía disfrazada, porque hacía calor y venía con frío. En pequeño rato subió hasta las rodillas, do por un poco de tiempo hizo hincapié con un adormecimiento; casi parecían cosquillas. Dende a otro pequeño rato hízose fuerte, va que se vido dentro de la muralla de mi fortaleza, y entró más rigurosamente con un intolerable dolor hasta las ingles, que parecían punzadas de alfileres. Allí mostróse más claramente y sonó sus atambores, desplegó sus banderas y comenzó a combatir a escala vista.

»Yo, como había perdido las fuerzas, no tuve otro remedio sino acudir con el juicio a ver si aceptaría algún partido, porque ya me había quitado el mantenimiento y cualquiera me fuera bueno, porque la mitad me tenía tomada y la mitad turbada. Las piernas me parecían ajenas. Y viendo esto y el poder que traía de cuyo es el castillo, acordé de rendirme sin más partido de ponerme en mano de Dios, cuyo es. De allí en adelante, subió desta manera con un intolerable dolor que parecía que iba desollando el cuero con mucha parte de la carne. Como llegó al pecho, comenzóme a levantar, y dije: Memento mey, deus, quia ventus est vita mea. In manos tuas, domine, comendo espiritun meum. Redimisti me, domine, deus veritatis. Y luego con hipo y agonía, como cuando se ensuelve un sumidero, llegó al gaznate.

»El alma salió con gran dolor, como cuando pare la mujer, y después de salida del cuerpo, como llaga sir socrocio, cualquier aire le hace sinsabor. Desque me vi el alma fuera del cuerpo, aunque desnuda y temerosa entre ruin gente, porque iban sesenta diablos conmigo —¡mirá qué harán con el comendador Miguel Jerónimo!— preguntéles por Solís el Cojo. No me lo quisieron decir. No quise reñir con ellos porque no sabía si los había menester. Volvíme a mirar el cuerpo; víle tan desairado, flaco y sucio y desdonado, porque el don traía conmigo, los ojos muy abiertos y muy necios, porque no veían nada, la boca abierta y no hablaba, la lengua sacada y no gustaba. Buélvome a Dios y dije: "Señor, a ti vuelvo los mis ojos, que moras en los altos cielos".

»Y desque hube acabado, tomé el ángel bueno, que Dios me dio en guarda, por la mano, cantando un verso que dice: Dilijisti justitian et odisti iniquitatem; proterea unjit te Deus tuus oleo leticie per consortibus tuis. Y luego vi como se movieron todos ángeles malos y buenos e iban dando muy grandes voces y decían: "¡O cómo nos es hecha tan gran sinjusticia y tan gran fuerza hoy en este día! Porque esta ánima es nuestra y pertenece a nosotros y a la nuestra compañía, y contra justicia y razón nos la quitan. Más quisiéramos que la juzgaran antes que saliera el ánima del cuerpo en el otro mundo, que esta ánima siempre fue pecadora, incrédula, sin fe y sin caridad y sin misericordia. E hizo otros grandísimos males y pecados, revolviendo en tierra los unos y los otros. El tal pecado, si el cardenal de Sevilla hallara por donde su linaje lo castigara como inquisidor en el otro mundo, no lo viniera a penar en éste".

»Y en este punto pasó Palacios Rubios por la posta y no pude con él que parase un poco para saber nuevas de vos y de los demás señores y amigos míos, que con toda mi tribulación quisiera saber, porque dice que iba de prisa al seteno cielo con cartas de Juan Vozmediano y del tesorero Alonso Gutiérrez, para saber si por dineros podían entrar allá, tornando a mis ángeles buenos, acabaron su razón diciendo que, aunque fuese como los ángeles malos decían, volviéndome a Dios, como me había vuelto, y muerto según y como es ordenado por la madre santa iglesia, que confesó y comulgó y recibió la extremaunción y entregó su fortaleza, haciendo su deber.

»Entonces respondió San Miguel: "Vosotros, malos, no tenéis parte en esta alma porque, aunque fue pecadora, no tanto como vosotros la hacéis, mirando en sus cosas con deseo de condenalla. Y a vos, alma, vos mando que porque quisistes mal a los que os querían mal y quisistes parte en Sevilla por donde ellos no os querían bien, que no entréis en ella y arrendéis vuestra casa a quien más por ella os diere, que cabo la mía tenéis en Sevilla, pues que don Pero Enríquez, que tuvistes por señor, no quiso servirse della; y vais a estar hasta que Dios quiera, a la vuestra casa de Santiponce entre aquellos que con sus azadas sustentan la vida y viven contentos".

»De manera, señor, que los veranos os apareceré a las cinco de la tarde en calzas y jubón y una loba de damasco, debajo de una anoria de mi huerta con un pato relleno asado en el horno. Y si fuere invierno, con un zamarro, a una chimenea, cenando de una olla podrida. Y así acabo, encomendándoos a Dios. Hecha en Monzón, donde yo fui deshecho, a 10 de julio de 1533 años. Y hablando en veras y en seso, digo que juro a Dios y a la casa santa de Jerusalén que quiero morir y acabar la vida como cristiano y servidor de Vuestra merced.»

Esta que se escribe y sigue es una carta que escribió el obispo de Escalas a don Alonso Enríquez, porque él escribió rogándole que viese una carta que él escribía a Pero Mejía, en la cual se le aparecía al dicho Pero Mejía después de su muerte. La cual es esta que se sigue:

«Señor, señor, señor: Una carta de Vuestra merced recibí, sin saber dónde ni cuándo se hizo; digo, sin pies ni sin cabeza. Y era, según por ella veo, en respuesta de seis o siete mías que dice haber recibido. Y en verdad, aunque yo no se las haya escrito, él ha hecho como quien es en las recibir, pues los buenos caballeros la voluntad y el deseo han de recibir por la obra, que —¡así me salve Dios!— como más de siete veces le he querido escribir. Si él ha recibido las seis, yo doy gracias a Dios y lo tengo en merced a tan buen receptor de voluntades.

»Dice Vuestra merced que pida al señor Pero Mejía una carta de su falleci-miento, de manera que puedo inferir que sois fallecido. ¡O ennoramala muera tal hombre! ¡O maldita sea la muerte que tan presto le ha arrebatado, aunque tarde le parece a Fulano y otros cien mil Fulanos que callo, según las vidas les daba! ¡O desconsolado Juan de Torres! ¡O desdichado Hernando Arias! ¡O bienaven-turada doña Costanza que tal pérdida perdiste! Y sobre todos, ¡malaventurado de ti, Santiponce, que desta hecha quedarás sorvido de Guadalquivir, donde las redes de yerro de la calle y del establo saltarán a pescar sábalos! ¡O don Alonso, y qué enoramala acá naciste! Estas y otras palabras decía la madre Bellona que al hijo lloraba. Requiescat in pace. Amén.

»Pero pues vos, señor, sois tan alma y cuerpo del señor don Alonso, quiero como teólogo preguntaros un otruz en este caso. Y digo: los perseguidores de la paz y sosiego en este mundo, los que saben más de coro las Atarazanas que el Ave María, los que no se hallan fuera dellas, los verdaderos amigos del diablo y de todas sus obras, ¿ternán paz en el otro mundo, si acá nunca la tuvieran consigo ni con otro? Dirá Vuestra merced: "Mirad, abad, ¿nunca oístes decir que no piense nadie tener un paraíso acá y otro acullá? Así habéis de saber que el que no tiene paz acá, la ha de tener acullá. Ahora, enoramala que hubiese el hombre de tener un infierno acá y otro acullá, mayormente muriendo cono-ciendo a Dios".

»Y así diréos yo, señor, que si eso es, bien lo creo. Pero también digo que el que siempre vive en desasosiego y guerras, pocas veces muere en paz, si con tiempo no se huye a la talanquera, aunque entonces no faltará un don Alonso que le diga que se cae, que se cae, a voces, y le haga saltar en la plaza y no del Duque, como hizo el otro. Y así que no culpo mucho a los atrevidos que se andan un poco a pie por el coso, cuando hay toros bravos, si con tiempo se suben a buenas talanqueras y no se decienden dellas, aunque haya más don Alonsos.

»Así que, señor, ¿que es posible que es muerto don Alonso? ¡Enoramala si murió tal hombre! ¡O hideputa, qué lengua, qué yerbas, qué ponzoñas, qué diamante tenía en ella! Creed, señor, que si la señora doña Maladicencia o el señor don Maldecir se perdieran, que el señor don Alonso los cobrara e hiciera de nuevo, que en esto ninguno nació tal, ni de más sal. Digo sal, aunque algo al revés de la que aquí hay buen barato, que ésta conserva y perserva lo que se podría dañar, y su sal de aquel difunto deshace y destruye cuanto salan con ella, y hácelo o deshácelo, como sal en agua. Pero dólo al diablo, que, tal cual era, se comía hombre las manos tras él. Y a lo que yo de vos, señor, se que dijérades lo mismo y más que yo, si lo conociérades como yo. De Sevilla. Besa las manos a Vuestra merced el abad de Santiponce, obispo de Escalas.»

Ya aquí os he contado lo que con el emperador me pasó cuando fue destos reinos de Castilla a los de Italia a recibir la última corona de su imperio y cuán secamente se hubo conmigo en el ofrecimiento que le hice de le acompañar y servir en la dicha jornada. Porque me dijo que tan servido sería de mí con que quedase como con que fuese. Por lo que a mí me pareció que, aunque como su criado y casi privado debiera ir, no hacía lo que debía en dejallo de hacer, especialmente que, en la misma Italia le había muy bien servido y él no muy bien pagado. También os he contado lo que después hasta ahora me ha pasado.

Sabido su vuelta y desembarcada en estos reinos, salíle a recibir desde Sevilla a Monzón en el reino de Aragón, muy lejos de la dicha mi casa y no bien sano, do llegué a muerte —según por esta carta antes desto escrito veréis, que escribí de allí fingiendo que era muerto, porque así me lo parecía—, do besé las manos a Su Majestad. La cual me recibió muy tristemente, secándose conmigo, mostrándome queja de la que yo debiera tener de Su Majestad, por no haber ido con él.

Y desta manera me volví, gastando mucha parte de mi hacienda, trabajando mucho con mi cuerpo y salud, sin me lo recompensar ni agradecer. Antes, al dicho conde don Hernando de Andrada, mi enemigo, de quien en este libro os doy larga cuenta, volvió otra vez a hacer asistente de Sevilla, habiéndole yo probado que era mal juez y echado della, con el cual tuve muchas pasiones y él conmigo muchos trabajos. Y dentro de nueve meses tuve formas y maneras, ayudándome Su Señoría con sus ilustres, desatinos y excesos y desvergüenzas, que en el ayuntamiento de la ciudad le pidiesen residencia. Y así pasó con la mucha mayor parte de los regidores, que no quedaron sino cinco o seis de mis contrarios, de quien él era parcial contra mí. Y fue mi enemigo por ellos, yo no su amigo, habiéndolo sido en Corte. Fue diputado para lo hacer saber a Su Majestad un regidor llamado el capitán Fernand Juárez y un jurado llamado Juan Serrano. Y porque adelante quizá os daré cuenta de en lo que esto paró, que será acabado, ceso al presente por no hacello en lo que en tanto me acaece.

El dicho conde por pagarse de mí —así de las malas obras que de mi lengua recibía como de miedo de las manos, en dejando la vara—, tratóme la muerte con grandes pesquisas contra mí, haciendo testigos a mis enemigos. Y desque no halló cosa ni color por do prenderme y sentenciarme, porque los alcaldes sus superiores en las apelaciones le habían de ir a la mano, acordó hacerme un mando a carga cerrada por virtud de una cédula de rey, que todos los corregidores suelen traer para que, sin más razón ni pesquisa de la que a ellos les careciere, puedan echar de la tierra a los hombres poderosos que tienen parte en ella. Y pues me quiso hacer poderoso, de creer es que no me pudo echar con otro título más ruin. Hízome este mando, verbo ad verbo y palabra a palabra:

«En Sevilla a 30 de junio de 1534 años. El muy ilustre señor don Hernando de Andrada, asistente desta dicha ciudad y su tierra por su Majestad, dijo que por cuanto al servicio de Su Majestad y a la paz y sosiego desta dicha ciudad y de los vecinos della y por las causas de que informará a Su Majestad, conviene que don Alonso Enríquez no esté en esta dicha ciudad ni en su tierra ni jurisdición, que usando de la especial comisión de Su Majestad que tiene para lo susodicho y por virtud de aquélla, que mandaba y mandó al dicho don Alonso Enríquez que, otro día luego siguiente que le fuere notificado este su mandamiento, se salga de esta dicha ciudad de Sevilla y de su tierra y término y jurisdición y no esté ni entre en ella so pena de 1. 000 ducados para la cámara y fisco de Su

Majestad y destierro perpetuo de los reinos y señoríos de Su Majestad. En las cuales penas, lo contrario haciendo, desde ahora le condenaba sin otro ni declaración alguna.»

A mí me tomó este mandado, acabando de me lo notificar su secretario como escribano del rey. Yo le respondí en presencia de don Rodrigo de Saavedra, alguacil mayor de Sevilla, y de Pedro de Coronado, escribano del cabildo y ayuntamiento de la dicha ciudad —los cuales estaban a la sazón en la plaza del señor duque de Medina-Sidonia, paseándonos por ella—, que yo no obedecía su mandado porque era mi enemigo y juez apasionado y revoltoso y que porque por tal lo tenía y como tal pensaba de defenderme dél y de sus tenientes, le requería que no se pusiese en ello y que todas las muertes de hombres y otros peligros y excesos que se recreciesen en el dicho caso y desacatos fuesen a su culpa.

Estando en este propósito y determinada voluntad, mis deudos y amigos, especialmente el muy magnífico e ilustre señor don Pero Enríquez de Ribera, primogénito del muy ilustre señor marqués de Tarifa, el cual contra éste y todos mis enemigos me favoreció y ayudó, me mandó y aconsejaron y rogaron que me saliese de la ciudad y que, pues como juez lo hacía, no le diese razón para ejecutar su voluntad y hacerme mal y daño. Por lo cual acordé de venirme a mi casa de Santiponce y enviar al emperador y rey nuestro señor una petición en esta guisa:

«Muy poderoso señor: Don Alonso Enríquez de Guzmán, vecino de Sevilla, gentilhombre de la casa real de Vuestra Majestad, dice que el conde don Hernando de Andrada, asistente de la dicha ciudad, le tiene odio y enemistad por ciertos capítulos que dio contra él en la residencia pasada, cuando fue asistente de la dicha ciudad, y ha sido en pedir la residencia presente. Y por ser esto así, sin causa y sin razón y sin información —y si alguna hay, es falsa, hecha con sus enemigos con quien el dicho conde es público parcial—, y sin orden ni tela de juicio y sin que pasase ante escribano conocido sino a un secretario, le mandó notificar un auto cuyo traslado es este que presenta, que está escrito desta otra parte. Suplica a Vuestra Majestad que mande dar su real provisión en que mande llevar ante su Real Consejo los procesos, si algunos hubiere contra él, para que se vean o los vea y determine acá otro juez, cual Vuestra merced fuere servido. Y entre tanto, mande Vuestra Majestad que, dando él fianzas llanas y abonadas de estar a derecho y pagar lo juzgado y no habiendo persona que se haya querellado dél, pueda estar en su tierra y naturaleza. Y en mandallo proveer así Vuestra Majestad le hará merced.»

No aguardo a deciros la respuesta desta petición, la cual envié con un escudero mío y no es venido. Y en tanto, quiero daros cuenta de lo que sucede e interviene en mi vida, pues para ello se hace la presente obra. En esta mi casa y huerta me consuelo lo mejor que puedo, así con manjares apetitosos y sustanciales como con compañas apacibles y honradas y de mí amadas, así caballeros, amigos y deudos míos como de otro género de hombres de más bajo estado, juglares de todas maneras. Y no menos gasto mi tiempo en recibir cartas y respondellas, las cuales son estas que se siguen, y de mí respondidas. Cúya fuere cada una se verá en la firma dellas.

«Señor: El otro día, estando en casa de la señora doña Teresa, me dieron una carta vuestra y el despacho de Gibraltar. Bien creo que hicistes en ello todo lo que era menester, y aunque ha aprovechado poco, no dejo de recibir merced en ello. De acá no hay que diga más de lo que Pero Mejía había escrito. Yo me iré, placiendo a Dios, el lunes o el martes a Granada, donde estaré algún día deste verano a vuestro servicio. Don Pero Enríquez de Ribera.»

«Muy magnífico señor mío: Recibí la carta hoy de Vuestra merced, demás de otras muchas y otras mercedes que siempre y cada día he recibido. La ida de Vuestra merced sea muy embuenahora, con todo lo que desea y yo, su bueno y cierto servidor, querría. No suplico que me deje mandado en qué le sirva, porque aunque la justicia anduviese recta, me lo mandaría hacer cuando yo no lo hiciese por deuda muy debida. Y porque estoy escribiendo a la Muerte, motejando al asistente de borracho, no digo más en ésta. El cual traslado envío y es este que se sigue. Desta mi casa de Santiponce. Buen servidor de Vuestra merced. Don Alonso Enríquez.»

«Muy poderosa y mi deseada Muerte: Con más deseo de veros que de escribiros, muy poderosa y deseada señora, quiero daros cuenta de mi triste vida, con lo cual he tenido porfía, aborreciéndoos a vos, mi señora, huyendo de vuestra potencia y circunstancias, creyendo que la vida mía malaventurada usara conmigo de aquellos vicios y libertades y excenciones que con el libre albedrío que Dios me dio, suelen usar los dichosos en ella. Y pues yo fui tan desdichado que, no solamente en ella me acaeciesen muchos sinsabores pero que viniese un extranjero, forastero apasionado y desconsiderado, a echarme de mi propia naturaleza en voz de revoltoso, por hacer placer a mis enemigos y pesar a mis amigos, después de haberme tenido preso por renegador del benedicto nombre de Dios Nuestro Señor, no siendo cosa de mí usada ni de la recta justicia en semejantes que yo ejercitada, usada ni guardada la tal Prisión en la tierra y lugar do nací y tengo deudos y amigos, dellos me dejó mi padre, dellos me ganara yo.

»Y pues así es, los que no son naturales vienen de lejos partes a vivir a Sevilla y a mí me echan della, sin justa razón ni causa, con el poder real, a quien yo he defendido sus villas y lugares de moros y de franceses, siendo su capitán general —juro a Dios y a esta cruz—, como saben los magníficos caballeros Diego López de las Ruelas y Garci Tello de Guzmán que estuvieron en Ibiza.

»¡Mirá qué donosa vida, mirá qué borracha vida, mirá qué beoda vida, mirá qué candiocta vida, mirá qué atinajada vida! Aborrezco al alegría; quiero amar a la fortuna y a vos, muy poderosa y deseada Muerte, que bebéis agua de llantén y de cerrajas y de lengua buey con muy buenos jarabes dulces. Que sois apaciguadora, digo, y donde ponéis la mano, todo lo deshacéis. A quien acorreis, no le queda odio ni melancolía con nadie; no da vuelcos en la cama ni tiene congojas. A vos, señora mía, quiero yo. A Dios y a vos creo y no en putas viejas. Don Alonso Enríquez.»

Con todos los refrigerios y remedios que tengo adqueridos y contados no dejo de recibir gran trabajo, así pensando en el tuerto que este cruel y desconsiderado juez me hace como por me haber criado en Corte y grandes bullicios y de mi pura condición ser muy libre. Por lo cual me vienen muy grandes congojas y algunas determinaciones tentar entrar en Sevilla y defenderme y ofendelle. Y cuando vengo a querello efectuar, repórtome, tomo consejo de quienquiera si es bueno, porque no hace el hábito el monje. Traigo a mi memoria persecuciones de hombres asalteados, ahorcados, descuartizados, llagados, aplagados, cornudos, apaleados y afrontados por otras alias y muchas vías, otros desterrados del reino entre nación extraña y por feas cosas, yo no más de media legua de Sevilla en otra casa mía, do por mi placer suelo venir a recrearme y no por caso dañoso a mi honra ni a mi fama. Dios sea loado. Amén.

«Señor: Porque del señor Diego López de las Roelas supe como había Vuestra merced ido y venido bueno, no hice esto luego, y también porque me dijeron que había de volver Vuestra merced a casa. Suplícoos me hagáis saber qué tal estáis estos días, aunque para mí basta letra por parte, y si puedo serviros acá de algo, porque ya Vuestra merced sabe si lo haré de buena gana todo cuanto mandáredes. Y porque quieren decir misa, no me alargo más sino que el señor don Rodrigo os besa las manos para lo que Vuestra merced mandare. Don Alonso Enríquez.»

«Muy magnífico señor: Estos días —ia, tan largos para mí, no solían ser así!—, mas con estar Vuestra merced allá y escribirme acá tengo el ausencia honrada y la persona contenta. Y así quedo en esta mi casa de Santiponce. Buen servidor de Vuestra merced. Don Alonso Enríquez.»

«Hermano: Hacéme saber cómo os va en Santiponce con los soles. Yo estuve por ir allá ayer, y pensando que el señor don Pedro se había de partir a a caza que tenéis concertada, no fue. Nuevas de acá son que se sueña pesquisa contra vos sobre que dijistes en la plaza del Duque que habíades de matar al borracho del asistente. Y más que ayer en cabildo, estando don Rodrigo asentado, entró el asistente y don Rodrigo no se levantó. Y díjole, asiéndole del brazo: "Levantaos, que ya no puedo sufrir tantas descortesías".
»Él respondió: "Estoy cansado".
»Y así quedo a vuestro servicio. Vuestro hermano, Pero Ortiz de Zúñiga.»

Ya habéis visto en este libro que este caballero y yo somos hermanos de sacramento y por esto nos escribimos sin más ceremonia ni otros cumplimientos. Y así le respondo:

«Hermano: Los soles no me hacen tanto mal como la soledad. Lo que toca a las palabras que dicen que dije del asistente, quot escripsi, escripsi. Lo que hizo con el señor don Rodrigo me place, porque a su honra no viene daño, hecho de mano de juez, y a él, mucho, porque verán sus desatinos. Ofrecé al señor don Rodrigo mi persona y el mejor hierro de lanza que hay en Castilla. Y así quedo, en esta mi casa de Santiponce, a vuestro servicio. Vuestro hermano, don Alonso Enríquez.»

Porque os he contado en este libro como en el hermandad de este Pero Ortiz de Cúñiga hubo a los principios con mocedad algún descuido, quiero ahora tomaros a certificar que me ha guardado bien el hermandad y asimismo Pero Ortiz de Sandoval el amistad, porque si, como he dicho en este mi libro, me la oscureció, fue porque así me cumplía, porque con la justicia que mis contrarios tenían de su mano, estando yo preso, no me hiciesen mal y daño, y como él se vadeó con ellos y se secó conmigo, tuvo lugar de amansallos para que no me acusasen. Después se declaró y siempre me ayudó.

Ésta es una carta que escribí al licenciado Herrera, teniente del dicho conde asistente, el cual es un buen pecador viejo y poco sabio y hombre que según esto luego dio con ella al dicho conde, y eso es lo que yo me quiero. Y si biéredes que voy sometiéndome algo a la misericordia, creé que no es porque creo que la tiene el dicho conde ni yo tengo por do pedírsela, aunque de mi condición fuese, sino porque el buen pecador de su teniente con las palabras blandas le muestre las ásperas; que es esta que se sigue:

«Muy noble señor: Quiero tentar vuestro vado, pues el del señor conde y del señor licenciado Guevara hallo bravo y hondo. Y quiero pedir una cosa, concorriendo las tres cosas que ha de haber en el que pide: que es merecerlo y justificación y podello hacer a quien se pide. Pues yo hasta aquí no he hecho deservicio al rey ni desplacer a Vuestra merced, la cual hasta ahora a nadie veo quejar dél ni dejar de hacer lo que le piden, siendo justo. Y no creo que es menos esto: lo cual es que el señor conde, vuestro amo, a quien sois obligado a decir lo que conviene a su honra y conciencia, me ha desterrado de mi propia naturaleza, do soy casado y honrado y tengo deudos y amigos y enemigos. Si no lo sabéis, sabeldo que el señor conde bien creo que lo sabe, y Su Señoría lo hizo conforme a justicia y conforme a pasión y por darse placer a sí y a quien mal me quiere y pesar a mí y a los susodichos.

»Si es por esto postrero, decilde por lo que debéis a quien sois y porque os lo pido por merced y me encomiendo a Vuestra merced y de parte de Dios, si menester es, os lo requiero, que me quejo a Dios de Su Señoría de tan grande ofensa y agravio como me hace. Al cual pido justicia por todas las vías que puedo. Y que mire en lo que paró Pilatos y que no aprovechan lágrimas y dar los pies por Dios, que yo acabo de recibir una carta del Comendador Mayor, la cual le enviaré si la quiere ver, en que me dice que aunque fuese mal hecho lo quél hace conmigo, no me ha de enviar remedio, sino que lo haya de Su Señoría. Que mire que después que la señora condesa su mujer me hizo su servidor y comer con ellos, que no le he pecado y si dejé de ir allá fue porque mi amigo Juan de Torres, el que dejó dé ir en casa de Su Señoría por mí, me mandó la palabra. Testigo desto, así de que por mí se amistó el dicho Juan de Torres con el señor conde como de que le rogué en su presencia que fuese su servidor, pues por mi causa había sido su servidor, y ya yo lo era, el señor alcalde de la justicia, el licenciado Juan de Herrera.

»No pude hacer menos y yo pensé que al señor conde pareciera bien como se lo envié a decir con su secretario. Si después dice que hice exceso en convidar a mi hermano y a otros caballeros amigos y deudos míos con el señor conde de Medellín, que también es mi deudo y señor y amigo, no hubo escándalo ni le pesó a ninguno. Ya que a mí castigase por ello, había de castigar a Juan de Torres y a Pero Ortiz de Sandoval, que lo hicimos todos tres en su casa. Y así lo he jurado en mi dicho que lo tomó el teniente Guevara. Yo no sé por qué me castiga a mí y no a ellos. Y bien lo sé, sino que no quiero dar causa en esta carta, pues no la he dado en toda la vida, a lo menos en tiempo quél ha sido juez, para que proceda contra mí conforme a justicia. Túvome preso por renegador, en cabo de tres años que dice que lo había dicho, de lo cual ha de dar cuenta a Dios que dada tengo queja de Su Señoría ante Él. No piense que por tener bien concertado el proceso de acá, tiene el de allá; ante quien lo emplazo a Su Señoría y a Vuestra merced, si no le aconsejáredes lo que al servicio de Dios y bien de su próximo conviene.

»Y si es conforme a justicia, dígame las causas o causa y déme traslado. Sepa hombre por qué, que es consuelo, porque sabido, dirá hombre: "a buen bocado, gran grito".

»Porque juro a Dios y a esta cruz y a los santos cuatro Evangelios que no lo sé ni lo siento ni lo sospecho, sino que veo que no hay una queja ni civil ni criminal de mí en esa ciudad. Y si la hallaren, desde el día en que nací hasta el día de hoy, si no es la de Mesa, el alguacil de los veinte, y ésa, si no supiese que Su Señoría estaba enojado de mí, porque es mentira lo que me levanta de su hija, el cual me envió a decir que le diese 6 ducados para un manto, y que la perdería. Y en verdad que no le di un real, porque no se lo debo, y no me lo mandéis por justicia. Lo cual estoy presto para pagar, quiero que me corte la cabeza.

»También me dijo una persona que, si el señor conde quiere, yo la diré, que había prometido Su Señoría al comendador Tello de echarme de Sevilla, en yendo que se fue della. También, veo que nadie se ha muerto por mi causa ni desafiado ni deshonrado. Y si algo hay, dígaseme para que alegue de mi derecho. ¿Qué es esto? ¿Esta es justicia o es monte de Torozos? Pídoos justicia, justicia pido. Y si fuere menester, me iré a poner en la cárcel para que me sentencien. Dice que se hizo ahora una pesquisa de ciertas palabras que dije cuando me desterraron. ¿Es ésta la hermandad de Peralvillo, que después de asaetado el hombre, hacían la pesquisa? Pues, ¿no quería el señor conde que hablase y aun que bramase, haciéndome tan gran tuerto, tan gran afrenta, tan gran sinsabor? ¡O justicia de Dios y valme, pues no me vale la de la tierra! Si hay testigos contra mí, hágame notificación dellos. Tachallos-he por enemigos, que así hicistes al comendador Tello cuando yo juré contra él: él no creo en tal que dijo. Y así acabo, pidiendo justicia y que mostréis ésta al señor conde o por la mejor veía que pudiéredes se lo digáis, protestando contra vos, señor, y requiriéndooslo de parte de Dios. Si no, la maldición de Sodoma y Gomorra y de Atán y Abirón venga sobre vos y sobre vuestros hijos y hacienda; y dentro de treinta días vais a dar cuenta al otro mundo de mis afrentas y sinsabores. Y con avisar al señor conde y decille vuestra parecer, con el del señor licenciado Castroverde, mi amigo y letrado, me ternéis satisfecho. Y así ceso. Desta mi casa de Santiponce, asándome en vivos soles, a servicio de Dios y mandado de Vuestra merced. Don Alonso Enríquez.»

Ésta es una carta que me responde un regidor de Sevilla, mi amigo, que se llama Francisco del Alcázar, a otra mía que le escribí con una petición para el rey, pidiéndole remedio deste juez, y otra que le torno a responder a ella:

«Señor: Recibí una carta de Vuestra merced y di su petición en Consejo Real, a la cual responden en las espaldas della que se cumpla lo mandado por el asistente. Creo que es por más mal para él, porque le querrán remitir a la residencia que se le resuma. Vuestra merced haya paciencia al presente. Creo que es tan cruel la respuesta por no reprobar el rey su juez ni mostrar las sinrazones que hace. Yo quisiera poder enviar mejor despacho. Conténtese Vuestra merced con mi voluntad y mándeme en que mi obra tenga lugar. Y así quedo a servicio de Vuestra merced. Francisco del Alcázar.»

«Señor: Recibí una carta de Vuestra merced y la voluntad de hacérmela con la obra y trabajo de mi petición. Y aunque no fue respondida como yo quisiera ni como Vuestra merced lo hiciera, y fuera en su mano, no dejo de recibir gozo y favor en hacello Vuestra merced. He yo trabajado y hecho mis diligencias por no quejarse hombre de mí, porque es una ruin pendencia traella hombre consigo, porque es mucha la vecindad y siempre se representa la fatiga y vive hombre en trabajo. Y no hay mayor mal que el que nos puede echar a puertas ajenas, lo que Dios y el rey y el río hace. Parece que es consuelo ser tan poderoso, pues no hay casa fuerte para Sus Majestades. Lo del río digo porque derriba la casa del obispo de Escalas; y el rey, mi honra y contentamiento, para hacer bueno este juez que, como Dios nació y padeció y por nosotros murió, que no hallo por dó por justicia haya hecho lo que conmigo haya hecho; y Dios, que lo consiente, quizá por más bien que al presente.

»Ásome por estos ardientes soles, sin tener a quien dar parte del trabajo que dicen que es gozo. Dios lo remedie y me dé paciencia. No me hace Vuestra merced en su carta mención de haber hablado al señor comendador mayor de León y a mi señora doña María de Mendoza su mujer. Suplícole que lo haga y les muestre esta mi carta y dé otra petición en el Consejo, si fuere menester. Que no les pido clemencia —ni les dé Dios salud si la usaren conmigo—, sino justicia, justicia. Y si no quisieren cometella aquí o a Granada a juez sin sospecha, manden que me den el proceso o lo envíen allá y a mí con él. O Vuestra merced busque la manera que más convenga, pues es la primera cosa que a él me encomiendo, debajo título que no tengo culpa. Y esto es la verdad, como es Dios trino y uno, so pena de perjuro y que sea más grave la pena.

»Y si él tuviese razón, no querría yo que pareciese sino seguirme-ía por el refrán: A lo mal hecho, ruego y pecho. Fuerte cosa es, señor y señores capitán y Juan Serrano, cuyas manos beso, en cuya merced me encomiendo, que por hacer el rey bueno a su mal juez quiera que padescamos sus súbditos vasallos. Malo, sí, por cierto, porque yo probaré que no es buen cristiano y que es desvergonzado, deshonrando a todo el mundo. No se le para delante fraile ni caballero ni dueña que no los enjabona. Y porque, si me preguntaren por esta carta, ojalá así fuese, deshonrados frailes de San Isidro de Sevilla, a unos de robadores, a otros de irregulares, y a otros peores cosas.

»Pues, en cabildo no entiende en otra cosa sino en dar en los que le pidieron residencia y no en tierra, pues de los que estáis allá no quiero decir, porque no parezca que es incitar, especialmente pues le conocéis. No hay escribano que quiera notificalle ningún auto, ni procurador que ose usar su oficio, ni letrado firmar escrito. ¡Guayas de los pecadores que lo han menester! pues los alcaldes mayores no lo remedian, que fueron constituidos para ello; mucho más miedo le han que el pecador que tienen para ahorcar.

»Si ésta alcanzare un escudero mío que en esa Corte tengo, Vuestra merced le haga dar gritos y voces y que, aunque lo ahorcuen por ello, no se le dé nada, porque yo estoy para hacello con mis propias manos. Y si no, dé cargo a un suyo que lo haga, y Vuestra merced en persona me favoresca. Por cuya muy magnífica persona y estado acreciente quedo rogando a Dios Nuestro Señor, y a mí no olvide. Desta mi casa de Santiponce, día de Santiago. Y al dicho mi escudero diga Vuestra merced que con sí o con no, se venga luego, cayendo o levantando. Del buen servidor de Vuestra merced. Don Alonso Enríquez.»

Viendo la crueldad que el emperador usa conmigo, así en las pocas mercedes y hacienda que en mí ha hecho y lo mucho que le he servido, defendiendo sus villas y lugares de moros y franceses, siendo su capitán por su mandado —como en este libro os hes contado—, como el poco remedio que me pone en los agravios que este tirano y cruel y apasionado juez me hace, banderizando contra mí en favor de mis contrarios, acordé de efectuar lo que ya en este mi libro os tengo dicho: mi ida a las Indias con fin y propósito de haber de los bárbaros brutos indios lo que de naturales no faltos de todo saber no he alcanzado, considerando que el día de hoy no hay más linaje ni valor de riqueza, y con ella se alcanza todo y no menos la justicia.

Embarquéme último de septiembre, año de 1534, con dos escuderos y dos pajes, bien habituallado de cosas de comer, bien bastecido de aderezo de mi persona y todo lo que es menester para mucho tiempo. De aquí para adelante se vos será contado lo que así me acaeciere, porque no me faltaba por ver sino esta partida. Y si Dios Todopoderoso, a quien me encomiendo, me da su gracia, habré visto todas cuatro las del mundo —o casi, por decir verdad—, y vos será contado dellas veramente lo que con mi juicio y fuerzas pudiere y alcanzare. Y en lo que faltare, a los leedores encomiendo suplan mis defectos, pues mi efecto es para que se aprovechen y se guarden de algunos trabajos e inconvenientes y sepan cómo se han de gobernar. Que no me hubiera sido poco provecho haber escarmentado en cabeza ajena, y que otro hubiera hecho este libro y yo leído, antes de haber pasado esto.

Dejé de escribir una carta aquí que escribí sobre el dicho recaudo falso que hicimos al conde de Medellín —por lo cual fue desterrado—, que escribí a un caballero llamado Pero Ortiz Manuel, persona muy honrada y autorizada y más viejo que mozo, que ha quince años que por esto no se ciñe espada. La cual es muy necesaria y debe de saber, porque concurre en ella cosas de no sufrir y sufrideras, y que de tomalla por de desafío y de paz a la parte que la quisiere echar. Porque según la calidad de su persona, como dicho os tengo, no era razón enviársela tan cruda como a un soldado ni tan descortés a menos de su calidad.

El cual fue uno de los convidados en el dicho convite. Y desque se vio burlado, vino a mí con ímpitu, como hombre injuriado, en las Gradas de Sevilla y díjome delante de tres o cuatro caballeros: «Don Alonso, ¿hicistes vos este buen recaudo de convidar a mí y a mi hijo con el conde de Medellín sin saber él parte dello?».

Yo, considerando la dicha su edad y autoridad y no traer espada y ser deudo de Pero Ortiz de Sandoval mi amigo, y que los tales recaudos no se hacen sino para encubrirse, acordé de negárselo y sufrillo. Díjele que no. Respondióme: «Porque fue muy ruinmente hecho».

Metieron palabras otros caballeros en medio y así nos partimos. Otro día siguiente dijéronme que se había puesto espada y dejado decir que no lo había hecho otro sino yo. Por lo cual acordé de escribir la dicha carta, que es esta que se sigue:

«Señor: Ayer con pasión me preguntó Vuestra merced si yo había hecho recaudo falso a él y a su hijo. Y porquestos recaudos se hacen para encubrirse y por la obligación que yo tengo a sufrir a vuestra edad y a no traer espada y a ser deudo de Pero Ortiz, dije que no lo había hecho. Ahora me dicen que Vuestra merced se ha puesto espada. Paréceme que debo de decir que yo lo hice, como es la verdad, y que fue muy bien hecho, y que si Vuestra merced la deja de traer, que seré vuestro servidor como de antes; y si no, creyendo que queréis ofender con ella, no debéis estar seguro de la mía.»

Él se fue luego con esta carta al dicho Pero Ortiz de Sandoval, su primo, y le dijo: «Mirá qué me escribe don Alonso».

El cual le hizo quitar el espada y lo apacigüó y nos hizo amigos. El sobreescrito desta carta decía: «Al muy magnífico señor Pero Ortiz Manuel».

Esta siguiente es otra carta que desde la nao envié al señor licenciado Guevara, teniente del dicho conde asistente, que es esta que se sigue. Y asimismo escribiré otros traslados de otras cartas que desde la dicha nao escribí a otros amigos míos, despidiéndome dellos.

«Muy noble señor: El señor Pero Ortiz de Sandoval me dijo ayer que el comendador Tello había hecho copias difamatorias contra el regidor y jurado que la ciudad envió por residencia. ¿Por que no hacéis pesquisa, como lo que pensáis que he hecho yo? Catá que lo que los jueces acá mal y no bien juzgaren han de pagallo en la otra perpetua gloria o pena. Si pensáis, que soy yo el que puse los carteles, mejor me tendríades en esa vuestra jurisdición que en la ajena para castigarme. Alzáme el mando y si no fuere allá, yo los debí de hacer. Y si no, es de creer que me lo levantan por dar color al cruel destierro que injustamente conmigo se hizo.

»Pues pido a Dios justicia, que bien sabemos que sabe el señor conde quién hizo los carteles, tan bien como las coplas, sino que quiere echallo a mí, como el recaudo falso, habiéndolo hecho Juan de Torres y Pero Ortiz de Sandoval con sus pajes. Si no, tomaldes el dicho, como ellos dicen, y banderizar el señor conde con la justicia del rey tan descubiertamente, consintiendo, los excesos que hace el dicho comendador Tello, mi contrario y su amigo, y castigando los míos, que aunque lo hiciese, parecería mal, no castigando los destotro. Mirá qué hará, no habiéndolos yo hecho. Desta nao para lo que Vuestra merced mandare. Don Alonso Enríquez».

Ésta es otra carta que escribí al señor don Pero Enríquez de Ribera:

«Muy magnífico señor: Yo estoy fletado y presto seré, mediante la voluntad de Dios, con licencia de Nuestra Merced que ya me ha hecho merced, embarcado para Tierra Firme, que ésta es muy movible, "lejos de donde nací, ¿quién habrá dolor de mí?".

»No me voy a despedir hac a hac y a besar las manos de Vuestra merced por no doblar las penas. Vástame sencilla la que siento en apartarme de Vuestra merced tanto tiempo. Porque según el camino es largo y peligroso, no puede ser sino que sea mucho, y plega a Dios no sea muy mucho. Lo cual trabajaré yo, así con muy buenas cosas que llevo para mi salud como con mucho deseo de volver a servir a Vuestra merced.

»Para lo cual no bastará riqueza ni muy grandes señoríos, aunque voy aborrecido de las cosas que acá pasan, así en consentir el emperador me haga su justicia tan grandes tuertos, habiéndole yo tan bien servido y defendido yo sus villas y lugares de moros y franceses por su mandado, siendo su capitán general y particular, y no habiendo hecho cosa que no deba sino solo la pasión. Y banderizando contra mí, ayudando a mis contrarios, tiene su asistente. Y asimismo voy con la señora seña. Hierro precian más que el oro y la plata danla de valde.

»A Sancho de Herrera tienen por muy bueno y por muy honrado y por muy valiente, y a Juan de Torres por el contrario nacido. Lo juro a Dios y a esta cruz, porque Juan de Torres, do su amigo le llama, que vayan a matar a otro, va; si pide 100 doblas prestadas, préstaselas y aun 800; si se pone a una cosa, trabájala y gústala, como hombre honrado y buen caballero. Y en esto no quiero decir más —porque diciendo loor de uno, no se puede dejar de decir mal de otro, y voy sobre aguas de la mar—, sino dos cosas: la una, que hay muy poca diferencia de mi compadre, que hiciera, si no lo fuera Sancho de Herrera, y don Juan de Cárdenas; y la otra, suplicar a Vuestra merced se acuerde, acá de mí y muestre tenerme deudo y amistad, siendo mi señor, que sabello yo allá me será principal ayuda para mi prosperidad. Con lo cual acabo ésta, rogando a Nuestro Señor Dios Todopoderoso guarde y acreciente la ilustre y muy magnífica persona de Vuestra merced. Desta mi casa de Santiponce a 15 o 16 de agosto. Del buen servidor de Vuestra merced. Don Alonso Enríquez».

Otra del tenor désta escribí al señor don Fadrique, su hermano, y va en las hechas de antes que se himeron y no de la nao, porque no viniesen a ella. Y asimismo escribí otras muchas a muchos amigos míos, las cuales no pongo aquí, porque no diferían mucho désta y por no ocupar el libro con cartas.

Aunque dos hojas atrás dije y digo que me embarqué último de septiembre, año de Nuestro Salvador de 1534 años, como es la verdad, no se hizo a la vela la nao en que me embarqué hasta que pasó lo que aquí os contaré; y luego mi viaje con ayuda de Dios Nuestro Señor, que en verdad y por su santo nombre que esto se va escribiendo, a la vela en el golfo de Val de las Aguas, caminando en el dicho mi viaje de las Indias. Y pues esto es sabroso y provechoso y verdadero, leed y oíd.

Conviene, a saber que, o por la voluntad del emperador o mala información de mis contrarios —creo que creyendo que les había de dar más trabajo con la riqueza—, vino una cédula real, impidiéndome mi camino. No dejó de ser ejecutada y al maestre y patrón de la dicha nao en que voy embarcado intimada, so grandes penas de perdimiento de vida y hacienda, no me llevase. Y yo, aunque no había causa bastante para que me fuese hecho tan gran daño, viendo que el rey estaba lejos y su Consejo Real, de quien fui agraviado sin bastante información, hacerme tan gran mal, teniendo embarcada mi hacienda y vendido por dos años mi renta, determinada la voluntad y despedido de mis deudos y amigos, pasado y tragado el llanto de mi casa, no quise volver a alegar de mi derecho. Antes quise aventurallo todo, confiando en el justo juez, Dios Todopoderoso, y en el cristianísimo emperador Carlos, rey nuestro señor, que al presente reinaba, de no haber muerto ni robado ni hecho delito feo ni criminoso. Salíme en tierra en la villa de Sanlúcar de Barrameda, puerto donde estábamos surgidos con la dicha nao, nombrada «Santa María la Bella» —ella sea en nuestra guarda—, a la colla, esperando tiempo. Escribí una carta al emperador, que es esta que se sigue:

«Muy poderoso señor: Aquel que os ha defendido vuestras villas y lugares de moros y franceses y gastado la hacienda que con su mujer hubo, porque de sus padres fue ninguna, en vuestras guerras y en vuestras paces, en batallas y en fiestas, siendo vuestro capitán y gentilhombre de vuestra casa real, sin haber causa bastante para ello, sino malicia y envidia de mis adversarios, con mala información que han hecho a los de vuestro Consejo, ganaron una cédula firmada de vuestra real mano en que me impidiesen la ida de las Indias, como a aleve traidor, como a ladrón, matador, como a confeso nieto de quemado, que son los prohibidos que tal viaje no hagan.

»Viendo esta sinrazón, que debió de ser hecha falsa relación a Vuestra Majestad Cesárea y que tenía vendida mi renta por dos años y empleada y embarcada en cosas para Indias y no para acá y otras muchas cosas, que por no ser prolijo no digo, confiando en vuestra cristianísima y justa y santa intención, y que no creo la tal cédula ni la he visto ni me han requerido con ella, acuerdo de ir el dicho viaje. A vuestra Majestad suplico y, si menester es, requiero mande mirar lo que contra mí se procediere, que desta manera no habré miedo sino a la mar y al mal que en las dichas Indias me puede suceder. Todo es vuestro. Si algo halláredes contra mí, de allí me podréis mandar volver. La serenísima y poderosa persona de Vuestra Cesárea Majestad sea por largos tiempos guardada. Del criado y humill vasallo de Vuestra Majestad. Don Alonso Enríquez.»

Vi luego hacer a la vela la dicha nao en que iba mi hacienda y mi intención, aunque el cuerpo quedaba en tierra. Salté en un barco con cinco criados míos y alcancé la nao tres leguas poco más o menos de la dicha villa. Viendo de popa el patrón, que así había sido mandado y requerido con la dicha cédula real, me dijo: «Señor don Alonso, no habéis de entrar acá».

Yo con medrosas y blandas palabras llegué al borde de la nao, y él salióme a recibir con una espada sacada de la vaina, él y sus marineros diciendo que no había de entrar dentro ni llevarme en la nao, requiriéndomelo de parte de Sus Majestades, como él había sido requerido, aunque ponía de su casa muchas cuchilladas y estocadas, y yo creo que los míos, porque yo no miraba sino a los contrarios, que yo no os tengo de escribir sino lo que vi y debéis creer. Y eché mano a mi espada y entré dentro y fue mi viaje. Bien creo y debéis creer que no querían más de hacer lo que eran obligados y no matarme ni que los matase.

Ahora os quiero decir lo que me sucede en el dicho viaje. Primero, disculparme de la culpa que me pueden echar en hacello. Verdad es que yo tenía 100. 000 maravedís de renta y pudiera pasar la vida con ellos, aunque miserablemente; mas los 70 eran de merced del rey, obligados a sus necesidades y a mis ímpitos y a los desatinos de sus asistentes, como el dicho conde don Fernando. Uno dellos ha comenzado, porque los ha embarazado. Hasta dice que se paguen dellos 1. 000 ducados que puso de pena que saliese de Sevilla y que no entrase en ella y dice que tiene información que me vieron algunas noches dentro. Ahora bien creeréis que es mi enemigo pues no es justicia ni razón ni de buenos corregidores buscar tanto las escotaduras a los que no hacen abominables y feos delitos. Dios se lo perdone, porque yo se lo perdoné antier que me confesé.

Dejo a mi mujer con unas casas en Sevilla y otras en Santiponce, una aldea do queda contenta y con mi deseo, porque es muy honrada y cristiana mujer, bien proveída su casa de cosas necesarias y apacibles. Mi intención es —ahora que estoy en la nao os la puedo decir—, traer 4. 000 ducados o 40. 000 ducados según la disposición de la tierra y de mi persona. Si fueren los cuatro, con los 1. 000 repararé mis casas y mis ovejas, porque tengo quinientas y dice que éstas han de ser mil, porque tanta costa traen menos y es menos el provecho; otros 1. 000 para reparar mis 70. 000 maravedís que tengo de por vida de merced, hacerlos, si pudiere, de deuda de a 14, a 15 o 20; 1. 500 para una veinticuatría; los 500 que faltan para 4. 000, para caballos y calzas y camisas. Si fueren los 40. 000 ducados, será como ellos quisieren, porque a tanta multitud no quiero presumir de forzar y sojuzgar.

Llegué a las islas de Canaria en siete días desde el dicho puerto de Sanlúcar de Barrameda. Desembarqué en el de la Gomera. Hallé al conde desta isla en novenas en una hermita que se llama Nuestra Señora de Buempaso, cuarto de legua del lugar. El cual, si estaba por devoción, hacía bien para su alma, y si no, por no lloverse en su astrosa casa, bien para su cuerpo. El cual lugar es pequeño, cien vecinos poco más o menos, una buena iglesia para semejante lugar, el cual está asentado en un llano entre muy altas sierras. Lo demás dejo para el que dello solo quisiere escribir.

De mí, os digo que como cristiano me reconcilié y recibí el santo sacramento. Y me recreé y holgué dos días y tomé los refrigerios y refrescos que pude. Y hallé especialmente una esclava, gran cocinera, que compré porque mis criados no lo sabían hacer. Y me embarqué en seguimiento del dicho mi viaje. De aquí se me volvió un criado a Sevilla, temeroso de la mar, y recibí otro en su lugar. El que se volvió no hizo mal, y estotro, Dios lo sabe. Lo mismo hiciera yo, si por vergüenza no me fuera, porque los hombres de cuenta y honra, primero que conmiencen las cosas, las han de mirar; y si las comenzaren, tragar como purga, aunque sepa mal. Solamente os digo, y con esto quiero este capítulo acabar, que bienaventurado es el pobre que no quiere ser rico y el rico que no quiere ser pobre.

Lo que me acaeció en el golfo del mar Océano, el cual es de mil leguas desde el dicho puerto de Gomera hasta Santo Domingo en las Indias

Navegando mi sentido por el golfo del cuidado, llevando en popa el olvido, por la proa me ha envestido memoria de lo pasado. Quisiera, viendo el afrenta no menos en la tormenta, amainar mis pensamientos, mas quien los hace contentos no consiento que consienta. Y aunque de desconfiado algunas veces confío, por lo que ya he conmenzado hallo que será forzado, darle cabo, o ver el mío. Que aunque va mi pensamiento dudoso de salvamento, esperanza me asegura que ofrece más la ventura a quien tiene sufrimiento. Por dar apetito a los leedores y por tomalle yo para escribillo, escribo muchos géneros de cosas en metro y en prosa, aunque el metro será más corto, porque el más del tiempo está leproso y trabajoso, y por eso soy más amigo de la prosa, especialmente ahora en este charco, que ha diez días que no vemos tierra, si no es la del fogón del navío, y tendríamos por breve tiempo vella de aquí a veinte días. Benditos aquellos que con sus azadas sustentan sus vidas y viven contentos, especialmente si con ellas andan cabe alguna fuente, que en verdad ya nos comienzan a dar por medida el agua y todos los que vamos en esta dicha nao desean más bebella que vertella. Y aun creo que hay algunos que holgaran de volverse a Castilla y haber pagado el flete sin hacer el viaje. Van otras tres naos con nosotros en conserva.

Este mar, aunque algunas veces con aires y temporales se enoja y embravece, que yo vi entrar ell agua della por su propia voluntad —o de Dios, por mejor decir, sin la cual no se menea la hoja en el árbol—, andando alterada por el borde de la dicha nao que yo iba, aunque no era pequeña sino muy grande, por la mayor parte es más mansa que otras mares. Dicen algunos que lo causa ser más larga y tener más espacio donde extenderse y no haber tierra con quien traer pendencia.

Hay peces que llaman voladores. Vuelan veinte pasos poco más o menos. Algunas veces caen dentro, en los navíos por su propia voluntad. Yo lo vi y lo comí; tienen un sabor a humo —no sé si lo hizo el fogón en que se asó—, durillos y desabridos. Son desta manera los que yo vi: tan largos como un palmo, la cola ancha. De cave las agallas, cerca de la cabeza, le salen dos alas, tan largas como un jeme, tan anchas como una pulgada, tela de ala de murciélago.

En esta mar y en esta nao me aconteció esto que se sigue

Como salí desterrado de Sevilla y en desgracia del emperador mi señor por lo que a su asistente de la dicha ciudad, que representaba su persona real, respondí cuando me mandó notificar el destierro, que como creo que dicho tengo. En suma, os quiero decir que dije que no obedecía sus mandamientos porque era mi enemigo. Determiné de no dar razón ni ocasión para que este enojo se ejercitase en mi perjuicio y de no hacer verdadero al dicho asistente, que había escrito al rey y al Consejo Real que yo era revoltoso y porque en la verdad él no la dijo, como había de costumbre, porque era hombre apasionado y apetitoso, y en los tales hombres, nadie se debe de fiar, porque de sí mismos dicen mal, etc. Y por lo susodicho y porque, aunque de mi condición soy regocijado y bullicioso y no revoltoso, traía muy sobre aviso de no parecello por no padecello sin causa ni razón, como hasta aquí había sido. Y por esto a mí y a los míos quité las armas y avisé de las hablas en la dicha nao y, demás de ser mi gozo y pasatiempo el regocijo, por quitar sospecha, dejé el pasear y el pensar, y andaba en corro con los marineros y grumetes y comía con cada cual dellos su pescado salado en sus rodillas y les daba de mi gallina de lo que della bastaba al que más se llegaba, porque pensé que aprovechaba para que dijesen bien de mí y viesen que vivía pacíficamente y lo dijesen cuando a Sevilla volviesen, porque bien habría quien se lo preguntase.

Y un día en la mañana que me levanté de mi cama y cámara de popa, debajo de sota, subí arriba y hallé al piloto, señor de la nao propia suya, sañudo y una espada en la cinta, no habiéndola traído hasta entonces, muchos dardos subidos a la gavia y dos o tres hombres. Y yo, como cosa nueva y no usada, preguntéle: «Señor capitán», —y aun quise decille: «Señor gran capitán»—, «¿qué es eso?».

Díjome: «Señor, suelen venir de Brasil naos y navíos de franceses y quiero ir yo sobre aviso, porque no me tomen como al puerco».

Y yo por le agradar y complacer dije: «Pues, yo quiero hacer lo mismo. Dame, mozos, mi espada y ceñíos las vuestras».

Él respondió, muy airado: «No ha de ser tal cosa, que de vos me guardo yo, porque tengo sospecha que os me queréis alzar con la nao y que andáis agradando a mis marineros y pasajeros para ello y haciendóos su igual y compañero».

Yo le respondí: «Dóos a Dios por testigo de lo que deciros quiero, que está en el cielo, aunque vos más quisiérades que os diera otro en la tierra. Mas como no hay quien sepa ni pueda juzgar las voluntades e intenciones sino Él, no os puedo dar a otro, porque la mía no ha sido de haceros otros nublados sino de deshacer los hechos. Reposá vuestro espíritu, que yo os juro por Dios, sin el cual en la tierra ni en la mar nada se puede hacer, y por el hábito de Santiago, que vos podéis dormir a buen sueño y estar seguro deso que decís que teméis. Y si sois hombre de razón, quiérós meter en ella. ¿Cómo, si mi ropa y hacienda que yo llevo en vuestra nao es mucha y buena y vale más de 3.000 ducados —y daría parte della por tenella en salvo y fuera de peligro de mar y mal y de quien me la pueda robar, y no sé cómo la pueda guardar y defender, había de ponerme ahora en buscar más y más congoja—? Y no dándome Dios ladrones, ¿había yo de procurallos que mis mismos compañeros me habían de robar? Por fuerza o por grado, quitáos, capitán, dese cuidado y mirá la seguridad que de mí quisiéredes, si desto no la tenéis».

Él se aseguró con estas palabras y me respondió que él me creía, sino que le habían dicho que quería cortar la triza, que es una maroma con que se tiene la vela mayor, y matallo a él y a con quien él fuese, y a los otros prometelles los bienes del mundo. Yo luego vi que nadie se lo había dicho y que él lo levantaba por justificar su necedad y mascarar su miedo. Y quísele ir a abrazar y no osé, pues todo lo que hacía por bien se tomaba por mal. Y díjele: «Bien creo que os lo han dicho por congraciarse con vos. Vos creed que así fue y que nunca tal pensé».

En esto revuélvese un gran ruido en la nao; unos decían que tenía razón, y otros él. Y víme afligido y mucho más que si tuviera culpa, porque como no la tenía ni me había pasado por pensamiento, no sabía qué me hacer ni quién era conmigo ni quién era contra mí. Digo a grandes voces: «Capitán y maestre de la nao, io remedialdo o remediallo-éyo!». El cual no con poco miedo dijo: «Remédielo Vuestra merced», y bien podía decir «Señoría», pues la dicen al conde de Gelves, que yo no sé cómo lo remedie.

Entonces di grandes palmadas y no osé sacar espada por no alterar más la cosa. Y diciéndoles que me oyesen y que escuchasen, y así ellos haciéndolo, les dije: «Vosotros tenéis razón de alteraros, por el capitán lo ha ordenado, al cual requiero que quite el espada y tome su leme o carta de marear y vosotros entendáis en comer, que es hora, y luego en un corro y ciertos bailes que quiero hacer en otra cosa. Y al que más hablare y entendiere en al, aunque sea con color de apaciguar, juro por vida del emperador echallo en la mar».

Y así nos apaciguamos y comimos y holgamos.

Y fuimos nuestro viaje hasta reconocer las islas, nombres de las cuales son: una, el Anguilla; otra, el Sombrero; otra, el Anegada; otra, las Vírgenes. Hasta las cuales desde las dichas islas de Canaria anduvimos ochocientas leguas de mar y mal, sed y hambre, sin ver tierra. En lo cual estuvimos veinticinco días. Y venimos a portar a estas islas que son en las Indias, de gente inhabitable y por ganar de indios bravos de guerra. Llámanse carivos. Pelean los unos con los otros. En matándose o prendiéndose, se comen. Si el que prenden está flaco, hacen un hoyo debajo de tierra y cúbrenlo, de manera que quede hueco, y engórdanlo allí y después lo comen. Y lo que tienen por mejor dél es las manos y los pies. Y esto presentan a quien quieren complacer y servir. Así porque se osan y saben defender con flechas y yerba como porque no es tierra de oro, las han dejado los cristianos en medio por ganar y pasado adelante, do también pasé yo.

Y fue a tomar puerto dentro de dos días, que por aquí pasé a una isla poblada de cristianos nombrada San Juan de Puerto Rico, la cual es tierra fértil y baja, cien leguas. Tiene dos pueblos grandes de cristianos; el uno se llama Puerto Rico y el otro San Germán. Hay treinta leguas por tierra del uno al otro; por mar se anda desde Puerto Rico a San Germán en día y medio, y cuando más, en dos. Y desde San Germán a Puerto Rico vienen en un mes cuando menos, y a las más veces en dos.

Hay frutas; unas se llaman batatas y otras ajís y otras piñas y otras pitahayas, otras guanabanas y clacos, y otra ojarva, otra mamaya, otra mamey, y otra guayaba, otra corozos, otra plátanos, otra autias, y otros géneros de frutas. De las de Castilla no se ha hallado en la tierra sino cidras y naranjas. Y esta fruta hayla mejor que en España. Melones y pepinos y verengenas y rávanos y lechugas y coles y granadas e higos hay todo el año. Trigo no da la tierra porque de fértil no grana.

Hay un pescado que se llama manetí, del tamaño de un buey, de sabor de ternera, y si en algo difiere, es en ser mejor y parecello más. Y así se desuella para comer. Y sale a pacer de la mar a tierra. En la cara parece ternera, sino que los ojos tiene chiquitos, tamaños como de un azor. Son muy gordos. Su comer dellos es en adobo, y asado lo más flaco, y lo gordo cocido con verzas. Quien no ve sacar de la mar, no hay quien diga sino que es carne, especialmente después de guisado, ni hay ningún buen cristiano que, si no lo conoce, lo ose comer en día que no es de carne, aunque le certifiquen que es pescado. Hay otro pescado, tortugas tan grandes como grandes rodelas. Éstos también es el sabor de carne y los tasajos dellos no hay quien diga sino que son de vaca.

En esta isla no hay moscas ni piojos ni pulgas ni chinches ni lagartijas ni otras malas sabandijas sino ratones y lagartos. No hay zorras ni lobos. Hay muchas vacas; danlas a quien las quiere desollar y dar el cuero a su dueño. Hay muchas ovejas y yeguas, y muchas minas de oro. Los indios son muertos y huidos; no hay sino algunos que los cristianos tienen por esclavos.

Aquí estuve once días. Hallé muchos criados de mis antepasados, hijos dellos, especialmente vasallos del duque de Medina-Sidonia, los cuales me hicieron muy grandes honras, fiestas y placeres, de toros y juegos de cañas y sortija, y así pasó por el ayuntamiento y regimiento se hiciese. De salud —a Dios las gracias por todo—, me fue muy bien, porque ya está convertida la tierra en Castilla, que aunque no nace allí el pan y el vino, vale tan barato como en Castilla y asimismo todas la otras cosas que de acarreo se traen. Hay muy buen agua; está algo lejos, media legua del pueblo.

Estotro dicho pueblo nombrado San Germán no le he visto, mas dicenme lo mismo dél. En este de Puerto Rico hay una muy buena iglesia y un monasterio de frailes dominicos muy devotos, de piedra y cal y teja. Todas las otras casas, si no son dos o tres, son las paredes y suelos de los altos de madera y los tejados de teja. Hácese una fortaleza muy buena. Son cuatrocientos o quinientos vecinos. A las casas del campo, ado tienen sus haciendas, llaman estancias; hay muchas y muy buenas. De aquí partí a la isla Española.

Lo que aquí me acaeció

Llegué a la isla Española, ciudad nombrada Santo Domingo, la cual es fertil y abundante de todas las cosas del mundo, y mucho más de lo que no nace ni se hace en ella de lo mejor que se hace en otras partes, especialmente los hombres; que no toparéis con ninguno que no dé buena cuenta de si, porque son hombres osados y experimentados. Este pueblo es llano; muchas casas y muy buenas de cal y canto y ladrillo; muy buenas salidas; los campos todo el año verdes. Nunca se esquilma la tierra ni se secan los hojas de los árboles, y a esta causa no nace pan ni vino. Pero, como digo, de mercancia lo hay sobrado y todas las otras cosas. Y el vino es mejor que donde nace porque la mar lo adova y el tiempo lo trasañeja. Lo que la tierra da es en abundancia, y cogido lo uno, luego nace lo otro. Así paren dos veces cada año las vacas y las yeguas y las ovejas, éstas de dos en dos. Tiene un río caudal esta ciudad por muy cerca della, do las naos y navíos entran, tan hondo que ponen planchas en tierra para descargar las dichas naos y navíos. Y en esto no hago sino hilvanar, por coser bien mis cosas.

Yo me desembarqué en este puerto y llevóme a su posada Diego Caballero, secretario de la cancillería real que allí reside. El cual no hubo menester testigos para saber mi linaje y condición, porque era de mi tierra y discreto. Y aunque me aposentó y regaló como al condestable de Castilla, no menos gusté, de su buena conversación que él de la mía, aunque no menos holgué de holgarme con él que no con el emperador, porque ése es mí emperador el que es de mi condición. Metióme por su compadre, que a la sazón parió su mujer. Túvelo en mucho, así porque hubiese deudo, pues había deuda, como porque no tengo por pequeña buenaventura tenelle por amigo, y no por sus haberes, aunque son muchos, sino por su persona. Y no quiero deciros más bien dél, pues todo cuanto puedo escribiros os digo en confesaros que tengo por buena ventura su amistad, acordandoós que lo que en este libro he dicho: que los que yo escojo son muy escogidos.

Y estos señores presidente y oidores desta cancillería real, siendo cometido a Su Majestad del emperador nuestro señor proveyese de capitán general en la provincia de Santa Marta, considerando una carta que traje de Su Majestad para que me encargasen de cargos y la buena información deste secretario, como por la buena condición y nobleza del dicho presidente y oidores —el cual presidente se llama el licenciado Formayor y los oidores: el uno, el licenciado Suazo, de Segovia, y el otro, el doctor infante, de Sevilla, y el otro, el licenciado Vadillo, de Arévalo—, acordaron de proveerme del dicho cargo de capitán general y así me dieron su provisión real, que es esta que se sigue:

«Don Carlos, etc. Por cuanto por algunas causas cumplideras a nuestro servicio nos tenemos proveído y mandado que el doctor Rodrigo infante, oidor de la nuestra audiencia y cancillería que reside en la isla Española, vaya a la provincia de Santa Marta por juez de residencia a la tomar a García de Lerma, nuestro gobernador, que ha sido y es en la dicha provincia, y a tener cargo de la administración de la justicia y gobernación de la dicha tierra, hasta que por nos otra cosa se provea, y dello le hemos mandado dar nuestras provisiones; el cual dicho doctor, en cumplimiento dellas, está aprestándose al presente para ir a la dicha tierra.

»Y porque nos consta por muchas relaciones e informaciones que dello hay, presentadas en el nuestro Consejo de las Indias, que en Castilla reside, en la dicha: nuestra audiencia ante los nuestros presidente y oidores della, y que es público y notorio que la dicha tierra está muy alterada y alzados muchos pueblos y caciques e indios della, y se han ido y ausentado mucha de la gente española que en la dicha provincia había, en tal manera que está a punto de se perder, para remedio de lo cual conviene que a la dicha tierra vaya alguna copia de gente para la población y pacificación della. Lo cual visto por los dichos nuestro presidente y oidores, habiendo sobre ello platicado, se acordó que pues al presente en la dicha isla Española había algún número de gente que querían ir y pasar a la Tierra Firme en las provincias del Perú y otras partes, que debían de enviar a la dicha provincia de Santa Marta alguna della, sin sacar ningunos vecinos ni otra persona alguna de los que convenían a la población de la dicha isla Española y que de la dicha gente fuese por capitán general don Alonso Enríquez de Guzmán, caballero de la orden de Santiago, gentilhombre de nuestra casa real que al presente se acertó a estar en la dicha isla Española.

»El cual por nos servir aceptó el dicho cargo y se ofreció a ir a la dicha tierra con la dicha gente en compañía del dicho nuestro juez de residencia y de gobernación que a ella va. Y para ello, con acuerdo y parecer del dicho nuestro presidente y oidores y de los nuestros oficiales de la dicha isla Española, se le hace socorro y ayuda de cierta cantidad de pesos de oro y mantenimientos en cierta manera, según con él fue asentado y concertado. Y por ende, acatando la calidad de la persona del dicho don Alonso Enríquez de Guzmán y los buenos y leales servicios que nos ha hecho y esperamos que en la dicha tierra nos hará, nuestra merced y voluntad es que sea nuestro capitán general de la dicha gente y armada que así se envía y va a la dicha tierra y provincia de Santa Marta con el dicho nuestro juez de residencia y de gobernación della, y que, en ella tenga y use cerca el dicho cargo por todo el tiempo que nuestra merced y voluntad fuere y hasta tanto que por nos o por la dicha nuestra audiencia otra cosa en ello se mande y provea.

»Como tal capitán general, entienda en la conquista y pacificación y población de la dicha tierra; lo cual haga con acuerdo y parecer del dicho doctor infante, juez de residencia, y así que los otros capitanes, alférez, otros cualesquier oficiales que se hubieren de elegir y nombrar para la dicha armada y gente, los nombren el dicho juez de residencia y el dicho don Alonso Enríquez. Y las personas que así por ellos fueren nombradas para los dichos cargos y oficios nos, por la presente, les damos poder y facultad para las usar y ejercer. Y mandamos que no les sean quitados ni removidos dellos, no haciendo delito u otra cosa por que les deban de ser quitados, o por nos o por la dicha nuestra audiencia.

»Otra cosa se provea, y hoy mandamos al nuestro gobernador y a su teniente, alcaldes, alguaciles y otras cualesquier personas vecinos estén habitantes en la dicha provincia de Santa Marta, y así los que ahora son como los que fueren de aquí adelante, que hayan y tengan al dicho don Alonso Enríquez por tal capitán general de la dicha tierra y provincias y de la gente de guerra que en ellas tuviere y de aquí adelante fuere, y como tal le obedezcan y hagan lo que por él les fuere mandado al dicho su oficio tocante, so las penas que de nuestra parte le pusieren, las cuales nos por la presente ponemos y habemos por puestas y por condenados en ellas, lo contrario haciendo, sin que en ello ni en parte dello embargo ni impedimiento le sea puesto. Antes mandamos al nuestro gobernador y juez de residencia y otras nuestras justicias y personas cualesquier que luego por su parte fueren requeridos le den y hagan dar todo el favor y ayuda que menester hubiere y de nuestra parte les pidiere.

»Y mandamos que le sean guardadas todas las nuestras gracias, franquezas e inmunidades que suelen ser guardadas a nuestros capitanes generales. Y por razón del dicho cargo de capitán general el dicho don Alonso haya y llevé de todo el oro y otras cualesquier cosas que se hubieren en la dicha provincia, de todas las entradas que hicieren durante el tiempo que tuviere el dicho oficio, los derechos y parte que han llevado y suelen y acostumbran llevar los otros capitanes generales que han sido en la dicha provincia, sin que en ello ni en parte dello le sea puesto embargo ni impedimiento alguno. Y asimismo su lugarteniente y alférez y los otros oficiales hayan y lleven los derechos y partes que han llevado los otros tenientes y alférez y oficiales. Para todo lo susodicho y para cualquier cosa y parte dello damos poder cumplido, según que de derecho en tal caso se requiere, al dicho don Alonso Enríquez de Guzmán. Y los unos ni los otros no fagades ende al, so pena de la nuestra merced y 500 pesos para la nuestra cámara a cada uno que lo contrario hiciere. Dada en Santo Domingo, a 12 de diciembre de 1534 años. El licenciado Suazo. Rodrigo, infante, doctor. El licenciado de Vadillo. Yo, Diego Castillo, escribano.»

Dada esta provisión destos jueces, que son el propio rey, y de mí recibida y en la isla Española de las Indias, ciudad de Santo Domingo, apregonada, y yo por tal capitán general recibido, tenido y habido y conocido, y hecho mis oficiales, comprados mis caballos y todas las otras cosas necesarias que para semejante caso y jornada y cargo necesidad había, y ya que estaba para embarcarme para la dicha provincia de Santa Marta, llegó una nao de España, nombrada la de «Hernando Blas», y dijo y certificónos como el emperador, rey nuestro señor, había proveído de gobernador y capitán general de la dicha provincia de Santa Marta a don Pedro de Lugo, adelantado de Canaria, el cual y su hijo, don Alonso Luis de Lugo, con quinientos hombres de guerra y otros aderezos venían luego.

Y yo, como vi que todo era lugo, acordé lugo desistirme de la causa. Y estos señores hubiéronlo por bien. Y lugo determiné y partíme para el Perú, tierra nueva descubierta, do dice que —como adelante, si vivo, escribiré y veréis—, hay infinita cantidad de oro sin cuenta ni sin medida, aunque no cuesta barato ni menos que la vida, porque de cien hombres, mueren los ochenta. Mas hágome otra cuenta, que es la del físico del rey de inglaterra, que dice que le dijeron que si lo sanaba, le darían una ciudad, y si no, le ahorcarían. El cual respondió que era contento, porque con lo uno o con lo otro salía de necesidad. Así lo soy yo, pues nunca mucho costó poco.

Partido desta isla Española para el Perú, herramos el puerto del Nombre de Dios, Castilla del Oro. Tomamos, el de Cula en la misma tierra y provincia. Y este nombre en indio quiere decir «huesos» y porque murió mucha gente, se lo pusieron. Y de seis caballos que desembarqué, vendí los tres y los otros tres envié por tierra a Panamá, que es puerto de la mar del Sur, para ir al dicho Perú. Y yo con mi hacienda y familia tornéme a embarcar para el dicho puerto del Nombre de Dios, que es del mar Océano, para atravesar, como atrabesé, por tierra con ello al dicho puerto de Panamá, do hay dieciocho leguas.

Las siete se van entre dos sierras muy altas y espesas de breñas, por un río casi seco, que llega el agua a las cuartillas de los caballos, y en cabos a la rodilla, y en cabos a, la cincha, y en cabos a los bastos de las sillas. Y a los que van a pie asimismo es muy trabajoso camino. Y las otras once, por razonable camino, aunque se atraviesan algunos ríos. Hay tres ventas en el camino, la una se llama Capira y la otra, las Juntas, y la otra, la venta de Chagre, porque allí cerca desembarcan de otro río hondo, que se llama Chagre, la ropa que traen en barcos, desde la mar y dicho puerto del Nombre de Dios del mar Océano al de Panamá del mar del Sur y donde se embarcan en esta dicha mar, como me embarqué, para la dicha provincia del Perú.

Ahora os quiero decir lo que hasta ahora y visto en esta provincia de Castilla del Oro y de la gente indios de la misma tierra; y si vivo, después os diré lo del Perú. La gente indios se me figura como fuéramos nosotros, si Adán no pecara.

Ellos no pecan ni saben pecar; no tienen envidia ni malicia; no hay entre ellos moneda ni oficiales ni lo han menester. Porque lo que toca al proveimiento del vestuario, andan como su madre los parió, excepto unas calabazas en sus naturas atadas con unos hilos atrás; y ellas, tapadas sus vergüenzas con un paño pequeño de algodón, cuanto alcanza de un cabo a otro, y por cima de los lomos un hilo atado. Son muy medrosos de todas las cosas del mundo sino de la muerte, porque no saben qué cosa es, que piensan que han de volver a este mundo y que no hay otro de pena ni de gloria. Son muy leales a sus señores, porque antes se dejarán morir y agorar y atormentar que decir cosa de que le venga daño a su señor o a su patria.

Hay en esta Tierra Firme, digo del Darién y de allá y del Nombre de Dios y Panamá, que hasta hoy he yo andado, esto que dicho tengo y esto que diré: muchos leones y papagayos, grandes como cuervos, y tigres tantas, las cuales son como mulas sin cuernos y el hocico como puerco y la pata hendida con tres uñas y el ravo corto como ciervo, así grande como una vaca. Hay tortugas así grandes como grandes adargas. Hay unas que se llaman iguanas, a manera de sierpes, así grandes como grandes gatos. Son muy buenas de comer, especial los huevos que tienen dentro: veinte o treinta. Hay puercos de la propia tierra, monteses, no tan grandes como los de Castilla. Son muy sanos, creo que lo hace no comer manjares gruesos sino yerba. Tienen los ombligos en el espinazo. Preguntado cómo lo sé, es verdad que lo vi. Y contra el proverbio que no debo de contar lo casos de admiración, digo esto porque hay, y habrá cada día más, muchos que lo han visto, so la palabra de no contar mentira, pues, como dicho tengo, ni me han de dar nada por ello ni tengo de gozar de contallo, pues tengo de dar cuenta a Dios cuando lo leáis.

No hay pulgas ni piojos ni chinches ni zorras ni lobos ni lagartijas ni otras malas sabandijas. Hay lagartos y ratones, y éstos, despues que han traído los cristianos heno, donde se crían. Hay murciégalos que donde alcanzan a picar de noche, cuando ellos vienen y reinan, al que estuviere desnudo y le toman en descubierto, hácele sangre hasta que se muere, si no se la detienen.

Es la tierra muy áspera y fértil; creo que es de no esquilmarse ni sembrarse la tierra, de estar holgada, y también porque les visita muchas veces los aguaceros. Hay siempre muy gran calor y ningún frío de invierno ni de verano. Las frutas que comen son brevas monteses, que ellas se nacen como en Castilla, medianos, y hubas de palma. El pan es de raíces; tampoco se pone mucho trabajo en sembrallo y cogello, lo cual hacen sin herramientos sino con palos y con las manos, de manera quellos viven con poco trabajo, si los dejásemos.

Navegar por la mar del Sur es como por un río sin tormenta, sin admirarse. Diciembre y enero y febrero y marzo son los tiempos buenos para navegar, porque en este tiempo reina la brisa para ir desde esta provincia que se llama Castilla del Oro, donde se embarcan para el Perú. Todos los otros ocho meses del año reinan vendabales que son contrarios para navegar. Yo partí a 20 de marzo. Embarqué tres caballos —costáronme los fletes dellos 450 castellanos, a 150 cada uno—, y cuatro criados y dos esclavos y una esclava —los criados a 30 castellanos y los esclavos a 20—, mi persona, con la cámara del navío, 100 castellanos o pesos de oro, cual más quisiéredes, cuatro cajas, cada palmo a 4 castellanos, con muy buen matalotaje.

Dos días antes que me embarcase en este dicho puerto de Panamá, recibí una carta de un buen amigo mío en que me aconsejaba que me volviese y me avisaba como murmuraban de mí, diciendo que quería más de lo que era razón, teniendo 150. 000 maravedís de renta, y que venía a buscar más. Al cual fue respondido en esta guisa:

«Señor: Recibí vuestra carta y consejo y aviso en ella contenido y os agradezco y tengo en merced el trabajo. Lo cual con palabras os quiero satisfacer. Habéis de saber, señor, que yo sé que, si muero en esta demanda, la dicha murmuración de vuestra carta ha de reinar y perseverar. Para lo cual tengo un remedio, que ni lo oiré ni lo sabré ni por ello se me dará un cornado. Con lo cual os quiero concluir en este caso, aunque bien pudiera alegar que los haberes y bienes y hacienda del hombre ha de ser conforme a su voluntad y a su costumbre, y no a la ajena, y a su apetito, y no al de otro, porque el mío y mi voluntad es de mandar y holgar, así en cosas de veras como de burlas.

»Para lo cual no bastaba lo que, señor, decís, porque en la verdad el hombre que vive en su tierra ha de tener oficio del rey en ella; y el que torea y juega cañas en ella, para ejercitar este ejercicio. Porque si un cañazo o cornada me mataba uno de los caballos, era menester empeñarse o andarse a pie. Si una pieza de mi casa se me caía, estar al Sol de Dios o morir de hambre. También, señor mío, sé y os hago saber que si vivo y voy rico, la murmuración se ha de deshacer como la Sal en el agua y volver en loor, diciendo: "¡Mirá el que no temió frío, sed ni cansancio, peligro de mar, peligro de tierra, pudiéndose pasar sin ello! ¡Mirá qué hiciera, si no tuviera nada!", y otras cosas muchas, que por no ser prolijo, no os digo, sino que os certifico que lo que Dios me diere ha de ser para dar; si no, desde ahora le pido que me lo desvíe. Y así ceso.»

Lo que me acaeció y vi en la tierra del Perú

No os contaré tanto de lo que vi como de lo que me pasó, porque como dicho tengo, este libro no es sino de mis acaecimientos. Yo llegué a la bahía de San Mateo, tierra del Perú, postrero del dicho mes de marzo que dicho tengo partí. Y aquí desembarcamos los caballos y la gente, los cuales y parte de la gente fue por tierra hasta una punta que se llama Santa Helena. Y después los echamos en Tumbes y fuimos nuestro viaje por tierra de la manera que adelante veréis.

Llegué a un puerto que se llama Puerto Viejo en la dicha mar del Sur, tierra del Perú, hasta donde me vi en muy grandes trabajos, y fatigas y peligros, por-que, como venía por capitán de gente muy honrada y de muy buenos hidalgos y caballeros, fue menester tener gran templanza y no menos reguridad. Y no menos congoja me daban el maestre y marineros, porque él me decía que era justicia en su nao y los marineros lo concedían, de manera que fue menester gran maña y sagacidad, la cual aunque propia mía, no me la dio Dios; con su ayuda y mi mucha ispiriencia tengo alguna. Y usándola lo mejor que pude, desta manera —porque sepáis lo que hice y lo que habéis de hacer—, traté la gente —y debéis de tratar, si fuéredes capitán—, en esta guisa. Así como cuando una casa le quieren mudar los postes que la tienen y meter otros, ajuntan el uno y derríbanlo y pónenlo de nuevo, el cual puesto y fortalecido y halagado; derriban el otro y así el otro y los otros —si los derribasen todos juntos, darían con la casa en el suelo—, así debe de hacer cualquier capitán con la gente que tiene a cargo. Si maltratare uno en dicho o hecho, antes que maltrate otro u otros debe a aquel que derribó tornarlo a hacer de nuevo, encalándolo con palabras y, si menester fuere, con obras, porque si se derribaren otros, esté aquél alzado, porque de otra manera sería dar con la carga en tierra y tenellos a todos des-contentos. Llegué al dicho puerto bien con todos, no dejando de haber hecho justicia ni dejándose de alabar ninguno que no lo hice bien con cada cual ni que dejé de le castigar. De aquí se os dirá lo que adelante acaeció.

Este viaje de la mar del Sur es trabajoso por la tardanza que procede en los temporales, no de la mar, que como tengo dicho es apacible y sosegada. Desembarqué los caballos de la nao en tierra y de tierra a la nao tres veces, por ser los tiempos contrarios y haberse de navegar a la volina, que es navegación muy trabajosa, y muérense los caballos en ella. Y estas veces que los metimos de la tierra a la nao fue por pasar unos ríos y brazos de mar que entran en la dicha tierra, lo cual fue forzoso por no hacellos rodear mucha tierra. Y la postrera desembarcación fue en Túmbez, nue es treinta leguas de San Miguel. Do las gracias a Nuestro Señor y Salvador Jesu Cristo: saqué tres caballos vivos. Y como no había menester mas del uno dellos para mi persona y el otro para mi paje que me trajese la lanza y mochila, acordé de vender el otro a un Alonso Garcés, oficial candelero, vecino de Sevilla en la colación de Santa Catalina, por precio y cuantía de 1. 000 pesos de oro de 450 maravedís cada uno y 70 marcos de plata fina, hundida y marcada.

Y antes que os cuente lo que en esta tierra del Perú más me acaeció, os quiero decir lo que vi en la tierra de Nicaragua, que es una mar dulce entre la mar del Sur y la mar Océano, metida en la dicha tierra, de cien leguas de longitud y dieciocho de latitud, con dieciocho brazas de hondo. En la cual mar hay muchas tormentas y malas navegaciones. Hay muchas islas de indios y llámanle el golfo de Sanlúcar. Va a desaguarse a la mar del Sur. Engéndrase de muchos ríos que vienen a dar a ella con ayuda de Dios, y lo que más la ensoberbece es lo que Dios sabe y no otro.

Tornando a mi Perú, al presente por esta carta que escribo a los señores míos dom Pedro Enríquez de Ribera y prior de San Juan y obispo de Córdoba, su hermano, y obispo de Escalas, lo veréis, que el traslado de la cual es este que se sigue. Y después os contaré lo que adelante me sucediere, si viviere.

«Partí en la peregrina nao de los abrigados puertos de la occidental Sevilla y su vecina Sanlúcar, muy magnífico señor, y contra el solar ocaso enderecé la desenfrenada proa, encomendando el freno de su regimiento a la fidelísima popa, do viene el gobernario de su enderezada derrota y de mi determinada vía, con hinchadas velas y próspero viento que de mi cabeza sallía, así por el enojo que el señor conde don Fernando me causó y procuró con el ayuda de mis vecinos y sus consortes como por mi acostumbrada condición —a lo menos según él y ellos dicen—, colando las inquietas hondas con el humilde vientre de la dicha nao y por el maravilloso aviso de la indiana piedra imán, que es la que muestra por dónde se han de navegar, y por la singular industria de la marinera carta, no sin el consejo eterio de los planetas, se pone en la confusa y marítima vía, siguiendo cuanto ella puede a virtuosa voluntad de su patrón, deseoso de dar a mis ojos nueva noticia de extraños pueblos y olvidar los tormentos dese apasionado dragón con sus dragoncillos, hasta en tanto que Dios o el rey o el tiempo los amanse o a mí endraguezca para que no me tengan ventaja y de ennoblecer mi ingenio, estimando más valer por más saber con la experiencia de estas nuevas prácticas, repartidas en diversas vías.

»Como verdad sea que todos los hombres naturalmente desean saber, y yo, pues, como hijo obediente a la ingrata natura, aunque con harto peligro, salí fuera del seguro puerto de la ciudad de Sevilla, mi propia naturaleza, con la sobredicha nave, aventurándome, imponiéndome al peligro de la mar e inquietas carniceras leguas que allá quedan, que son peores que pésimas hondas; a la cuales para el regimiento de combatirme, no les faltaba capitán general en vida del dragón Fernando conde, el cual ha sido causa de mis trabajos. Y plega a Dios no sea, o sea de los suyos, que no nos desavendremos por esto.

»Con los cuales míos he llegado a esta tierra del Perú, do yerro precian más qué oro; la plata danla de valde. Ya que he dado cuenta a Vuestra Señoría de mi salida y llegada, quiero dalle cuenta de este Nuevo Mundo y luego en lo segundo, de mí, su viejo y cierto servidor. Acá estoy, debajo de la línea equinocial, perdido de norte; no aprovecha más mirar al suelo que al cielo para vello. La gente es bárbara; hay mucha. Es muy temerosa que les hagan mal ni daño. Es muy ingeniosa. Tienen y hacen muchas ropas de diversas maneras. Hay colores hermosas de lanas de ovejas y de pluma y de oro y plata tirada; y deste metal, grandes vajillas labradas; muchas pieles y aforros galanes y provechosas para el frío, el cual es tan grande que es un frío pintado el de Burgos y aun el de Alemania. Estos aforros son de lana de las dichas ovejas, las cuales son grandes y de carga. Dómanlas como allá hacemos. Las bestias llevan cuatro arrobas de peso; andan muy llano. Los carneros llevan algo más. Hay tigres y leones y lagartos muy grandes. (Tienen sus hijas en monasterios encerrados, guardando su virginidad las que no han de ser casadas. No adoran sino al Sol.) Hay puercos monteses con el ombligo en el espinazo. Hay venados.

»Oro y plata y piedras preciosas, especialmente turquesas, como tierra. Este tesoro se ha de haber desta manera; y lo debo de contar, así porque así me parece cosa encantada y así creo se descubrió por voluntad de Dios sin ayuda de vecinos, como porque aunque son honrados hombres los compañeros gobernadores Pizarro y Almagro que lo descubrieron, eran dos pobres hombres que con sus bateas sustentaban sus vidas y vivían contentos. Y aunque acá sean casi reyes y pueden dar más que todos los del mundo juntos, porque cada día hacen merced de diez y veinte y cuarenta mil vasallos, con otros tantos ducados de renta, ríos y valles, etc., andan como dos pobres compañeros en sustancia y en aparencia. No saben leer ni escribir ni firmar.

»Y volviendo a cómo esto quiero y debo contar, los que este gran tesoro han de haber, han de pasar primero por un gran lago —bravo, largo, peligroso, congojoso—, el cual es el mar Océano. Ha de ventir a portar a un puerto que se llama el Nombre de Dios, Castilla del Oro. En este castillo ha de hallar un gigante espantable con una maga muy grande y recia, que ninguno pasa que no mata o espanta. Y de cien son los muertos los ochenta, por lo menos los sesenta. Llámase este gigante Valentín; es una dolencia que en pocos días los despacha. El que de aquí pasa con esfuerzo o maña, primeramente con ayuda de Nuestro Señor Dios, en lo cual ha menester poner su bendita mano, entra en Tierra Firme. Atraviesa dieciocho leguas, ásperas y espesas montañas do hay muchos leones, tigres, lagartos, y murciélagos que cuando lo toman a uno descubierto, le pican y sacan mucha sangre y, si no se remedian, se desangran y mueren. Es menester andar por un río do, por el aspereza de la tierra, se ha hecho el camino; allega el agua en partes a la rodilla y en partes a la cintura y en partes a la garganta del hombre. Desta manera se han de andar siete leguas de las dieciocho.

»Llegan a un lugar, puerto asentado que se llama Panamá, a la orilla destotra mar del Sur, do podemos decir que está un negro fiero con otra maza que se llama Jorgete, que en tres o cuatro días esta enfermedad despacha de la vida al que en estotro le ha escapado, con muy feroces calenturas. El que de estas desaventuras ha osado y podido pasar, entra en la mar del Sur, como quien entra en salas y en palacios ricamente guarnidos. Es mar como leche en la

navegación della en la blandura y sosiego, sin tormenta ni peligro, y apaszible-
mente allegan a esta dicha tierra del Perú, do está este dicho tesoro. Estálo
guardando un viejo anciano, barbiblanco que ha nombre Pizarro. Dalo de buena
gana a los que han osado o podido pasar estos peligros y trabajos. Su compañero, Almagro, es ido a entrar la tierra adentro en busca de otro mayor tesoro
de que tienen certidumbre que está en una provincia que dice que se llama el
Quito. Así se llama el señor de la tierra y la misma tierra, el Quito.

»Yo he pasado esto con ayuda de Dios Todopoderoso, a quien ruego me deje
ver a Vuestra Señoría antes que muera. Entonces daré por bien empleados mis
trabajos, aunque han sido muy grandes y espantables y peligrosos. A lo cual
digo y gloso la canción de "Amor manda y ordena", diciendo: "Codicia manda y
ordena que tenga por muy buena la triste vida".

»Tal sería ella, si gastase lo que queda en vuestro servicio y conversación;
con lo cual tengo algún consuelo. Y porque en esta vida humana no hay nadie
que tenga segura la vida, así por los peligros que se han de tornar a pasar
el que tuviere ventura de volver a su casa, como por la condición con quien
vencimos y la obligación que tenemos a nuestra señora la muerte, es menester
que Vuestra Señoría ruegue y mande rogar a Dios por mí a quien con deboción
y derecho pueda y deba.

»De mis riquezas no quiero dar cuenta porque soy parte y porque no son
tantas cuantas querría y me parece que merezco, porque es verdad que, con-
siderados los peligros y trabajos, cualquier zapatero podría decir otro tanto,
cuanto más quien tenía tanto como el conde de Gelves, señor de Merlín, con
una casa en Sevilla y dos en el campo, como él. Yo haré mis diligencias, en
hecho como hago en dicho, de volver dentro de tres años que salí desa ciudad,
a servir a Vuestra Señoría. Haga Dios Todopoderoso su virtud. A quien encomiendo a Vuestra Señoría le guarde y acreciente, y a mí no olvide. Del Perú. Su
buen servidor de Vuestra Señoría.»

Ya os tengo dicho que de tres caballos que traje vivos a la tierra del Perú,
vendí el uno en 1. 000 castellanos y 70 marcos de plata, porque me bastaban
dos, el uno para mi persona y el otro para un paje. Ahora os digo que destos
dos que me quedaron, se murió el uno y compré otro por 1. 000 castellanos. Y
aunque compré caro y el que se me murió di barato, en ser Dios el corredor y

el señor, díle y doyle gracias, porque en lo demás me hizo y hace más mercedes que yo merezco, así en la salud de mi persona como en la vida de mis criados y esclavos y otras muchas buenas venturas. Y a este mal dije y digo: «Bien vengas, si vienes solo», como hasta ahora ha sido y creo que será, confiando en Nuestro Señor Jesu Cristo Todopoderoso y en su bendita Madre, de quien no he seído poco ayudado, según los trabajos y peligros que yo he pasado.

Éos dicho que esta mar del Sur es blanda y asosegada, sin sinsabor y sin peligro, porque ni hombre se marea ni navío se pierde. Así os lo torno a decir; mas como no quiso Dios que en esta vida hubiese risa sin lloro, hay muchas calmas y corrientes en ella, a cuya causa se descaen los navíos y es menester después venir costa a costa, tomando aguajes y cosas necesarias de la tierra. Y así hice yo, mezquino, que abajo a una bahía que se dice San Mateos. Allí desembarcamos los caballos, los cuales trajimos por tierra y el navío a costa della hasta otra bahía que se dice la bahía de los Carraques, ado hay un río grande de una legua en ancho, muy luengo, el cual fue menester pasar los caballos en el dicho navío y luego desembarcallos y tornallos a tomar en la punta de Santa Helena, que habrá en todo esto ochenta leguas, poco más o menos, do fue menester embarcallos otra vez hasta Túmbez, que es la postrera embarcación de la mar y del mal, porque todo lo otro es tortas y pan pintado.

Quiéroos dar cuenta de mi salud hasta hoy día de la hecha, que es primero día del mes de mayo, año del nacimiento de Nuestro Salvador Jesu Cristo de 1535 años; como el año pasado antes déste, de 34, salí de Sevilla a recibir al emperador que venía de Italia. Llegué al reino de Aragón en un lugar que se llama Monzón, do hallé a Su Majestad comenzando las Cortes de los reinos de Cataluña y Valencia y Aragón. Yo llegué, de las aguas y mudanza de mantenimientos y trabajos del camino, hinchadas las piernas. Y después, al pasar de los ríos, me casi pasmé. Y con los ruines aposentos que hay en el dicho lugar —donde concurrían los procuradores de Cortes de los dichos tres reinos y otros grandes señores y géneros de personas que así salían a recibir a Su Majestad—, y pocos refrigerios que allí tuve volví a la dicha Sevilla, doliente y flaco y entecado y casi pasmado. Y por esto, con la ruin color que desto procedía y porque me curaron con unciones, fue pública voz y fama que eran bubas. Las cuales no fueron, y si fueron, fueron buenas o bonitas, porque ni trajeron llaga ni dolor ni tolondrón ni cosa que lo pareciese, ni tampoco hasta ahora, después que de aquélla sané —aunque he andado en ciénagas y aguas, aires y fríos, no guardando el cuerpo dello ni la voca de pescados salados y carnes cecinadas, durmiendo al sereno—, no rne ha hecho mal alguno, que suele esta dolencia enojarse con estas cosas, y —las gracias a Nuestro Señor Dios—, estoy bueno y recio, sin haber tenido ningún mal desde que salí de Sevilla hasta el día de hoy, con no estar en parte, así en la mar como en la tierra, que no murían las tres partes de la gente, sin haberme hecho beneficio ninguno sino comer un poco de orégano las más noches. Y no es pequeño beneficio éste ni lo debéis dejar de usar, porque para las cosas siguientes aprovecha:

Quien orégano deshecha mucho ignora su virtud. A siete cosas aprovecha y a otras muchas da salud: ver, oír y memorar; la flema gasta y desiste; el rostro amarillo y triste presto hace colorar. Esta yerba singular da calor a la cabeza cuando quiere resfriar. Desde este puerto de Túmbez hay treinta leguas por tierra al de San Miguel y por mar cuarenta, sino que está metido el lugar, veinticinco, leguas adentro de donde surgen las naos. No tienen allí el lugar porque no hay agua ni leña, aunque de leña todo el Perú carece.

De lo que me acaeció en San Miguel

Primero quiero decir que me he remediado de los grandes trabajos con ocuparme en cosas que no sé bien hacer, por tardar más en ellas y ocupar tiempo, por lo que debéis perdonar la trova, si no fuere tal. La cual pongo aquí, así por deciros todo lo que paso y hago como por darme apetito para escribir idároslo a vos para leer, la cual es hecha al propósito de mis trabajos. Y luego en prosa proseguiremos nuestro viaje y acaecimientos, así lo que en este San Miguel me sucediere como de allí para adelante, haciendo primeramente daros —por fe de escribano aquí signado en fe y verdadero testimonio de verdad—, algunas cosas que podréis dudar. Y cuanto a lo que toca al metro, es lo siguiente:

«Por tales senderos me guía mi suerte que sé donde voy e hierro la vía. La vida es conmigo y yo siento la muerte; tristeza me sobra, publico alegría. Mil años se pasan, paréceme un día, y en medio el reposo, fatigo y afano. Deseo mi mal, mas no lo querría. Y sudo en invierno y tiemblo en verano. Yo voy por lo alto y estoy en lo llano; yo no tengo manos y contino escribo; yo sé que me pierdo, yo sé que me gano; yo sé que soy libre, también soy cabtivo. Tras otros me voy, de mí soy esquivo sin lumbre vería, por bien que estoy ciego. Yo propio me mato, yo propio revivo y en mí son amigos el agua y el fuego. Desmayo en un punto y esfuérzome luego. Hallé a don Juan muerto, mi hermano postrero destos trabajos estoy muy somero. Con carga pesada me hallo ligero, y en dos palmos de agua me hundo y anego; y en medio del mar me voy por do quiero. Falléceme lengua, soy todo parlero; estoy en prisión, yo tengo las llaves; yo siembro en agosto y cojo en enero. No entiendo las gentes y entiendo las aves; navego en barquillos, combato con naves. Prométenme paz, yo pido la guerra. Las pesgas de plomo me son menos graves; no salgo del cielo y estoy en la tierra. No hay valle más hondo ni más alta sierra; las nubes excede mi gran pensamiento.»

Yo partí de Sevilla por invierno, do digo verdad que pude sudar, y llegué al Perú en verano, do no digo mentira que tiemblo de frío. Subiendo a la gavia de la nao o navío, queriendo bajar con una cuerda como marinero, me desollé las manos, de manera que puedo decir que no puedo escribir. Y por no ser más prolijo en esta materia, ceso, rogando a Nuestro Señor, etc.

«Yo, Pedro de Nájera, escribano de Sus Majestades, doy fe y verdadero testimonio que vi y hoy con los testigos infraescritos en la isla Española del mar Océano dar tres pregones públicos por mandado del señor presidente y oidores de la cancillería real que allí reside, con un pregonero en alta voz y un escribano de la dicha cancillería, que le decía que fuese notorio y manifiesto a todos, por parte de Su Majestad, como el magnífico caballero don Alonso Enríquez de Guzmán, gentilhombre de su real casa, era por ellos elegido y escogido por capitán general de la provincia de Santa Marta, Tierra Firme en el mar Océano, para que fuese con el doctor infante, oidor en la dicha cancillería, el cual iba a tomar residencia al gobernador que al presente allí residía, el cual en ella había de estar treinta días y dejar al dicho don Alonso. Y que había por bien que fuese su lugarteniente Alonso Bueno, y alférez de guión Francisco Maldonado, y que, porque fuese manifiesto y público, se mandaba pregonar. Y así se dieron tres pregones un día, domingo a 20 de diciembre deste año pasado de 1533 años. Y se dio el un pregón en la plaza principal de la dicha ciudad y el otro en medio de las cuatro calles y el otro en la marina cabo las naos.

»Y asimismo doy fe como el dicho señor don Alonso vino por capitán desde Panamá, que es Castilla del Oro, de muchos caballeros e hidalgos y personas principales y de la nao grande nombrada "San Andrés" hasta esta provincia del Perú, do todavía lo es. Y asimismo doy fe que vendió un caballo por 1.000 castellanos, cada uno de valor de 450 maravedís, y 70 marcos de plata fundida emarcada; y asimismo que se le murió otro. Y asimismo doy fe que, siendo yo el dicho escribano su criado y oficial en este mi oficio de escribano, vi que le acaecieron muchas cosas en este libro escritas, en lo que toca a estas partes de las Indias. Asimismo doy fe que dejó el dicho don Alonso de ir con el dicho cargo a Santa Marta porque no hubo tanta gente cuanta él quisiera para defendella y conquistar la tierra, y que los señores presidente y oidores mostraron que les había pesado y que quisieran que con poca o mucha gente fuera.

»Todo lo cual yo, el dicho escribano, doy fe que vi por mis propios ojos y oí por mis propios oídos, siendo testigos el capitán Juan Muñoz y Cristóbal de Mendoza y Juan González de Noreña. En fe de lo cual hice este mi signo en testimonio de verdad. Hecho en la ciudad de San Miguel, último de julio, año del nacimiento de Nuestro Salvador Jesu Cristo de 1535 años en testimonio de verdad. Pedro de Nájera.»

Ya os tengo dada cuenta, aunque en este libro no me es obligado a dárosla de más de mí y de lo que me acaece, mas como hombre debe ser más agradecido, haciendo lo que no es obligado, no quiero dejar de tocar en algunas cosas demás y allende, porque me lo agradezcáis, y lo sepáis, aunque por lo susodicho no será más de tocar en las ajenas y generales, pues en las mías particulares os doy harto que hacer.

Y como he comenzado, ya tengo dicho que naturalmente estos indios son fiebles de fuerzas y de esfuerzos y de juicio, y naturalmente en general amenguados de todo género y manera de habilidad y maña y fuerzas y esfuerzo. Y en lo que aciertan es por la mucha ociosidad, porque no se ejercitan en oficios ni en arar ni cabar ni estudiar en cosas temporales ni espirituales ni en otras cosas en que nosotros los cristianos nos solemos ejercitar y desvelar. Y así les mengua las fuerzas por falta de mantenimientos, porque no comen sino leves viandas de calabazas y una manera de melones y batatas y otras yerbas cocidas con una manera de especia que se llama ají, y esto con todas las cosas.

Si alguna vez, aunque pocas, comen ovejas, que no hay otra carne, es cruda, y asimismo el pescado. Y la calidad destas ovejas es que se pasan sin beber quince días, y no tienen yel.

Y aunque, como digo, parte desto os tengo dicho, tórnolo a decir más largamente por veniros a decir como caso de admiración. Aunque éstos están proividos en buena razón que no se cuente, por otra parte veo que si no es el caso admirable, ya no se hace caso dello, según todos usamos a ver y hollar el mundo —lo que ser no solía—, y también porque tengo muchos testigos.

Es que Tabalica hizo Dios tan aventajado y prosperado y capaz de todas las cosas de que he puesto dolencia a todos estotros indios que verdaderamente no le faltaba más de ser cristiano para merecer ser rey dellos, como lo era, y de muchos más, aunque no hay tantas hormigas en toda España como indios en estas partes. Y ha sido propia la comparación porque como hormigas son en todo y así andan los caminos hechos sogas, dellos como dellas.

El cual Tabalica, cuando de los cristianos fue preso y muerto, sería de edad de veintiocho o treinta años, bien dispuesto, de mediana estatura, algo gordo y carirredondo, blanco y gentillhombre. Servíase de mujeres y no de hombres, y los hombres que servían a las mujeres, capados. Traía una borla de grana en la frente, a manera de corona de rey. Adoraban en él; ninguno le venía a ver que no lo traía presente en señas de tributo. Y aunque eran muy grandes señores los que le venían a ver, entraban cargados con el presente ellos mismos. Ninguno entraba donde él estaba sino descalzo. En mentándole en su ausencia alzaban las manos. Traíanlo en hombros de camino, y de rúa en andas, por los caminos los hombres bajos y en las villas y lugares, los grandes señores. Teníanle hechos caminos a manos, de quinientas leguas en largo, y en ancho que caben diez de a caballo, el suelo como la palma de la mano y una pared de una parte y otra de una tapia en alto, y árboles de una parte y otra que quitaban el Sol. Y cuando caminaba, iban cuatro o cinco mil indios delante, varriendo el camino con las mantas que ellos traen por capas. Y era tan agudo que en veinte días supo la lengua de los cristianos y jugaba al ajedréz y al aniquín en los naipes. Era tan gracioso y cortesano como a la postre veréis, de que os haya contado su principio y os cuente su fin.

Éste era hijo de un gran señor, rey de una provincia que se llamaba el Cuzco y otra que se llama el Quito, el cual se llamaba Guaynacaba en su indio.

Sojuzgaba más de mil y quinientas leguas de tierra. Fue temido y amado y servido como su propio Dios y así le adoraban, cuando vivo, y ahora creen, cuando muerto. Tuvo este hijo Tabalica y otro al cual dio el reino del Cuzco que era el mejor, y a Tabalica el del Quito. Y después de muerto el padre, revolviéronse los hijos sobre el señorear; y el Tabalica envió sobre el Cuzco un su capitán con gran multitud de gente. El cual le dio batalla y prendió al Cuzco —que así le llamamos como a su reino—. Y preso, hízolo saber a Tabalica su señor.

El cual, desque supo que el Cuzco su hermano decía que el capitán de los cristianos que quería tener por hermano —que a la sazón había llegado, aunque no bien lejos dél—, le sacaría de la prisión mandó luego matallo. Y desque supo que Cuzco su hermano decía que había de beber con la cabeza de Tabalica, él mandé traer la suya y así la hizo, con su cuero en cierta manera enjuto, engastar en oro y bebía con ella. Y así fue rey de la tierra del Cuzco como del su reino de Quito, y lo fuera de todo lo que pudiera alcanzar a ver, si sus días le dieran lugar. Y así iba con grande ejército pasando y señoreando adelante, si los cristianos no le hicieran volver. Y no volvió a pelear con ellos sino a castigallos por el daño que vienen haciendo en sus reinos. Y así, por tenellos en poco, se cumplió el refrán: «Quien a su enemigo popa...», porque de otra manera no fuera preso o muerto.

Desta manera llegaron los cristianos cerca dél, y a legua y media dél enviáronle a diez de caballo a le decir que no querían su oro ni su plata ni hacelle mal a él ni a sus vasallos sino ser amigos y hermanos. Los cuales fueron mostrando mucha ferocidad por metelles miedo con los caballos, que es cosa de que ellos se espantan mucho, especialmente de que han corrido y llevan las ventanas de las narices abiertas. Y así de aquella manera pusieron las cabezas de los caballos encima de la suya —que estaba en el campo y sentado con gran tribunal, con gran multitud de gente—, tanto que el resuello de los caballos le hacía menear la borla de la frente de su corona. Y él, de animoso, mostrando que no se espantaba, aunque era cosa que él nunca había visto ni muchas veces oído, no quiso algar la cabeza.

Y oyó su embajada, y respondió que, si los cristianos querían ser sus hermanos y amigos y no roballos, que volviesen todo el oro y plata que en Túmbez y en Piura habían tomado a sus vasallos, y quél sería contento de ser su amigo y quél iría otro día adonde ellos estaban. El cual fue con mucha multitud de gente, después de haber muerto mucha multitud de sus indios, porque hubieron miedo a los diez de caballo que dicho tengo, y teniendo en poco los cristianos, se entró en ellos. Y salió un fraile a recibillos con los mandamientos de la fe cristiana que muchos de nosotros por nuestros pecados no sabemos como debemos. Y diciéndóselo, le dio un libro en las manos al Atabalica. El cual lo tomó y lo arrojó en el suelo y dijo: «Ni entiendo ni quiero entender lo que dices, sino en desagraviar mis vasallos. Vuelvan los cristianos, como me han enviado a decir, el oro y plata que les han tomado, que a esto vengo, y entonces yo seré su hermano y amigo, como ellos piden».

Entonces el malmirado fraile —creo que podríamos decir, alborotador—, comenzó a apellidar, diciendo a grandes voces: «¡Vení, cristianos, a vengar la injuria que se hace a la fe de Jesu Cristo!».

Los cuales salieron y sin dejalles entrar en juego mataron muchos de los indios, y antes que se meneyase Atabalica, le prendieron en la litera en que venía.

El cual quiso saber las cosas de los cristianos y dentro de dos meses que fueron de su prisión hasta su muerte dijo y pasó esto y otras cosas muchas que no diré. Espantóse mucho cómo por escrito se hacían saber los cristianos lo que querían. Y desaminólo mejor que otro rey que prendió Hernando Cortés en la Nueva España que dice que rogaba a la carta que le dijese lo que decía a los cristianos, porque creía que hablaba. Éste no lo hizo así, sino rogó a uno que le escribiese ciertas palabras que él quiso; luego, sin dalle lugar a que lo dijese a nadie, apartó a otro e hizo que él se lo leyese. Y bien desaminado, lo halló por especial gracia y maravilla.

Preguntó al gobernador, el capitán Pizarro, si era él rey de los cristianos. Respondió que no, sino un mínimo caballero de muchos sin cuenta que el emperador tenía. Preguntó que qué gente de guerra podría tener el emperador en campo. Respondióle el capitán y gobernador que quinientos mil hombres. Preguntóle que qué tanto los podía sostener. Respondió que cada diez años que ahorrase su renta con mantener su estado, podría sostenerlos uno. Él dijo: «Yo no puedo sustener tantos, pero sostendré doscientos mil toda la vida».

Díjole un día, burlándose con él, el capitán y gobernador: «Atabalica, gentillhombre eres y bien dispuesto».

Respondióle enojado: «Soy tal cual mi madre me parió. Y no me prendieras, si no te creyera que me querías por hermano y por amigo. Pero ya que lo hiciste, darte-he esta pieza, de veinticinco pies en ancho y en largo y tres tapias en alto, llena de oro, y suéltame».

Respondióle que era contento. Y tráeselo. Y soltóle el ánima del cuerpo y sentenciole a quemar. El cual dijo que no tenía razón; que si más oro quería que más le daría, y que si era ardid de guerra para señorear a sus vasallos, que más seguridad era tenelle preso y vivo, porque bien podía creer que no habían de hacer todos sus vasallos sino lo quél mandase dende la prisión; y que, estando él preso, podían dormir a sueño suelto y andar seguros los caminos los cristianos; y que cuando alguno matasen, lo matasen a él. Y dijo verdad, porque después que hicieron justicia dél, mataron muchos cristianos y al presente no andan seguros, como en efecto le obedecían como a su Dios.

Y desque le llevaban a quemar, iban tras él trescientas mujeres que le servían, llorándolo, entre las cuales eran veinte hermanas suyas que su padre, el Cuzco, había habido en muchas mujeres, las cuales, aunque eran hermanas, tenía por mujeres, en quien tenía hijos, lo cual es costumbre de su nación, tener acceso y exceso con las hermanas. Dijo este Atabalica, estando preso por los cristianos, al capitán y gobernador: «Señor, ¿a este hombre chico y corcovado —por uno desta manera que presente estaba—, dáisle parte igual con los otros hombres de guerra? Porque yo no se la diera, que éste con un vasito de oro y aun de plata le podríades hacer pago».

Las dichas mujeres nunca pudieron apartar de con él, cuando lo llevaban a quemar, hasta que él volvió la cabeza a ellas y con una voz airada les dijo: «¡Volvéos!».

Y así lo hicieron y se fueron a ahorcar y se ahorcaron veinte dellas. Y a él saltáronsele las lágrimas de los ojos. Y preguntáronle que por qué lloraba. Dijo: «Porque me quieren quemar sin hacer por qué. Si quieren más oro, déjeme, que yo les inchiré otros dos hoyos como el que inchí primero».

Preguntó el gobernador que en qué tanto tiempo. Y dijo que en cincuenta días. Parecióle que era largo el plazo y que lo decía por alargar la vida. Y efectuó su buena o mala intención.

Esto júzguelo Dios, que es el sabidor de lo visible e invisible, que yo no puedo contaros sino lo visible, por mis pecados. Esto aunque no lo vi, podéislo creer, porque llegué al atar de los trapos, aunque Tabalica no los había menester, que no le degollaron sino diéronle un garrote. Él murió cristiano y pidió y recibió agua de bautismo, porque en todo fue razonable. Y si no le aprovechó para el cuerpo, aprovechalle-ha para el ánima adque en gloria.

Lo que me aconteció saliendo de la postrera desembarcación del mar de mi navegación y entrando la tierra adentro

Llegué a una ciudad poblada de cristianos que se llama Piura. Los cuales, como de todas las otras cosas que se pueden saber, porque las procuran por el deseo de la patria, supieron mi desembarcada en el puerto desta ciudad, que es veinticinco leguas adentro de la tierra de la mar. Y no asentaron el pueblo a la mar porque es doliente y no hay agua ni leña ni yerba para los caballos. La justicia y regidores enviáronme tres leguas del dicho pueblo muchos refrigerios y cosas de comer. Y caído el Sol fue mi entrada, según por ellos fue ordenada. Y salieron a recibirme una legua. Y así entramos en esta ciudad, donde fui muy bien aposentado, y estuve un mes, restaurándome del trabajo de la mar y a mis criados y caballos. Y por el caballo que dicho os tengo que se me murió, compré otro caballo fiado por seis meses por 600 castellanos.

Desde la gran ciudad de Túmbez, que es a la lengua de la mar, poblada de indios, do no hay más de un cristiano, y está una gran casa del señor de la tierra, labradas las paredes de adobes a manera de ladrillos y con muchas colores muy finas pintadas y barnizadas, que nunca vi cosa más linda, la techumbre de paja también labrada, que no parece sino de oro, muy fuerte y muy grande y muy hermosa, hasta la provincia nombrada el Cuzco hay trescientas leguas de acá, que son quinientas de Castilla. Es un camino derecho sin torcerse a ninguna parte ninguna cosa, muy llano entre muchas grandes y altas sierras peladas sin yerba ni árboles. En muchas dellas, así en las bajas como en las altas, hay infinita arena que los aires a ellas suben y llevan, que no parecen desde lejos sino nevadas. El camino es tan ancho que cabrán seis de caballo; de una parte y de otra paredes de dos varas de medir en ancho y seis en alto, en algunas partes más y en algunas menos; y de la parte del campo árboles grandes, espesos, de una parte y de otra, que hacen sombra todo el camino. Estos árboles dan un fruto como algarrobas verdaderamente lo son, puestos a manos de dos en dos y tres en tres y cuatro en cuatro. En cuatro leguas, cuando más, está una casa quellos llaman tambos, como en España nosotros ventas, suntuosamente hedificados para cuando este señor del Cuzco y de toda esta tierra fuese y viniese de la dicha gran ciudad y casa de Túmbez a la provincia nombrada el Cuzco. Ya os he dicho que este señor se llamaba Guaynacaba y era padre de Atalavica. En este camino está hecha una ciudad, en otra que en lengua de indios se llamaba Chimo, sesenta leguas adelante de Piura, media legua do la mar, poblada de cristianos, nombrada Trujillo en nuestra lengua; y otra, ochenta leguas adelante, poblada de cristianos, que en lengua de indios se llamaba Lima y ahora se llama los reyes, dos leguas de la mar.

Aquí llegué muy fatigado e hinchados los tobillos, dañado el brazo. Curóme muy bien una mujer casada y honrada y feea, que es como han de ser las mujeres. Y tomá de mí este consejo, que el que no fuere casado, no pida mujer hermosa sino feea, por las siguientes causas: la primera, porque la feea tiene quitado el cuidado de la hermosa, dos inconvenientes, y los cuidados de los hombres contra ella y puéstolo en su casa y hacienda y el amor en su marido, porque sabe que de solo aquello ha de sacar el zumo y sustancia, y ha de ser querida por fuerza o por grado. Que la hermosa el primer año lo es para su marido y toda la vida para las otras gentes, las cuales muy aína tienen más parte en ella que su marido en su casa y en su hacienda. Y el discreto marido de las obras más que del gesto se ha de enamorar y de agradar de su mujer, y no ha de tenella para, por principal, holgar sino servir a Dios y multiplicar el mundo y su hacienda.

Lo que me acaeció en la ciudad principal de la provincia llamada el Cuzco, que ahora se llama en lengua de cristianos la Ciudad de los reyes, y la primera vista con el señor gobernador

Yo llegué a la ciudad de Lima de lengua de indios, y de los reyes en lengua de cristianos. Y así tiene la mejoría en la traza y asiento del lugar, casas y huertas, como en la fe de cuando era de infieles. Aunque más verdaderamente los podemos decir inocentes, porque ellos no tienen sus casas sino de setos de cañas, como corrales de gallinas, y así sucias y desbaratadas, a causa de sello ellos y de causallo los temporales, que ni hay calor ni frío ni aguas, porque nunca llueve. Digo en estos llanos, que en la sierra, aunque está cerca, es otro mundo, porque nieva, yela y llueve. Ahora los cristianos, como digo, aquí tienen hechas las casas de tierra, hechas de adoves pintados, y cobertizadas, como en Castilla; y buenas huertas dentro en ellas.

Entré en este lugar, que es el principal de acá. Salióme a recibir la justicia y regidores, que el gobernador no estaba ahí, que no era venido de la gran ciudad de Cuzco. Salióme a recibir toda la gente de caballo y de bien que a la sazón allí estaba, por cuenta cuarenta y seis de caballo. Salióme a recibir el camarero del gobernador en rica recámara de sinnúmero de oro y plata, que por su casero estaba en sus grandes casas y palacios nuevamente hechos. El cual me dijo: «El gobernador mi señor me tiene escrito vuestra venida a esta ciudad y a mandaros aposente y sirva en ella en sus propias casas».

Y así lo hizo hasta que vino el dicho gobernador y nos vimos.

Y porque a la sazón entré con gran dolor de muelas y mi intento para lo que hago este libro es remediaros y avisaros de los hierros, trabajos e ignorancias en que yo he caído, quiero deciros el remedio para este dolor, porque no hay mejor cirujano que el bien acuchillado. Y después os contaré lo que con el gobernador más me pasó. Con lo que hallé gran remedio fue meterme entre las encías ají, que en lengua de cristianos llamamos pimienta de las Indias. Y si esto herrare y vuestra complisión no me ayudare, tomá una yerba que se llama berros y sacalde el zumo con un lienzo y echad cuatro o seis gotas en el oído que más cerca de la muela está. Y si no, sean las dichas gotas de aceite de aceitunas caliente en el dicho oído. Tengo por tan grave y tan común este dolor que no menos me huelgo de daros remedio para él que para la vida o para la honra.

El gobernador don Francisco Pizarro, como hombre que ya me conocía y me era en cargo, me recibió muy cortés y amorosamente. Y otro día, para pagar mis fletes y deudas, me envió 2. 000 castellanos. Y dende en pocos días me dijo: «Señor, yo querría proveeros de algún buen cargo, según quien sois y merecéis. De no haber otro mejor que éste me pesa. La tierra adentro hay mucho que conquistar en que Dios y el rey nuestro señor será servido. Tomá esta empresa».

Yo le rendí las gracias y le proferí lo a mí posible, aceptando la merced que en ello me hizo y confiaba, dándome en que poder servir a Dios y haber el tesoro por lo que tantos trabajos y aventuras y peligros he pasado de mar y de tierra, de ríos y sierras, de hambre y de sed, etc.

Y porque adelante diré lo que me sucedió desta jornada, ceso al presente y entremeto este traslado de una carta que de aquí envié a don Francisco de los Covos, comendador mayor de León, de la orden y religión que yo tengo de Santiago, el cual es secretario y principal parte del emperador don Carlos, que vive y reina, mi señor. La cual, por lo menos el principio della, me pareció ponello aquí, porque no solamente la escribí para él y holgaré que venga a sus manos, sino a la noticia de todos. Que es esta que se sigue:

«Ilustre y muy magnífico señor: Ya Vuestra Señoría sabe que siempre que me conoció fue pobre de hacienda y no de juicio. Antes éste me sobró cuanto estotro me faltó, pues ni los aborrecí ni hice perjuicio a mi cuerpo ni a mi honra, que no fue poca sagacidad loquear, sin perjuicio de las dos cosas. Ahora que a Dios Todopoderoso ha placido sacarme desta necesidad, quiero declarar mi demasiada conversación o locuacidad, por mejor decir, estaba convidada de la pobreza, porque con ella me parecía apagaba el fuego del aborrecimiento que la pobreza trae consigo, y con la moneda de mi buena conversación se aguaba estotro defecto. Ahora que yo tengo otra moneda, no quiero usar estotra ni Vuestra Señoría me la tome en cuenta ni consienta usar ni pasar. Y en verdad que no tengo culpa si ha sido falsa, porque siempre la he gastado y despendido contra mi voluntad, no dejando de conocer sus quilates tan bien como los que la recibíades. Y tampoco quiero dejar de, avisando a Su Majestad y a Vuestra Señoría lo que cumple a su servicio y a vuestra honra, de ser importuno, pues, como digo, lo he sido en mi provecho. Y así suplico a Vuestra Señoría lo digáis de mi parte a Su Majestad. Y no lo hago por meterme en negocios y parecer cuerdo, que demás de creer que tengo satisfecho a Vuestra Señoría, tengo gran confianza en mis obras, ya que estoy libre de quien me lo hacía parecer y padecer.»

Cómo partí de esta dicha ciudad de Lima en lengua de indios, y de cristianos de los reyes, y vine a esta gran ciudad del Cuzco, la cual es do tiene su corte y asiento real el príncipe

destos reinos, y asimismo la casa del Sol que ellos tienen por Dios, como los cristianos la de Jerusalén

Conviene a saber que yo partí desta dicha ciudad para estotra, bien bastecido de caballos y negros y cosas necesarias para la honra y para el provecho. Y dende esta ciudad de Lima a esta otra del Cuzco, que está metida la tierra adentro ciento y treinta leguas —cada una como dos de Castilla—, por las más ásperas montañas y sierras que aquí pintaros podría. Y la causa desta mi jornada, con tener ya habido en la tierra ocho y aun 10. 000 castellanos, fue escribirme otro gobernador que era pasado adelante, que se llama don Diego de Almagro, a conquistar una provincia que se llama Cheriguana, que me quería encargar de todo lo que pudiese y tuviese facultad. Lo cual se dejó de efectuar, como adelante veréis, que se alzó la tierra y hubo indios de guerra en medio della, de aquella provincia y destotra, y de la una ni de la otra se pudieron socorrer los cristianos.

Y llegué a esta gran ciudad del Cuzco cansado y fatigado del luengo y áspero camino y mal proveído, porque era menester entrar a ranchear dos y tres leguas y, porque mejor lo entendáis, a hurtar a los indios lo que habíamos de comer. Los cuales me mataron un esclavo en la dicha demanda, que me había costado 600 castellanos. Llegué a esta ciudad, la cual está asentada en un valle con muy grandes y altas casas, todas de cantería muy fuerte y hermosamente labradas, y alderredor cercada de muy altas sierras. Y en una destas sierras, tres tiros de ballesta de la ciudad, una muy grande fortaleza y no menos fuerte, toda de cantería. Y un mancebo de veinte años, poco más o menos, por rey y señor, nombrado el Zapayuga, que quiere decir «solo señor» en nuestra lengua. El cual sucedió después de Atabalica, hijo de Guaynacaba, que tuvo cien hijos varones e hijas sin cuento.

El cual Zapayuga era de sus indios servido y adorado como si les hubiera salvado los cuerpos y hubiera de salvar las ánimas. Y así verdaderamente lo tienen por Dios, porque dicen que es hijo del Sol, a quien ellos adoran. Y así tienen en estatua a Guaynacaba su padre y lo adoran. Y tienen este estilo que de quince años arriba se horadan las orejas y con gran ceremonia, como cuando allá dan órdenes. Cada un año los que tienen edad y vienen a hacer esta ceremonia grande a este Zapayuga, y allí prometen tres cosas: adorar el Sol, y servir al Zapayuga, y sembrar maíz, que es el pan.

Y de mi dicha o su desdicha, acordó de alzarse en el tiempo que yo a esta ciudad del Cuzco llegué, o porque lo primitió Dios o nuestros pecados o porque los vecinos señores de sus caciques e indios les trataban tan mal, sirviéndose demasiado dellos, quemándolos y atormentándolos por sacalles oro y plata, que se lo hicieron hacer. Y un día, en achaque de ir el Zapayuga a buscar oro para Hernando Pizarro, hermano del gobernador, que al presente está aquí por su lugarteniente, nunca volvió y, como dicho tengo, alzó la tierra contra nosotros y juntó cincuenta mil hombres de guerra, no siendo los cristianos más de doscientos, la mitad cojos y mancos, sin los covardes; y entre ellos había cien caballos con cojos y mancos.

Y entraron un día de mañana por siete partes, combatiendo y quemando la ciudad tan recía y ferozmente que ganaron la mitad y quedó poco por quemar, porque con lo que las casas están cubiertas es paja. Remediónos Dios y algún esfuerzo nuestro, porque demás de la ferocidad y multitud dellos, era tan grande el humo que no nos víamos los unos a los otros, porque acertaron en día de mucho aire. Y turó el combate dende un día de mañana hasta otro día de mañana. Y con la ayuda de Dios salimos a ellos y retirámoslos y fuimos a la fortaleza, donde estaba un capitán del dicho Zapayuga que se llama Villahoma, el cual tienen ellos por papa, que él tiene cargo de la casa del Sol. Y así tienen a éste tanto acatamiento como al Zapayuga. Combatímosla y tomámosla y matamos tres mil ánimas. Matáronnos a nuestro capitán Juan Pizarro, hermano del gobernador, mancebo de veinticinco años y con 200. 000 ducados de caudal, y a un criado suyo. Y en el combate de la ciudad mataron cuatro cristianos, sin otros más de treinta que mataron por las estancias y lugares de los caciques, que estaban cobrando los tributos.

Yo acepté el cargo de maese de campo, porque fue sobre ello rogado e importunado, y vi que había dello necesidad. Y me lo dieron con baras y teniente, el cual es Rodrigo de Pineda, sobrino —hijo de su hermano—, de Juan de Pineda, escribano mayor del cabildo de Sevilla, con todo el poder que el gobernador tiene del emperador nuestro señor. Por esta causa dejé de seguir la dicha mi jornada y creo que me volveré desde aquí, mediante la voluntad de Dios y mi buena inteligencia.

Estos indios andan mejor vestidos que los de todas las otras provincias, así porque hace muy gran frío en invierno y más en verano, como por ser más gruesa la tierra y ser más ricos. Tienen gran temor a los caballos, pero tienen gran defensa en las sierras. No tienen armas defensivas, pero tienen muchas ofensivas, conviene a saber: lanzas y flechas y porras y hachas y alabardas y tiraderas como dardos y otra manera de armas que se llaman ayllos, que son desta manera: tres piedras redondas metidas y cosidas en unos cueros a manera de bolsas, puestas en unos cordeles, con tres ramales, a cada cabo de cordel puesta su piedra, de largor de una braza, todo uno. Y dende los andenes y albarradas las tiran a los caballos y átanlos de pies y manos y algunas veces coge al que va encima y le ata por el cuerpo y brazos. Y son tan sueltos y ciertos en esto que toman un venado en el campo.

Y la principal arma que tienen, que he dejado para la postre, y lo que más usan dende que nacen, que le ponen una honda en la cabeza por bonete, con la cual arrojan una piedra muy gorda que mata un caballo y aun algunas veces al caballero, aunque le den en un casquete. En verdad que son poco menos que un arcabuz. Yo he visto de una pedrada con la dicha honda hacer dos pedazos una espada vieja que tenía un hombre en las manos, dende treinta pasos; también que, arremetiendo yo para un indio, me esperó y tomó la lanza con las manos, y si no viniera otro caballero a matalle, me viera en trabajo, a lo menos de sacársela de las manos. Verdad es que fue encima de una sierra donde ya llegaba mi caballo muy cansado, que no lo podía menear. Y dándole mi compañero de lanzadas, fue menester yo echar mano a mi espada, la cual no podía quitar de la lanza.

También os hago saber que tenían otro ardid: que hacen grandes e infinitos hoyos con estacas hincadas dentro, tapadas con paja y tierra, en que cayesen los caballos y se matasen en las estacas. Acudían los indios a matar al caballero, biéndolo caído del caballo abajo, como muchas veces acontecía. Y también acaecía, y más veces, tapar los hoyos con los mismos indios que matábamos.

Hallo y puedo certificaros que es la más cruel guerra y temerosa del mundo y que pintaros pueda, porque la de entre cristianos, tomándose a vida el contrario, halla entre los enemigos amigos y por lo menos proximidad. Y si es entre cristianos, y moros, los unos a los otros tienen alguna piedad y síguesles interés de rescates, por do llevan algún consuelo los que se toman a vida. Pero aquí entre estos indios y los de cualquier parte de Indias, ni tienen razón ni amor ni temor a Dios ni al mundo ni interese para que, por él, os den vida, porque están llenos de oro y plata y no lo tienen en nada. Y sin dejaros entrar en plática ni aprovecharos cosa ni habellos tratado bien y sin ser su amigo ni seros en cargo, os dan la más cruel muerte que pueden. Después desto, aconteció muchas cosas, lo cual remito al cronista que sobre ello escribiere.

Lo que de aquí me aconteció

En este tiempo y en esta tierra me llegaron cartas de la mía y de mis señores y amigos y parientes, las cuales no pongo aquí, porque no pienso poner más cartas en este libro, porque todo el ajuar dél no sea cartas. Mas quiero deciros la principal del principal, que yo tengo por verdadero señor, así en la dicha mi tierra como en todo el mundo, después de Dios, que es el señor don Pero Enríquez de Ribera, primogénito heredero del muy ilustre señor don Fadrique Enríquez de Ribera, marqués de Tarifa, el cual no tuvo hijos, por lo cual fue éste heredero, hijo primero de su hermano, que fue el muy magnífico señor don Hernando Enríquez de Ribera, el cual sin lo que esperaba de su hermano tenía tres cuentos de renta y doce lo que esperaba heredar del dicho señor marqués.

Y del dicho mi señor don Pedro Enríquez, así en esta plana como en otras deste libro, recibí una carta en que mostraba muy gran deseo de me ver. Y aunque las palabras della me lo certificaban, más me satisfizo conocer de su voluntad de ser conforme a la mía y de haberla conocido envuelta en obras, que aunquel deudo que nos habemos no es mucho, la deuda que yo tengo a las cosas de su servicio es sin comparación, porque con amores y favores y dineros y caballos y preseas siempre me a cebado y favorecido, y no menos con el espada en la mano, aventurando la vida y la honra, porque era tanta la que tenía que en cualquier cosa que se ponía aventuraba a perder y no a ganar, porque no podía ser ni haber más de la que tenía, según fue generoso y general, franco y esforzado y galán y enamorado, y no menos flaco y amarillo que en tal caso requiere.

Por la cual carta y memoria de obras, acordé de dejar esta dicha tierra e irme a la en que nací, a vivir y a morir en servicio deste señor, con no más de 15. 000 castellanos de buen oro. Y aunque, si estuviera dos años más, los doblara, considerando lo susodicho y trabajos y peligros en ella acaecidos y hechos, y que a las veces «quien todo lo quiere, todo lo pierde», y que así como cargaba hombre de dineros, cargaba de edad, para dejar de gozar la buena vida y no menos por gozar y acatar a mi honrada mujer, determiné de dejar esta rica y próspera tierra, aunque áspera y seca, e irme a la mía, tanto y quizá más por ver y complacer, servir y seguir con mi prosperidad y riqueza, aunque no es mucha, al dicho mi señor don Pedro Enríquez que por otra cosa, aunque hay muchos que me obliguen. Al cual llevo un muy preciado vaso de oro y plata a jirones, con unas piedras preciosas en el brocal, con que veva, y un rico y regocijado plumaje; y asimismo al señor don Fadrique su hermano, que no menos virtuoso y honrado es que él, ni menos mi señor ni amor le tengo, un pescado hermoso con un bebedero encima, todo de plata.

Y ya que os he dicho el poco deudo y mucha razón de amistad que hay entre nos, quiero deciros de dó venimos, que es de una cepa de dos hermanos, hijos del rey de Castilla. Y el primero quedó a reinar en ella y el segundo fue a reinar al reino de Portugal. Y no dejaron ambos de tener unas armas que son castillos y leones, salvo que las trocaron en esta manera: el de Castilla trae un castillo encima y dos leones debajo; el de Portugal, un castillo debajo y dos leones encima. Y así los que decendimos dellos, aunque todos venimos de uno y son unas armas, estos señores vienen del primero que reinó en Castilla y yo vengo del que reinó en Portugal.

Aunque, como aquí os digo, por las razones susodichas es mi determinada voluntad de dejar esta tierra e irme a la do nací, que es en el postrero mes del año de 1536, no es cumplida la de Dios, que es sobre todas, y dejarse-ha de efectuar hasta que sea su voluntad y divina clemencia, porque al presente están cerrados todos los caminos y levantada la tierra toda de guerra. Y no contentos estos indios con tenernos ocho meses ha sin poder saber de nos ni nos de nadie, nos vienen cadaluna a tentar las corazas, cuando menos sesenta o setenta mil dellos. Por tanto no se hace luego mi partida. Baste que tengo liado mi oro y plata y ropa para, en placiendo a Dios, que se abra el camino. Ni cesaré de escribir en este libro lo que más me acaeciere y en esta tierra viere digno de notar y de apuntar. Yo tengo aquí dicho y en mí propuesto de no escribir carta más en este libro y así lo haré. Solamente ésta, por ser breve y digna de saber me deberéis de perdonar, que es de adelantado don Francisco Pizarro, gobernador por el emperador nuestro señor deste nuevo mundo que en España llamamos el Perú, aunque acá tienen otros nombres. Y luego hablaremos un poco en este honrado y esforzado caballero aunque, así como no es poco lo quél ha hecho, sería razón no lo fuese lo que dél se escribiese. Lo cual dejo de hacer, porque habrá muchos que lo hagan y yo no hago sino lo que toca al discurso de mi vida.

La carta es ésta:

«Magnífico señor: El día de hoy llegué de visitar las ciudades de San Miguel y Trujillo y llegué a esta de los reyes, con pensamiento de descansar de los trabajos y peligros pasados. Y antes que me apease, me dieron unas cartas de Vuestra merced y de mis hermanos en que me hacen saber como se ha alzado ese traidor del Yuga. De lo que he recibido muy gran trabajo por el deservicio del emperador nuestro señor y peligro de los que allá estáis y desasosiego mío a mi vejez, aunque mucho me consuela estar Vuestra merced hay. Yo proveo esto de por acá y acabado, mediante la voluntad de Dios, socorreremos de allá. Y así quedo rogando a Nuestro Señor guarde y acreciente su magnífica persona. Hecha a 4 de mayo del año de 536. Francisco Pizarro.»

Éste fue un caballero hijo de otro muy honrado en Trujillo de Extremadura. Su madre fue de Sanlúcar de Alpichín, cuatro leguas de Sevilla, do yo soy natural, en el Andalucía. Y como fue de noble generación, trabajó de vivir o, por lo menos, morir prósperamente. Y pasó a estas partes de las Indias, do trabajó tanto que, aunque a la vejez, se efectuó su deseo y con muchos trabajos y aventuras vino a ser adelantado y gobernador desta próspera tierra en gracia y servicio del emperador nuestro señor. Al cual la prosperidad ni riquezas ni favores de emperador le ensoberbecieron para dejar de ser muy buen cristiano y muy buen compañero, sin vanidades ni pompas. Fue muy querido y amado de la gente que gobernó. Fue muy temido de los que sojuzgó, porque era muy amoroso y afable sin presunción, no dejándose de tener en lo que era razón, y muy esforzado contra los que conquistó y muy leal a su rey y señor. Y así ceso, rogando a Dios le dé gloria y le dé perpetua vida sin fin, como victoria en este de vida humana. Amén.

Lo que de aquí sucedió

No quiero que quede en oscuridad lo que Nuestra Señora la Virgen María, Madre de Dios, hizo por nos en su santo y propio día, que cae a 8 del mes de septiembre, alumbrando nuestros entendimientos, esforzando nuestros corazones, que fue desta manera. Después de haber cinco meses que estábamos cercados en esta ciudad del Cuzco de cien mil hombres, poco más o menos, y de habernos muchas veces combatido y quemado la ciudad, y recogido a la plaza en toldos, y muerto a nuestro capitán general, hermano del gobernador, y otros muchos cristianos, sin saber del gobernador, que estaba ciento y cincuenta leguas de nosotros en otro pueblo de cristianos. Antes a él y a ellos teníamos por muertos porque nos lo decían los enemigos. Y por lo uno y por lo otro no nos teníamos a nosotros mismos por vivos ni hacíamos cuenta de nos ni dellos. Y como hombres desesperados quisimos dividirnos, y de ciento y cincuenta hombres de pelea quisimos enviar los cincuenta mejores y los mejores caballos a saber del gobernador, si era vivo y por qué no nos socorría.

En lo cual hubo mucha división. A unos parecía mal y a otros bien, porque cierto lo más claro era en dividiéndonos perdernos, los unos y los otros ciegos. De lo cual se determinó que se hiciese por la voluntad sola y otro hermano del gobernador que quedó por general, porque todo el pueblo se lo contradecía y los oficiales del rey por una parte y el cabildo por otra le requirieron que no enviase la dicha gente. Todavía determinó de enviarla otro día siguiente, no faltándole razón y razones, porque era hombre cuerdo y sabio y pensaba que en ello acertaba.

Pero mejor acertó la Madre de Dios. Que en el dicho su día, después de misa, antes que se partiesen, dieron muy gran grita en un cerro muchos indios y salió el mismo capitán, por nombre Hernando Pizarro, en lugarteniente del gobernador su hermano, y huyéronle los indios a él y a otros que salieron con él. Y dejáronle en el camino cinco cabezas de cristianos y más de mil cartas, que habían tomado y muerto algunos cristianos que el gobernador enviaba en socorro desta ciudad, los cuales fueron resistidos y vencidos de los indios nuestros enemigos por nuestros pecados. Y traíannos esto para que lo biésemos y supiésemos, para más descorazonarnos. Y fue darnos la vida y animarnos, como quien lo hacía y en su santo día. Por lo cual dejamos de dividirnos y de ir la dicha gente que otro día había de ir, porque por las dichas cartas supimos lo que queríamos saber, que era vivo el gobernador y los cristianos, y que tras aquellos que enviaba —que os digo que los indios mataron y desbarataron—, enviaría otros. Y supimos la victoria que el emperador hubo en Berbería en la toma de Túnez y vínonos un jubileo muy grande, el mayor que se ha visto, que nos enviaba la emperatriz nuestra Señora. También me vineron a mí mis cartas que aquí dicho os tengo de mi tierra y del gobernador.

Después acá, que ha tres meses, no hemos sabido nada. Mas pues ya Nuestra Señora ha encomendado a hacer por nosotros, estamos confiados y esforzados en su vondad, usará su acostumbrada virtud y misericordia y acabará lo que tiene comenzado, pues lo que suele tomar entre manos por su infinita bondad y merecimiento no sale della sino como quien ella es, no mirando a quién nosotros somos, sino que a su Hijo precioso le costamos caro y que a ella tenemos por amparo y abogada. La cual sea en nuestra ayuda. Amén.

Cómo vino el socorro y lo que en ello me acaeció

Después de haber estado cercados, como dicho tengo, aunque la gente de indios que nos tenían cercados he dicho que eran cien mil hombres y ahora han dicho los contrarios que eran trescientos mil, aunque no dejo de afirmar más los cien que no los trescientos porque estos indios mienten mucho, aunque en esto no les dejo de dar algún crédito por ser contra lo que les conviene, porque también tienen sus pundunores como cada otra nación, aunque más de beber que de otra cosa. Y como dicho tengo, el adelantado don Diego de Almagro, que fue principal parte con su persona y hacienda de la conquista y principio de ganar estos reinos, quiso acabar de ganallos y descubrillos y vellos, aunque no pudiese con más de un ojo, porque en el principio le quebraron el uno con una flecha.

Era pasado adelante desta ciudad del Cuzco ochocientas y cincuenta leguas con quinientos hombres —todos hijosdalgo son—, que así por esto como por la calidad y condición de su persona y esfuerzo y liberalidad y a su rey lealtad y sobre todo —que es lo principal—, a Nuestro Dios amor y temor, lo podemos comparar con el Cid, Ruy Díaz de gloriosa memoria y de famosas hazañas, porque como sabréis de los que dél hablaren y escribieren, ni el dicho Cid ni Salomón ni Alejandro no le han hecho ventaja. Y porque, como dicho tengo en este mi libro muchas veces, no se hace para contar vidas ajenas sino la propia mía, solamente tocando en algunas otras a ella anexas y concernientes que conviene tocar en ellás para más declaración de la mía, por daros más claramente a entender lo que me ha acaecido en esta vida, así conmigo mismo en casos que el propio mundo manda y ordena y la ventura de su propio mundo dispone, como lo que con los hombres y en sus vidas y condiciones me acaece. Por lo cual no puedo dejar de tocar en vidas ajenas, aunque, como digo, en lo bueno y en lo malo dellos no puedo dejar de tocar, pues dello suceden mis obras.

Y así el susodicho adelantado don Diego de Almagro con su animoso esfuerzo y crecida gana de servir a Dios Todopoderoso y a su santa fe católica y a nuestro emperador y rey y su aumentación, y no contento con tener tan contentos a los susodichos de su ejército que cada uno dellos lo tiene por Dios y por emperador y rey, sino a nos, que estábamos afligidos y cercados, volvió con la dicha su gente, que son quinientos hombres, desde las dichas ochocientas y cincuenta leguas de una provincia que se llama Chile, mucho adelante de otra que dicho tengo, que se llama Cheriguana. Y vino y entró en esta gran ciudad a cabo de un año y veinticinco días que cercados estábamos, doscientos y cuarenta hombres, la mitad cojos y mancos, de tanta multitud de indios como dicho tengo, sin ningún remedio ni esperanza sino de Dios y dél.

Y halló aquí por nuestro capitán a un hermano del gobernador del nuevo reino de Castilla, que es en el principio de esta tierra, don Francisco Pizarro, del cual os tengo dicho en este libro, el cual capitán se llama Hernando Pizarro. Es un hombre mal cristiano, poco temeroso de Dios y menos del dicho nuestro rey —si menos puede ser—, con sobra de soberbia y de codicia, el cual fue bajado por promisión divina, según siempre Dios ha mostrado en caso de soberbia. La cual reinaba tanto en éste con el poco temor de Dios y del rey que me quiso hacer matar sin culpa alguna ni ninguna, solamente porque se había deslenguado, porque es un hombre hablador y fanfarrón contra Dios y el rey y los de su Consejo, haciéndose el fuerte contra ellos y poderoso contra nosotros los que gobernaba; y como yo era criado del dicho rey, porque no se lo dijese y Su Alteza y los de su Consejo no le quitasen 100. 000 castellanos de oro que había robado y tomado al rey desta tierra, Mangoypangue, y otros caciques, amenazándolos y quemándolos y atormentándolos, que fue por lo que se alzó la dicha tierra y el dicho señor Zapayuga, que quiere decir «solo señor», le huyó desta ciudad.

Y no contento con esto, si alguno quería volver de paz, de miedo o de amor, no le recibía a la dicha paz, sin que le diesen y contribuyesen con cierta cantidad de oro o plata, teniendo en más el interese y contento de su desaforada codicia que el bien y pro de Dios y del rey y de nos. Diciendo que con el hábito de Santiago le había rogado el rey, y que cuando era pobre, le menospreciaba y ahora que había ido rico de acá, le había ido muchas veces a regalar y a visitar de su parte Simonete, privado y mozo de cámara de Su Alteza; y que el cardenal de Sigüenza, presidente del Consejo Real de las Indias, dijo que porque Mena —uno que había ido desta tierra—, no hablaba al dicho Hernando Pizarro, mandaba que no le oyesen en el Consejo de Su Alteza, y que 8.000 castellanos que el dicho Mena le pedía, que le había dado la compaña para que negociase con Su Alteza algunas libertades y mercedes qué hacía con el emperador, como dice que lo hizo, que sin que negociase nada, se los diese y consintiese que los llevase; y que el conde de Osorno, sabiendo que el emperador lo quería mucho, le dijo que, aconsejándose Su Majestad con él para las mercedes que había de hacer al dicho Hernando Pizarro, le había dicho el conde: «Más gastará Hernando Pizarro en esta jornada que valen las 200.000 maravedís de juro de por vida que Vuestra Majestad le hace merced».

Y que después supo el dicho Hernando Pizarro de uno del Consejo, su amigo, que le había mentido el dicho conde y que otros del Consejo, especialmente el doctor Beltrán, le había pedido dineros para negociar sus negocios so color de prestados.

Por las cuales cosas y desacatos procuró de estar mal conmigo y revolverme con el pueblo, dándome grandes causas para que me pasara con los dichos indios de guerra, por encenagarme y predestinarme, porque no tuviera lugar de declarar lo susodicho, dando lugar a los vecinos y moradores, estantes y viandantes, se revolviesen conmigo, y a mí, avilanteza, soalzándome para que me revolviese con ellos, diciendo a ellos que, yo los revolvía con él, y a mí que ellos me revolvían con él, para que ellos me matasen y yo matase a alguno, por que su final conclusión era que muriese mi cuerpo y mi crédito, porque matándome, moría el cuerpo y matando yo, llevaba causa ante el rey, llevando confiscada mi hacienda y, castigado mi delito, decharme y decir que lo levantaba. Lo cual había dicho y hecho, que dicho tengo y dejo de decir por no ocupar este libro en ello.

El cual Hernando Pizarro, usando lo susodicho y tiranías, gobernando esta gobernación, no siendo suya ni de su hermano, como tirano, robando, matando y apaleando, revolviendo y haciendo otras cosas que los que gobernado han antiguamente tiranamente hacían, favoreciendo contra justicia a los que les parecían bien sus maldades, castigando a los que les parecían mal. Por lo cual acordó de defender el pueblo y conveniente y deseado y provechoso socorro. Y púsose en armas y cercó la ciudad y mostró a los indios amigos a pelear contra cristianos, defendiendo no entrase el dicho don Diego de Almagro y su gente, el cual no solamente tenía derecho a ella por la venir a redimir, sino por ser suya la gobernación della por las provisiones del emperador y rey nuestro señor que el dicho Hernando Pizarro le había traído. Y después juró en su juramento, limitando los límites de la gobernación del dicho su hermano, mostrando ser más lo que había hecho por tiranizar que por justicia ni razón.

Porque si el dicho adelantado don Diego de Almagro había pasado adelante desta ciudad sin tomar la posesión, fue por tres cosas: porque no eran llegadas las provisiones de Su Majestad, que las traía muy despacio el dicho Hernando Pizarro, aunque eran llegados los traslados autorizados; la segunda, porque el gobernador del nuevo reino de Castilla es su compañero; la tercera, porque el dicho don Diego es deseoso y curioso de descubrir las cosas del mundo y ensalzar la fe católica y aumentar los reinos al emperador. El cual, viendo que le defendían su casa y que sobre buen servicio le dábamos mal galardón, le tovimos tres o cuatro días requebrándose con nosotros desde unos andenes, encenagados él y su gente en lodo como puercos, lloviendo y venteando encima dellos, que en verdad, si no fuera por nuestro padre el tirano, nosotros nos diéramos a este requebrado, aunque no fuera razón; según estaba trabajado y sus buenas costumbres, aunque estuviéramos vírgenes y perdiéramos casamiento. Al cual, aunque por tercera persona, sabiendo su intención y razón, le escribí a su real y le envié a decir que yo era suyo, aunque con miedo del dicho mi padre.

Y viendo el adelantado don Diego de Almagro la crueldad deste soberbio y sinrazón y tiranía y la prisa que le daba su gente que se entrase en la ciudad, habiéndole hecho muchos requerimientos y presentado sus provisiones y deseándolo el cabildo y todos nosotros, entró una noche y prendió al dicho Hernando Pizarro. Y con el Te deum laudamus fue recibido en hac y en paz de la santa madre iglesia en servicio del rey y pro y honra y contento de todos nosotros. Porque vivimos y dormimos descansados y sin pensar que el poder del rey y de su justicia no nos ha de hacer mal, a quien servimos y contribuimos con nuestras vidas y haciendas. Y nos ordenó Dios para que nos defendiese y amparase y guardase justicia, y no nos ofendiese y dañase, deshonrase y apalease, como hacía este tirano, tratándonos la muerte. Las gracias de mi remedio doy a Dios y a su bendita Madre, porque en verdad, si éste no me viniera, no tenía otro sino irme al Zapayuga, aunque fuera capo.

Lo que de aquí acaeció, principalmente a mí, aunque no dejaré de tocar en algunas cosas ajenas porque serán anexas a mi caso

Este señor adelantado don Diego de Almagro, gobernador de este reino nombrado el nuevo reino de Toledo, comenzó a gobernar usando sus buenas obras e intención en servicio de Dios y del rey y en grado y contentamiento, así de la gente que halló en esta ciudad como de la que había traído consigo, que no lo puedo más encarecer, honrando y haciendo mercedes y agradando a todos, no dejando de castigar a los que habían excedido contra el servicio del rey y de sus provisiones. Lo que toca a mí, digo que me abrazó y recibió como a hijo. Y dende a dos días me dijo: «Señor don Alonso, así por ser criado del emperador mi señor como por vuestra persona y naturaleza, os tengo de tratar como a quien sois. Y pidóos por merced que, si me olvidare de llamaros a mis consejos y secretos espirituales y temporales, que no dejéis de entrar en ellos, porque en todo os tengo de favorecer y ayudar».

Ejemplo

Como mi intención sea de hacer este libro de mi vida tal cual mejor yo pudiere pasalla, así para enmendanme —pues he jurado y propuesto de lo que en ella pasare asentallo y manifestallo aquí para que quede memoria de mí para siempre jamás—, como para que los que lo leieren, se rijan y corrijan, acuerdo, aunque me ocupe y en alguna manera sea prolijo, de decir cosas necesarias. Y porque me parece ésta una de las principales del mundo, acuerdo de haceros saber que después que nuestro gobernador el adelantado don Diego de Almagro prendió al desaforado, soverbio en superlativo grado tirano por cabo, Hernando Pizarro, aquel que, como dicho tengo, a Dios ni al rey no tuvo en mucho y a todos los demás en poco y a mí en menos que a nadie, es verdad, como Dios es verdad, desde la dicha su prisión con un criado suyo, que ha nombre de Francisco Maldonado, o su solicitador, me envió a halagar y a rogar hubiese piedad dél y no le fuese contrario y no mirase los sinsabores que me había hecho sino quién yo era, y a convidar con un cántaro de oro.

Lo que de aquí sucedió

Todo el tiempo que dicho os tengo estuvimos cercados y pasó lo que os tengo contado, el gobernador don Francisco Pizarro de la provincia nombrada la Nueva Castilla pretendía derecho a esta que ahora se nombra el nuevo reino de Toledo, y en lengua de indios el Cuzco, por lo haber él descubierto y conquistado, no embargante que el que es ahora gobernador della, don Diego de Almagro, con su personal y hacienda fue medianero en la descubrir y conquistar, porque en trabajos y en intereses son compañeros mucho tiempo ha, y que el emperador y rey nuestro señor por su provisión real le había hecho gobernador desta dicha provincia de Toledo, declarando en la dicha provisión que se cumpliesen los límites de la Nueva Castilla y de la dicha gobernación de Francisco Pizarro doscientas y setenta leguas, creyendo que el dicho don Diego de Almagro era muerto, porque había ido a descubrir adelante y queriéndolo todo, así por lo que tengo dicho como por la propiedad con que nacimos y compañía con que nos criamos de la señora Codicia.

Y por socorrer a sus hermanos y hacienda y cristianos que estábamos cercados en la ciudad del Cuzco, como ya os tengo dicho, recogió gran suma de gente de a caballo y de a pie y armas ofensivas y defensivas. Y también porque en la ciudad de los reyes, puerto de mar de la Nueva Castilla, que son ciento y veinte leguas de la de el Cuzco, donde el dicho gobernador don Francisco Pizarro reside, fue también cercado y apretado de indios, dejó gran recaudo con su persona en la dicha ciudad de gente y armas y envió a la del Cuzco quinientos hombres con un capitán montañés y necio, cabezudo y sin medios ni remedios, como adelante veréis: su nombre Alonso de Alvarado. El cual, demás de la tardanza necesaria que su gobernador hizo, él, por capitanear, le ayudó de manera que ya había bajado a socorrer el Cuzco don Diego de Almagro, cuya es la dicha gobernación, y preso a sus hermanos de don Francisco Pizarro, como ya vos tengo contado.

Y como supo que este perezoso capitán y tardía gente venía con el socorro, de Escalona que dicen, y estaba veinticinco leguas de la ciudad del Cuzco, acordó el gobernador don Diego de Almagro de le salir a recibir con otro quinientos hombres, y a seis leguas dellos enviar a decir, como envió, al capitán y gente que él sabía que venían a socorrer la dicha ciudad y que para el peligro della ya no era menester, porquél lo había hecho, pero que él y la gente fuesen bien venidos, que aunque tarde, podrían recaudar y servir a Su Majestad, porque el Yuga indio, señor desta tierra, estaba retirado y levantado con gran número de naturales; y para lo conquistar y apaciguar la tierra eran menester. Que los esperaba allí para recibirlos en su gobernación como a gente enviada por su compañero y vasallos del emperador, como los que acá tenía, para partir con ellos el fruto de la tierra.

Para lo cual envió por mensajeros a Juan de Guzmán y a Diego de Mercado, oficiales de Su Majestad, contador y factor, y al licenciado Francisco de Prado y a Diego y Gómez de Alvarado, parientes deste otro capitán, y a Hernando de Sosa, su secretario escribano de Su Majestad, para que diese fe de todo lo que pasaba, y a mí, el autor dello y deste presente libro.

Y caminamos toda una noche y llegamos a amanecer sobre ellos, a los cuales hallamos en una sierra muy fuerte, cercada de muy grandes y muy altas sierras y, por donde se podía entrar, un río caudal y de grandes corrientes que se pasaba por una puente en la cual se tenía gran recado de artillería y gente, porque ya por nueva de indios y de un español que se había ido a ellos sabían que estaba socorrida y ocupada la tierra. Y el dicho capitán nos recibió con gran cortesía y amor, los brazos abiertos, en la puente y nos metió y subió en lo alto de la sierra do tenía el asiento de su real y el cuerpo de la gente, donde había muchos caballeros y personas honradas. Y nos convidó a comer. Y después, junto con los principales de su real, nos dijo: «Señores, yo venía a socorrer a la ciudad del Cuzco por el gobernador don Francisco Pizarro, mi dueño, así porque ésta tiene por su gobernación como porque creió que el señor don Diego de Almagro era muerto, adelante que fue a descubrir. Ahora hemos sabido que Su Señoría ha entrado por fuerza en la dicha ciudad y tomádola y héchose obedecer por gobernador y preso a Hernando y a Gonzalo Pizarro para les cortar las cabezas, hermanos de nuestro dueño. Por lo cual nos ha parecido prender a Vuestras Mercedes hasta que Su Señoría nos los dé».

Nosotros les respondimos que Hernando Pizarro y Gonzalo Pizarro estaban presos por delitos que habían hecho, así quejas que dellos daban de fuerzas y cohechos como por sus intereses haber levantado la tierra y haber defendido con mano armada contra las provisiones reales, las cuales llevábamos con nosotros y le presentamos; y, que nosotros héramos mensajeros y no teníamos culpa alguna. Las cuales provisiones no quiso ver ni a nosotros acabar de oír, diciendo que para partir los límites era menester que el emperador enviase partidor, y que dejásemos las espadas, las cuales, aunque nos pesó, quitó y nos puso en grillos y cadenas a todos y con grandes guardas y centinelas.

Y un día con muchos indios nos hizo una cárcel de cal y canto y alrrededor della nos guardaban, a cada cuatro nueve hombres, para que no nos fuésemos ni entrase nadi a vernos ni a hablarnos, porque no alumbrásemos a la gente que tenía en su compañía la justicia que tenía el dicho don Diego de Almagro y la traición que cometían contra las provisiones de Su Majestad. Y para que los que lo entendían no se pasasen, tenían gran recaudo para que no se pasasen, y dentro en la cárcel con nosotros, dos hidalgos, para que no nos dejasen escribir ni hablar con las guardas de alderredor de la cárcel, los cuales dos de día ni de noche no se quitaban de con nosotros.

Y como esto vio el gobernador don Diego de Almagro, volvióse con la dicha su gente a poner cobro en la dicha ciudad del Cuzco y prisioneros y envió de la dicha ciudad un alcalde y un escribano y el procurador della a requerirle de parte del rey que le enviase sus mensajeros que tenía presos y oiese las provisiones reales que de Su Majestad tenía, en que le hacía gobernador desta tierra, con apercibimiento que, si así no lo hacía, con mano armada se las iría a hacer oír y a sacar sus prisioneros y a castigar como a traidores. A lo cual respondió el perezoso y cabezudo capitán, el cual no quería tomar consejo con nadie sino con un Gómez de Tordoia, viejo y bellaco, el cual estuvo desterrado de todos los reinos y señoríos del emperador y rey nuestro señor y sentenciado a cien mil muertes, y condenada y confiscada toda su hacienda por traidor, un hombre de mala intención, sedicioso de bregas y de revueltas, enemigo de paz y de justicia, así por nacer en este signo y criarse en esta condición como porque sabía que en habiéndola, le habían de hacer cuartos como a malhechor, ejecutando la pena de las sentencias por sus maleficios, estando la tierra en razón; lo cual le había consentido sin castigo don Francisco Pizarro por ser de Extremadura, donde él es, y por haber menester gente en la tierra, por estar alzada.

La respuesta fue que ellos no conocían otro gobernador sino a don Francisco Pizarro y que ni querían oír las provisiones de Su Majestad ni dar los prisioneros. Antes los pensaban traer al Cuzco a soltar por fuerza los que Su Señoría tenía, quitándole de trabajo no fuese a ellos. Esto respondió el capitán Gómez de Tordoia. Dijo que ya sabía qué cosa era cartapacios de los bachilleres del Consejo.

Entonces el gobernador don Diego de Almagro, viendo su justicia y su razón y las grandes causas y ocasiones que éstos le daban a demasiados cumplimientos quél había hecho con ellos, partió para ellos con cuatrocientos y cincuenta hombres y púsose desta otra parte del río y asentó el artillería contra la suya y envió confesor a decir que no fuese causa de tanta muerte de españoles como allí se esperaba. A lo cual respondió el capitán que era la verdad como él había hecho saber con trece de caballo a su gobernador el estado en que estaba el negocio; y que él se lo ternía y los prisioneros, hasta que él viniese o enviase a mandar lo que quisiese; y que hasta entonces él no había de renovar cosa alguna, antes morir él y su gente.

Como esto supimos los prisioneros, viendo la fortaleza de la gente y del sitio y la necesidad en que estaba puesto el dicho capitán, considerando que el gobernador don Diego de Almagro se aventuraba a perder por nosotros a su buena y justa justicia y quería ponerla en la ventura de las armas, como la mala e injusta que estotros tenían, comparada a la ley de Mahoma, enviamos a decir al cabezudo capitán que nosotros queríamos enviar a decir a ir o abajar dos de nosotros a la puente, pidiendo a nuestro gobernador enviase otros dos, para dar orden en que se volviese; que si por nosotros quería aventurar su justicia a tanto riesgo de españoles, no lo hiciese y esperase a su compañero, que ellos se concertarían.

Lo cual consintió el dicho capitán y dijo que señalásemos entre nosotros los dos que habían de ir: que fuimos el dicho licenciado Prado y yo. Y bajamos abajo con el dicho capitán, al cual por camino yo dije muchas cosas, que en verdad la que menos le convenía que hiciese era muy mejor que lo que le sucedió. Especialmente me acuerdo qué le dije: «Mirá, señor, que ya que sea verdad que contra justicia estén presos los hermanos de vuestro dueño, que vos pedís con mano armada, no sois juez desta causa ni es acepta a vos y que, aunque vengáis, seréis vencido y que por los daños que dello sucedieren, castigado».

Ni esta reprehensión ni buen consejo ni otros consejos y remedios que yo le daba, como hombre desatinado no quiso tomar, y así Dios le dio su pago.

En esta manera que así como llegamos abajo, comenzó a jugar el artillería de una parte y de otra y por haberlo comenzado de la parte del gobernador don Diego de Almagro, enojóse mucho y mandónos volver a la prisión. Y como león comenzó su batalla, aunque como zorra se dio después, huyendo por un cerro él y el dicho Gómez de Tordoia, que parecía abutarda vieja, aunque mejor pudiéramos decir zorro marido de la zorra. Y quedó el dicho gobernador con alguna gente honrada y perezosa en su real y con el capitán Rodrigo Orgoñoso, su lugarteniente general, que es un caballero valiente, osado y determinado, con la gente de caballo dio en ellos por el río y, como Dios es justo juez y amansa las soberbias de los quedan las causas, verdaderamente podéis creer que cuando entraron, no les daba el agua a los estribos, y después, cuando se volvían, se ahogaban y ahogaron muchos, porque iba el río mucho más alto, sin aber llobido. Y por la puente entró la gente de manera que los prendieron a los susodichos, como tengo dicho, y los otros se rendieron con matarse tres o cuatro no más. Y subieron arriba do estábamos presos y nos sacaron.

Cumpliéronse veintisiete días que padecimos en aquella prisión, así con las prisiones y soledad como con el peligro que oíamos a nuestros oídos de las guardas: que si los nuestros les apretasen y venciesen, nos habían de poner fuego a los buíos, que eran de paja, que dentro de la cerca de piedra estaban. De mí os digo que temí más la muerte, porque demás de estar más aprisiona-do, habíanme amenazado que porque yo había sido contra Hernando Pizarro, si el gobernador hiciese justicia dél, me habían de matar a mí. Y cada uno que veía entrar adesora pensaba que me quería dar garrote, especialmente que me tengo en tanto que pensaba que solo haberme tenido en tan poco que tanto me aprisionasen bastaba para matarme, porque no le matase yo después a él. Y así nos vinimos al Cuzco todos con nuestra victoria y los dichos Alonso de Alvarado y Gómez de Tordoia presos.

Olvidóseme de deciros como a la entrada deste paso, al salir del río en el recuentro y defensa de la gente contraria, dieron una mala pedrada en el rostro al capitán y lugarteniente general Rodrigo Orgoñoso que lo derribaron en el suelo y lo tuvieron por muerto por un rato. Y luego subió con la gente a lo alto donde presos estábamos Vasco de Guevara, que era capitán de la mitad de la gente de a caballo, y habló al capitán Diego Gutiérrez de los Ríos, un caballero de Córdoba muy honrado, a quien había dejado con doscientos de caballo el capitán Alonso de Alvarado en nuestra guarda y de su real que allí tenía asentado. Y como venían cansados de la gran cuesta el capitán y gente, con la victoria venían muy esforzados y con la ventaja. Y Diego Gutiérrez les envió a decir que él obedecería las provisiones, con tanto que no les quitasen las armas ni los prendiesen, y que daría los prisioneros. No le valió su razón ni buen comedimiento, sino cebados con el primer recuentro encontraron con el resto. Y lleváronlos de hecho y de derecho, de manera que si no fuera por el buen recaudo del dicho nuestro capitán y proveimiento del muy cristianísimo nuestro gobernador, quedaran en camisa, porque la gente baja robaron a los caídos.

Quiero deciros, aunque lo me apartó de contaros cosas fuera de propósito, no puedo dejar de decir algunas muy dignas de notar. Yendo el gobernador a esto susodicho, le salió un indio capitán con dos mil indios y le hizo un razonamiento mejor que os lo sabré contar, que me quiso parecer al del villano del Danubio al senado. El cual es este que se sigue: «Apo —que quiere decir "señor"—, yo soy capitán desta gente y hasta ahora que eres venido a esta tierra a ponella en razón, yo he andado alzado y he seído en muerte de muchos cristianos. Y aunque ha sido alguna causa mi Zapayuga, que es mi solo señor, no bastara, si no fuera los muchos agravios que después que entraron los cristianos en esta tierra hemos recibido. Y no te debes maravillar ni lo debiera de consentir el grande apo de Castilla —por el emperador—, porque de antes héramos señores y ahora somos esclavos. No solamente han querido los cristianos que les sirvamos como nos servíamos, el caballero como caballero, el oficial como oficial, y el villano como villano, sino que a todos nos hacen unos. Todos quieren que les traigamos las cargas a cuestas, que seamos albañíes y les hagamos las casas, que seamos labradores y les agamos las sementeras. Mira si ha sido razón que se nos haga de mal y que seamos perdonados. Y tú de nuevo nos des orden y remedio como vivamos».

Este mundo ha de ser mayor y mejor y dorado.

Todas las cosas del mundo y visto que tienen cabo:

Por eso no las alabo sino a Dios que es soberano. En el mundo hay cuatro mares y sin podellos contar, según son muchos males, y todas y todos las he nabegado y pasado. Y aunquel mundo no lo he andado todo, quédame el día de hoy poco por ver dél, que son último del postrero mes del año de 1537. Comencé a andallo desde el año de 1518, como ya en este libro habréis visto. Mundo es bocablo latino. El romance quiere decir «limpio» y así quiso Dios que fuese. Y si no lo ha sido es porque así como Dios quiso darnos libre albedrío para condenarnos o salvarnos, con querer él más que nos salvásemos que nos condenásemos, y fuésemos al paraíso y no al infierno. Así nos lo dio para que ensuciásemos el mundo, aunque no fue ésta su voluntad, si quisiésemos más lo malo que lo bueno. Los males no os los quiero decir, porque son infinitos y no basta mi juicio ni tinta ni papel, porque así como son muchos, es menester dar lugar y dejallos pasar de la memoria.

De los mares, que son cuatro como dicho tengo, os quiero decir que el uno se llama de Poniente; por la una parte costea a Bizcaya, Olanda y Gelanda y por la otra Irlanda, Inglaterra, Flandes. La otra se llama el mar de Levante; por la una parte costea parte de Francia, Génova, Nápoles y Calabria y Pulla y va a dar a Rodas y a Turquía y por la otra, parte de Berbería, Santa Marta, Málaga, Venecia y Cartagena. La otra se llama el mar Océano por la una parte costea el reino de Portugal y de Guinea; va a dar en la Nueva España debajo del norte; y por la otra, se mete allá debajo del Sol. La otra se llama el mar del Sur; costea por el Perú, el cual está debajo y en medio de la línea cromucial; corre hasta el estrecho; por la otra parte corre la costa por Nicaragua y Guatemala y va a dar a las espaldas de la Nueva España. Y también os quiero decir que se puede decir todas estas cuatro mares una, porque la una en la otra y la otra en la otra y todas cuatro juntamente vierten las aguas unas en otras, sino que se dividen, partiéndose cada una por un lugar estrecho.

Ahora os quiero decir el cabo y fin de las enemistades, deferencias y competencias, límites y divisiones destos dos señores gobernadores, a los cuales a entrambos soy en gran cargo, aunque en más a don Diego de Almagro en calidad y en cantidad de amor, de interese y de parecerme que estaba más llegado al servicio de Dios y del rey. Y de las pasiones de entrambos me cabía a mí muy gran parte. Y así, siendo mensajero de don Diego de Almagro para don Francisco Pizarro del un real al otro, siempre fui medianero para que entrambos viviesen en paz y en sosiego. Y así fue elegido por uno de cuatro que diesen corte en sus diferencias: de parte de don Francisco Pizarro, un caballero que se llamaba Francisco de Chaves, capitán de gente de caballo y su pariente, y fray Juan de Olías, provincial de la orden de los Dominicos; y de la de don Diego de Almagro, Diego Núñez de Mercado, alcaide de Nicaragua por Su Majestad, y yo.

Y estando puesto en nosotros cuatro el partimiento de sus límites de las dichas sus gobernaciones y la orden de su pacificación para excusar tan gran deservicio de Dios y del rey del rompimiento destos dos reales, donde entrambos estaban dos mil cristianos, y a la mira el luga, rey del Perú, alzado y levado en cuatrocientos cristianos que habían muerto, como milano, esperando la batalla para comer de nuestras carnes y matar el resto, entremetióse un fraile, fray Francisco de Bobadilla, de la orden de Nuestra Señora de la Merced y provincial della, estante y habitante en la gobernación de don Francisco Pizarro, al parecer regular y reverendo, y pasó al real de don Diego de Almagro, que de mucho tiempo se conocían y tuvieron mucha conversación y alguna amistad.

Y como el diablo busca en casos arduos y de mucha importancia así los hábitos y hombres para engañar, revistióse en éste. Y díjole: «Muy espantado estoy de Vuestra Señoría, después de haberle hablado y acordado su compañía y vieja amistad, de ayer puesto vuestra honra y vuestro estado e interese en manos de caballeros codiciosos y poner en tanto peligro lo que con tanto trabajo habéis ganado, especialmente que cuatro no pueden determinar este caso, porque los dos dirán lo que conviene a su dueño y los otros dos lo que conviene al suyo. Debiérades hacer un juez de entrambos de que confiásedes los dos, con compromiso so grandes penas que, sentenciado aquello que les pareciese, y justo fuese —pues la justificación tanto os conviene a vos—, no hubiese demanda ni respuesta».

Respondió don Diego de Almagro: «No hay ninguno que no sea de su parte y de la mía de quien esto se pueda fiar, si no fuese de Vuestra Paternidad, y no lo querrá ser», queriendo cumplir con él con cortesías. Él respondió: «Si en mis manos lo dejáis entrambos, y os juro al hábito de Nuestra Señora de la Merced que recibí de daros los límites por cima del Boanco, hacia Lima, hasta que venga juez competente de Su Majestad y rey nuestro señor».

Holgó tanto don Diego de Almagro de los límites, porque era lo quél deseaba por donde se los daba, y creió tanto del juramento que nos envió luego a revocar el poder por la posta y se lo dio a él, de la manera que dicho tengo y el fraile le aconsejó. Lo cual, como oyó don Francisco Pizarro, como cosa puesta en él mismo, como de hecho y contra derecho fue el fraile. Y se puso en medio de los dos reales y mandó parecer ante sí a los dos gobernadores con cada doce caballeros armados. Y yo, pues este libro es para lo que toca a mi vida y deciros mis peligros y bien y mal andanza, fui uno de los doce que llevó consigo don Diego de Almagro. Al cual y a nos tenía el fraile y don Francisco Pizarro trato doble con mucha gente emboscada para nos prender y matar, si no viniese en lo que él quisiese el dicho don Diego de Almagro. Porque fue llamado so color de quererlos concertar, primero que lo sentenciase. Plugo a la divina clemencia y al justo don Diego de Almagro que hizo todo lo que quiso el dicho Francisco Pizarro en lo que tocaba a soltar a Hernando Pizarro su hermano y otras muchas cosas, fuera de los límites, los cuales quedaron al fraile, que podemos comparar con Judas.

Y retirados los dos gobernadores a sus reales, sentenció el fraile, desposeyendo a don Diego de Almagro de toda su gobernación. Por lo cual nos vimos después en muy grandes peligros y trabajos. Porque don Diego de Almagro apeló de su engañosa sentencia y dijo que quería perder 50. 000 castellanos que sobre sí había puesto de pena, primero que consentirla. Que esto disponen las leyes en los jueces árbitros, que el que no quisiere pasar por la tal sentencia pague la pena que puso sobre sí, especialmente que él sentenció cosas fuera de propósito, extendiéndose a más de lo que tenía poder, ni le habían hecho juez. Y porque no ha parado la cosa, ceso aquí.

Lo que sucedió de los reales y gente de guerra y diferencias que tienen los dos gobernadores; y de mí, el autor, que con 1. 000 castellanos de grande peso y volumen, en cántaros y piezas, por sierras ásperas con rebatos de guerra, que andamos por nuestros pecados.

Son tan mortales los trabajos destas partes que hay necesidad que los hombres que a ellos vinieren —para no expirar los espíritus, para no fallecer de carnes, para no desperar de la divina clemencia— que sean de gran sostén, recios de condición, no presurosos, quiero decir no muy sabios, porque el sabio especialmente esmaltado de agudeza a cada paso se le salta el esmalte y rompe el saco. No digo que sea de carne y de güeso pero que sea de yerro y de acero, considerando, con ello vacilando, io pecador de mí!, que ya que adquiero bienes, hínchome de pecados, daño la conciencia, gasto el tiempo, cáenseme las muelas, y si no, derríbanmelas los indios a pedradas.

Ya que no quiera gozar de la vida eterna, cuando habéis alcanzado bienes para gozar la terrenal de suciedades y malos vicios, y aun esto, como digo, os fallece al mejor tiempo, pues mientra buscáis los haberes para gozallos, es una vida infernal. Y con la bellaca de la Codicia pásaseos tanto el tiempo que cuando venís a gozallo, ni tenéis dientes para comello ni estómago que lo digista ni cuerpo que lo luzca. Quiero decir que lo mejor es servir a Dios y gozar de la propiedad que Él dio a cada cual y de su vida celestial. Y ya que quiera salir como hice yo, triste, cuitado, por los mundos andar para ver y adquirir y triunfar, es menester tener paciencia y el juicio más reposado que el mío, aunque yo me consuelo mucho con creer que no hay prisa en que Dios no sea ni bien que cien años dure ni mal que a ellos allegue.

Ahora quiero tocar en lo que toca estos señores gobernadores, dando fin sus negocios y medio a mi vida, dando cuenta de lo que en ellos y después dellos, con ellos y andando por mi camino adelante, de la vida y deste mundo me ha acaecido, que es para lo que se hace este libro.

Conviene a saber, tampoco quiero decir que han de ser los hombres necios y flojos, sino que corran su carrera medianamente, sino no tan regia ni presurosa que se hagan pedazos por estas penas, como la comida y peor vida que la del infierno, si peor puede ser.

Los gobernadores pararon en esto. Estuvo el un real del otro una legua, poco más o menos. Don Francisco Pizarro traía quinientos de a caballo y trescientos de a pie, todos escopeteros y ballesteros, queriendo echar de donde estábamos aposentados, que es un lugar de indios que se llama Guaytara. Don Diego de Almagro tenía trescientos de a caballo y ciento de a pie, y no tanto por el menoscabo de la gente, porque, aunque era menos en cantidad, eran más en conformidad, porque habían andado con él mucho tiempo y largos caminos, descubriendo dónde parar y venían todos hermanados, endeudados y adeudados, el que menos de 5. 000 castellanos y otros de a 10 y 12 porque llegó a valer un caballo 7. 000 castellanos y asimismo por el consiguiente subieron los precios de las cosas necesarias. Y no solamente piensan pagar sus deudas con el amor y cargo y larga conversación que han tenido y tienen con su gobernador, sino ser muy ricos en su gobernación. Por lo que están determinados morir antes que dejalla, juntamente con la justicia que tienen en dársela al emperador nuestro señor.

Sino, por no dar la batalla en que se hacía el deservicio a Su Majestad y desplacer a Dios Todopoderoso, comenzóse a retirar con tan buen orden, echando el fardaje delante y la gente armada detrás, hechos sus escuadrones, que aunque los contrarios venían dañinos y deseosos de meter a barato la justicia, no permitió Dios que se juntasen, así por esto como porque los reales, aunque estaban tan cerca, como tengo dicho, el uno estaba en verano y el otro en invierno, porque don Diego de Almagro estaba en la sierra y don Francisco Pizarro en los llanos. Y en la sierra lluebe y nieba el medio tiempo del año y en los llanos, nunca y así viven de regadío. Y como subieron arriba en la sierra los que no habían estado en ella, porque los que traía don Francisco Pizarro todos eran recién venidos de España, saliendo de la calor y metiéndose en lo frío, como suelen hacer todos los recién venidos, mareáronse y retiráronse con color de aderezarse para tornar a seguir sus intereses y pasiones, movidos y aguciados por Hernando Pizarro su hermano más que por él, porque como dicho tengo es hombre apasionado con poco temor de Dios o del rey.

Yo, como criado de Su Majestad y persona de calidad y con deseo de me ir a reposar con mi jornal —que aunque son 20. 000 castellanos, porque yo tenía 15 y me dio 5 don Diego de Almagro, no es tan grande cuanto ha sido el trabajo—, he metido toda la paz que he podido entre Sus Señorías, especialmente que a entrambos soy en cargo. Y si sirvo y favorezco a éste, es porque al principio y sazón de sus pasiones e intereses me hallé con él y le prometí serville su buena intención y condición y clara justicia, así con mi persona, siendo mensajero y medianero, diciendo hac a hac mi parecer y su hierro al gobernador don Francisco Pizarro y lo que le cumplía, como en ausencia, destotro real escribille a él y a los que le aconsejaban mi parecer acerca dello.

Y aunque no pongo aquí todas las cartas, porque tengo dicho que no quiero ser prolijo con ellas, porque tengo puestas muchas y no quiero ocupar éste con cartas, hame parecido después poner algunas que no se pueden excusar, así porque en ellas se incluyen palabras que así como así se habían de escribir, como por mostraros a hacello, porque alguno las leerá que no las sabrá hacer tan bien, aunque muchos no lo habrán menester, que me harán mucha ventaja. Por lo cual pongo esta que me ha dado alguna satisfacción que escribí al padre provincial de Nuestra Señora de la Merced, fray Francisco de Bobadilla, del cual os he dado cuenta en este libro, así porque en el caso de estos dos señores gobernadores, especialmente don Diego de Almagro, ha enmendado los excesos susodichos, requiriendo al gobernador don Francisco Pizarro en secreto y en público como no tenía razón ni justicia de romper ni retirar de allí a don Diego de Almagro por muchas causas, especialmente porque esperaba juez que les partiese los límites, como porque me envió a decir que le pesaba de lo que contra mí había hecho y dicho. Y por tanto le escribí esta carta primera. Y me respondió la segunda. Y después diré el suceso, si no muero antes.

«Muy reverendo y muy magnífico señor: Sospechoso estoy de mi bulliciosa condición que piense Vuestra Paternidad, a quien yo deseo servir y agradar y reputarme en su buen juicio por hombre sosegado y aficionado en el servicio de Dios y del rey y honra del señor gobernador don Francisco Pizarro —que se debe de creer allá que yo quiero rompimiento. Y en verdad que me puedo alabar y certificar a Vuestra Paternidad que si no hubiera sido por mí y por los oficiales de Su Majestad y el licenciado Prado, ya hubiéramos vuelto a Lima y Cuzco y aun a Lima sin Cuzco. Y así porque el que acometiere es el culpado como porque me acuerdo que, enviándome el emperador nuestro señor a mí por capitán general de Ibiza contra Barbarroja que venía sobrella, me dio por instrución entre otros muchos capítulos uno que decía así: "Asimismo os mandamos y encargamos que si los moros enemigos de nuestra santa fe católica vinieren sobre la dicha ciudad e isla y llegáredes a las manos con ellos, trabajéis, sin perjuicio de la ventaja de que lo comiencen ellos, de tomar a vida los más que pudierdes, así por ser próximos como por no estorbar lo que el Espíritu santo quisiere alumbrar en nuestra santa fe católica. También quiero decir que no dejo de aconsejar que muramos y matemos por nuestra lei y por nuestro rey y por lo nuestro, especialmente pues nos muestran no tener razón ni ser lei de Dios sino de Mahoma, pues se atienen más a la fuerza que al derecho, pues tienen a la puerta el juez que se lo puede dar por justicia, y tienen más ley con los arcabuces que no con el mandado de su rey y señor, y que muy claramente muestra y dice y manda y es lei ebangélica que nadie quiera satisfacerse por su voluntad".

»Y pues Su Majestad querría que a los moros se les diese vida, mire qué hará a los cristianos. Certifico a Vuestra Paternidad, porque sois cuerpo y alma del señor gobernador don Francisco Pizarro y yo no menos su servidor que el que más —y júrolo como Dios es verdad y por su santísima Trinidad y por el hábito de Santiago en que me tengo de condenar o salvar—, que a todo lo que sé y siento hay cuatrocientos hombres tan unánimes y conformes, tan determinados de morir, tan deseosos de pelear por echarlo aparte, tan ciertos de vencer como creen en Dios. Y así es verdad, que no aprovecha más por conciertos ni por fuerza pensar entrar acá en paraíso sin hacer obras que lo merezcan. Y si Su Majestad envía provisión que señaladamente se le dé, se lo dará, no con trompetas y atabales pero con lágrimas como hombre quél ha ayudado a ganar tanto con su hacienda y vida y ojo.

»Estoy muy espantado que Juan de Vallejo nos ha certificado que Vuestra Paternidad quiere paz y el gobernador don Francisco Pizarro no quería guerra y que es muy buen cristiano y servidor de Su Majestad. ¡Pecador de mí! Si bosotros sois con nos, ¿quién es contra nos? Si son las pasiones del señor Hernando Pizarro, reportaldo. Si son las importunaciones de los vecinos del Cuzco, bien sé que el sabio filósofo dice que no ha de ser admitido a consejo hombre que tiene pasión o interese en la materia que se trata. Mire que el señor Hernando Pizarro es podre y pródigo, y los vecinos del Cuzco son codiciosos y revoltosos y más celosos de sus indios que de sus Indias, porque piensan que se los han de quitar y dar a los de Chile. Y esto, noramala para ellos, es la lealtad que tienen y sobre esto quieren aventurar la fama y la gloria en este mundo de honra, y en el cielo, de gloria, que ha sido Dios servido de dar a este buen viejo. Si es por codicia deste negro oro, miren en lo que paró el rico abariento y con cuánto menos de lo que tienen se contentaran diez años ha, y cuán poco le queda que gozar de lo que querría ni de lo que tiene.

»Y dicho que es podre Hernando Pizarro, porque es hombre tan podrido y apasionado y tan honrado que esta negra honra mete a los hombres las almas en el infierno y los cuerpos en mucha necesidad en este mundo —especialmente cuando es la codicia desordenada—, en enojándose Su Merced más de lo que es razón, sin mirar a lo que pudiera suceder adelante, sino a la pasión que lo ciega, que tiene entre manos. Y no habiendo perdido ninguna honra, como no la ha perdido, debíase dé contentar, sin tornarla a ganar, a pesar de Dios y del rey y riesgo de tantos cristianos. Porque si los que allá están, están de buena tinta, si por todos somos mil, no quedan de todos cien vivos; y si de mala, ¿para qué quiere tornar a tentar a la fortuna? Porque yo le prometo y le certifico que, si otra vez le prenden, que no le suelten.

»Y pues Su Merced está en estado conveniente y razonable y seguro y ganado tan honradamente y en edad para casar y no le falta honra ni hacienda para haber una hija de un gran señor, no quiera apañar el cielo con las manos ni dejar de comer capones por obejas magantas. Y pues le he prometido de ser su casamentero, mire que le aviso que me daña en mi oficio para lo que le deseo, y no sea el diablo que le haya subido para derriballe. Téngase bien a la cruz en que Dios padeció por nosotros pecadores; téngase bien al amor que siempre he conocido dél que tiene al emperador nuestro señor. Tome ejemplo en Su Majestad; conquistemos infieles, si culpa tienen, los cristianos; no queramos ser reyes ni confesores. La justicia es del rey; no se la usurpemos; no nos hagamos jueces de nuestras causas. Mire que es muy cierto, quien tiene mal juego, metello-ha barato. Mire que de hombres cristianos —temerosos de Dios y del rey, animosos y valientes y esforzados—, es sufrir para ganar el cielo y crédito con su príncipe. Especialmente, atribuyéndo lo a su acatamiento, vencen a sus enemigos, dando lugar al tiempo, justicia y razón y, a todo reventar, dar con la carga en el suelo. Y entonces, hechas todas estas diligencias, tiene hombre fuerzas y enojo y bravosidad y no solamente ayuda al defecto sino el defecto que sobre ello sucede, porque cuando viene el crisol, está más ascendido, limpio de plomo y de todas escorias y si alguna tiene, el humo la lleva.

»Y en verdad, señor, que deseo toda paz y concordia, y desvelarme en ello me hace ser prolijo en ésta. Y también porque soy tan servidor de Vuestra Paternidad de poco acá que ya que no puedo hablar en presencia, huélgome de hablar en ésta, porque por Juan de Vallejo, como por otras cosas, he conocido la bondad de Vuestra Paternidad y buen deseo que para este efecto tiene. A quien suplico me tenga por muy gran amigo y servidor, porque por tal me vendo a Vuestra merced, sin en ningún tiempo arrepentirme, porque soy mejor y más constante amigo que enemigo, aunquestotro también lo suelo ser razonable. Y asimismo le suplico que esté siempre al lado del señor gobernador y no pueda más el diablo que Vuestra merced, porque acá os tenemos por el ángel bueno que Dios le dio en guarda. Dése buena maña como no pueda más el malo que este no sé quién es, y si lo sé, no lo quiero decir al reverendo padre viceprovincial, fray Juan de Olías. No sé para qué quiere sus días sino para gastallos donde pueda servir a Dios y a Su Majestad y morir por la fe de CriSto, para que le pague en la misma moneda. Y pues ha mostrado hasta ahora tan buena voluntad, le pido por amor de Dios, persevere en ella juntamente con Vuestra Paternidad.

»Y si estamos errados acá, venínos a pedricar, que oíros-emos y obede-ceros-emos. Porque no quiero tener tanta presunción que puede ser que no lo entendemos. Y así requiero de parte de Dios a Vuestras Mercedes, una y dos y tres veces, por lo que toca a mi conciencia, para lo cual no es menester notario, pues es notorio a Dios, que si estamos en oscuridad que nos alumbréis, y si lo están allá, lo mismo, pues que somos todos cristianos. Porque a mí me lleve el diablo el alma, si no temo tanto y aun más el perdimiento del señor don Francisco Pizarro y de su gente que no del señor don Diego de Almagro y de la suya, porque según la razón que se me representa y la fuerza de la tierra y el esfuerzo de la gente, sus pensamientos son de ser cada uno dellos lo que de hecho es, un gobernador, y excusar de ser un extranjero y aun peor. Por lo cual han de morir como lobos dañados.

»Tengo por cierto el vencimiento, pero duéleme el enojo de Dios y del rey y la pérdida de las ánimas, y no menos, que lo más desto que se pierda, lo que con tantos trabajos se ha ganado el señor gobernador don Francisco Pizarro; especialmente pues cree y puede ser que tiene justicia. Y si así es, la habrá; y si no, ¿para qué la quiere?, porque ya que lo tomase por fuerza y en este negro mundo lo pudiese sustentar, en el claro juicio y perpetua morada lo ha de pagar. En lo cual aun pienso servir a Vuestra Paternidad. Porque juro a Dios y a esta que tengo de ir allá a pesar de ruines, porque sé que el diablo se ha de enojar dello, porque no era yo mala pieza para el infierno. Si por algo quisiera ir allá, era por ver al señor factor Guillén Juárez con sus mesuras entre aquellos tizones y al señor teniente dando a ejecutar contra los bienhechores.

»No sé qué mal hallaron en el contador Juan de Guzmán, que iba a informar a Su Majestad como su oficial, por donde se lo estorbaron. Mejor fuera hacer el matalotaje y enseñalle bien el camino. Pues allá se muestran tan servidores de su rey, no se habían de esconder ni impedir cosa alguna, porque el que mea claro da una higa al físico. El capitán Francisco de Godoy dicen que anda muy triste. Iba al licenciado de la Gama como hizo San Juan a la Madre de Dios cuando Él permitía que lo maltratasen. Desto fuimos alumbrados por dos inocentes que prendimos y soltamos. También nos dijeron éstos que Vuestra

Paternidad les decía: "Vosotros, pecadorcillos, ¿adónde vais?, ¿a pelear contra cristianos?".

»Y así ceso, rogando a Nuestro Señor que guarde y acreciente la muy reverenda y magnífica persona de Vuestra Paternidad, como con hacerle en este mundo padre y en el otro, santo. Deste asiento de Guaytara, hoy, primero de enero 1538 años, a servicio de Vuestra Paternidad. Don Alonso Enríquez.»

La respuesta que me envió el padre provincial

«Muy magnífico señor: La gracia del Espíritu santo sea con Vuestra merced. Recibí su carta, tan larga y tan sabia que no tengo otro remedio sino abreviar en mi respuesta, haciéndole saber que con ella ni sin ella no soy parte para apagar la ira e intereses destos señores. Remédielo Dios, pues yo no puedo. Y así ceso, pidiendo perdón a Vuestra merced, si en algo le he enojado, protestando de aquí adelante enmendarme en su servicio. Por cuya vida y estado quedo rogando a Nuestro Señor. De Lima y Cuzco, a 4 de enero de 1538 años. De su servidor, fray Francisco de Bobadilla, provincial de Nuestra Señora de la Merced.»

Al tiempo de la partida para España desta tierra, escribo muchas cartas a mis señores parientes y amigos, dándoles cuenta della. Y porque señaladamente a mis señores don Juan Alonso, el duque de Medina-Sidonia, y don Pedro Enríquez de Ribera, heredero del marquesado de Tarifa, y al prior de San Juan y obispo de Córdoba, su hermano, escribo de un tenor, como a principales señores míos, confiando en su bondad y en mi voluntad que me desean, una carta como ésta a cada uno de Sus Señorías. Por parecerme notable y sabrosa, acordé de ponella aquí, que es esta que se sigue:

«Como mi deseo y deuda y deudo son iguales para servir a Vuestra Señoría y porfiosamente cada cual quiere llevar la ventaja, deshechando el deudo por menos poderoso, he procurado de le favorecer, sustanciándole con mayores trabajos y peligros que fue ganada la cabeza dél, he propuesto de dar a Vuestra Señoría sumaria cuenta de todos ellos, en que se mezclará algún cuento, así de lanzas como de rentilla, que por mí ha pasado y podré sustentar como miembro de Vuestra Señoría, y no como hechura, porque de solo Dios lo soy y de mi buena diligencia y ánimo, como de otras cosas de sueño en esta tierra del Perú sucedidas, naturales y compuestas.

»Y porque divertirme generalmente en todo será otros mil cuentos, quedará para cuando Dios Nuestro Señor fuere servido que presencialmente me presente en su templo de Sevilla y de allí en el de vuestra morada, que con su ayuda será tan brevemente que ésta será a la puerta y yo al umbral. Y porque la caridad vien ordenada principia de sí mismo, quiero primeramente decir de mi vida pasada y presente, do se sigue la renta del cuento o cuento de renta que della se me siguió; decir si será de por vida o perpetuo no me determino con premia, porque será a mi elección, aunque según mi condición y opinión, hallo que no comen los muertos. Y si es para perpetuidad y memoria, primero la ganaron los padres de Vuestra Señoría por mi buena parte perpetuamente, y de la que tengo, así de mala como de malo, bien es que no quede ninguna. Y porque de los males y mares que pasé tuve nuevo ser y compostura, volviéndome al revés de mi condición en el sufrimiento, como lo hacen otros en el merecimiento, que de oficiales son caballeros y escuderos de azacanes, no me detengo en lo que en ellos pasé, así porque para Vuestra Señoría será nuevo lenguaje el arte del marear y mal pasar, como porque solamente me ocuparé en lo que me profería a escribir.

»Yo pudiera ir a España cuando fue el señor don Luis, mi hermano, con diez o 12. 000 ducados, como se fue él, y con más razón pues tengo mayor el deseo que todos los del mundo para me ocupar viendo y sirviendo a Vuestra Señoría en la dulcedumbre de nuestra naturaleza, pues he sufrido sus trabajos y miserias, aunque dellas me he ayudado para tolerar las que acá se me han ofrecido, que por ser tan grandes no tienen cuento, ni sufrimiento, ni basta aresmética para tenellas en cuenta. Son de guerras y sierras, calores, hambres y fríos, y ríos y ciénagos, y diferencias de guerras entre indios y entre cristianos, dado que por igualar el provecho con la carga fuera necesario gastar más tiempo del que que me he detenido. Y no me derrengaré con ella, aunque sea de mayores fortunas, ni menos con la del provecho, ayudándome el señor don García mi hermano, que tiene lomos y hombros para la poder sufrir, ni ser tan pequeña que deje Vuestra Señoría de ser servido y mis deudos y amigos aprovechados, y mis enemigos contrastados, puesto que tengo por cierto que mi habilidad y poder, con el favor de Vuestra Señoría, le excusarán la osadía y atrevimiento

256

que solían tener a mi necesidad y pobreza. Y digo favor de Vuestra Señoría porque sé que lo que solía merecer por mí solo, ganaré doblado por él acompañado, digo por el cuento acrecentado de maravedís.

»Con el cual gozaré y pasaré lo que queda de la vida con estado y sin título de conde de Mierda y sin sus oportunidades y obligaciones y términos y mojones, gozando de los caballos y no de las importunidades de caballerizo, que contra su voluntad y posibilidad les dan nuevos avisos de jueces y caballos. No digo los otros oficialejos, porque tengo presunción de tener maestresala, sin doselete de carmesí guarnecido de terciopelo verde, porque me son aborrecibles los martirios que pasan en su honrada vejez. No se entiende esto por el bienaventurado conde de la Gomera, sabio, mañoso y contento con su vivir, pues tiene capilla angelical y mesa maestral y casa real e hijos de conde por pajes. En esta manera está siempre en los monasterios; dicen la misa de pontifical; come con todos los frailes; está en el templo más bien aderezado; tiene a sus hijos por pajes. Ya que éste tuvo poco, dióle Dios habilidad para saberse valer. No me duelo dél, pero duélome de otros que encubren sus trabajos con honestidad y retraerse como infanta tras de una manta. Y no así como solía, porque antes que tomasen los títulos, pasaban la vida como regocijados caballeros y ahora siguen la compañía de la triste reina de Nápoles.

»Y porque Vuestra Señoría no me tenga por desalmado, aunque no me obligo de hacer capilla, despenderé en mis días y en servicio de Dios parte de mi hacienda, lo que no harán los que toman más estado de lo que sufre su renta, porque lo tal a mi juicio se llama locura, y no la mía. Y débeseme de creer, porque la conozco mejor que nadi; y los cuerdos no se deberían entremeter en su conocimiento, pues no lo pueden hacer sin que les cueste triunfo. Y pues yo seré tan en breve el mensajero de la cuenta y cuentos que dije y todo en esta carta, quedará para cuando bea y bese las manos de Vuestra Señoría lo que aquí más puedo decir. Por cuya muy ilustre persona y estado ruego a Nuestro Señor guarde y prospere en su servicio. Hecha en ... Del buen servidor de Vuestra Señoría. Don Alonso Enríquez.»

En la del señor don Pero Enríquez se ha de poner esto: que «Beso las manos de todos los hermanos de Vuestra merced y servidores y allegados, y no a los que no lo son, aunque sean míos, excepto al señor Juan de Torres, que se las beso sin ello o con ello, y aunque me venda en pública almoneda, cuanto más por los rincones, de lo cual ni de él no hago caso para dejar de vivir y morir en su amistad y servicio. Y pido a Vuestra merced que como señor se lo notifique, pues no puede como escribano. Al señor Hernando Arias de Saavedra y a mi señora doña Teresa de Arellano beso las manos de Sus Señorías y Mercedes, como ayuntamiento de dignidades, pensé escribir, y pues así en la voluntad como en el esperanza Vuestra merced y las suyas es todo uno, acordé no gastar más palabras ni tinta ni papel, especial que donde ésta se escribe vale a 10 ducados el pliego.

»En ésta beso las manos de Sus Mercedes. A Vuestra merced suplico les dé parte della. Y si mi señora doña Teresa hubiere caído en la cuenta de que no es bien que los alcaldes, especial de alarifes y xastres, manden a su marido, dejaré de comprar el cuento y tomaré a cuestas su carga, que aunque voy rico, voy tan humilde y domado que la podré bien sufrir, aunque ha de ser con condición que me dé cédula del emperador que pueda arrendar los oficios, ramos y circunstancias, porque soy informado que ha de ser tan privado como Su Merced para podello hacer, y aun no sé si sería menester cédula de Dios para la conciencia. Pero con éste yo me avendré, porque aunque es muy poderoso, más que el César, es más misericordioso y humilde».

Lo que sucedió en la guerra destos señores gobernadores, especialmente a mí en ello

Partió el gobernador don Francisco Pizarro de Lima y Cuzco al asiento de Guitara, donde el gobernador don Diego de Almagro estaba con su real, ocho leguas el uno del otro, para le prender y matar, y para que, no habiendo parte, serían encubiertos mejor sus excesos, especialmente los de Hernando Pizarro su hermano, que es el que guía la danza como hombre desahuciado de la divina clemencia y de las mercedes del emperador nuestro señor. Por los grandes excesos que codiciosamente ha hecho en estos reinos ha acordado comer de todo, sin temer que le haga mal nada. Y dieron al cuarto del alba en un paso do estaba un capitán con cien hombres, los cuales, según eran buenos y el paso recio de tomar, demampararon la fuerza. Y creemos que fue por proveimiento divino, porque no podía dejar de morir mucha gente. Y desque vimos esto, el gobernador don Diego de Almagro y los que con él estábamos, y por servir a Dios y al rey y no poner nuestra justicia en aventura, retirámonos.

Y ellos nos vinieron siguiendo tres días, tomándonos alguna rezaga de toldos y camas y piezas de indios e indias y negros y negras. Y desque nos apretaron mucho, volvimos sobrellos e hicímoslos huir. Y prendímosles tres a los que venían a descubrir el campo. Venímonos a aposentar a una provincia que se llama Vilocas, donde hay mucha comida, y estarnos más cerca del Cuzco. Y el gobernador don Francisco Pizarro retiróse al valle de Ica, seis jornadas de nosotros, para rehacerse. En esto está hasta aquí.

De mí os digo que viniendo por estas sierras altas y poderosas en un caballo, que balía 2. 000 ducados, caímos él y yo y fuímonos despeñando tanto en hondo, sin mentir, como un tiro de ballesta. Hízose pedazos el caballo, y yo por el mollete, el brazo izquierdo y la pierna deste lado, no quebrada como el brazo pero casi, y toda desollada, y una herida en la cabeza. Quedé tal que, aunque los que me hallaron me oyeron decir: «Credo in Deum», trajéronme tres leguas a un lugar que se llama Atodos, en una hamaca, indios a cuestas corriendo en dos horas, que cuando llegué, no había sabido qué había pasado ni padecido. Aquí veréis cómo se gana la saya. Yo os prometo, si hubiera de tornar a pasar lo que he pasado, por ser rey no lo quisiese, antes amaría ser mozo de espuelas de un físico. Ítem, perdí una negra con mi cama que no era menester para mi daño, aunque —las gracias a Dios—, no me faltó, que el gobernador don Diego de Almagro me dio la mitad de su cama. También se me perdió plata de mi comer y ropa de mi vestir. Hasta aquí ha dos años que estoy contra mi voluntad en estas partes, cercado de indios, en la ciudad del Cuzco. Ahora estoy y estaré lo que Dios quisiere, muy más contra mi voluntad, porque me lo impiden cristianos y las guerras e intereses destos dos señores gobernadores, sin ser yo la causadora ni haciente ni consintiente ni irme nada en ello, ni desear más para el uno que para el otro. Juro a Dios y a esta. Si no, preguntado quién querría que venza el pleito, digo que quien tuviere justicia. Y dando fin a mi desastre y mala andanza, pues no supe o pude tener de tan gran cuidado, con deseo de darlo en lo destos señores gobernadores. En lo cual al presente, si Dios no pone su mano en ello, no hallo principio de paz, cuanto más fin.

Yo he quedado malsano, sin parecerme que tengo brazo izquierdo, porque fue curado con falta de medicinas, solamente con vendas de lienzo, de manteles mojadas con orines, y unas cañas por tablas. Y porque, como dicho tengo, el gobernador don Diego de Almagro se retiró de pelear, así por el servicio de Dios y del rey, como por la pujanza de gente de los contrarios, que era al doble de la que él tenía, de la manera que dicho tengo, puso mucha tierra y ríos en medio y vinimos a invernar a una provincia que se llama Balsas, adó le pareció a Su Señoría enviar a la gran ciudad del Cuzco, do tenía un caballero muy honrado que se decía Diego de Alvarado por su teniente de capitán general, con cuatrocientos hombres entre vecinos y moradores y estantes y viandantes, para que luego viniese en persona con los doscientos dellos a las dichas Balsas, que son cuarenta leguas, para juntarlos en su real, do tenía cuatrocientos, y hacellos seiscientos y revolver sobre sus contrarios.

Y envióme a mí para que estuviese en la dicha ciudad del Cuzco por teniente de capitán general con la provisión que prosigue. La cual me ha parecido poner aquí, porque es hecha por un secretario suyo, elocuente y de gran juicio. Y quiero, como dicho tengo, que este libro sea general en cosas necesarias, así al gusto de los diferentes lectores como al provecho de las diferentes condiciones e inclinaciones, así para gozar de leerlo como para aprovecharse de la nota y experiencias mías.

Y luego que a la dicha provincia de Bilicas llegó el dicho adelantado gobernador don Diego de Almagro, cayó tan malo de tan gran enfermedad que pensamos al término del seteno expirara desta presente vida. Y era tan grande la falta que en su real hacía que según no tiene par ni comparación, no os lo sé decir, sino que demás de ser príncipe en su condición y liberalidad, los más estaban empeñados por lo haber seguido. Teniendo por gran pérdida su persona, había gran duelo en su real. Y en articulo mortis: «No plega a Dios» —decía—, «que en tal tiempo me lleve, porque mi demanda es justa y querría salir con ella para serville y pagar a los que me han seguido. No me pesa de mi muerte, porque yo viejo soy y obligado a ella. Pésame de dejar desamparados tantos caballeros y personas honradas, compañeros y amigos y criados, que por mí andan perdidos. Solamente pido a Dios tiempo para cumplir lo que debo».

Y así le plugo, porque desta enfermedad le guarecio, aunque llegó en articulo mortis.

Y por la caída y quiebra de mi brazo y salud me dio más de 2.000 castellanos de los cinco que me había prometido. Y porque al presente no tenía oro para podérmelo entregar en la dicha cantidad, mandó darme una cédula, firmada de su mayordomo y contador, en que se hacía dello deudor. Y porque no sabe escribir ni firmar, éstos firmaron por él. La cual, refrendada de su secretario como escribano del rey, signada con su signo, veréis aquí el traslado de verbo ad verbum que es esta que se sigue.

Acabada esta razón que en este capítulo tengo comenzado, pareciome ponerlo aquí, así para que beáis el estilo de sus negocios como de mis negociaciones. Y luego tras ello irá el traslado de la dicha provisión, contenida en este capítulo. El cual acabo, haciendo saber cómo nos retiramos a la ciudad del Cuzco, por defender y no ofender, aunque en la ira de los tiranos la fuerza es el derecho. Los cuales, aunque a espacio, venían hacia nosotros.

Ahora os quiero decir cuán bien merezco las mercedes que este señor me ha hecho: lo primero, su buena acostumbrada liberalidad; lo segundo, haber puesto la vida tres veces por él y otras tantas preso y mal tratado; lo tercero, la caída y quebrada de mi brazo sin otros grandes trabajos espirituales y corporales que he pasado en su servicio y en esta mi escritura habréis oído, sin pérdida de mi hacienda; porque en el alcance que nos hicieron, retrayéndonos de sus contrarios, me mataron una negra que pocos días había me había costado 600 castellanos. Y en ropa de mi vestir y cama de dormir y plata de mi comer, me robaron cuantía, por todo, de 2. 000 castellanos.

«Por ésta, firmada de mi nombre —digo de mi mayordomo y contador Juan de Herrada y Juan Balza— digo yo el adelantado don Diego de Almagro que es verdad que debo a vos, el señor don Alonso Enríquez de Guzmán, caballero de la orden de Santiago, mi lugarteniente de capitán general de la ciudad del Cuzco, 7. 000 pesos de oro de ley perfecta, que cada peso vale 450 maravedís. Los cuales dichos 7. 000 pesos de oro os los debo porque vos, el dicho don Alonso, me distes y prestastes parte dellos, y el resto a cumplimiento de los siete, yo os hago gracia y merced y donación dellos por muchas y buenas obras que de vos, el dicho don Alonso, he recibido. Los cuales dichos pesos de oro prometo y me obligo yo, el dicho adelantado don Diego de Almagro, de os los dar y pagar cada y cuando que por vos, el dicho don Alonso Enríquez, me fueren pedidos y demandados. Hecho a 13 de febrero, 1538 años. Juan de Herrada. Juan Balza.»

«Yo, Fernando de Sosa, escribano de Su Majestad, doy fe que conozco a los dichos mayordomo y contador, Juan de Herrada y Juan Balza, cuyas firmas y letras son lo que deyuso es contenido; y que los dichos juntamente, por mandado del señor gobernador don Diego de Almagro firman las cédulas de cada que Su Señoría otorga, porque el dicho señor gobernador no sabe escribir. Y por dende hice aquí mi signo a tal. Hecha ut supra. Hernando de Sosa, escribano.»

«Don Diego de Almagro, adelantado gobernador y capitán general destos reinos de la Nueva Toledo por Su Majestad, por cuanto por estar, como estoy, ausente de la ciudad del Cuzco, ocupado en la conquista y pacificación de Mango lugo y Pangue, señor natural y principal desta tierra, que anda alzado y revelado en ella contra el servicio y obediencia de Su Majestad, y en otras cosas importantes a su real servicio y a la sustentación desta tierra y conservación de sus súbditos y vasallos, y conviene y es necesario que en la dicha ciudad del Cuzco, por ser cabeza destos reinos, haya toda orden, guarda y amparo y recaudo, así para su sustentación como para la de sus comarcas, y que una persona en nombre de Su Majestad y en mi lugar provea y ordene las cosas de la guerra en ella, y considerando que vos, don Alonso Enríquez de Guzmán, caballero de la orden de Santiago y criado de la casa real de Su Majestad, sois caballero hijodalgo de su real servicio, y la mucha experiencia que habéis tenido y tenéis, en las cosas de la guerra contra infieles, así en cargos que habéis tenido de capitán general de Ibiza por Su Majestad proveído, como siendo maestre de campo de la defensión del cerco de la dicha ciudad, de que habéis dado muy buena cuenta, y por vuestra calidad y suficiencia y habilidad, y por lo que a Su Majestad habéis servido; y teniendo que daréis dello la cuenta que sois obligado, y en tanto y hasta que yo otra cosa provea en nombre de Su Majestad, por la presente en su real nombre os nombro, proveo y sustituyo, por virtud de su real poder y provisión que para ello tengo —que por su notoriedad y larga escritura aquí no va inserta—, por mi lugarteniente de capitán general en la dicha ciudad y su juridición, y vos doy poder y facultad de su real poder y provisión que para ello tengo de Su Majestad, para que uséis y ejerzáis el dicho oficio en los cargos a él anejos y concernientes, según y como yo lo haría y podría, en la dicha ciudad y su juridición por virtud de la dicha provisión presente seyendo, ca el mismo poder que para ello tengo de Su

Majestad vos concedo en la dicha ciudad y sus términos, con sus incidencias y dependencias, anexidades y conexidades.

»Y por ésta mando al consejo, justicia y regidores, caballeros, escuderos, oficiales y hombres buenos, y otras cualesquier personas, vecinos, estantes, habitantes en la dicha ciudad y sus términos que, hecho por vos, el dicho don Alonso Enríquez de Guzmán, el juramento y solemnidad que en tal caso se requiere, vos hayan y reciban y tengan por tal mi lugarteniente de capitán general, usando con vos el dicho oficio en la dicha ciudad y sus términos y no con otro alguno, y cumpliendo y obedeciendo vuestros mandamientos y ordenamientos en las cosas que de derecho haya lugar, guardándobos todas las honras, gracias, mercedes y franquezas y libertades y preeminencias, prerrogativas e inmunidades que vos deben ser guardadas, y todas las otras cosas, derechos y provechos que por el dicho oficio vos deben ser guardadas y debéis haber y gozar, en guisa que vos no mengüe ende cosa alguna, y según que a mí me deben y pueden obedecer y acudir, y vos den el favor y ayuda que para el uso del dicho oficio fuere necesario, so las penas que vos les pusierdes o mandardes poner, ca para las usar y ejecutar en los que remisos e inobedientes fueren y en sus bienes, vos doy poder cumplido, según dicho es. Hecha en la provincia de Bilcas de la Nueva Toledo a 10 días de febrero de 1538 años. El adelantado don Diego de Almagro. Yo, Fernando de Sosa, escribano de Su Majestad y del juzgado del dicho gobernador y capitán general y su secretario la hiz escribir por su mandado.»

De cómo salió el dicho gobernador de la ciudad del Cuzco a conquistar el Yuga y a defender la ira y tiranía de los que le querían usurpar su gobernación y de cómo me dejó la dicha ciudad

El dicho adelantado y gobernador don Diego de Almagro, temeroso de Dios y del rey, aunque había acordado salir a defender los términos desta ciudad a Hernando Pizarro y a su gente por dar lugar a que se le amansase su ira y justificar más su causa, acordó no salir della hasta no poder más. Y así fue que el dicho Hernando Narro llegó hasta cerca della con ochocientos hombres, los cuatrocientos de a caballo y ciento y treinta arcabuceros y cien ballesteros, las cuales armas fueron las que nos vencieron, demás de nuestros pecados.

Y el dicho gobernador, viernes de Lázaro del año de 1538 años, salió a dormir media legua de la dicha ciudad con seiscientos hombres, los trescientos de a caballo, por su lugarteniente de capitán general a Rodrigo Orgoñoso. El cual no os quiero alabar porque sería nunca acabar, en gentileza, esfuerzo, y riqueza, del cual esfuerzo había dado señal en Italia en un campo que venció como valentísimo hombre.

Y yo quedé en guarda de la dicha ciudad con temor que, viendo salir la gente de armas della, se metería alguna gente de los contrarios, sin que los vieran salir del real las espías que sobre ello teníamos. Otro día, sábado, en la mañana se afrentaron los dos reales y se dio la batalla, que fue la más cruda que entre cristianos se ha dado de tan poca gente, haciendo verdadera la profecía que en España, antes que yo acá pasase, oí de un doctor del almirante de Castilla, que era estrólago, que en esta tierra habían de ser muy ricos hombres, pero habían de haber una batalla entre cristianos en que muriesen muchos. Y como el dicho gobernador iba doliente, encomendó la gente al dicho su lugarteniente, y él iba tras ellos un tiro de ballesta con algunos frailes y clérigos que con él quedaron.

Y dióse la batalla desta manera, que así como se afrentaron, el capitán general Rodrigo Orgoñoso dijo a un capitán de los suyos de cincuenta de a caballo, viendo que el artillería y arcabucería hacía daño en su gente: «Dad, señor, con vuestra gente en el escuadrón de los peones y desbaratadme aquellos arcabuceros».

El cual le respondió —que no quiero decir, por su honra—: «Echáisme, señor, a la carnicería».

Entonces el dicho Rodrigo Orgoñoso alzó los ojos al cielo y echóse la vista y dijo: «¡Válgame el poderoso Dios!».

Y arremetió, como el fuerte jayán, en un poderoso caballo rucio hacia el dicho escuadrón y sacó un peón en la punta de la lanza, y un arcabuzazo en la cabeza y otro en un muslo y volvióse a la frontera de su gente de cara de sus enemigos.

Los cuales le estaban esperando, como hombres de guerra, como en la verdad lo es Hernando Pizarro, según allí se mostró y porque le cumplía así lo hacer, porque con los dichos arcabuces y ballestas desde lejos hacían gran daño. Y como esto vio el dicho capitán Rodrigo Orgoñoso y estaba desatinado de las heridas y enojado de la respuesta del mal capitán, dijo a su gente:

«¡Santiago, y a ellos!». Y arremetieron obra de cien con él, no más entre los cuales, que de valientes hombres lo hicieron, personas dignas de notar que me se acordar, y en el primer encuentro murieron, fueron el capitán Pero de Lerma de gente de a caballo, y un portugués, Nicolás de Lemos, valiente caballero, y otro caballero de Jerez que se llamaba Diego de Vera Catalán, y el capitán de la guarda del dicho gobernador, Salinas, y otro caballero que se llamaba Hernando de Alvarado y Gregorio Enríquez de Herrera. Y como arremetieron pocos y malordenados, fueron desbaratados, aunque mataron de los contrarios obra de veinte, poco más o menos. Y vino siguiendo Hernando Pizarro la victoria hasta la ciudad, que en obra de una legua, que hubo desde do se dio la batalla hasta la ciudad, mataron obra de doscientos poco más o menos, y a todos los demás dieron cuchilladas por las caras.

Y el dicho gobernador don Diego de Almagro, desque vio rompida su gente, acogióse a la ciudad en un caballo que tenía a posta por sí o por no, ado me halló a mí en la plaza, que fue del primero que lo supe. Y díjele: «¿Cómo viene Vuestra Señoría así?».

Él me respondió: «Vengo desbaratado».

Y luego llegó un trompeta y dijo llorando: «Yo vi matar al capitán Rodrigo Orgoñoso desta manera: quiso apartarse, creyendo rehacerse con su gente, y el caballo con muchas heridas no pudo sacarle. Y apartáronse ocho o diez contra él, dándole muchas heridas. Y yo vi que dio una cuchillada a uno en el pescuezo y se lo cortó y dio una gran voz y dijo: "¡Por el poderoso Dios que no os alabaréis vos del vencimiento desta batalla!".

»Y luego cayó y allí le cortaron la cabeza al buen caballero Rodrigo Orgoñoso».

Y yo dije al dicho gobernador: «Súbase Vuestra Señoría a la fortaleza» —questaba encima de un cerro—, «y no os deis hasta que venga algún capitán».

Así lo hizo con tres o cuatro clérigos y frailes, y después se dio a Felipe Gutiérrez y a Gonzalo Pizarro. Y lo trajeron y pusieron en un cubo con grillos y cadenas y muchas guardas. Y yo, acabado el dicho razonamiento, me vine a mi posada do me hice fuerte con cinco o seis hombres. Y asimismo me prendieron en ella y pusieron para guardarme cinco arcabuceros.

Y a las once de la noche me sacaron al campo los dichos cinco arcabuceros con sus mechas encendidas y arcabuces en los hombros y pusiéronme en un barbecho. Y díjome el uno dellos: «Señor, haga Vuestra merced cortesía».

Y yo quité mi bonete y dije: «Beso las manos a Vuestras Mercedes».

Respondiéronme que no era aquello lo quellos querían, sino dineros, porque sabían que estaba rico y tenía 20. 000 castellanos. Yo les dije que más era el ruido que el dinero. Entonces atáronme las manos muy fuertemente y, apretándome los cordeles, les dije: «Señores, ¿cuánto queréis que os dé?».

Y ellos dijeron que 5. 000 castellanos, a cada uno dellos 1. 000, «porque veáis cuán bien nos habemos con vos».

Y yo les dije: «Más me pedís de lo que tengo».

Dijo el uno a los otros, para meterme miedo, y tal que me lo metió: «Hagamos lo que nos mandó el señor Hernando Pizarro».

Entonces creí y me certifiqué que me querían matar por lo que yo había hecho al dicho Hernando Pizarro y por la crueldad que él había hecho aquel día.

Por donde me determiné de morir y no darles un maravedí, porque me pareció que el dinero no había de excusarme la muerte y era perder la vida y la hacienda, la cual quise más para mi mujer y deudos que no para ellos. Y díjeles: «Haced lo que habéis de hacer, que yo no os tengo de dar un solo maravedí y no lo tengo».

Y alcé los ojos al cielo y dije: «A ti, Dios que estás en los altos cielos, alzo mis ojos y encomiendo mi ánima».

Y volvíme a ellos y dije: «Haced lo que habéis de hacer», ya tragada la muerte, no temiéndola mucho, lo uno porque yo la merecía a Hernando Pizarro en dicho y echo contra él, lo otro porque por mi pobreza y por mis pecados o los de mis padres, pues nací en ella y tenía tanta conversación con esta dama que casi he tenido vida maridable con Su Merced en mares y en tierras, porque desde que nací nunca he parado, a lo menos desde que supe andar hasta hoy, que es treinta y tres años.

Entonces respondieron los arcabuceros: «Pues tanta gana tenéis de morir que no nos queréis dar algo de lo mucho que tenéis, esperá un poco».

Y púsome la mano en derecho del corazón y desque lo halló, puso la boca del arcabuz en él y echó el polborín en el cebador y metióle fuego. Y como el arcabuz no estaba armado, no salió. Mas no dejó de meterme el miedo en el cuerpo, ya que no me metió pelota. Dijo luego otro: «Apartaos, que ese arcabuz no sale bien; mejor sale éste».

e hizo otro tanto como el pasado. Y yo atribuílo a milagro y alcé los ojos al cielo y dije: «Dios poderoso, hasta aquí te he encomendado el alma, y ahora el cuerpo».

Entonces dijo el uno dellos: «Señor don Alonso Enríquez, haced como quien sois».

Y yo respondí: «¿Qué queréis que haga?, que no tengo aquí que os dar».

Y dijeron: «Todos iremos con vos donde nos lo dierdes».

Y yo holgué con la tal palabra y dije: «Id conmigo a mi posada, que allí os contentaré».

Ellos, aunque con división, dijeron que eran contentos y desatáronme las manos y vinimos a ella, donde fue medianero dellos y de mí un grande amigo mío que se llama el capitán Gabriel de Rojas. Y concertónos por 500 castellanos, que las di ese otro día siguiente. El cual me vio Hernando Pizarro; y yo le dije: «Yo, señor, conozco que os y errado. No queráis más venganza de mí de la que he pasado esta noche pasada» —ques lo que tengo dicho—, «y tenerme debajo de vuestra mano».

Él noblemente dijo que me perdonaba; y perdonó.

Verdad es que de ahí a dos meses, estando lo una noche casi a media noche en casa de un grande amigo mío que con él vino, que se llama Felipe Gutiérrez, gobernador de Veragua, de la cual gobernación vino perdido, entrambos con nuestras espadas sentados a un brasero, entraron cinco hombres armados, de punta en blanco, de armas de malla, y poniendo por obra su no santa intención, pusieron mano a las espadas y nosotros a las nuestras, y por espacio de media hora dímonos tantas de cuchilladas que nos quedaron hechas pedazos las espadas. Y como estábamos desarmados, quedamos heridos en esta manera: Felipe Gutiérrez, una gran cuchillada en una mano, y yo, otra no pequeña en la cabeza y otra en un brazo y otra en una pierna; estas dos fueron pequeñas. Y dejáronnos con tanto, aunque cierto que ellos debieron pensar que era cuanto bastaba para quitarnos las vidas.

Bien creo que Hernando Pizarro no mandó lo tal, pero que se hizo creiendo que le hacían placer, porque venían muy de propósito y muchos. Y yo no había hecho por que me hiciesen tanto mal, sino fuese por su parte, porque quien ha de matar a otro, ha de ser por injuria señalada que se haga posponer la vida y alma. Y yo no la había hecho a nadie. Y volviendo al gobernador don Diego de Almagro, estuvo preso, como dicho tengo, desde el día de la batalla hasta el lunes a 8 del mes de julio del dicho año de 1538 años, que el desventurado murió de la manera que aquí os será contado.

La muerte del gobernador don Diego de Almagro

Fuéle hecho proceso por el dicho Hernando Pizarro, denegándole los términos del derecho, abreviándole y dándole prisa. Y por mucha que le dio, duró tres meses y se hizo tan alto como hasta la cintura de un mediano hombre, diciendo y alegando por la parte del gobernador don Diego de Almagro muy singulares cosas en su defensa y justificación, así de servicios a Dios y al rey y provisiones de Su Majestad en que les concedía como defendiéndose de lo que contra él se ponía ser maldad y envidia del juez y de los testigos, porque los unos por interese de haber el premio de Hernando Pizarro y los otros porque eran vecinos desta ciudad y habían miedo que les quitase los indios para dar a los que consigo había, traído de la jornada de Chile, posponían el temor a Dios y al rey y aun a la reina, madre y mujer.

También alegó que no era su juez, porque era teniente del gobernador su hermano, y don Diego de Almagro era adelantado y gobernador y no lo había de ser sino su rey y que era su enemigo y lo había tenido preso y que no podía tener sano el pecho y que no podía ser juez ni entender en casos criminales, así por ser de la orden de Santiago como por haber resumido corona, que es prohibido en derecho, y otras muy excelentes y evidentes cosas. No embargante lo cual, entró una mañana que fue el dicho día lunes, habiendo hecho gran junta de gente armada, en su casa con mucha munición en el dicho cubo donde el dicho adelantado y gobernador don Diego de Almagro estaba preso, al cual podremos justamente llamar príncipe según su condición y señoríos de gente y tierra, la más rica del mundo, que gobernaba por Su Majestad, que es la gran ciudad del Cuzco en esta tierra del Perú, la cual por su persona y hacienda en compañía del gobernador don Francisco Pizarro su compañero, él había descubierto y ganado y conquistado y poblado, y le notificó una sentencia a muerte.

Y el desventurado, teniéndolo por cosa abominable y contra ley y contra justicia y razón, espantóse y respondió que apelaba y apeló para ante el emperador y rey don Carlos su señor. Y Hernando Pizarro respondió que pusiese su ánima con Dios, porque se había de ejecutar la dicha sentencia. Entonces el desventurado viejo hincó las rodillas en tierra y díjole: «Señor comendador Hernando Pizarro, contentaos con la venganza pasada. Mirá que, demás de deservir a Dios y al emperador, en matarme me dais mal pago, porque yo fui el primer escalón por donde subistes vos y vuestro hermano en lo que estáis. Mirad, señor comendador, que os tuve en lo que me tenéis, y los de mi consejo me importunaban que os cortase la cabeza. Y yo solo os di la vida. Y pues, siendo yo, señor, hecho por el emperador adelantado y gobernador desta tierra, no lo hice, no lo hagáis vos, pues no lo podéis hacer siendo teniente de otro gobernador como, yo».

Entonces respondió Hernando Pizarro: «Señor, no hable Vuestra Señoría esas vajezas. Morí tan valerosamente como habéis vivido, que no es de caballeros eso».

El desventurado viejo respondió: «O señor comendador, que soy humano y temo la muerte, aunque no la temo tanto por mí, que soy viejo y enfermo y poca es mi vida según razón, como por tanto caballero y gente noble que queda perdida y huérfana con mi ausencia en pago de tantos trabajos y servicios como han pasado y hecho por el emperador nuestro señor en mi compañía».

Entonces Hernando Pizarro dijo que allí le quedaba un fraile con quien se confesase, y se salió.

Y así, confesado espiritual y temporalmente, haciendo su testamento, en el cual dejó por heredero al emperador —y declaró que entrél y su compañero de compañía tenían un millón de oro y plata, perlas y piedras, navíos y ganados—; y a su hijo don Diego de Almagro, hijo natural al cual quiso como a sus entrañas, habido en estas partes en una india, mancebo de dieciocho años, le dejó 13. 500 castellanos que tenía, no más al presente; y a una hija que ha nombre doña Isabel de Almagro dejó 1. 000 castellanos con que se metiese monja, y otras muchas mandas y limosnas de príncipe en mucha cantidad a monasterios y criados. Dejó por albaceas a Diego de Albarado, y que fuese su teniente en la gobernación hasta que Su Majestad proveyese, y a Juan de Guzmán, contador de Su Majestad, al doctor Sepúlbeda, y a Juan de Herrada su mayordomo, y a Juan Balsa, su contador, y a mí, que soy el escritor deste libro. Y por tanto, juntamente con mi vida, escribo parte de la suya y de su muerte, pues en la una y en la otra tanta parte me dio de sí.

Y así, hecha la confesión espiritual y temporal, entró dentro en el dicho cubo el alguacil mayor, que se llamaba Alonso de Toro, y un pregonero y un verdugo. Y él dijo: «Señores, ¿esta tierra no es del rey? ¿Por qué me queréis matar, habiéndole hecho tantos servicios? Mirad que si os parece que está lejos Su Majestad, presto os parecerá que está cerca. Y si no creis que hay rey, mirad que hay Dios que no se le pasa nada por alto».

El Toro le dijo que había de morir, que no le aprovechaba nada, dándole mucha prisa que se quitase de con el confesor. Y el pobre viejo dijo que le tornasen a llamar a Hernando Pizarro, que le quería hablar cosas que convenían.

El cual vino, y díjole el desventurado viejo: «Señor comendador, ya que me queréis matar el cuerpo, no me matéis el alma, y a vos la honra. Mirad que sois mi enemigo, y si Dios milagrosamente no me ayuda, no puedo morir con paciencia. Pues que decís que estáis satisfecho de que merezco la muerte, remitilda al emperador. Démela mi rey o vuestro hermano que es gobernador. Llévame donde está el uno o el otro. Si lo hacéis por apaciguar y por miedo que con mi vida pasáis peligro y trabajo, para lo cual yo os daré la seguridad que quisierdes o fuéredes servido, especialmente que no hay lanza eniesta, pues en la batalla matastes a mi lugarteniente general, Rodrigo Orgoñoso, y otros capitanes y mucha gente de la mía, y mis capitanes tenéis presos, los que quedaron della».

Hernando Pizarro respondió que había de morir, y salióse. Y dando el alguacil mayor gran prisa a los clérigos que se apartasen dél para dalle el garrote allí dentro donde estaba, como se le dio, le dijo: «Torico» —porque era un mancebo— «¿cómo te has hecho gavilán? pues poca carne tienes en mí que comer, porque soy todo huesos».

Y tuvo razón, porque era un mozuelo criado de Hernando Pizarro que desta entrada le hicieron alguacil mayor. El cual dijo al verdugo que hiciese lo que había de hacer. El cual se defendió, diciendo que no había de matar él un príncipe como aquél. Con todo se lo hicieron hacer por fuerza. Y al tiempo que le echaban la soga a la garganta al desventurado viejo, comenzó a dar muy grandes voces: «¡O tiranos que os alzáis con la tierra del rey y me matáis sin culpa!».

Al cual, después de ahogado, sacaron con pregón real a la plaza de la ciudad junto a la picota, y encima de un repostero le tuvieron dos horas. Y de allí fue enterrado en el monasterio de Nuestra Señora de la Merced.

Al presente nos hemos hecho amigos el dicho Hernando Pizarro y yo, porque éste es vivo y estotro es muerto y es muy ruin conversación con los muertos. Y por tanto, mientras él quisiere, yo lo seré suyo y trocaré mal por bien, si él quisiere, por hacer buenas ferias para mí y no malas para él. Y por tanto, acuerdo de tener escrito esto, aunque sea en su perjuicio, con intención que, si perseverare y me guardare la dicha amistad y enmendare el dicho Hernando Pizarro lo de hasta entonces, terné secreto este libro; y si no, mostrarlo y declararlo por mí o por mis albaceas.

Olvidóseme de poner como el pobre viejo, desque más no pudo, dijo: «Hernando Pizarro, señor, emplázoos para ante Dios Todopoderoso a vos y a todos los que me han tratado esta muerte tan contra razón y justicia, que dentro de treinta días seáis y parezcáis a juicio conmigo en el otro mundo de perpetua gloria y pena».

Y luego el reverendo padre comendador de la orden de Nuestra Señora de la Merced, que para confesarle estaba, le dijo: «Señor, eso está prohibido en nuestra ley porque parece que no puede ser sin odio. El cual, si alguno tenéis, pues sois católico y cristianísimo, lo ha de deshacer el paso en que estais, pues es para subir a tan alto y glorioso lugar. Acordaos que dijo Cristo al Padre: "Perdónalos, Señor, que no saben lo que se hacen", a los que le mataron».

Luego respondió el paciente: «Yo me disisto del emplazo y querella».

Y así pasó desta presente vida de trabajos y envidias para la eterna de gloria sin fin. En la cual estoy cierto él está, conforme a la misericordia de Dios y a su buena vida y muerte.

Ahora quiero deciros, como es verdad, que yo quisiera que con los temores y tormentos, peligros y trabajos que me hizo pasar este cruel tirano de Hernando Pizarro, que mezclara en ellos alguna recompensa, así de honras como de intereses, teniendo respecto a lo susodicho y haberme hecho robar y gastar más de 22. 000 castellanos. Y puesto caso que conmigo hizo algunos cumplimientos cuando escribí este capítulo antes déste, fueron mostrando tenerme en poco, más por temor que no por amor. Y así cuando llegó en España, temiéndose de mi linaje y condición y no estando él —considerando esto—, satisfecho que lo estaba yo, mirá como era razón que lo estuviese yo mismo. Comenzó a desvariar, que vino delante de mí, unas veces decía bien, otras mal, otras ni mal ni bien.

Y yo consideraba el poco respecto que tuvo a lo que me había ofendido y robado, o hecho robar, de mi hacienda, sin ni en dicho ni en hecho recompensarme a ello. Lo que soy obligado al servicio de Dios Todopoderoso y del emperador y rey nuestro señor —que para informarse de las cosas sucedidas me escribió una carta, que es esta que se sigue—, y lo que en ley divina y humana, así de cristiano como de caballero, me obliga a declarar la limpieza que vi y oí en el buen adelantado don Diego de Almagro, generoso y general, franco y liberal, amoroso, misericordioso, justiciero y recto, muy temeroso de Dios y del rey, por lo cual murió él. Y por haber dejádomelo encomendado en su testamento y última voluntad, dejándome por su albacea y mensajero de Su Majestad, fiándome su ánima y su honra, acordé y determiné de poner cuero y correas y declarar las tramas y suciedades de Hernando Pizarro y la limpieza y lealtades del dicho adelantado don Diego de Almagro, como veréis, trasladada la dicha carta de su Majestad, en este libro, haciendós saber, primero que todo esto, cómo fui recibido en Corte.

Yo llegué domingo, a 26 de junio del año de 1540 en Corte en la villa de Madrid. Y luego, lunes siguiente, me fue a presentar con la nombrada carta de Su Majestad, que abajo desto veréis trasladada. Y fueron conmigo los señores marqués del Balle y Hernando Arias de Saavedra, que ha de ser conde del Castellar. Y luego el cardenal arzobispo de Sevilla, presidente del Consejo Real de las Indias y los oidores de su audiencia —porquel emperador estaba en Flandes y quedó a gobernar los reinos el cardenal de Toledo y el comendador mayor de León, don Francisco de los Covos—, los sobredichos del Consejo Real, sin verme ni oírme, me mandaron aposentar en casa de un alguacil de Corte, con pena de 10. 000 ducados aceptase y cumpliese el aposento. Y aunque hicieron caso de mí estos señores, se sintieron por agrabiados los dichos mis padrinos, aunque bien creímos ellos y yo que, si yo hubiera visitado e informado a cada uno en su casa destos señores del Consejo de las Indias, que no me prendieran. Pero yo vine muy de lo viejo, haciendo poco caso de las máculas que me habían puesto y mentiras dichas a Su Majestad, Señoría y Mercedes, acomulándolas a las del justo y desdichado adelantado, quitándome el crédito desta declaración, tapándome los oídos del emperador y los de su muy alto Consejo, confiando en mis muy grandes y señalados servicios, sin hacer caso de contentar a los jueces e informar, etc.

Y luego que lo supo mi muy amada señora y todo mi bien y mi honra, mi sobrina, mi señora, la muy ilustre señora María de Mendoza, amparro y socorro de los desamparados y agrabiados y más de mí que de nadi, mujer del dicho comendador mayor de León, envióme un presente y una embajada que es esta que se sigue: seis truchas en dos platos de plata y una torta real en otros dos, y diciendo este cantar: «Mi señora envía esto a Vuestra merced y dice que no recibaes trabajo, porque no lo habéis de tener, mientras ella viviere; y que mañana se cubrirá su manto e irá a andar a los del Consejo; y que si no le aprovechare su ruego, que otro día se pondrá soga e irá a pedir justicia».

Lo cual no fue menester, sino enviar a mandar al dicho cardenal y a los del Consejo que me soltasen, sin estar más de medio día en la dicha prisión.

Y me pasaron a una casa junto par della que ella mandó vaciar de un mayordomo suyo, aunque por carcelería. Porque como ya os tengo dicho en este mi libro y en otros sabréis, demás de gobernar los reinos de España en nombre del emperador, su marido, el comendador mayor, por su gran seso y lealtad, linaje y condición, ella lo manda por su gentileza y gran bondad y discreción, porques muy afable y muy discreta, muy ilustre. La cual me enviaba a la dicha casa y cárcel muchos y muy delicados manjares y regalos. Por cuyo respecto y algún merecimiento de mi persona me vino a ver el dicho comendador su marido, lo cual fue mucha admiración en la Corte, porque así como supremo gobernador de la justicia como de las mercedes que Su Majestad acostumbra a hacer a los que le sirven y desirven, se tuvo que decir en la dicha Corte y aun que escribir, especialmente quél no lo había de costumbre ni solía visitar a nadie, como rey y señor, porque así lo merece él y no lo desmerece su mujer. Y asimismo por este dechado se sacaron muchos favores: viniéronme a ver todos los grandes y chicos de la Corte. Y porque tras la dicha carta de Su Majestad y el acusación que yo y puesto al dicho Hernando Pizarro, os diré en qué ha parado mi prisión y lo demás, ceso en ella y en esto por el presente. Y la dicha carta de Su Majestad es la siguiente:

«El rey.

»Don Alonso Enríquez de Guzmán: Por cuanto a mi servicio conviene que luego partaes y salgaes desa tierra en el primer navío que se hiciere a la vela para estos reinos de España, luego lo poned por obra. Y si no me hallardes en ellos, pareced ante el nuestro Consejo Real de las Indias, que allí os dirán para lo que sois llamado. Y estad advertido que, sí así no lo hicierdes, que os mando traer preso. De Barcelona, a 25 de abril del año de 1538 años. Yo el rey. Por mandado de Su Majestad. Covos, comendador mayor.»

Y así como llegó esta cédula, luego, según dicho tengo, me presenté en el dicho Consejo Real de Indias, conforme a ella, y siendo preso en lugar de mercedes. Escribí al emperador, que a la sazón estaba en el su condado de Flandes, el agrabio que de Su Majestad y de los de su Consejo Real recibía, en lugar de premio, por muchas cartas duplicadas; y el tenor de la cual son estas que se siguen:

«Muy poderoso señor: Yo vengo del Perú por mandado de Su Majestad y he sido preso por los de vuestro Consejo Real de Indias, y esto debía ser lo que en vuestra real cédula me escribistes que me habían de decir, para lo que fui llamado. Y si yo hubiera hecho porque debiera de ser castigado, bastara para ser olvidado, encomendándome más al salto de mata que a ruego de buenos. Mas como quiero justicia y non volo misericordia ni la he menester, acuerdo pediros justicia con protestación que no agradeceré ni terné en merced a Vuestra Majestad la piadad que de mí tuvierdes, pues ni Vuestra Majestad ha dejado de hacerme mercedes y favores ni a mí me ha faltado conocimiento ni seso para conocello y agradecello.

»Por lo que suplico a Vuestra Majestad y, si menester es, os requiero de parte de Dios, que es sumo juez, que mandéis a los de vuestro Consejo que sin molestias y falsas consecuencias me juzguen y sentencien sin largas dilaciones, con las mayores y más graves penas que los derechos permiten, porque los Pizarros, que mataron a vuestro lugarteniente el adelantado don Diego de Almagro, acomulando mentiras a su vida y muerte deste vuestro gran servidor, que mataron por roballo y por gobernar lo quél gobernaba, y por envidia y oscurecer su fama, han informado de mí al contrario de la verdad —creyendo que de mí Vuestra Majestad se había de informar—, como original de sus excesos, procurando de quitarme el crédito ante Vuestra Majestad. Por cuya vida, etc. De Madrid. El humill vasallo y criado de Vuestra Majestad, que sus sagradas manos y reales pies besa. Don Alonso Enríquez.»

Con estas mis cartas hicieron a Su Majestad larga y entera y verdadera relación de mi caso los del Consejo Real de Indias, disculpándome. En lo cual contra mí no dormía el rapaz viejo ruin del fiscal, el cual se llamaba licenciado Villalobos, y el gesto de berenjena curtida en vinagre, buscando testigos y huiendo acusaciones contra mí. Estuve preso siete meses. Mas como Dios es justo y el emperador católico, con información que se le dio verdadera, lo remitió a los de su Consejo, encargándoles que me guardasen justicia. Y no lo dijo a sordos, porque otro día que llegó el correo, sin pedillo yo, me soltaron como singulares y escogidos barones que son. Ya creo que os tengo dicho que lo habían dejado de hacer, porque Su Majestad estaba mal informado de mí y había mandado prenderme. Y no querían ni debían soltarme sin consultallo con Su Majestad. Lo cual hicieron muchas vezes en este dicho tiempo, aunque algo parecieron a Herodes y Pilatos, que condenaron al justo por respecto de César.

Y en este tiempo el príncipe don Felipe, primogénito del emperador rey de España, nuestro señor, era mancebo de catorce años, muy lindo de rostro, aunque mediano de cuerpo, sabio y muy gracioso, muy afable y muy grave, como emperador y hombre. El cual, por relación de algunos que me querían bien, contándole y dorándole cosas mías —que a su lado estaban—, me codició en tal manera que deseaba mi libertad como cosa que le iba mucho en ello. Después que fui libre, y a besalle las reales manos de Su Alteza, fui muy bien recibido, perseverando en esta opinión siempre, de manera que le tomé tanto amor que sin abelle menester, porque yo soy casi viejo y él muy mozo, y casi rico y él muy pobre, y con tener yo en poco el mundo y en menos las cosas dél, me he puesto en cuidado de le servir y agradar.

Y así le dije un día —aplicado cierto dicho de un rey que decía que los hombres con quien se había de holgar no habían de ser codiciosos, porque tanto cuanto se holgaba con su buena conversación y aborrecí su interese y codicia—, que nunca Dios le cumpliese sus deseos, si me diese en su vida un maravedí de calidad y cantidad, y que yo le ofrecía 2. 000 ducados, hasta que me los quisiese o pudiese pagar. Y si no fuera tanta la obligación que tengo de ir a mi mujer y casa y hacienda, por mi placer nunca me apartara deste príncipe, el cual creo que Dios nos dyó para más gloria y pena, gloria para el que conociere el bien que en ello nos ha hecho y pena para el que no lo conociere.

Y porque, para dar fin a estos mis negocios cuando el emperador viniere a estos reinos de Castilla, mediante Dios volveré a su Corte, dejo estas dos hojas en blanco, adelante desta carta y otras dos o casi, que escribí a los del Consejo de Indias, que me pareció poner aquí para en ellas concluir esta parte deste libro; y en la otra carta que dicho tengo que escribí a Su Majestad y acusación que puse a Hernando Pizarro. Y luego haremos el mayor volumen, entendiendo en lo demás que sucediere, dejando esta materia que casi me tiene ya hecho todo benigno.

«Muy magníficos señores: Porques, para todos y para cada uno, suplico que se lea y se vuelva a este mi criado y pase la galana, como no soy visitado como lo suelen ser los presos de la cárcel pública, donde están los malhechores, de sus jueces, no se deben sentir mis trabajos y afrentas por los míos espirituales y corporales y en la orden y honra de caballería de señor Santiago que yo tengo, conviene a saber: que no oigo misa cincuenta días ha; que estoy preso contra justicia y razón ni por haber hecho cosa que no deba. Antes creo que me prenden por no pagarme sino con ingratitud, porquéste es el remedio de los que deben mucho, como el emperador nuestro señor a mí. Y si dejo de oír la misa, no es por falta de voluntad ni de un real para pagalla, sino que el clérigo que lo ha de ganar no halla quien le fíe aderezos para decirla, aunque tan poco lo hay en mí como en la ley divina debería, por los agrabios que la humana me hace. Porque un reniego de tal que hay de que echar mano en mi proceso —siendo como fue en guerra y en Indias y con enojo—, y en nombre de mi linaje y que no se me puede probar otro ni cosa que le parezca, y castigado y absuelto por juez competente de Dios y del rey, como es el obispo del Cuzco, inquisidor por Dios y juez de comisión por Su Majestad, digno es de perdonar, especialmente en hombre que tantos servicios ha hecho en ley divina y humana.

»Porque yo fui capitán de alemanes en la toma de Tornay, cuando lo ganó el emperador al rey de Francia; y capitán de quinientos hombres cuando socorrí a don Miguel de Hurrea, bisorrey de Mallorca, y redimí este reino en servicio de Su Majestad, que estaba rebelado y alzado contra su acatamiento; y con el mismo número de gente estuve trece meses defendiendo la isla de Ibiza de moros y franceses; y fui en ganar los Gelves de los moros y en defender la tierra del Perú, que no se tornase a su seta, como caballero y como religioso, peleando y persuadiendo por la fe de Jesu Cristo. Y yo he visto a cardenal y cardenales decir "reniego de Dio" y no absolverse. Pues por una letra que es una s que acrecenté, yo tengo de morir por ello.

»Ítem, tengo gran congoja en este cuerpo, que soy hombre bullicioso y ganoso de conversación, y hase apagado ya el hervor de los visitadores y estoy metido en esta casa que, si mucho estoy en ella, no podré salir sino para la güesa. Ítem, y mi honra, como me habéis, señores, dado a creer, todo lo que han querido decir y creer de mí. Por Dios que me espanto cómo no ha habido testigos para poderme quemar, pues la prisión es grande alcahueta dellos, que no hay ningún preso que parezca justo, aunque lo sea, porque todo lo que le han visto hacer atribuyen a delitos, y con la prisión dan crédito a ello, que lo jurarán así, acomulando sus indicios con lo que creen que está probado con lo que le prendieron. Y luego dicen, o: "A Fulano prendieron por puto; yo lo jurara, porque tal día le vi con Fulano de mal arte", o "Por hereje le prendieron; yo lo jurara porque le vi mirar al cielo de mal arte".

»Y por esto no permiten las leyes que se prenda nadie sin información, como lo he sido yo, triste, cuitado, desdichado, y Vuestra Alteza perseverar en el caso, por más que estaes alumbrados.

»Mirá, señores, que debéis de restaurarme en mi honra y daños. ¿Qué remedios dará Vuestra Alteza para lo pasado? Perdonallo-he con condición que sea castigado quien tan mal y mentirosamente engañó a Su Majestad y me dañó a mí, con tanto que no lo sea el marqués y gobernador don Francisco Pizarro, que así fue engañado como engañó. Y así lo escribió a Su Majestad como está presentado en el dicho mi proceso. Consuélame mucho que también fue preso San Jerónimo por hereje, cuando menos, y después de preso, no le faltaron testigos que lo era, no siéndolo. Pues hasta ahora, muy Poderosos señores, no los ha habido para mí. No sé qué milagro queréis mayor que haga Dios por un hombre preso por tan católicos jueces, tan calificados, tan altos, y tan poderosos, tan doctos, Y mundano como yo, triste cuitado, que la pobreza me ha traído de puerta en puerta, que por fuerza tengo de haber tenido enojado algunos que pudieron decir de mí, si Dios no proveyera.

»Yo vi en mis tiempos al Lucero inquisidor, justo y gran señor, y que prendió, soltó, y condenó a muchos, altos y bajos, por la Santa inquisición. De creer es que, siendo escogido por los reyes Católicos; que fue tal cual debía. Después le vi preso y que las piedras decían que era hereje. ¡O, señores! ¡Cuánto se debe de mirar la ocasión! ¡Porque como dice el filósofo: "quita la causa y excusarse-ha el efecto".

»¡O cómo habéis, señores, dado causa para que hubiera habido efecto en mí, si hubiera defecto!

»Ítem: no me dejáis cumplir con la señora mi orden, porque no puedo confesarme y comulgarme como manda mi regla este día de Nuestra Señora, que es en agosto, ni estoy dispuesto para ello, que estoy enflascado en agravios, habiéndose tomado por mis servicios deservicios. Por mi fe que yo troqué bien; en verdad que he sido engañado por la mitad del justo precio. Quiero, señores, decir una cosa que es para reír, aunque no es de mi condición: yo pensaba y aun creía que habíades de hacer muy gran caso de mí, así por mis servicios como por mis avisos; y áseme vuelto al revés, como camisa. Tan preso pudiera estar, ya que los libros de Vuestra Alteza lo disponen, en la villa y cumplirse el mandado de Su Majestad, al cual no pesara que se cumpliera primero el de Dios, pues también sería razón que yo viese a mi mujer, que ha veinte años que estoy descasado por servir a Su Majestad y ha seis que no la vi sino este otro día, dos horas.

»También sería razón que me dejasen comer mi hacienda, pues por no robar lo ajeno ni ganalla falsa ni deshonradamente con juegos ni sin juegos, la fui a buscar con tantos trabajos de mi persona, y no haber hombre que se queje de mí sino el fiscal, que se queja de todos, y como de dineros prestados. Y también sería justicia que mis escrituras se me desembargasen, que me las tiene Vuestra Alteza ocupadas, y muérensme y vanse mis deudores en otras cosas no tan justas. ¡O justo juez, Jesu Cristo, pídote justicia! ¡O poderoso señor, hazme justicia! ¡O Pilatos, cuánta honra y cuánta gloria ganaras en determinarte! ¡Cuánto más premio sacaras de Cristo que de César! ¿No sentís, señores, lo que yo padezco sin culpa, así en todo lo susodicho como en lo siguiente?

»Siento la pena de mi madre que con sus ochenta años me escribe: "Hijo, si es menester que yo vaya a libertaros o a estar presa con vos, yo me esforzaré".

»Siento la pena de mi mujer que me escribe: "Ahora que pensaba que eran acabados vuestros trabajos, veo que comienzan".

»Siento la pena de mis hermanos, deudos y amigos que andan corridos del placer que mostraron de ver mis justificaciones y grandes servicios, y ningún deservicio. Siento mi pena misma, en parecer que les mentí y engañé con asegurarles antes el premio que la culpa de Su Majestad. Lo que más me da pena y me mata como sobrecarga es el gozo, es el placer, es el gasajado, es la burla y escarnio que hacen, que han y que sienten mis enemigos. ¡Justicia, señores, justicia! Mirá que habéis de ser juzgados de otro más poderoso que el emperador. "¡Y ande la galana, ande; ande la galana!".

»Pónense jueces; quítanse jueces; pónense y dispónense de los negocios del matador, del robador, del desfamador, del que dijo: "Yo me obligo a la prueba; yo no tengo ánima sino honra, y no quiero paraíso sino infierno".

»Y quiero venganza del que está comiendo y triunfando y jugando y presentando y gastando lo que robó y saqueó en desacato de Dios y del rey, el cual se anda paseando por su real alcázar, pudiendo irse y ausentarse cuando bien visto le fuere, sin que Vuestra Alteza dé cuenta a Su Majestad. Y no se dispone de mí, pecador, de mí, servidor, de mí, pobreto, de mí, paciente, de mí, atormentado, de mí, robado, de mí que no he pecado en servicio de Su Majestad. "¡Y pase la galana; pase!".

»Hasta aquí pensaba que el reverendísinio cardenal de Sevilla, que ya puedo decir mi señor, era el causador, no con falta de malicia, porque en verdad no se había de sospechar de Su Señoría Reverendísima, siendo tan católico príncipe, como alguno me quiso dar a entender, especialmente el fiscal y otros que Su Majestad. Ahora veo que Su Señoría Reverendísima, como pastor bono ha querido admitirme en su gracia para alcanzar la gloria y enviado a visitar por dos veces con un su capellán, queriéndome meter, en su aprisco como a oveja de su ganado, pues es mi perlado.

«Ítem: veo y han visto Vuestras Mercedes, que yo se la he enviado a mostrar, una carta de Juan Vázquez de Molina, secretario de Su Majestad, en que me escribe que me descargue de las culpas que me han puesto ante Vuestras Mercedes, lo cual he hecho. Señal es que no hay cosa secreta en Su Majestad por do deba estar preso, y que así como fuera justicia se me agrabaran las prisiones, si me hallaran culpado, así lo sería a Su Majestad servido, se me aliviasen, hallándome disculpado, ya que del todo no me soltasen hasta que Su Majestad lo mandase. "¡Y ande la galana; ande!".

»Y también no oigo misa, porque no se diga que hago decir dos a cada clérigo. Don Alonso Enríquez.»

He acordado escribir las hojas que os tengo dicho que dejaba en blanco, así por lo que ha sucedido como por la tardanza de Su Majestad y porque a su venida pornernos otro cuaderno. Y el suceso es que por los señores presidente y oidores del Consejo Real de Indias, que me fue hecho un auto que es este que se sigue:

«Visto el proceso de don Alonso Enríquez, fallamos que el fiscal no ha probado lo que le ha acusado. Por do, dando el dicho don Alonso primero fianzas en 3. 000 ducados de estar juzgado y sentenciado, que debemos dar y damos, desembargar y desembargamos, solas dichas fianzas, la persona y bienes del dicho don Alonso, hasta que el dicho fiscal pruebe contra él.»

Y así yo di las dichas fianzas y a mí se me dieron las provisiones necesarias por do fuese desembarazada mi persona y hacienda. Y bien creo y podéis creer que no dejaron de sentenciar el proceso por no hacerme daño sino por no hacello a lo que había dicho el fiscal y ellos creído en contrario de la verdad, por do habían efectuado en mi persona y hacienda molestias y afrentas y gastos. Y también podéis creer que el dicho proceso no se sentenciara sino que lo enterraran como a cuerpo sin alma ni sin culpa, enviándolo al Limbo como a inocente. Y el mal es que no se acuerdan del daño que me han hecho sin culpa. Y lo peor es que es tanto el placer que yo he recibido en verme desagraviado que tampoco me acuerdo del daño pasado. Y también lo hago porque me aprovecharía poco. Ya vos tengo contado el contento que de mí ha tomado el príncipe don Felipe nuestro señor. No os quiero contar el que de Su Alteza yo he recibido, porque sería nunca acabar, porque divina y humanamente hay tanto que hablar en él, en católico servidor de Dios y verdadero y natural señor nuestro, con todas las cosas anexas y concernientes y necesarias y apropiadas a lo uno y a lo otro, así en sosiego como en regocijo, como en palabras y obras, que lo mejor es dar fin en esta plática para no ser prolijo ni comenzar lo que no se puede acabar, con dar gracias a Dios que lo hizo y nos lo dio, al cual plega por su infinita bondad nos lo sustente.

Tomóme mucho amor y socorrióme con su favor de puro misericordioso, doliéndose del agravio que el emperador su padre me hacía con mala información que de mí tenía, acaeciendo estar a su lado rectos y singulares caballeros que de mi mala andanza le informaban y poca culpa; conviene a saber: el comendador mayor de Castilla de la orden de Santiago, por nombre don Juan de Zúñiga, su mayordomo mayor, a quien su real persona quedó encomendada por el emperador su padre; y don Álvaro de Córdoba, su caballerizo mayor; y don Pedro de Córdoba, su hermano, maestresala de Su Alteza. Estos dos fueron hijos del conde de Cabra. Ítem: don Antonio de Rojas, camarero mayor de Su Alteza; y don Manrrique de Silba, su maestresala; y don Juan de Benavides, su trinchante; y para echar el sello desta honrada caballería, su maestro Cericeo, obispo de Cartagena, aunque todo esto, después de la voluntad de Nos, se movía por ver que me favorecía y me quería y amaba el buen comendador mayor de León, don Francisco de los Covos y la muy ilustre señora mía y de todos los necesitados, doña María de Mendoza su mujer.

Por los cuales en mi favor y socorro, así por amor de los dos como de su acostumbrada virtud, porque es caballero de linaje y de orden de Santiago, me socorrió muy reciamente el comendador Juan de Samano, secretario de Su Majestad y del Consejo de las Indias, con palabras y obras señaladas, doliéndose de mi sinjusticia y afeando el caso y habiendo compasión de mi persona y linaje, de la seca acusación que el fiscal me puso, aunque nunca me lo daba él a entender; antes me decía que merecía más culpa de la que aquellos señores me daban. Esto hacía sin otras cosas muchas que ha hecho a costa de su hacienda por mí, como ya os tengo contado en este libro.

Y dando fin en esto, acabo haciéndoos saber cómo el príncipe nuestro señor, demás de otros favores y mercedes que me ha hecho, en Madrid en el mes de abril y en el año de 1541, de dos pares de guantes que le fueron enviados, adobados por la señora infanta su hermana, que al presente está en Ocaña, me dio e hizo merced y favor de un par, con muy buenas y amorosas palabras; entre las cuales fueron: «Don Alonso, parto con vos; y quien esto os da no os quiere mal. Y más os daría, si más pudiese».

Ésta es una carta que escribí al emperador en respuesta de la remisión que Su Majestad hizo, abriendo el coto que había puesto a los de su Consejo para que me soltasen.

Carta que escribí a Su Majestad, desque en su Consejo me dieron por libre y su fiscal no pudo contra mí probar nada.

«Sacra Majestad: Porque por otras muchas he dado cuenta a Vuestra Majestad de las grandes molestias y calunias que se me han hecho después que a estos reinos vine y los justos y ciertos descargos que a ellos di, por do los del vuestro Consejo de las Indias han libertado mi persona y hacienda, solo en ésta daré gracias a Dios Todopoderoso por haber abierto camino para que Vuestra Majestad, en cuyo acatamiento estaba más culpado, y certifique de mis servicios y limpieza y conozca la mucha lealtad y notables servicios que el adelantado don Diego de Almagro —que haya gloria, en vida y muerte a Vuestra Majestad y sus súbditos, como padre universal de aquellos reinos, ha hecho.

»Y porque sobre arduas cosas y negocios con la bienaventurada venida de Vuestra Majestad a esta tierra daré larga y particular cuenta y avisos muy necesarios así para seguridad de su real conciencia como para provecho y aumento de su hacienda y bien de aquellas partes, de que mi estada en ellas se tenga por tan provechosa y necesaria como ha sido caluniada, dejarlo-he para entonces, remitiéndome en las demás cosas de acá a vuestro capitán de la guarda, don Luis de la Cueva, con el cual un menguante de Luna hablé en caldeo, que es nuestra lengua acostumbrada, para que diese a Vuestra Majestad parte y entero aviso. Por cuya sagrada y católica vida con señoría del universo ruego a Dios prospere, ensalce y aumente como sus súbditos, criados y vasallos deseamos.»

De cómo, escrita esta carta a Su Majestad, me vine a Sevilla a mi naturaleza y estuve un año descansando y reformando mi persona y hacienda. Y cómo casaron los ilustrísimos duques de Medina y Béjar a su hijo e hija con fiestas y regocijos, de sus puertas adentro, que tuvimos y nos hicieron en la ciudad, por las guerras que a la sazón movió el rey de Francia, confederándose con el Gran Turco, al emperador nuestro señor, en perjuicio de sus reinos y de nuestra santa fe católica.

Yo llegué a ésta dicha ciudad, do hallé a mis señores y amigos, deudos y aficionados tristes y alborotados, porque de la grave prisión que yo tuve y mala información Su Majestad de mí, siempre estuvieron sospechosos de mi salud y honra y hacienda, porque de grandes enfermedades siempre quedan dañados los estómagos, y otras pasiones que, aunque no son peligrosas, son penosas. Y desque me vieron comer de todo, hablando, riendo y holgando, y supieron la verdad, holgámonos todos de la manera siguiente.

La velación deste señor que se llama don Juan Claros Pérez de Guzmán, que al presente es conde de Niebla, primogénito del estado del ducado de Medina-Sidonia, con la señora condesa su mujer fue en casa del duque de Béjar, que después de ser conde de Benalcázar, heredero de su padre, según dicho he en otras partes de este mi libro, heredó este ducado y estado y por esto se llama don Francisco de Sotomayor, porque lo heredó de su padre por línea recta, y de Zúñiga, porquel dicho ducado de Béjar y marquesado de Ayamonte y condado de Gibraleón es de este apellido segundo de la casa, de Zúñiga que heredó y hubo en casamiento con la dicha doña Teresa de Zúñiga su mujer, de quien ya os tengo hecho mención en este mi libro, los cuales fueron padre y madre de la dicha condesa.

Ado se hicieron de la puerta adentro sus casas y palacio en esta ciudad gran fiesta, que fue una misa solemne que dijo el provisor, que fue el que los veló, con muchos cantores. Fueron sus padrinos el duque y duquesa de Medina-Sidonia, padres del novio. Fue toda la caballería de Sevilla y hasta una docena de señoras principales de la ciudad. Luego hubo una gran comida de los más caballeros, porque pocos fueron los que dejaron de comer, y de las dichas señoras, muy abundante y honrada y sabrosa, y a la noche una gran colación por falta de estómagos y no de otra cosa, la cual fue conforme a la comida. Y danzó el duque de Medina con la duquesa de Béjar y el novio con la novia y otros dos o tres con otras dos o tres señoras, con menestriles altos. Y otros días siguientes comieron y cenaron los caballeros que quisieron en este palacio. Y dende en quince o veinte días trajeron la novia a las casas y palacio del duque de Medina-Sidonia, padre del novio, en esta guisa.

Pasó lo siguiente: el duque de Medina un domingo después de comer, que fueron doce del presente, y en una mula vaya y pequeña, guarnecida de terciopelo con gualdrapa y fluecos dorados, y en su persona una capa lombarda de tela de oro morada y un sayo de lo mismo, y bien acompañado de mucha caballería, no dejando poco en su casa, fue a la del duque de Béjar por su nuera y trájola a las tres horas después de mediodía. Y en su compaña venía la señora duquesa de Béjar, su madre, a la cual traía a su lado el yerno lucidamente vestido. Y el duque trajo a la nuera porque el duque de Béjar había venido en una silla, cojo de una pierna, por no poder venir a caballo, adelante a se hallar con la consuegra. Venían hasta ocho o diez señoras de la ciudad, todas ricamente guarnidas, aunque no en palafrenes sino en mulas con ricos sillones, salvo la nobia, que venía en una yegua blanca.

Y así fueron entradas por la plaza y palacio del duque de Medina. Y en el primer patio de recibimiento fueron sonados los instrumentos, trompetas y atabales y menestriles altos, porque el duque no quiso que hubiese fiesta formada fuera de su casa, por los trabajos en que tiene puesto el rey de Francia al emperador y rey nuestro señor, confederándose con el Gran Turco, enemigo de nuestra santa fe católica. Y subiendo arriba, entraron en una gran sala, aderezada de tela de oro con un hermoso y rico dosel de brocado con las armas de los Guzmanes en todo ello y tres truanes bien vestidos con sus guitarras en las manos, cantando galanterías.

Y juntáronse con la duquesa de Medina-Sidonia que estaba esperando su nuera con treinta señoras ricamente aderezadas con gran multitud de gente. Y en sentarse y en mudarse vestidos algunos de los galanes y reposar un poco, vino la noche y la cena, para la cual había tres o cuatro aparadores de plata en un corredor muy grande que casi lo henchían todo. Y la cena fue sabrosa y monstruosa, así en los manjares que se comieron como en los que se fingieron, porque con cada servicio entraba un maestresala de muchos que había y luego dos maceros con mazas de plata y luego un rey de armas con su cota y armas reales y de la casa y luego un monstruo en hombros de cuatro hombres. Conviene a saber: una vez un oso fingido, otra un ciervo, otras, aves y alimañas. Y luego lo natural guisado, lo cual me daba a mí mejor gusto.

Las señoras cenaron por sí y los caballeros por sí, los cuales cupieron todos en una mesa en la gran sala, que fueron sesenta, treinta de cada banda. Hubo seis o siete señores de título. Y sus mujeres con las damas cenaron en otra cuadra más adentro por sí, que fueron hasta cuarenta, la cual cuadra, con hasta otras once piezas, estaban aderezadas de brocados pelos y rasos, con ricas camas de lo mismo en las más dellas, porque aquella noche se quedaron a dormir allá el duque y la duquesa de Béjar, etc. Y después de cena, danzaron los galanes con las señoras, y después entró una monería que hicieron unos mercaderes de seis alemanes vestidos en calzas y en jubón de paño azul y blanco con hachas de cera blanca en las manos, y en su compaña traían seis gitanos bien aderezados e hicieron ciertos bailes y dióse fin por aquella noche. Acabóse a las dos horas. Yo doy fin a esta cuenta, y así se ha dado a todo, conforme a la vida humana, porque en la verdad no ha de hacer cuenta el hombre cuerdo en este mundo más de lo presente, y desto poco, pues ha de pasar como lo pasado y lo por venir también. Lo cual pasó en el mes de noviembre, año de 1542.

Yo no he dicho en estas fiestas de los señores duques nada de mí, aunque este libro es todo mío y de mi vida. A de ser poco lo que de otros dijere en él, porque no hablo de otro sino por dar propósito a lo mío, aunque también lo hago porque se tome ejemplo, aviso y enmienda de los casos ajenos como de los míos, y algún apetito por no daros a comer un manjar solo, por lo que quiero dejar de decir lo que a mí toca y atañe. Y como soy deudo y deudor en sangre y en voluntad al duque de Medina, aunque por parte de ser poco el deudo, lo soy tanto del de Béjar y aun creo que más, porque por los Guzmanes tengo con su mujer este deudo y por los Enríquez de Portugal otro tanto y aun creo que más con su marido.

Vestíme en estas postreras fiestas lo mejor que pude de oro, sedas y brocados, porque me vestí este domingo dos veces y el lunes siguiente una, que fueron tres. Y luego me volví a mi luto que traía por mi hermano, don Luis de Guzmán, que había seis meses que era fallecido. Y dende a [...] partí para la Corte, porque el emperador había venido en estos reinos de Castilla de los de Aragón, do había ido a tener Cortes y a jurar al príncipe don Felipe su hijo, el cual nos dio Dios para consuelo de la falta que el padre nos suele hacer, pues Dios lo hizo igual, con nosotros, igual en la muerte, el cual príncipe deje Dios vivir largo tiempo, que es tal que no podré escribir lo que merece en loar con toda la tinta y papel del mundo. Y por eso ceso en lo que toca a Su Alteza y en lo que toca a este capítulo para deciros mucho adelante en este libro lo que me acaeció con su padre.

Éste es traslado de una carta que escribí al emperador luego que llegué a los reinos de España, como por ella veréis, y el suceso en las espaldas, como azotes.

«No voy en persona al presente a besar las reales manos de Vuestra Majestad Cesárea, muy poderoso señor, porque vengo muy trabajado de tierras extrañas de mi nación y condición, do he pasado muchas mares y muchos males, así en la guerra de los naturales del Perú como otras entre españoles, en las cuales he servido mucho a Vuestra Majestad, de lo cual estoy muy contento y doy muchas gracias a Dios. Y si algún cargo o culpa en ella me han echado, será por culparme y cargarme por excusar la culpa y alivianar la carga del que lo ha hecho, para quitarme el crédito y, mientras yo me descargare, hacer su acto. Mas yo llevo mi descargo tan a punto y tan claro con testigos fidedignos y de creer, de quien Vuestra Majestad fía su hacienda y servicio, que son los oficiales de Vuestra Majestad, y principalmente la verdad, que aunque adelgaza, no quiebra, que es hija de hombre que la supo bien criar, a quien me remito.

»También traigo un brazo quebrado, porque me despeñé de un cerro muy alto y se hizo pedazos el caballo y milagrosamente me escapé. Y por venir malsano es menester restaurallo. En pudiendo tomar las riendas del caballo me partiré luego, y para dar cuenta más por extenso a vuestra Majestad de la dicha tierra. En tanto, he acordado sumariamente darla en este papel, la cual quiero que lo que por él escribiere se me tome a mí y si herrare o no fuere así, quiero ser reprehendido y aun castigado como mal vasallo y criado del mejor príncipe que hay en el mundo, como engañador en tal grado. Y quiero, muy poderoso señor, comenzar por lo que toca a mí, pues me va más en contentar y servir a Vuestra Majestad que no lo que haga otro, comenzando por mi salida y acabando por mi entrada.

»Yo salí de la ciudad de Sevilla con licencia de Vuestra Majestad, la cual tengo, firmada de su real mano y refrendada de su secretario el comendador mayor de León. Y para pasar al Perú me fue menester venir por la isla Española, adonde estuve tres meses, poco más o menos, porque la audiencia real de Vuestra Majestad que allí reside me mandó y encargó de capitán general para Santa Marta, que fuese allá a dar favor y ayuda al oidor desta cancillería, al doctor infante, porque al presente estaba allí de camino para ir a tomar residencia a García de Lerma, gobernador della y tomada, me quedase yo allí hasta tanto Vuestra Majestad proveyese lo que fuese servido. Y porque tuvimos nueva cierta que venía el adelantado de Canaria, don Pedro de Lugo, proveído por Vuestra Majestad por gobernador de allí, con mucha gente, fue yo excusado y la mía que tenía hecha allí.

»Supe en este tiempo como Vuestra Majestad había mandado que yo no pasase a estas partes por dicho de gentes y no por cédula de Vuestra Majestad ni otro mandado ni requerimiento ni cosa que lo pareciese ni tal parecía, porque si tal fuera, desde allí me volviera a la obediencia que debo, porque el principal tesoro que yo ando a buscar es servir y acatar a Vuestra Majestad, pues es muy cierto que todo lo al perece, si no es la fama y la gloria, la cual se alcanza por ser Vuestra Majetad lugarteniente de Dios Todopoderoso, y la fama por ser mi rey y mi señor. Demás de no creerlo, me pareció que, ya que fuese, sería falsa relación de alguno o algunos que quieren la rica tierra para sus deudos y deudores. Por lo cual Vuestra Majestad no fuera servido que, dándolo Dios para los cristianos y para vuestros vasallos, siendo yo uno dellos, dejara de gozar dello, especialmente no habiendo hecho delito por do le dejara de merecer ni se me debiera pedir, ni siendo de los prohibidos en derecho que a estas partes deben de dejar de venir. Pues si fue con temor o recelo de mi bulliciosa condición, yo soy contento, si no diere buena cuenta de mí, ser castigado. Y ésta es la verdadera justicia y no que venga el castigo antes de haberse hecho, porque la verdad es, muy poderoso señor, que yo conozco que con mocedad y pobreza, como potro sin silla y sin freno, pudiera ser —y no lo quiero mucho afirmar—, haber sido algo arisco y regocijado, mas no tan desacatado que haya muerto ni por mi causa se haya hecho a nadie ni otros casos semejantes ni que le parezcan ni, en cuanto a Dios ni al mundo, penitencia de más que paternoster y después que comencé a tener algo, de ave María. De lo cual, cuando se me pidiere el cargo, daré el descargo, al cual me remito.

»De allí, muy poderoso señor, vine al Perú. Y allé al gobernador don Francisco Pizarro en la ciudad de los reyes. Y luego vino de España el capitán Hernando Pizarro su hermano, el cual y yo partimos para la ciudad del Cuzco, que son ciento y veinticinco o treinta leguas adelante, metido en la sierra la tierra adentro, que es la principal ciudad que los indios tienen, como entre los cristianos a Roma, así de riqueza como de gente velicosa, adonde reside el señor de la tierra, Yuga, y otro que se llama Villoma, que es como pontífice, y la gran Casa del Sol, que es como San Pedro en Roma, con otras muchas hermitas por los cerros que ellos llaman "guacas" alderredor de la dicha ciudad, la cual es de muy buenas casas y grandes hedificios perpetuos. Y todos los principales caciques tienen casas en ella para venir a residir, como en corte.

»Hernando Pizarro vino por lugarteniente del gobernador a cobrar cierto servicio que Vuestra Majestad lo mandó entre los vecinos. Y estando entendiendo en él, dentro de dos meses se alzó el dicho Yuga y Villoma y toda la tierra y nos cercaron en la dicha ciudad, creo yo y a lo que todos dicen, doscientos mil hombres de guerra. Los cuales nos la dieron tan fuerte todo un año que no pensamos escapar doscientos hombres que estábamos dentro, aunque en la verdad no peleaban más de hasta ciento y cincuenta hombres porque los demás estaban enfermos, unos de enfermedad y otros de voluntad. Dejo lo que yo hice, por tres cosas: la primera, porque soy obligado como criado y vasallos de Vuestra Majestad; la segunda, porque lo debo a la casta donde vengo; la tercera, porque no faltará quien lo diga a Vuestra Majestad, y si no, ello mismo se dirá.

»A cabo de este año o poco más, muy poderoso señor, vino a esta ciudad el gobernador don Diego de Almagro con la gente que con él había ido delante, que es a Chile, a descubrir. Y llegó, antes de la ciudad, a un pueblo que se dice Hurcos, que es siete leguas della. De do se apartó para se ver con el Yuga y Villahoma que estaban en un lugar que se llama Tanvo, siete leguas del Cuzco, porque dice que le habían enviado a decir el dicho Yuga que, si mataba a los españoles que estaban en la ciudad, quél vernía de paz. Y dejó en Hurcos toda su rezaga y gente, si no fueron cien hombres que llevó consigo. Y envióle dos hombres, los cuales el Yuga oyó y despachó muy bien, aunque con algunos temores de venir de paz, pero con mucha esperanza. Tornó el gobernador a enviarle otros dos, los cuales le prendieron, diciendo que le querían engañar, diciendo que había sido informado dello. Y vinieron los indios a darle guazabara al dicho gobernador y su gente. El cual se retrajo hacia la ciudad del Cuzco.

»Y cuando Hernando Pizarro supo que venía cerca y que no le había enviado a decir nada, salióle a recibir a punto de guerra. Y media legua de la ciudad, poco más o menos, encontramos con dos caballeros que el dicho gobernador enviaba a Hernando Pizarro para dalle cuenta de su venida de Chile, que era, así por no haber hallado más que descubrir que fuese buena tierra como a socorrerle a él y a los españoles que estaban en la ciudad del Cuzco, que estaban cercados, como por haberle alcanzado las provisiones reales de Vuestra Majestad en que le hacía gobernador, acabados límites del gobernador don Francisco Pizarro su hermano. Y que si no le habían enviado mensajero del camino a se lo hacer saber, era por engañar y contentar al Yuga, que le había enviado a decir que estaba mal con los españoles del Cuzco y que no se alterase. Que él no venía a haber pasión con él sino a partir las gobernaciones con el gobernador don Francisco Pizarro su hermano.

»Y Hernando Pizarro le respondió, teniendo sus reales asentados media legua el uno del otro, que siendo de aquella manera, él fuese muy bien venido y que sería muy bien recibido y que cuando mandase, podría entrar en la ciudad. Y retiróse el dicho Hernando Pizarro y toda la gente que con él estábamos en la dicha ciudad, de do le tornó a enviar a decir que mirase bien no fuese su entrada para desososegar la ciudad y que desto quería palabra y seguridad. El gobernador, sin responder a esto, otro día de mañana caminó por unas lomas que están alderredor desta ciudad en son de guerra con sus atambores y banderas tendidas hacia Hurcos a juntarse con su rezaga. Hernando Pizarro y su gente asimismo salió desta ciudad hacia ellos. Él gobernador don Diego de Almagro le envió a decir con el bachiller Guerrero que no se alterase, que él iba a socorrer su rezaga, que le decían que estaba gente de guerra con ella. Hernando Pizarro respondió que la gente había salido fuera de su voluntad, pero que él la haría volver. Y así lo hizo.

»Y otro día siguiente, que ya estaba junto con su gente, desde las Salinas, que es una legua de la dicha ciudad, envió a Juan de Guzmán, contador de Vuestra Majestad en su gobernación, y al bachiller Guerrero y a su secretario Sosa y a otros dos escribanos que se llaman el uno Gonzalo Hernández y el otro Silva, a requerir a Hernando Pizarro con las provisiones de Vuestra Majestad, diciendo que le pertenecía el Cuzco y que entraba en su gobernación. Hernando Pizarro las obedeció y remitió al cabildo de la dicha ciudad. El cual cabildo se ayuntó y para más abundamiento nos mandó llamar al capitán Hernando Ponce y a tesorero Alonso Riquelme y al licenciado Prado y a mí, los cuales todos juntamente, visto la real provisión de Vuestra Majestad y su requerimiento, respondimos que los límites no estaban partidos ni shabíamos por dónde se habían de partir; que obedecíamos la provisión real y que cuanto al cumplimiento, fuese a partilla con el dicho gobernador don Francisco Pizarro y que partida, desde entonces le habríamos por recibido, cabiendo la dicha ciudad en sus límites y gobernación.

»Él se llegó más y se pasó cerca de la dicha ciudad en son de guerra, sus banderas tendidas. Y asimismo Hernando Pizarro comenzó de hacerse fuerte en la dicha ciudad. Y entendiendo el tesorero Alonso Riquelme y el licenciado Prado en los poner en paz y concertar, dieron por medio treguas de tres días. En las cuales vino don Diego de Almagro, con condición que Hernando Pizarro no se forteleciese la ciudad, porque no fuesen las treguas para pelear sino para se concertar. Y Hernando Pizarro vino en ellas desta manera.

»Y otro día siguiente, diciendo que Hernando Pizarro había hecho la noche pasada derribar unas puentes y fortaleció la ciudad, y que quería poner en su libertad el cabildo, entró con toda su gente de guerra y prendió a Hernando Pizarro. Y murió un hombre de la una parte y otro de la otra.

»Y yo al salir de mi posada topé con el dicho gobernador, el cual, desque le dijeron quién era, se apeó y me abrazó y rogó que me volviese a mi posada. Y yo le dije que le encomendaba el servicio de Vuestra Majestad y sosiego de la ciudad. Y él me dijo que se lo traía a cargo. Y yo me volví a mi posada y él se apoderó de la ciudad. Y desque fue de día, llamó a cabildo y presentó una información de pilotos como la dicha ciudad del Cuzco cabía en los límites de su gobernación, los cuales llegaban hasta la ciudad de los reyes, y que de allí no pasaban los de don Francisco Pizarro, poco más o menos. Y visto esto, unánimes y conformes, le recibió el dicho cabildo por tal gobernador. Y luego por la defensa que hizo el dicho Hernando Pizarro y algunas quejas que hubo contra él, hizo proceso contra él y contra Gonzalo Pizarro su hermano, los cuales tuvo presos.

»Y desde hay a dos meses, poco más o menos, tuvo nueva como venía gente de la ciudad de los reyes en mucha cantidad. Y con cuatrocientos hombres, poco más o menos, les salió a recibir. Y desde la Purima, que son once leguas de la ciudad, supo de un español que vino adelante, que se llama Palomino, como venía un capitán del gobernador don Francisco Pizarro que se llama Alonso de Alvarado con quinientos hombres de guerra a socorrer al Cuzco que pensaba que todavía estaba cercado; y que desque supo que estaba allí el dicho don Diego de Almagro, se había hecho fuerte en el río de Abancay, que son siete u ocho leguas adelante.

»Y luego nos rogó y mandó a Juan de Guzmán y a Diego de Mercado, contador y factor de Vuestra Majestad, y a Diego de Alvarado y a Gómez de Alvarado y al licenciado Prado y a mí que fuésemos a hablar al dicho Alonso de Alvarado y a su gente y le dijésemos de su parte e informásemos de la nuestra como él era recibido por gobernador en el Cuzco en nombre de Vuestra Majestad por su provisión real, la cual y la fe del escribano dél llevábamos con nosotros. Que le rogaba y, si menester era, mandaba viniese debajo de su obediencia y gobernación y que, haciéndolo así, partiría la tierra con ellos como vasallos de Vuestra Majestad e irían luego a conquistar al Yuga, que estaba alzado, y conquistar la tierra. Y si no querían, que se volviesen a su gobernador y gobernación y desocupasen la suya.

»Acabado nuestro razonamiento, el dicho Alonso de Alvarado nos prendió y puso en prisiones a todos seis y a un escribano de Vuestra Majestad que llevábamos para requerirle con la provisión real. Y a todos siete nos puso grillos y cadenas y en poco compás nos tapió a piedra y lodo y tuvo treinta días. Y no quiso ver la dicha provisión real; antes dijo él y su gente que eran cartapacios de bachilleres del Consejo, lo cual se verá más largamente en el proceso que sobre ello está hecho, a lo cual me remito.

»Y don Diego de Almagro, sabida la prisión de sus mensajeros, se retiró a la ciudad del Cuzco y envióle un alcalde y el procurador de la dicha ciudad y un escribano a requerirle le diese los oficiales de Vuestra Majestad y los otros mensajeros que había enviado, a los cuales maltrataron según y como por el proceso se verá que está hecho sobre ello, al cual me refiero. Y visto esto, don Diego de Almagro con la más gente que pudo fue sobre el dicho Alonso de Alvarado y su gente y tornólo a requerir. Y como no quisieron, combatióles y entróles el río y murieron de una parte y de otra cinco o seis. Y prendió al dicho Alonso de Alvarado y soltónos y volvióse a la ciudad del Cuzco, hecha toda la gente una y de su parte. Los cuales dijeron que Alonso de Alvarado, su capitán, no les había dejado ver la provisión y cuando la vieron, le obedecieron y tuvieron por tal gobernador.

»Dende en un mes, poco más o menos, vinieron los licenciados Espinosa y el de la Gama y Guillén Juárez de Carvajal, fator de Vuestra Majestad, y

Fuentmayor, hermano del presidente de Santo Domingo, de parte del gobernador don Francisco Pizarro, para entender en paces y conciertos y soltar a sus hermanos que estaban presos, como dicho tengo.

»Y andando en estos tratos, el dicho Fuentmayor requirió con una provisión de la cancillería real de Santo Domingo, que fue hecha creyendo que era muerto el dicho don Diego de Almagro, para que gobernase su gobernación y, si fuese vivo, mandase a entrambos gobernadores que estuviesen en paz y estuviese cada uno do les hallase. El gobernador don Diego de Almagro respondió a todos que él quería llevar el oro que estaba recogido en la ciudad de sus quintos reales y a Hernando Pizarro, con su proceso, preso al primer puerto de mar, para lo enviar a Vuestra Majestad todo. Y así nos mandó apercibir, y fuimos con todo lo susodicho y yo, como tengo probado, para me venir en España.

»Y dende la mitad del camino rogónos y mandónos el dicho gobernador don Diego de Almagro a Diego Núñez de Mercado y al contador Juan de Guzmán y a mí, como a criados de Su Majestad y con su poder, que fuésemos a pacificar y partir límites, como hombres que siempre conoció desear paz entre él y su compañero, y le diese navío en el puerto de Chincha, que son treinta leguas de la ciudad de los reyes, do el gobernador don Francisco Pizarro reside, para enviar el dicho oro y a Hernando Pizarro preso: y que entendiésemos con el dicho don Francisco Pizarro de su parte en lo que más conviniese al servicio de Vuestra Majestad y paz y sosiego de los dos gobernadores.

»Y así fuimos, y platicando en la dicha razón, trabajando de los conformar, hallando buen deseo y gana en el dicho gobernador don Francisco Pizarro, estando en los tratos, según y como adelante diré, soltóse de la ciudad del Cuzco Gonzalo Pizarro, hermano del dicho don Francisco y Hernando Pizarro, y el capitán Alonso de Alvarado —que presos quedaban los dos—, y prendieron al capitán Rojas que quedaba por teniente del gobernador don Diego de Almagro, según y como me remito al proceso que sobre ello está hecho. Y con cincuenta o sesenta de caballo se fue adonde estaba el gobernador don Francisco Pizarro y nosotros tratando lo susodicho.

»Los cuales, fatigados de las prisiones, encareciendo sus honras e intereses, metieron tan gran cizaña al dicho gobernador don Francisco Pizarro y su gente, con lástimas, dádivas y promesas de parte del dicho Hernando Pizarro y suyas. Y según parece, así quedó concertado cuando se apartó dellos el dicho

Hernando Pizarro, el cual así lo confiesa. Y dijo Gonzalo Pizarro en nuestra presencia al dicho gobernador don Francisco Pizarro que, si no sacaba a su hermano, él con la gente que allí estaba le sacarían. Y con esto no pudo dejar de dañarse la negociación en tal manera que fue causa de la perdición, que en verdad tal se puede llamar, pues se perdieron vidas y almas y haciendas, con pasiones, intereses y codicias.

»Pero todavía con buen celo el gobernador don Francisco Pizarro vino a ponerlo en manos y tercería de la manera siguiente: puse, de su parte el gobernador don Diego de Almagro a Diego Núñez de Mercado, alcalde de Nicaragua, y a mí; y el gobernador don Francisco Pizarro al viceprovincial fraile de los dominicos, fray Juan de Olías, y a Francisco de Chaves, su capitán. Y diéronnos sus poderes bastantes para que nos pusiésemos en un lugar que se llama Maran, que está en medio de la ciudad de los reyes, do estaba el gobernador don Francisco Pizarro, y de Chincha, adonde estaba el dicho don Diego de Almagro, de condicionalmente, si fuese servicio de Vuestra Majestad y conveniente a la tierra y cupiese en los límites de su gobernación... que hay treinta leguas desde este pueblo de Chincha hasta la ciudad de los reyes.

»Y estando nosotros esperando del dicho don Diego de Almagro más abundante poder que el que habíamos traído para tratar nuestro compromiso, el cual fue que diésemos orden lo que cada uno de los gobernadores debía de gobernar, entre tanto que Vuestra Majestad declarase lo que fuese servido y fuese justicia, entremetióse un fraile provincial de la orden de Nuestra Señora de la Merced que se llama fray Francisco de Bovadilla, y destruyó la cosa desde el principio hasta el cabo; y fue causa y principal destrucción de todo. Para lo cual, por nuestros pecados, fue menester usar el diablo de sus mañas y falsedades, entrando enmascarado con este santo hábito. Y este reverendo hombre, el cual fallamos y residía con el dicho don Francisco Pizarro, y de pura envidia suya y diligencia del diablo trató y negoció con el dicho gobernador don Francisco Pizarro y con nosotros que quería ir a ver al gobernador don Diego de Almagro, porque se conocían de largo tiempo.

»Y fue y díjole que la cosa quedaba muy mal ordenada, porque don Alonso y el alcaide de Nicaragua, que estaban puestos de su parte, quedaban muy amigos con el gobernador don Francisco Pizarro y que, ya que no hiciesen cosa que no debiesen, que la cosa puesta en cuatro, dos de una, parte y dos de otra, como quedaba, era y había sido comenzar para nunca acabar; y que a él le constaba ser su gobernación hasta la ciudad de los reyes, así por el altura y derecho meridiano, como Vuestra Majestad manda que se mida, como por haber visto él la tierra; y que si era servido dello, quél asistiría con nosotros para remediar las parcialidades que entre nosotros podría haber.

»Don Diego de Almagro, como en la verdad certifícolo a Vuestra Majestad, era bueno y deseoso de acabar en este mundo con fama y permanecer en el segundo de perpetua vida con gloria, y esto no se puede hacer sin tener contento a Dios Nuestro Señor y a Vuestra Majestad, creyólo y gozóse mucho de encaminarse por el reverendo fraile, con mente pía por su santo hábito. Y díjole: "Padre, aunque Vuestra Paternidad ha residido con el gobernador don Francisco Pizarro, téngoos por buen servidor de Dios Nuestro Señor y del emperador. Por lo cual yo me quiero fiar de vos y ponerlo todo en vuestras manos, si el gobernador don Francisco Pizarro quiere, para que seáis entre nosotros, entre tanto que Su Majestad provee juez de nuestras diferencias".

»Al cual respondió el fraile —lo cual estaba probado—: "Pues, si así lo hace Vuestra Señoría, yo os hago juramento por el hábito de Nuestra Señora de la Merced de os partir límites por el Guarco" —que son veinte leguas más acá de la ciudad de los reyes.

»Confiando en esto, el gobernador don Diego de Almagro nos escribió una carta, dándonos a entender la satisfación que tenía del dicho fraile, y que si el gobernador don Francisco Pizarro quisiese, le diésemos poder para que quedase todo en sus manos, por el poder que nos había enviado que era muy bastante para todo lo que quisiésemos hacer, rogándonos lo tuviésemos por bien y avisándonos que convenía mucho al servicio de Vuestra Majestad y a su honra. Así lo tuvo Francisco Pizarro y nosotros lo hicimos, aunque él, metiéndolo por la manga, se salió por el cabezón. Que contraminando malicias y sospechándolas, sabiendo don Diego de Almagro y nosotros que, soltando a Hernando Pizarro, había de haber daño, le dimos poder para que partiese los límites y que entendiese en todas las cosas anexas y concernientes a ellos y paz y sosiego destos reinos de Vuestra Majestad, desde el día de la fecha en adelante; y que no entendiese en cosas pasadas, porque no tocase en la prisión del dicho Hernando Pizarro ni en la posesión del Cuzco, hasta que Vuestra Majestad y su Real Consejo de las Indias proveyese lo que fuese justicia.

»Y lo primero que hizo, sin tener poder para ello, fue quitarle el dicho Cuzco y mandar que se soltase el dicho Hernando Pizarro. Visto el engaño, corrido y agraviado el dicho don Diego de Almagro, y el daño que se sospecharía de la perdición de la tierra, como después fue, apeló la sentencia de la manera y forma que se verá por los autos y testimonios y probanzas que sobre ello se hicieron, a lo cual me remito.

»Visto esto por los capitanes Hernando Ponce de León y Francisco de Godoy, amigos de ambas partes y buenas personas y celosos del servicio de Dios y de Vuestra Majestad, entraron a dar medios, los cuales fueron que estuviese el dicho gobernador don Diego de Almagro en su Cuzco, como estaba, y que deshiciese el pueblo de Chincha, pues lo había hecho condicionalmente, y lo hiciese ocho leguas más hacia el Cuzco en un puerto que se dice San Gallán, donde le enviarían un navío para enviar su hijo y sus despachos a Vuestra Majestad, informándole de lo que había servido en el descubrimiento de Chile, porque en llegando a Chincha, lo había hecho en una balsa, la cual el dicho don Francisco Pizarro la tomó, con tanto que el dicho don Diego de Almagro le diese a su hermano y el oro que llevaba, para que él de su mano le quería enviar a Vuestra Majestad.

»Visto por don Diego de Almagro ser cosa que, si lo cumplieran, era evitar el daño que se hizo, túvolo por bien e hizo sobre la seguridad dello todo lo que pudo de fianzas y pleitomenajes y juramentos, así por Dios como por vida de Vuestra Majestad. El cual fue tomado al dicho gobernador don Francisco Pizarro y Hernando Pizarro y sus capitanes, que lo mantendrían y no harían los unos ni los otros contra ello en ninguna manera, hasta que juez competente por Vuestra Majestad fuese proveído y proveyese justicia y lo que convenía al servicio de Vuestra Majestad o provisión de Vuestra Majestad en lo que declarase; y que cada uno se deshiciese de su gente y enviasen a pacificar la tierra, cada uno por su gobernación.

»Don Diego de Almagro luego lo efectuó y retiróse a San Gallán; pobló su pueblo e hizo alcaldes y regidores y puso horca y picota en nombre de Vuestra Majestad y púsole por nombre la villa de Almagro y comenzó a deshacer su gente. Esperando el navío en lugar de recaudar, dicho le han otra razón. Llegaron mensajeros del gobernador don Francisco Pizarro con una provisión de Vuestra Majestad que trajo el capitán Per Anzures, su solicitador, la cual y el cual había muchos días que era venida y el dicho don Diego de Almagro tenía el traslado —y como cosa que le parecía que hacía más a su caso no se temía della—, en la cual provee Vuestra Majestad de lo poblado y conquistado por él a don Francisco Pizarro, que es lo que hacía en su caso, y más abajo, en el de don Diego de Almagro, un pero que le salió podrido: que si alguno de los dichos gobernadores estuviese en la del otro, por servir más a Vuestra Majestad que se estuviese adonde la dicha provisión le tomase, y el que se sintiese agraviado, se fuese a quejar a Vuestra Majestad, que Vuestra Majestad le desagraviaría.

»Y vista esta provisión y requerimiento del dicho don Francisco Pizarro, en que le requería que se saliese de todo lo por él poblado y conquistado, que era haciéndole volver a Chille, tornóle a requerir el dicho don Diego de Almagro con lo que en la dicha provisión hacía a su caso que dicho tengo con los mismos mensajeros y un procurador suyo. Lo cual no aprovechó para dejar de venir sobre él el dicho don Francisco Pizarro y Hernando Pizarro con mucha gente y arcabucería que mediante los medios se estuvo proveyendo. Don Diego de Almagro y su gente nos retrajimos a la sierra a un lugar fuerte que se llama Guaytara. Y don Francisco Pizarro deshizo el pueblo y prendió a los alcaldes y regidores, y después vino sobre nosotros. Y desque vimos que no se podía defender nuestra fortaleza sin riesgo de una parte o de otra y el menor daño era muy grande para el servicio de Dios y de Vuestra Majestad Cesárea, venimos al Cuzco.

»Y desde allí se volvió el gobernador don Francisco Pizarro a la ciudad de los reyes, y vino Hernando Pizarro con ochocientos hombres de guerra, en que traían ochocientos caballos y arcabuces ciento y veinte y ballestas ciento y cinco y seis piezas de artillería gruesa. Y don Diego de Almagro llegó un mes antes a la ciudad del Cuzco, adonde vino sobre ella el dicho Hernando Pizarro y su gente. Y por ser de paja la techumbre de las casas y los arcabuces poder hacer mucho daño detrás de las paredes, salió don Diego de Almagro tres cuartos de legua de la ciudad a ver qué quería, con quinientos hombres, trescientos de caballo y doscientos de pie, y tres o cuatro piezas de artillería gruesa.

»Y yo quedéme en la ciudad, porque siempre me he apartado de ofender ni ser ofendido y de enojar a Vuestra Majestad en dicho ni en hecho, como —gracias a Dios— me puedo loar, sin la cual ayuda no me pudiera gobernar según el aparejo. Y no faltaban letrados de una parte y de otra que justificaran las causas. Y sin más acá ni más allá, dieron su batalla y buena pro les haga.

»Venció Hernando Pizarro. Murieron de su parte veinticinco o veintiséis hombres y de la de don Diego de Almagro, doscientos hombres y otros cien con sus caras acuchilladas y otros cincuenta mal heridos, los cuales de la parte de Hernando Pizarro vinieron siguiendo la victoria hasta la dicha ciudad. Quedó muerto de la parte de don Diego de Almagro su capitán general Rodrigo Orgoñoso, un muy valiente caballero y esforzado y muy servidor de Vuestra Majestad, y otros muchos de mucha calidad. Don Diego de Almagro, como hombre doliente, habíase quedado algo atrás y vino con tiempo a la ciudad y metióse en la fortaleza, adonde le prendieron.

»Hiciéronse muchos robos públicos, aunque los que llegaron a noticia de Hernando Pizarro mandólo restituir. Y demás de ver lo de mis vecinos, hablo como testigo presente, que me sacaron aquella noche cuatro arcabuceros al campo a darme tormento para que les diese mi moneda. E hice talla con ellos de 500 pesos de oro, los cuales no consintió Hernando Pizarro que me los llevasen, cuando otro día lo supo.

»Comenzó a hacer proceso contra el dicho don Diego de Almagro, el cual turó tres meses. Parecióle que era justicia hacer justicia dél. La cual hizo desta manera: sentenciole a muerte. Y leída la sentencia, el dicho don Diego de Almagro, no poco admirado, medroso y espantado, le dijo: "Yo apelo para ante el emperador y rey don Carlos mi Señor, a quien yo mucho he servido, y poco deservido".

»No queriéndosela otorgar, le dijo: "Apelo para ante la cancillería real que reside en la ciudad de Santo Domingo de la isla Española".

»No queriéndosela otorgar, le dijo: "Apelo para ante el gobernador vuestro hermano".

»Y no queriéndosela otorgar, le dijo: "Mirad, señor comendador Hernando Pizarro, que yo he seído el primer escalón adonde estáis vos y vuestro hermano el gobernador. Mirá que siendo mi enemigo, no es justo la muerte que me dais, aunque hubiese hecho por qué".

»Hincósele de rodillas delante dél y quitósele un paño de cabeza y díjole: "Mirá esta cabeza hecha pedazos en servicio del emperador nuestro señor.

Mirad este ojo saltado desta cara en su servicio y vuestro remedio y de vuestro hermano".

»Hernando Pizarro se abajó y le levantó y le dijo: "Yo no puedo hacer menos, porque veo que es justicia y toda mi gente me lo aconseja. Mire Vuestra Señoría que no es de hombres honrados tanta bajeza ni tanto temor".

»Respondióle: "O, señor, que Dios temió la muerte, y yo no solamente temo la mía pero temo la de muchos buenos con cuya vida se habían de remediar. Por amor de Dios, me deis adonde quisiéredes la vida, que con lo que me diéredes me contentaré. Y otórgame mis apelaciones o cual dellas quisiéredes".

»Desque vio que no quería y que se salía, dijo: "Apelo para ante aquel Dios Todopoderoso que es justo juez, y emplázoos para que dentro de cuarenta días seáis vos y cuantos son en mi muerte ante Su Majestad".

»Luego un fraile que allí estaba para le confesar le reprobó el dicho emplazamiento, que dijo que no era lícito ni de buen cristiano. Y él dijo que si así era, quél disistía dello. Y así se confesó como católico cristiano e hizo su testamento, mostrando en la muerte el deseo de la vida, dejando a Vuestra Majestad por heredero de todos sus bienes, y a mí, como criado de Vuestra Majestad y amigo suyo, por albacea y testamentario suyo, encomendándome su alma y su honra y que informase a Vuestra Majestad de la verdad.

»Y así, confesado y testado, en el cubo donde estaba preso, ya que le querían dar garrote —como se lo dieron—, dijo a los que allí estaban: "Yo muero por haber servido al emperador. También mi muerte remeda a la de Cristo, aunque yo soy pecador y Él no lo era. No vos pido a vosotros perdón; antes ruego a Dios Todopoderoso os perdone".

»Y desta manera le dio el ánima y ellos le ahogaron y sacaron muerto a la plaza. Y le pusieron al pie de la picota en un repostero, adonde estuvo una hora. Y luego le llevaron al monasterio de Nuestra Señora de la Merced, adonde se mandó enterrar. Y le acompañó Hernando Pizarro con lágrimas y tristeza, y bien creo que le pesó y si lo hizo, fue creyendo que con su muerte Vuestra Majestad se sirvía y se apaciguaba esta tierra. Si fue justicia o no, remítome a los procesos y letrados.

»Ahora que, como soy albacea y testamentario y persona de quien confió el crédito de Vuestra Majestad y sus servicios y honras, yo he disculpado al gobernador don Diego de Almagro y a mí, por lo que a mí toca, quiero disculpar a Hernando Pizarro y no al gobernador don Francisco Pizarro, porque esto está ante Dios y Vuestra Majestad y el mundo, porque ya está tenido y creditado y reputado por católico cristiano y fiel vasallo de Vuestra Majestad y muy buena persona. Y lo que toca a Pizarro, digo que como hombre que sabe la verdad y sin pasión y que no querría que viniese daño a ninguna de las partes por mí, por haberme hallado con él desde el principio hasta el cabo, como dicho tengo en el principio desta mi carta y relación que hago a Vuestra Majestad, si defendió la ciudad del dicho cerco, él lo hizo como valiente capitán y buen servidor de Vuestra Majestad, como hombre que en la verdad ama su real persona. Porque muchas veces le oí decir que si, como Vuestra Majestad es su rey, fuera su igual vecino, no le tuviera en menos de lo que le tiene ni le dejara de querer como le quiere, loando mucho su católica persona.

»Y cuando el dicho gobernador don Diego de Almagro tornó, que no debiera, Hernando Pizarro hizo muchos cumplimientos con él, teniendo respecto al acatamiento de Vuestra Cesaria Majestad y consideración a la compañía que el gobernador don Francisco Pizarro tenía con él y por venir de tan luengas vías y trabajos de servir a Vuestra Majestad, y asimismo excusando muertes de hombres cristianos, vasallos de Vuestra Majestad, especialmente que traía don Diego de Almagro quinientos hombres y Hernando Pizarro tenía doscientos y cincuenta. Y atento lo susodicho, Hernando Pizarro le ofreció muchos y buenos partidos a la primera entrada de la ciudad del Cuzco al dicho don Diego de Almagro, convenientes al servicio de Vuestra Majestad y a la paz y sosiego, los cuales creo que tomara, amando la paz como siempre deseó, si no fuera por su gente. La cual, biéndose poderosa y necesitada y trabajada, con deseo de descansar y enriquecer y echar más cargo al dicho gobernador don Diego de Almagro y mostrar sus personas, y que, mediante ellas, favoreciéndose de las provisiones de Vuestra Majestad, fuese gobernador del Cuzco, para ser gratificados, conforme a esto le hicieron entrar en él, como entró, y después no dejaron de ayudar letrados y otros consejeros. De lo cual, gracias a Dios, yo estoy muy libre, y dél las espero y de Vuestra Majestad. Y después, así como sois obligado, muy poderoso y católico señor, a dar pena por el mal, sois obligado a dar premio por el bien. Lo cual pido y, si es menester, ante Dios requiero, conforme a mis servicios, Vuestra Majestad me haga las mercedes de pena o de gloria, para lo cual no pido misericordia sino justicia.

»Lo que Hernando Pizarro, muy Poderoso señor, hacía con don Diego de Almagro es lo siguiente: partía la ciudad con él y con su gente; ponía un teniente por su hermano don Francisco Pizarro, amigo de don Diego de Almagro, para que tuviese la justicia en su favor, hasta que los dos se viesen y se concertasen. Y por ser buen comedimiento y justo creo que le aceptara el dicho don Diego de Almagro, si no fuera por su gente, como dicho tengo. Y por haberlos disculpados a ellos, no acuerdo culparme a mí; por lo cual acuerdo decir que muchas veces aconsejé al dicho don Diego de Almagro que no tomase nada por su abtoridad y dejase proveer a Vuestra Majestad, aunque suplese volverse a Chile, pues él había servido bien y Vuestra Majestad suele pagar bien al que le sirve, y que pues tan buenos entendimientos daba a las provisiones reales en su favor, tanto más esperanza había de tener en la justicia.

»Y al gobernador Francisco Pizarro dije, entendiendo en las paces de los dos, que si algún tuerto le había hecho y contra derecho don Diego de Almagro, tanto más le obligaba a sufrirlo y pasar por ello, pues mientra más tuerto fuese, más se parecería, pues tenía rey y esperaba juez; y que mirase que el vencido había de ser vencido y el vencedor perdido y otras cosas que, por no ser prolijo, no digo aquí a Vuestra Majestad que guardo para cuando yo me vea con Vuestra Majestad, que será lo más presto que yo pudiere.

»Y dando la culpa a cuya es, que alguno la ha de tener, digo y declaro que la tiene el fraile fray Francisco de Bovadilla y Fuentmayor, hermano del presidente de Santo Domingo, que si como vino por juez, quisiera ser medianero y estarse quedo, no llegara a lo que ha llegado, sino quiso ir por solicitador del gobernador don Francisco Pizarro y dejólos para que se matasen. Y el licenciado Espinosa murió de una dolencia que le dio, que le llevó en cinco días o seis, y a cabo de quince que a la ciudad del Cuzco llegó con los susodichos, bien creo que, si no falleciera, hiciera gran fruto en servicio de Dios y de Vuestra Majestad y en la paz y sosiego destos dos gobernadores. Porque demás de su habilidad y buena intención, teníanle respecto entrambos por haber estado debajo de su mano y jurisdición.

»También creo que si el obispo fray Vicente de Valverde del Perú no parara en la ciudad de los reyes y, como fue aconsejado y comenzó a efectuar, viniera a la ciudad del Cuzco, se evitaran los daños o mucha parte dellos. Sino que crea Vuestra Majestad que estos frailes, desque salen de sus monasterios, o los más dellos, pierden el esperanza del paraíso. Yo he dicho verdad, Vuestra Majestad, en lo susoescrito y si algo me he acortado, ha sido por evitar prolijidad y escándalo. Lo cual va firmado de mi nombre, para lo así mantener y sostener por tal verdad, y si menester es, así lo juro a Dios y al hábito de Santiago que así pasa, y antes más que menos. En lo cual antes me mesuro y templo por acatamiento de Vuestra Majestad y por no le dar pasión, que esedo ni me alargo. Y ruego a Dios Todopoderoso que si afición ni pasión ni interese ni ambición se me sigue para dañar a nadie, me sea demandado y castigado. Y asimismo guarde y acreciente la católica persona real de Vuestra Majestad, para que sirva a Santiago, que Dios y a nos haga mercedes y mantenga justicia. Es hecha.

»De la junta que el provincial hizo en Mora de los dos gobernadores con cada doce caballeros no doy cuenta, porque es larga y no muy necesaria, especialmente con brevedad; y asimismo de otras cosas que dejo para cuando viere a Vuestra Majestad, a quien cuanto puedo suplico desta mi carta y relación se dé parte y traslado a quien la pidiere y quisiere y contra ello alegar pudiere, porque mi intención no es engañar a Vuestra Majestad secreta ni públicamente, sino que lo que dicho tengo, declarado y sacado en limpio, y juzgado contraditorio, vean que antes he pecado por corto que por largo, arrimándome a la templanza.

»De lo que toca o tocar debo a relación y estado de la tierra, yo la he hecho a Vuestra Majestad días ha, así de gente como de los temporales y costellaciones, mar y tierra, cerros y valles, ríos y caminos de todo lo que yo he visto y andado, y de personas de razón y crédito he oído. En todo he servido a Vuestra Majestad lo que he podido y así lo haré mientra Dios me diere vida. No me ha pesado de las falsas relaciones que de mí le han hecho a Vuestra Majestad, porque habrá visto quererme dañar, para que no sea creído, e indignar a Vuestra Majestad, para que no sea pagado. Y habráles de salir al revés, porque habrá acrecentado más en mi crédito, que según yo lo he gana, no me contentaré con lo que he dicho.

»El licenciado Caldera vino con el dicho obispo y si este otro hiciera lo que él aconsejaba, acertara a ser maestro. Al cual licenciado Vuestra Majestad debe muchas mercedes, porque por ello y por hacer lo que es obligado ha perdido muy grandes intereses. Cristianísimo y muy poderoso señor, después de haber yo servido a Vuestra Majestad tres años de cerco y conquista de los naturales del Perú y gran ciudad del Cuzco, con cargo de maestre de campo y capitán a costa de mi hacienda y de mi vida, cuando a mí y a otros que hayan servido menos que yo se quiso dar y se dio el premio y galardón en el repartimiento de la tierra, llegó una cédula de Vuestra Majestad en que mandaba traerme preso, por lo que sospechaba de mi bulliciosa condición y malas señales, que pornía en desasosiego la dicha tierra.

»Y pues mis vondades han deshecho las ruines señales, razón y justicia es y servicio de Dios que, pues por ellas Vuestra Majestad me excusó el premio y el galardón, ahora conforme a mis obras se me recompensen mis trabajos y mi honra con intereses y onores, protestando ante Dios, que es sumo Señor y soberano juez, me haga justicia y lo ponga en voluntad a Vuestra Majestad, de manera que no basten envidiosos a poderse vengar de mí por la cesárea mano de Vuestra Majestad y católica conciencia, especialmente que por servir y avisar a Vuestra Majestad quizá me querrán dañar, contraminando mi autoridad y deseo.

»Muchos dicen, muy poderoso señor, y algunos lo escribirán o dirán a Vuestra Majestad que fue principal discordia la que tuvieron los sobredichos gobernadores —o por lo menos alguna parte—, la provisión que ordenaron los del vuestro Real Consejo, con que dicho tengo que requirió el uno al otro y el otro al otro. Digo y certifico a Vuestra Majestad que ni lo uno ni lo otro no fue, porquella venía ordenada como de tan católicos y rectos varones que en semejante Consejo deben estar, sino que son achaques de hacientes y consintientes, como más largamente yo declararé por las preguntas que Vuestra Majestad fuere servido que yo declare, porque en más ni allende yo no me tengo que entremeter, porque no quiero hacer mal a nadie ni dejar de servir a Vuestra Majestad.

»Y así, vistas y examinadas las dichas mis probanzas, a Vuestra Sacra Majestad suplico me las mande tornar, porque como van cerradas y selladas, no las he mostrado. O, en defecto de me las volver, Vuestra Majestad en su real respuesta de mi carta y relación, firmada de su real mano, me haga saber lo que por ella parece, para que todos sepan lo que en las dichas probanzas ante Vuestra Majestad se ha mostrado de mis servicios y obras, porque por lo que dellas conozco tengo por cosa cierta los testigos que en ella se ponen hablarían cosas en mi favor, pues yo estoy satisfecho que en todos estos tiempos que en el Perú residí en aquella tierra, ninguno me ha hecho ventaja ni en dicho ni en hecho.

»He querido suplicar a Vuestra Majestad me haga esta merced, porque bien sé que habrá algunos que, por encubrir sus excesos y delitos, querrían hacer de mis obras buenas lo contrario, y aun por seguir la costumbre del diablo, que es procurar hacer a todos de su color, especial pues Vuestra Majestad para ello ya fue servido de les abrir puerta a sus dañadas intenciones, esto con las cédulas que contra mí envió a aquellas partes, sin que en alguna manera mis obras ni aun mis deseos lo hubiesen merecido. Por donde, demás de lo que a mis servicios se debe, Vuestra Majestad está obligado a desengañar los que con estas cosas han recibido engaño, especialmente a los de su Real Consejo de Indias, que principalmente le recibieron en mi daño. Los cuales aunque como humanos y pecadores han caído en hierro semejante, Vuestra Majestad, como persona sagrada y que por parte del lugar que del Espíritu santo en la tierra tiene, piadosamente se debe creer dél será más puramente alumbrado, no debe tropezar en semejante inadvertencia.

»Otrosí, muy poderoso señor y cristianísimo príncipe, porque puesto caso que, así por la mucha claridad que Dios en el juicio de Vuestra Majestad naturalmente puso como por parte de los cobtidianos alumbramientos que a un tan gran juez en la tierra se debe creer de cada día concede, Vuestra Majestad en todo —es muy cierto—, siempre está muy advertido, todavía de las cosas que a sus sagrados oídos no han venido no es justo se crea lo puede estar.

»Por tanto, para que en lo que toca a su real servicio y pura conciencia y el bien y remedio de aquellas partes del Perú, me ha parecido cosa muy convenible, y necesaria con toda brevedad hacer saber a Vuestra Majestad la relación de las personas sediciosas y de mal estilo de vivir que en ellas ha habido en el tiempo que digo, de quién y de cuáles son y de las obras de cada uno. Y si algunas dejare, será por ser de calidad que ni en el proveer se pierde tiempo ni ellas sufren ser escritas, reservándolo para que yo las comunique con su real persona sin otro tercero alguno con otras algunas que para aquel día quedarán rezagadas.

»Cuanto a lo primero, por evitar sospecha, que aun en esto no merecen padecer, como suso tengo dicho y ahora repito y siempre diré porque es la verdad, los gobernadores don Diego de Almagro y don Francisco Pizarro son los menos culpados, porque realmente en su condición parece haberlos hecho Dios para no hacer mal contra su acatamiento ni servicio de Vuestra Majestad ni para hacer cosa que no debiesen, en cuanto ellos lo alcanzasen a saber. Pero no fue servido de dejar de dar poder a los diablos para que engañasen los hombres. Y así crea Vuestra Majestad que si en algo han excedido, ha sido por hombres apasionados y codiciosos y lisongeros; conviene a saber: el susodicho capitán Alonso de Alvarado, que fue preso por el dicho don Diego de Almagro y después se soltó con Gonzalo Pizarro en y revolvió a don Francisco Pizarro y a la gente de guerra que con él estaba en grandísima manera, por vengarse de la dicha prisión y algunas palabras que el dicho don Diego de Almagro le dijo. Y asimismo cuando prendieron a don Diego de Almagro, trayéndolo a las ancas Felipe Gutiérrez, gobernador de Veragua —para que será testigo—, le dijo el dicho Alonso de Alvarado: "Almagro, ahora quiero que veáis como mi mozo puede ser mejor capitán que vos gobernador".

»Otrosí venía en compañía deste capitán Alonso de Alvarado un caballero natural de Jerez de Badajoz que se llama Gómez de Tordoya, o es natural de Villanueva de Varcarrota. Éste, según dicen y él se precia, ha muerto muchos pesquesidores de Vuestra Majestad que sobre grandes delitos quél ha hecho en sus reinos y señoríos le han enviado, y otros de los suyos, especial un tío suyo, hermano de su padre, que dicen que mató dentro de una iglesia, como mejor informará a Vuestra Majestad el licenciado Leguizamo, porque dice él que porque éste por parte de su mujer le ha acusado, no le consintieron en Portugal, donde estaba huido, y se ha ido a las dichas tierras del Perú.

»El cual fue con el dicho Alonso de Alvarado en igual grado, y por él y por su consejo, como su lugarteniente, dio la batalla al dicho don Diego de Almagro en el dicho río y puente, donde tengo dicho que se hicieron fuertes, y juntamente con el dicho Alonso de Alvarado fue preso. Y fue el que dijo a Alonso de Alvarado y toda la gente que con ellos estaban: "No se os dé nada destas provisiones, que son cartapacios de bachilleres del Consejo".

»Lo cual es verdad y está probado en un proceso que contra él se hizo, de que es escribano Martín de Salas, al cual remito. Y asimismo lo dirá Diego de Alvarado y el contador Cristóbal de Vega y otros muchos, porque fue muy público. Y así pasó.

»Dende en poco tiempo se pasó de la parte de don Diego de Almagro, el cual le dio de vestir y aposentó en su casa y mectió en su consejo. Y después cuando Hernando Pizarro vino sobre el dicho don Diego de Almagro, le amotinaba la gente, por do el dicho don Diego de Almagro lo prendió. Y estuvo preso, en cuanto se dio la batalla. Y luego don Francisco Pizarro le hizo teniente de la justicia de la ciudad del Cuzco y lo metió en su casa y queda ahora en su compañía. Y asimismo Bosque, alférez del dicho Alonso de Alvarado, no solamente hizo mucho daño en la batalla, diciendo que recompensaba su honra por haber prendido su primera bandera, pero en las cosas después en la ciudad, habiendo pasado mucho tiempo, entraba a matar los hombres a traición.

»Otrosí el capitán Per Anzúrez que fue enviado por el gobernador don Francisco Pizarro por solicitador a Vuestra Majestad y vino por capitán de arcabuceros, que no debiera, para que los indios se habían alzado, nos dijo al capitán Gabriel de Rojas y Alonso de Saavedra —que serán testigos—, y a mí, y a otros muchos acabado de dar la batalla: "Hernando Pizarro me pidió consejo sobre esto que ha hecho. Y yo le dije que se satisfaciesen de lo que habían hecho, dándome cuenta dello, y que viniese lo que viniese. Y así lo hizo".

»Y asimismo dijo que sabía de Vuestra Majestad que lo que decía su real provisión quél trajo, que cada uno se estuviese donde le hallase, no se entendía si estuviese el dicho don Diego de Almagro en lo conquistado y poblado del dicho don Francisco Pizarro; y preciábase de haber dado esta declaración al dicho don Francisco Pizarro y Hernando Pizarro y toda su gente, presumiendo de privado del reverendísimo cardenal de Sigüenza y de criado, que fue su paje, del conde de Osorno, atreviéndose a decir y a hacer mucho. Y asimismo el día que mataron al gobernador don Diego de Almagro, vino a consolar los presos de su parte, que fueron Barroso su alcalde mayor, Oñate su alguacil mayor, y otros muchos, que ellos dirán y por la prolijidad aquí no pongo: "Habed paciencia, que Hernando Pizarro ha muerto al gobernador don Diego de Almagro. Y todos fuimos en este parecer, porque así convenía".

»Otrosí: el capitán Mercadillo, demás de dar muy grandes mañas y ardid por capitanear, encendió la cosa de arte que paró en la manera que Vuestra Majestad ha visto. Y después, porque no le daban la capitanía de la entrada de Jauja, quería tornar a revolver la cosa hasta que se la dieron. Asimismo revolvió mucho, hasta llegar a efecto o al defecto de la batalla, un capitán Diego de

Urvina, que dice que se fue de Italia por ciertos delitos que había hecho, aunque después, según dicen, quiso pasar de la parte de don Diego de Almagro y sacarlo de la prisión. En lo que toca a éste no me certifico; Vuestra Majestad se informe más, porque no quiero que por mi causa Vuestra Majestad haga hierro ni dañe a nadie, aunque a mi ver la mayor culpa destos negocios tiene Fuentmayor, hermano del presidente que está en Santo Domingo, isla Española.

»El cual vino a don Diego de Almagro, quejoso de don Francisco Pizarro, diciendo, según me dicen —que yo no se lo oí, pero oílo a los que con él venían y a testigos que se lo oyeron—, que Francisco Pizarro le había mandado vender sus caballos por los fletes que en su navío había hecho, aunque con título de meter paz con una provisión real que de la dicha cancillería traía, y como no halló buen acogimiento en el dicho don Diego de Almagro, se partió desabrido dél a don Francisco Pizarro y pidió o aceptó sus negocios para ante Vuestra Majestad contra el dicho don Diego de Almagro. Por lo cual le dieron que llevase el oro, y 14.000 castellanos para él. Y estoy muy cierto que si él estuviera en medio con la dicha provisión y de por medio, que no llegara la cosa a lo que llegó, con poco que trabajara en ello y menos que sufriera.

»De manera, muy poderoso señor, que a mi parecer todo lo que dicho tengo y puedo decir se resume o puede resumir en dos, como los mandamientos de la fe católica, y son en este caballero y en fray Francisco de Bovadilla, el sobredicho provincial. Verdad es que uno que se llama Huste de Montoya, secretario y consejero del dicho Hernando Pizarro, presumiendo de cortesano y de la casa del comendador mayor de León, sabiendo yo no es aun de sus paniaguados, porque tan mala sabandija no suele yacer en su compañía, metió mal en esta cosa, aprobando su partido, obligándose a la pena y a los negocios sobre lo que sucediese y sucedió. Y así dijo, saliendo a recibir de la ciudad del Cuzco al gobernador don Francisco Pizarro y al licenciado Caldera, que será testigo: "Pareciónos por el proceso y por sus cosas que debía de morir don Diego de Almagro".

»Crea Vuestra Majestad que en algunas cosas imitó la muerte deste pecador a la de Cristo, porque no le faltaron fariseos ni envidiosos, etc.

»Acuerdo, sagrado señor, disculpar un poco al gobernador don Diego de Almagro y no será tanto cuanto sería razón, conforme a la culpa que ante Vuestra Sagrada Majestad le han echado, porque sus justificaciones no basta papel ni tinta ni juicio humano para contarlo. Solo Dios sabe la profundidá dello, según tenía arraigado en su estómago, entrañas y voluntad su santa fe católica y vuestro real servicio, amandóos y temiendóos a entrambos conforme a la ley y razón, como católico cristiano y leal vasallo. Mas porque no hay ningún ausente justo y no estándolo yo, no es razón lo esté él, pues me dejó por su albacea y testamentario y fió de mí su alma y su honra, como de hombre de quien confió que diría la verdad a Vuestra Majestad, como vuestro criado y quien bien la sabe.

»Al presente no quiero de dejar de decir lo siguiente. Primeramente, católico señor, hago saber a Vuestra Majestad que en realidad de verdad el licenciado Francisco de Prado, viejo y anciano, docto en leyes, hombre de mucha experiencia y conciencia, le envió a decir conmigo en Guaytara, retrayéndose hacia el Cuzco, que él se quería quedar a declarar a don Francisco Pizarro y a Hernando Pizarro su hermano y a otros capitanes y letrados que con él estaban la justicia del dicho gobernador don Diego de Almagro y como ellos venían contra ella. El cual respondió que él había sabido que el licenciado Barba había escrito de España que estaban satisfechos los del Consejo de Vuestra Majestad en estar el dicho licenciado en su compañía y porque siempre estuviesen así y no pensasen que herraba por inocencia ni por malicia, no lo quería apartar de sí. Y el dicho licenciado Prado tornó a responder quél no había herrado ni herraría, si siempre tomase su parecer. Y adelante en Vilicas le tornó a decir el dicho licenciado Prado que se viniese al Cuzco y que si allí le viniesen a ofender, que justamente y conforme a justicia se podría defender, como gobernador del dicho Cuzco que era por Vuestra Majestad, y que hasta esto no había herrado ni herraba solo un punto y que él se obligaba a morir delante, diciendo "Carlos, Carlos, ¡mueran traidores!".

»Y asimismo el licenciado Guerrero, aunque mancebo, letrado.»

De cómo vine a dar parte de lo de las Indias a la Corte

Luego tras ella, vine a Madrid, do estaba el príncipe y el cardenal arzobispo de Toledo, don Juan Tabera, por gobernador de la persona real del príncipe y del reino, y el cardenal arzobispo de Sevilla por gobernador de las Indias, porquel emperador a la sazón estaba en Flandes. El cual Cardenal arzobispo de Sevilla había por nombre fray García de Loaisa, fraile dominico que ha sido confesor de Su Majestad; con el cual yo he tenido pasiones y diferencias y malquerencias, según y como en este libro os he dado cuenta. El cual, desque me ha tenido debajo de su mano y su jurisdición, se ha querido muy bien pagar; y en verdad no me ha hecho ventaja en lo que yo hiciera o haría contra Su Señoría reverendísima, si le tomase debajo de la mía, porque no ternía menos razón que él ni menos causas que Su Paternidad. Porques más loco y más hereje y más mentiroso que yo, porque todo esto me a articulado y no probado. De lo que le ha pesado, porque atento a lo que yo he dicho dél, quisiera salvarse dello con hacerme a mí malo y mentiroso en otras cosas.

Y porque de mi prisión os tengo ya dado cuenta, y del fin della daré en la vuelta desta hoja, no digo más de que, si no fuéredes tan necio que no lo sintiéredes, quiero hacer sentir que por vuestra culpa no me la echéis a mí. El que la presente viere, especialmente esta carta para Su Majestad, digo que hablo en ella más atentamente y comedida, así en Hernando Pizarro como en lo demás, que en la cuenta que antes os doy, así por el acatamiento de la majestad, porque como hombre apasionado y enemistado no se me dejase de dar oídos tan convenientes al servicio de Dios y propios a Su Majestad.

Ya que os tengo dado cuenta de todo, no quiero dejar de poner, como he hecho, lo que soy obligado, porque veáis que por mí no ha quedado nada. Y pues era tan obligado al señor adelantado don Diego de Almagro, así por haber sido muy gran servidor de Su Majestad y grande mi amigo como por haber sido el dicho Hernando Pizarro su contrario muy gran deservidor del emperador y rey nuestro señor y muy grande mi enemigo, púsele esta acusación que va adelante por tener lugar para haceros saber lo que dello sucedió en el papel que se acrecentará en este libro y también por cobrar la hacienda que me ha robado y hecho perder, como por la dicha acusación veréis. Y va este libro mezclado y envuelto, las burlas con las veras, porque descanséis con lo uno lo que trabajáredes con lo otro, leyéndolo todo como yo hago cuando lo escribo.

Ya os tengo contado como cuando me prendieron en la villa de Madrid en su casa de un alguacil, como la excelente doña María de Mendoza mujer del comendador mayor de León, el cual después del emperador don Carlos, rey de Castilla, etc., gobernó en hac y en paz de todos sus reinos por su buena y agradable condición, paciencia y diligencia, lealtad y fedelidad, aunque no fue la menos parte la excelente su mujer, por las razones de Su Ilustrísima Señoría que os tengo dicho y otros dirán, me envió un gran presente y consuelo a casa del dicho alguacil y me sacó el mismo día desta prisión y me llevó a su casa, como hizo Dios a Adán y a Eva y a los santos padres de los infiernos y los llevó a paraíso, así por su virtuosa condición como por el deudo que yo con Su Señoría tenía y gran familiaridad y amistad veinte años había con ella y con su marido.

Do me hizo muchos regalos y favores y ayudó a que se viese más presto mi justicia y verdad y las mentiras que mis contrarios contra mí habían dicho y acusado, porque no me diese crédito el rey de lo que contra ellos podía decir, aunque Dios tuvo este cuidado, que así como ellos eran malos y desacatados en ley divina y humana, así permitió los unos a los otros se matasen, conforme aquel dicho del Salmista: «Yo me veré vengado de mis enemigos por mano de mis enemigos».

Así que yo me libré y me dieron por libre y quito, porque yo no tenía culpa. Y ellos se mataron los unos a los otros desta manera.

Ya habéis oído y os tengo dicho de la manera que mató Hernando Pizarro, que fue el primer movedor y escandalizador, matador y robador, por su envidia y codicia y malquerencia, al ilustre adelantado don Diego de Almagro, gobernador por el emperador en aquellas partes del Perú. El cual dejó un su hijo de tierna edad y de una india, de hasta catorce años, el cual desde allá escribió a Su Majestad muchas quejas y lástimas de la indigna e ignominiosa muerte de su padre. Y por no ser tan presto respondido, por la longitud como por el poco crédito que le dio el emperador, antes tuvo nueva que iba un juez, como fue, que se llamaba el licenciado Vaca de Castro, a juntarse con el gobernador Pizarro, hermano del dicho Hernando Pizarro, con cuyo poder y consentimiento había muerto al dicho su padre, porque el dicho Hernando Pizarro estaba en Castilla, sobornando e interesando sobre este caso. Lo cual tampoco porque, desque Su Majestad lo supo, alanzó a dos o tres de su Consejo de las Indias fuera dél, que en esto se hallaron culpados y aficionados, y reformó el dicho Consejo justa y santamente.

Y así, sabido por el dicho hijo del adelantado don Diego de Almagro, sobre habelle muerto Hernando Pizarro a su padre, iba juez contra él y contra los criados y allegados suyos y de su padre, que los que no habían muerto cuando su padre quedaban mancos y robados y afrontados, acordó de matar al gobernador Pizarro, cosa que parecía imposible, así por ser muchacho y mestizo como porquel desventurado tenía pocos amigos y desbaratados. Por do claramente se ve que Dios le permitió. Y así entraron hasta nueve o diez y estando comiendo el dicho gobernador con cincuenta en su gobernación pacíficamente, le dieron muchas cuchilladas hasta que lo mataron, sin defendelle nadie. Antes luego todos alzaron por gobernador al muchacho don Diego de Almagro, representándoseles la razón que tenía más que fuerza ni justicia.

Allí fue mostrado un milagro y justicia de Dios, que luego que fue muerto el gobernador Pizarro, lo sacaron dos indias y pusieron en la picota muerto, como Hernando Pizarro con su poder y voluntad había hecho al adelantado don Diego de Almagro so color de matalle por justicia. Y preguntado a las dichas indias por qué lo sacaron allí, dijeron que como habían visto sacar al otro gobernador a la picota, pensaban que era sepultura de gobernadores, viendo que aquellas señales estaban en los mejores lugares de las plazas. Y tuvieron razón de entendello así, así por ser su merecido como hasta entonces, por ser tierras nuevas, no se había hecho esta sentencia a otros señores.

Y así levantado por gobernador don Diego Almagro, como al parecer contra el servicio de Su Majestad, llegó el dicho juez, Vaca de Castro. Y viniéronse a él todos los amigos de los Pizarros que habían excedido contra Dios y contra él, en lo primero contra el adelantado su padre. Y envióles muchos requerimientos que viniesen a servicio de Su Majestad. Y don Diego le respondió que hasta que supiese cómo Su Majestad había tomado aquel negocio, no lo había de obedecer a quien él había informado de su negocio y razón, y no contento el juez desto, le dio batalla, donde vinieron de la parte del juez más de cien hombres principales culpados en la muerte del adelantado don Diego de Almagro, porque no premitió Dios que les valiese ni se salvasen por este servicio que hacían a este juez en nombre del rey ni tampoco premitió que la tiranía pasase adelante. Venció el dicho juez Vaca de Castro a don Diego, al cual tomó vivo e hizo proceso contra él y cortóle la cabeza. El cual murió como muy buen cristiano y como buen caballero, pidiendo a Dios misericordia de sus pecados, muy lindo mancebo de dieciocho o diecinueve años. El cual fue enterrado en la misma sepultura de su padre, que fue en Nuestra Señora de la Merced, un monasterio que está en la ciudad del Cuzco.

Y demás de los que murieron de su parte en la batalla, fueron hechos cuartos y ahorcados hasta cuarenta de los más principales y culpados. Y porque se había escapado un capitán Per Anzures, que el dicho juez Vaca de Castro enviaba a Su Majestad del emperador a hacer saber todo esto, para que le hiciese mercedes y le perdonase haber sido el principal, después de Hernando Pizarro, de los robadores y matadores y movedores de todo esto y de la muerte del ilustre adelantado don Diego de Almagro, no lo consintió Dios. Sino en el camino de la mar encontró con franceses y le dieron un arcabuzazo en medio del corazón, de que murió. Y Hernando Pizarro está preso y a buen recaudo en este reino de Castilla en la Mota de Medina del Campo. El cual ni nadie que haya herrado contra Dios y contra el rey puede escapar, que tarde que temprano.

Y así acabo esto, tornando al principio deste capítulo, que estando yo preso en la dicha casa del comendador mayor de León y de la excelente su mujer, se ofreció a casar su hija con el duque de Sesa, conde de Cabra, etc., do a la velación se hicieron muchas y notables y suntuosas fiestas de comidas y cenas y colaciones muchos días, como de justas y torneos y juegos de cañas y toros y sortija, con farsas y saraos dentro de su casa, do venía el príncipe nuestro señor, y así hiciera su padre el emperador si estuviera en Castilla, y muchas damas. Y yo para esto tuve la villa por cárcel y después me dieron por libre al fin. La verdad aunque adelgaza nunca quiebra; bueno es aquel refrán y dice: «No la hagas y no la temas», aunque esta bellaca de fortuna da algunos trabajos sin culpa; lo cual tiene remedio, que es tomallo con paciencia y en penitencia de otros pecados.

De cómo fuimos a llevar la duquesa de Sesa a su tierra

Después de casada la hija del comendador mayor de León, llevóla a su casa su marido, el duque de Sesa. Y fue con ella su madre la excelente doña María de Mendoza, de quien yo tengo tratado en este libro asazmente, aunque no tanto como ella merece y yo por la obligación que ya habéis oído que yo la tenía. Yo fui con Sus Señorías. Y así como la dejamos en su villa de Vaena del su condado de Cabra, que juntamente tenía con el ducado de Sesa, volvió la excelente a su casa y Corte. Y en la ciudad de Jaén fuéle hecho gran recibimiento y hospedamiento de grandes banquetes por el obispo de Jaén, que es su primo por parte de los Mendozas.

Y estando comiendo con Sus Señorías, no me acuerdo qué dijo un loco natural que parecía mocoso, cuyo nombre era Tamayo, por que le di con una perdiz en escabeche en la cara. Y él, airado, vino para mí y dióme tan gran herida en los pechos con un luengo cuchillo que me mectió un jeme de una herida tan mortal al parecer que ninguno pensó que viviera. La excelente tomó tan gran sobresalto que hizo tan gran llanto como era razón para pagar mi voluntad de servirla y la obra en que perdía la vida. Y yo fuime para Su Señoría, favorecido y consolado de ver lo que hacía por mí, y díjele: «Señora, aunque todo eso debéis a mi voluntad y este desastre haya sido en vuestro servicio y compañía, no pase adelante, porque sería yo tener más cuidado deso que de mi alma, de lo que Dios y Vuestra Señoría no serán tan contentos, cuanto más que yo no me siento tan mortal como las señales del cuchillo y de lo que habéis visto muestra».

Y diciendo esto, ya me habían sacado el cuchillo del cuerpo y puesto en la mesa. Y luego el obispo de Jaén y el obispo de Guadix, que allí estaban, tomáronme y metiéronme en una cuadra, do yo estaba aposentado, y quedó el obispo de Guadix conmigo, confesándome. Y salió el de Jaén a hablar a los físicos que ya estaban allí, tres cirujanos y un médico.

Y por la relación que le fue hecha y muestra del cuchillo dijeron que yo no podía escapar y que tenían por cierto que en comenzándome a curar, moriría; que antes me hiciesen confesar y recibir el santo sacramento y hacer testamento. Y el obispo de Jaén entró donde yo estaba confesándome y díjome: «Señor don Alonso, ahora es tiempo que mostréis ser caballero y cristiano, porque os hago saber que dicen los médicos que moriréis en curandóos. Por eso no dejéis nada para después de lo que toca a vuestra conciencia y conviene a vuestra ánima».

Yo le rendí las gracias, rendido de la muerte, aunque considerado la brevedad de la vida sin acaecer desastre, no me congojé mucho. Y dejóme con mi obispo de Guadix; y acabé mi confesión.

Y luego trajeron el santísimo sacramento y adoréle, porque no le pude recibir por ciertos vómitos que me vinieron. Y luego sucesivamente entró el escribano e hice mi testamento, dejando por mis albaceas a la excelente y al obispo de Jaén... que era de mi tierra y se llamaba don Rodrigo de Saavedra, hijo del conde del Castellar, que presentes estaban. Y como vieron que yo no señalaba más hacienda de 10. 000 ducados —y yo era recién venido de las Indias y rico Perú y el fiscal de Su Majestad me pedía mucha más cantidad en un pleito que contra mí trata—, dijéronme, especialmente los obispos, que mirase que si dejaba dinero enterrado o encubierto, me iría al infierno; que pues tan cierta tenía la muerte y tan dudosa la sentencia, y muy contrario el pleito que traía conmigo el fiscal, que descubriese el caudal.

Y sobre esto diéronme grandes tártagos e hiciéronme grandes amonastaciones y protestaciones, tanto que fueron por la excelente, do estaba retraída con gran duelo, y me la trajeron para que me preguntase. La cual me dijo en entrando: «Don Alonso, ¿acordaisos que me habéis preguntado muchas veces qué había de hacer cuando vos os muriésedes, y yo os respondía que mesarme y llorar mucho? Y vos decíades: "¡Quien lo viese!".

»Pues veis, aquí lo veis».

Y sentóse cabe mí en la cama donde yo estaba también sentado y vestido. Y prosiguiendo el escribano por sus preguntas, me dijo que dónde me mandaba enterrar. Y yo le respondí que en ninguna parte. Y desto no me pudieron sacar, aunque me lo preguntaron muchas veces.

Y acabado el testamento, me desnudaron para curarme y vieron la herida, y sangre no ninguna, que fue señal mortal. Y así lo dijeron los físicos a los que allí estaban, que eran gran compaña que la excelente traía. Acordaron de abrirme y entonces salió sangre asaz. Y fue bien curado y guarido, las gracias a Dios, a quien plega que sea para su servicio y para salvación de mi ánima. Al cuarto día, que ya salía de peligro, llegó un correo del comendador mayor de León, porque le había hecho otro la excelente su mujer sobre este caso, en que venía una carta para mí. Y decía en ella: «Señor, si fuéredes muerto, Dios os perdone; y consolarme, he con que no pudiéramos nadie con vos, según hemos sentido vuestro desastre el príncipe nuestro señor y el señor cardenal de Toledo y todos los desta Corte. Y en verdad nadie me ha hecho ventaja. Y si fuéredes vivo, sea mucho enorabuena, y mirá que suelen ser peores las recaídas que no las caídas. Nuestro Señor, etc.».

De allí me fui a Sevilla, do hallé que habían recibido con esta nueva muchos gran pena, que ninguno había mostrado alegría. Y holgáronse mucho conmigo todos, y con ellos, entre padres e hijos y amigos, pasé un poco de buen tiempo. Dentro del cual vino de la Corte do residía el cardenal y arzobispo desta ciudad de Sevilla donde yo estaba y soy natural, con el cual yo tenía grandes diferencias y malquerencias, según y como en este mi libro os tengo contado. Y parecióme que por muchas cosas no debía mostrar mi enojo con él, así por ser perlado como porque no podía mostrar tanto como quizá pensaba que tenía de deudos y amigos. Los cuales venían a saber de mí lo que quería que hiciesen. Y yo les decía que le fuesen a ver, que así había de hacer yo. Lo cual no pensaba hacer, porque pareció serme poquedad, habiéndome dicho y hecho tanto mal, y porque sabía yo que me tenía en mala posesión, que ni él ni yo ganábamos en ello.

Y de hay a muchos días que estuvo en la ciudad, preguntóle Álvaro de Loaisa, su sobrino y heredero: «¿Cómo don Alonso Enríquez no viene a ver a Vuestra Señoría, viniendo toda Sevilla y sus deudos?».

Dijo el cardenal: «Porque todos, a los que doy la vida y la hacienda como yo he dado a don Alonso, me dan ese pago. Que aunque todos me habéis oído decir mal dél en lo público, en lo secreto he hecho esto con él con el emperador. Y decíselo, así como os tengo dicho, cuando lo viéredes».

Y así me lo dijo otro día cómo había pasado. Y yo le respondí que yo respondería a Su Señoría Reverendísima por mi persona, aunque no lo pensaba hacer ni lo hizo; sino enviéle a hablar con el licenciado Herrera, alcalde de la justicia de la ciudad de Sevilla, un hombre muy sabio, honrado y valioso y muy grande amigo mío; y que le dijese lo que me había dicho su sobrino, y que porque Su Señoría pensaba que me había dado la vida y la hacienda y que yo merecía perdella, no iba ni iría a vello, hasta que supiese la verdad; y que cuando supiese que yo no merecía tanto ni nada y que lo que había dicho y hecho contra mí había sido con mala información en el contrario de la verdad, que yo iría a vesalle las manos y a serville.

Y el mensajero no solamente se lo dijo pero antes se lo certificó y desengañó, como hombre que había veinte años que me conocía y estaba en aquel cargo y bien podía saber mi vida. Y bien informado, arrempentido de lo pasado, el cardenal le dijo quél quería mi amistad. Y así el alcalde se la ofreció. Y fue otro día a comer con él y otros muchos. Y desque me hubo bien conocido, decía en mi presencia y en mi ausencia: «Don Alonso Enríquez es ciertamente pasto de príncipes. Y esta ventaja me ha hecho el príncipe nuestro señor con su tierna edad y la señora doña María de Mendoza con su sagacidad, que le han conocido antes que yo».

Y desque se partió a la Corte, le escribí y me respondió muchas cartas honradas y amorosas. Y después que yo vine a la Corte, donde él estaba, me mostró mucho amor y favor, y yo conocí en él muy gran bondad y haber estado engañado en lo pasado.

Ésta es una carta que escribí desde el Perú al ilustrísimo duque de Medina-Sidonia, a quien va dirigido este libro, sobre lo que veréis en ella

«Acá me a dicho un vejezuelo portugués que fue criado del señor duque de Arcos —que haya Santa gloria—, que se nombra el comendador Ferráez, que parece rabel para danzar o rabí para sacrificar, que Vuestra Señoría le había dicho que yo no era su pariente. Hame consolado que no seré en cargo a Vuestra Señoría de la honra ni de la vida ni dinero, pues por deudo de su deudo no me han dejado de matar ni por este favor adquerido hacienda, de que estaré libre de restitución. Más en cargo es a Vuestra Señoría Cevedeo Velázquez, pues escribe acá Vuestra Señoría que es vuestro primo y señor. Y pues yo me contentaba con ser primo y servidor, no se me daba demasiado, según podía probar con un previllejo de vuestros antepasados a los míos, en que conocen más el deudo que Vuestra Señoría y por él mandan que las casas de Sanlúcar de mi padre sean previllejadas más que las iglesias.

»Mas pues Vuestra Señoría no lo quiere, tampoco creo lo quiso Dios, y los pasados herraron y Vuestra Señoría tiene razón de decillo y yo de consentillo. Mas pues yo no soy obligado de escribir a Vuestra Señoría y a esa causa por deudo, ha de ser por deuda. Quiero decir que, si no es por linaje, que ha de ser por obras, porque a Dios no servimos, como dijo David redde cod debis, si no esperásemos el premio de su celestial gloria. Por tanto aparéjeseme, porque yo determine de aquí adelante en este caso preciar más asno que me lleve que caballo que me derrueque, y preciarme más de criado desa casa que de pariente, por conformarme con Vuestra Señoría y tener más aución al interese y provecho della. Ésta es para esto y del deudo de don García mi hermano y para hacer saber a Vuestra Señoría, como a señor y no como a pariente, pues no soy digno ni consentido. Lo cual me pesa por el señor don García mi hermano, porque se preciaba y holgaba más dello que yo, porque es más cuerdo. Como otras, ésta —mediante la voluntad de Dios Todopoderoso—, seré con Vuestra Señoría para le servir, como he dicho y por las razones dichas, obligado aunque no emparentado, porque quedo muy de camino.

»Por tanto suplico a Vuestra Señoría mande besar las manos por mí a la muy ilustre señora, mi señora la duquesa; y como devoto me encomiendo en las oraciones de Su Señoría en los peligros de mi viaje, porque la tengo por santa y católica. No me podrá negar Vuestra Señoría la suya que no soy su pariente por los Enríquez, que son de los que yo más me precio. Y cuando esto se me negare como esotro, aténgome a la parte de Adán y Eva, nuestros señores padres.

»También beso las manos de Sus Mercedes, si Vuestra Señoría manda, de los señores don Juan Claros y conde de Villa de Olivares. Al cual envíe Vuestra Señoría esta carta por me hacer merced y a desengañalle, porque ha jurado muchas veces que somos parientes; y no lo jure más, porque no peque más en ello, según Vuestra Señoría dice, sino contra la voluntad y el ánima. Aunque certifico a Su Merced que no dejaré de selle muy gran servidor, si fuere, como macho, si no, como hembra, porque tengo gran deuda a la buena voluntad que de Su Merced he siempre conocido y favores que con esto me ha hecho. Al señor don Juan Claros no será menester avisarle, porque ya Vuestra Señoría lo habrá hecho, porque el que tuvo cuidado de hacello al extranjero vejezuelo parlero, no le habrá quedado por olvido de decillo a su hijo primogénito, heredero, para que alegue esto, tan necesario es para la autoridad desa casa.

»Ni a estotro le ha quedado en el tintero, porque a todos los moctes que yo le digo, me notifica la dicha declaración, en presencia por vía de respuesta, en ausencia de chismería. Bien supo Vuestra Señoría a quién lo encomendó, aunque mejor fuera encomendarlo a mí, porque soy más publicano y tengo más gana de servir a Vuestra Señoría, y de contentalle que de honrar el parentesco, aunque no dejaba de tenelle en mucho, como es razón. Verdad es que ve que no me pesa ni me corro el pecadorcillo portuguesejo. Y así ceso, rogando a Nuestro Señor guarde y acreciente la vida y muy ilustre estado de Vuestra Señoría en este mundo, y en el de la gloria para siempre nos dé descanso, do confío en Dios que seremos iguales. Hecha en la gran ciudad del Cuzco, último de marzo de 1539.

»Y juro a Dios y al hábito de Santiago, so cuya religión Vuestra Señoría y yo estamos, que no pensé escribir esto postrero cuando comencé lo primero, porque Vuestra Señoría lo sabe, como lo creo y no ignoran los blancos y los negros. Porque por parte de don Elvira de Guzmán mi tía, hermana de mi madre, su esclava la negra en la plaza de Sanlúcar de Barrameda, que era tendera, se llamaba Catalina de Guzmán. Mas pues Vuestra Señoría lo niega, yo lo renuncio. Y si no lo sabe, pues no lo ha querido saber hasta ahora, no se me diera nada que lo supiera hasta el día del juicio.

»Don Juan Enríquez mi abuelo vino de Portugal a casar con una prima hermana del señor duque don Enrique vuestro abuelo, que se llamaba doña María de Guzmán, que fue mi abuela, de manera que el señor duque don Juan, padre de Vuestra Señoría, y don García Enríquez de Guzmán, mi padre, fueron primos segundos, y Vuestra Señoría y don García mi hermano son primos terceros, por donde no tiene culpa el pecador tercerón de haberse honrado y gozado dello. De lo cual no tengo culpa y esto es así y sabíanlo bien, que me lo dijeron muchas veces, el señor duque de Béjar —que haya gloria—, y el mariscal Gonzalo de Sayavedra y el capitán de Melilla, Gonzalo Marino, y mi suegro y los Añascos sus hermanos tan antiguos desa casa, como Vuestra Señoría sabe.

»Y por eso me tomaron por deudo, sin pan para comer, creyendo que por esta parte me lo había de dar Vuestra Señoría y esa casa. Pero más cierto ha seído el deudo con Tabalica, rey de esta tierra, que me lo ha dado. Y por tanto los dichos me dieron su hija y hacienda, a mi padre y a mi madre. No los querrá Vuestra Señoría por testigos ni yo deseo tanto probar esto, especialmente siendo contra la voluntad de Vuestra Señoría, como Vuestra Señoría piensa, no porque no es cosa de que yo me debo de honrar ni preciar. Pero pues "Uno no quiere, dos no barajan", y "Donde una puerta se cierra, otra se abre", y pues me cerró Vuestra Señoría la de la honra, mándeme abrir la del provecho, porque será menester asalariarme y aprovecharme porque os visite y que os sirva. Que quien más tiene, más quiere en este negro mundo, y desta manera Vuestra Señoría terná en mí criado y servidor.

»Y en parte tiene Vuestra Señoría razón de haber dicho que no soy su deudo y yo de no agrabiarme, pues este mundo es un poco de aire y todas las vanidades dél. Y a la verdad estamos muy cerca de salir del cuarto grado. Y también tuvo Vuestra Señoría razón de decir a don Luis mi hermano, que riñó con él mucho ha, que podían casar sin dispensación. Y el deudo que dicho tengo que hay entre Vuestra Señoría y mí otrosí es poco, que es casi nada, como Vuestra Señoría dice. Y sería menester grande amor y voluntad, según es poco y tan oscuro. Y fue tan claro ser mi padre criado del vuestro. Hecho ut supra.»

Y desque vi a Su Señoría, lo hizo conmigo mejor que yo lo merecía y me dio a entender que tenía más deudo con él de lo que yo creía y decía y aquí escribía, usando su rectitud y bondad. Y así quedé por su servidor usque ad morten.

Esta es una carta que me respondió un caballero antiguo a otra que le escribí para que me informase de mi linaje

«Recibí una carta de Vuestra merced en que me es mandado le haga saber su genealogía, lo cual hago como testigo de vista en lo que he vivido y lo demás leído en la crónica de España del rey don Juan, a la cual me remito. Vuestra merced fue hijo del señor don García Enríquez de Guzmán. El Enríquez tomó de parte de su padre que fue don Juan Enríquez y el Guzmán tomó por su madre, mujer deste don Juan, que se llamaba doña Elvira de Guzmán. Fue prima del duque de Medina-Sidonia, hijos de hermanos. Y este don Juan fue hijo de don Diego Enríquez, y don Diego Enríquez hijo de don Alonso Enríquez, conde de Jijón, hermano del rey don Juan, que quedó niño rey de Castilla. Y ésta es la verdad de lo que sé en este caso. Y quedo a servicio de Vuestra merced como su servidor. Ruy Díaz de Guzmán.»

Obra en metro sobre la muerte que fue dada al ilustre don Diego de Almagro, la cual dicha obra se dirige a su majestad, con cierto romance lamentando la dicha muerte. Y no la hizo el autor del libro porque es parte y no sabe trobar

Comienza la obra:

Católica, Sacra, Real Majestad, César augusto, muy alto monarca, fuerte reparo de Roma y su arca, en todo lo humano de más potestad, rey que procura saber la verdad, crisol do se funde la recta justicia, pastor que, no obstante cualquier amicicia, conserva el ganado por una igualdad. Haber sido ungido no fue sin misterio y darle el estoque, señor, que se entiende que a la católica iglesia defiende y libra de todo cualquier vituperio. Las Indias, que estaban so gran cautiverio, de nuevo reduce, convierte y liberta, poniendo justicia que no les pervierta mas les ampare por todo el imperio. Y puesto que todos lo tal colegimos de vuestra potente persona imperial, así como a rey y señor natural a voces muy altas justicia pedimos; a vuestras Cortes, señor, ocurrimos para expresar el caso de yuso, pues Dios en su audiencia, gran César, os puso y en su lugar por vos nos regimos. Sabed un proceso que fue fulminado, que dice que se hizo muy contra derecho, que contra don Diego de Almagro fue hecho, en todas las cosas no bien sustanciado. Hernando Pizarro, por nos acusado, al cual acusamos por esta presente, hizo de hecho, señor, lo siguiente, no siendo juez por vos delegado. En estos sus reinos muy público ha sido que don Francisco Pizarro y don Diego tuvieron las Indias en mucho sosiego, y la amistad que entre ellos ha habido, y que entre los dos quedó dividido lo del Perú con su comarcano. Hizo Pizarro teniente a su hermano Hernando Pizarro, que está detenido. Partida que fue la gobernación, Hecho Hernando Pizarro teniente, entró en lo de Almagro con tanto accidente que puso los indios en alteración. Almagro, llegando con su provisión a la ciudad do estaba este reo, defiende la entrada, mostrando deseo que Almagro perdiese la indivisión. Almagro en servicio de vuestra corona, viendo a Pizarro que así resistía, entró con la gente, señor, que tenía, poniendo a peligro su estado y persona. El cual, su adverso viendo, aprisiona y por así se haber hecho fuerte, hallando en la causa ser digno de muerte, se la relieva, remite y perdona. Con pleitomenaje que hizo el Hernando que, luego que puesto en su libertad, vernía ante Vuestra Real Majestad preso a esta Corte, así lo jurando. Suelto que fue, gran gente juntando puso en el Cuzco cerco a don Diego, mandando le velen a sangre y a fuego, a la batalla le desafiando. Don Diego de Almagro por la protesión de vuestro interese salió a la batalla, do tanto el contrario tan fuerte se halla que el adelantado fue puesto en prisión. Aquesto fue causa de gran perdición de estados y vidas de tantos cristianos, y que los indios les llamen tiranos a muchos de España por esta ocasión. Puesto en la cárcel oscura y fragosa, hace Pizarro proceso es arruto, en todo mostrando poder absoluto, como persona que fue muy odiosa, no consintiendo don Diego que cosa ante él alegase de justo descargo. Da la sentencia, concluso su cargo, no recta ni justa, mas muy rigurosa. Diciendo que manda que el adelantado, la apelación del todo remota, le sacuen y pongan en una picocta, do le condena que sea degollado; y antes de ser a la plaza sacado, temiendo que el pueblo por él se alborote, dentro en la cárcel le den un garrote hasta del todo dejarle ahogado. Con lágrimas nega las tristes mejillas el triste don Diego que oyó la sentencia. Pidiendo humilmente que hubiese clemencia ante Pizarro hincó las rodillas. Mas él sus plegarias no quiso admitillas; antes en todo le más desconsuela. Y el adelantado le dice que apela para el Consejo que está en vuestras sillas. La apelación le fue denegada y lo mandado cumplirse en efecto. En esto Pizarro no tuvo respeto a vuestra persona real, sublimada. La apelación que fue presentada, si en esto Pizarro odioso no fuera, no su sentencia cumplirla hiciera sin desta gran Corte le ser confirmada. Pensando aplacalle, rogóle que viera su cana cabeza, con muchas heridas por vuestra persona real recibidas, por ver si piedad alguna tuviera, diciendo: «Señor Pizarro, no quiera, pues tanto he servido a Su Majestad hasta en el tiempo que estoy de mi edad, que yo tan sin culpa de tal muerte muera. Mirá que en mi muerte, señor, no matáis a mí solamente, mas muchos que han sido en mi compañía, que al rey han servido, que ahora huidos y presos dejáis. Suplico clemencia de todos tengáis. Y si queréis mi gobernación, de aquí, señor, hago tal remisión a vos y a los vuestros que en ella rijáis».

Visto don Diego que no se admitía lo que al contrario le fue suplicado, salvo morir cual fue condenado, para testar notario pedía. Pizarro se sale, y a voces decía la gente que tiene, con nuevo furor: «¡No se dilate!, ¡muera el traidor! ¡Salga, el morisco de tal compañía!».

Procede el ilustre por su testamento, en todo mostrando católicas vías. Y manda primero poner mandas pías y lo conveniente a su enterramiento; y a algunos que fueron de su ayuntamiento, muertos y puestos en necesidad, reparte sus bienes, usando piedad, con que sus hijos tuviesen sustento. El testamento por él ordenado, dijo: «Asentad, notario, que quiero a Su Majestad hacer mi heredero de todo, pues todo en su nombre he ganado; que puesto que Dios un hijo me ha dado, don Diego de Almagro de mí natural, herede mis bienes Su Alteza Real y quede mi hijo a su sombra arrimado. Por testamentarios a ciertos nombró: a don Alonso Enríquez primero, que es de Guzmán muy buen caballero, para cumplir lo quél ordenó al cual en secreto más cuenta le dio que a otro ninguno de todo su hecho. Oculto que estaba, sellado en su pecho, así como amigo leal declaró. Fue don Alonso de tal calidad en las discordias de aquestos adversos que a entrambos les daba consejos diversos según convenía a vuestra lealtad. Almagro creyó por su habilidad; y si Pizarro así lo hiciera, digo, gran César, que no procediera contra don Diego con tanta crueldad. Demás que albacea fue Enríquez nombrado, puso asimismo con él juntamente a otro de sangre muy clara, excelente que es de la línea de los de Alvarado, el cual se halló cuando hubo otorgado Hernando Pizarro el pleitomenaje y está en vuestras Cortes pidiendo el gaje en vuestra presencia, si fuere mandado. A Francisco de Prado asimismo nombró por albacea, según aquí noto, el cual es letrado muy rico y muy docto, y Almagro contino por él se rigió; al cual con los otros, señor, encargó que en vuestra gran Corte le representasen y a vuestro Consejo, señor, informasen de cuán sin justicia tan mal padeció. Ved, pues, oíd, poderoso señor, la gran sinjusticia que a Almagro fue hecha, porque se juzgue por vía derecha no ser don Diego alborotador, que los pregones, según su tenor, que por Pizarro dar fueron mandados, don Diego y los suyos por tal fueron dados, de vuestro poder tomando color. El testamento signado y firmado, llega de presto el verdugo cruel. Y hecha un garrote y un grueso cordel a la garganta del adelantado, dale una vuelta; el cordel fue quebrado. Y como de nuevo con otro apretó, naturalmente don Diego murió. Mas vive su fama y le tiene encumbrado. Antes que Muerte le sobreviniese, con su confesor su vida dispone, a Dios suplicando que a todos perdone, y que ninguno su muerte pidiese, y como padre, señor, le absolviese, pidiendo perdón a Dios de lo herrado. Muere el ilustre, según he expresado, por vuestro real y propio interese. Sácanle luego con gran diligencia a la gran plaza do estaba la gente, con los pregones que públicamente dicen a todos la injusta sentencia. Dijo el pregón por tal consecuencia: «Manda el gran César que muera este hombre y el noble Hernando Pizarro en su nombre, por ser causador de tanta pendencia. Y porque por fuerza tomó esta ciudad, quemando las calles con pura malicia, do entonces moraba la recta justicia que gobernaba por Su Majestad, como a traidor sin fedelidad mándale luego ser descabezado».

Y en la picota, señor, le han cortado su cana cabeza con gran cueldad. Todos los suyos le desampararon; solo en la plaza sin ellos estaba. Pero la gente de Indias lloraba y a muy altas voces sobre él lamentaron. Con tristes clamores su pena mostraron, sus grandes gemidos, señor, reteñían toda la tierra doquier que se oían, diciendo que todos sin padre quedaron. Como si el Sol entonces faltara, que es a quien ellos veneran y adoran, sobre don Diego lamentan y lloran; cada cual dellos su pena declara. «El cielo» —decían—, «nos ya desampara, pues tal padre nuestro tan presto faltó. Maldiga la tierra quien tal le paró, hasta que compre su muerte muy cara.»

Decían, mostrando su tribulación, otras palabras que ahora no expreso porque volvamos a nuestro proceso, pidiendo justicia por tal sinrazón. Así que, gran César, tened atención a la querella que nos presentamos. La cual siendo vista, señor, suplicamos castigue al que es digno de tal permisión. Haber pronunciado tan contra derecho Almagro haber sido traidor a su rey, quien dio tal sentencia merece por ley que pase lo mismo por tal satisfecho; que en caso que fuera traidor o sospecho el adelantado —que niego haber sido—, debiera Pizarro de ser bien comedido, dandóos noticia, señor, deste hecho. Tomar la ciudad con fuerza de gente digo y alego no ser traición, pues vos proveístes su gobernación por carta real copiosa y patente. Así, esclarecido monarca prudente, Pizarro fue falto de su lealtad, pues gobernaba por su autoridad sin ser para ello juez competente. Si alegaba que estaba en lugar de su hermano, luego que Almagro mostró provisión debiera sin más poner defensión dar la ciudad de muy llano en llano; mas pues que quiso hacerse tirano y vuestros pueblos poner en debate, digo que fue muy justo el combate que hizo don Diego, señor, por su mano. Debe juzgar con gran rectitud, pues por ejemplo de vos la tomamos, porque las Indias por quien nos quejamos se pongan de nuevo en toda quietud. No pongáis hombre que solicitud ponga en solo su propio interese, que como esto, gran César, no hubiese, a Dios y aun a vos ternán por señor. Y en lo demás pedimos castigo contra quien bea se debe hacer, y al otro mundo le mande librar y absolver de todo lo impuesto del otro enemigo. Gran César, por pura justicia os obligo; lo mismo al Consejo de Indias electo. Mandéis que sepamos, señor, en efecto, cuál de los dos fue más vuestro amigo. Todo lo cual aquí suplicamos; así se pronuncia por vuestros preceptos. Y al presidente y oidores tan rectos sus justas conciencias, señor, encargamos, para que todos ejemplo tengamos y nadie se atreva a hacer otro tal. Vuestro poder y Consejo real, justicia pidiendo, señor, imploramos. Y si a Pizarro se diere traslado desto que digo, expreso y alego, ¿por qué no quiso tomar en don Diego y en su clemencia espejo y dechado? Cuando lo tuvo por sí aprisionado, soltóle, creyendo que hubiera temor a Dios defendelle y al emperador, mas muy a la contra, señor, lo ha mostrado. El adelantado matarlo pudiera, por ser tan notorio hacer alboroto; mas tuvo, señor, por muy mejor voto pasase tal hecho por vuestra tijera.

Pizarro no hizo de aquesta manera con desacato de vuestro poder, siguiéndose en todo por su parecer, quiso tan claro mostrarse quién era. Debiendo Pigarro haber de cumplir el pleitomenaje por él otorgado, venir a esta Corte y a vuestro mandado, donde el juez le mandó remitir, no solamente no quiso venir mas quebrantarlo con otros tiranos, y la venganza tornó por sus manos; solo por esto se debe punir. Fin de la obra de arte mayor.

Esta justicia se debe hacer contra quien hizo tan gran desacato, porque demás de a todos ser grato, en vuestras crónicas se ha de poner. Si esto, señor, dejáis suspender, disimulando delito tan grave, daréis ocasión quél dello se alabe y a cosas mayores se ose atrever.

Síguese el romance hecho por otro arte sobre el mismo caso, el cual se ha de cantar al tono del «Buen conde Fernand González»

Porque a todos los presentes y los que dellos vernán este caso sea notorio, lean lo que aquí verán y noten por ello visto para llorar este afán, la más cruel sinjusticia que nadie puede pensar, contra el más ilustre hermano de cuantos son ni serán; el más servidor de César que se vido en guerrear, que por valor merecía ser otro Gran Capitán, así en el pro de las rentas y patrimonio real como en reducir los indios so nuestro yugo do están. Sepan todos quién es este que estos loores se dan: el gran don Diego de Almagro, fuerte, noble y muy leal. El cual en el mar del Sur hizo hechos de notar, tales que por cualquier dellos se debe coronizar, y si alguno coronasen en pago de bien obrar, solo a éste se debía cualquier corona le dar. Por sí mismo mereció nombre de ilustre alcanzar, con el adelantamiento de aquellas costas del mar que son tierras del Perú, con poder de gobernar. Con él, Alejandro calla su fama de liberal. El autor, donde procede la muerte del caballero.

Por ser varón cual decimos de tanta fidelidad, con don Francisco Pizarro tuvo íntima amistad, que asimismo era notable de gran género y solar. Los dos comían a una mesa sin de un plato se apartar, haciendo hechos notables en una conformidad. Estando en esta amicicia y en tanta tranquilidad, puso a Hernando Pizarro don Francisco en su lugar, para que, como teniente, por él pudiese mandar en ciertas partes de aquellas que le dio Su Majestad. Y él alzose con el Cuzco, que es una insigne ciudad, la cual convenía a Almagro por la patente real. Yendo a la posesión della con poder de la tornar, dijo Hernando

Pizarro que no la quería dar. En caso que fue exhortado por la carta imperial, dijo que la obedecía, mas que resiste el entrar. El claro varón ilustre puso fuerza en la tomar, no porque a él tocaba, excepto por excusar que no la tiranizase quien no tenía potestad. Y puso a Pizarro preso, no para le castigar, pero para remitirlo a la persona real y a su muy alto Consejo de Indias en su lugar. Contra el cual hizo proceso, para mejor informar del cual halló ser culpado, digno de muerte le dar. Lo cual y, pues que pudiera, no lo quiso ejecutar; tomóle el pleitomenaje de venirse a presentar. Y suelto con este voto, húbolo de quebrantar, haciendo juntas de gente para Almagro despojar de lo que con causa justa tenía con facultad. Con la cual asentó sitio en torno de la ciudad, pidiendo al adelantado que saliese a pelear. El cual por el interese de solo Su Majestad salió y también por efecto de la tierra asegurar. Donde los dos se encontraron y gentes de cada cual pelearon brabamente cuanto les pudo bastar. Era lástima muy grande, digna de se publicar, ver la sangre de españoles por el campo derramar, presos, muertos y heridos sin se poder escapar, de parte de los de Almagro por su adverso capitán. El cual fue causa y los suyos de las Indias alterar diciendo: «Ved los de España que para se despojar, siendo todos de una tierra y de una parcialidad, traban entre ellos discordias hasta venirse a matar. Nosotros contra quien vienen ¿qué podemos esperar?».

Procediendo nuestra historia, Almagro se hubo de dar a la prisión de Pizarro, no por fuerza en la verdad, mas creyendo él le soltara como él le hizo soltar; al menos le remitiera preso ante Su Majestad. Mas salióle esto al revés, porque le puso en lugar do no daba Sol ni Luna ni le podían visitar. Hallóse desamparado de los que comían su pan; no tiene quien le consuele en este grave pesar. Así que, lloremos todos este dolor general, llorando a los que murieron en la batalla campal con Almagro y en defensa de la corona real. Murió allí Pedro de Lerma, su escogido capitán, y el buen don Rodrigo Orgoñoso, su teniente general, el cual era tan varón, tan fuerte en el guerrear, que, a vivir los Doze Pares, ante ellos fuera sin par. Otros muchos caballeros que aquí dejo de contar, porque en fin soy enemigo de toda prolijidad. Dejando aparte los muertos, un vivo quiero nombrar que precede de la casa, de línea y sangre real, en estos reinos tenido por hombre muy principal, veinticuatro de Sevilla, provincial de la Hermandad, Hernando Ponce de León, de Castilla natural. El cual en estas discordias tuvo gran sagacidad, entre ellos solicitando la paz y conformidad, como don Alonso

Enríquez, uno de los de Guzmán. A los cuales salió en vano su mucho solicitar, porque Hernando Pizarro, queriendo disimular, aseguró a los terceros para su hecho acabar. Estando preso don Diego, sin nadie le consolar, comenzó Hernando Pizarro su proceso a fulminar, muy sin orden de derecho y sin sustancia legal, dándole términos breves, mostrando su enemistad. Conclusa que fue la causa, mandó su gente ayuntar y otro día en el audiencia mandó al ilustre sacar, sin hacer los cumplimientos que requiere a buen juzgar el juez no competente por su propia autoridad. La qué dijo ser sentencia pronuncia en su tribunal. Sentencia.

«Mando que el adelantado sacuen a descabezar a la plaza en la picota do suelen acostumbrar justiciar los delincuentes; y que antes de le sacar, aquí le den un garrote por escándalo excusar, hasta tanto que don Diego muera muerte natural. Lo cual mando se ejecute, no embargante su apelar, y así lo pronuncio y mando por sentencia ejecutar, y en las costas del proceso asimismo condenar, las cuales en mí reservo para haberlas de tasar.»

Y más le impuso otras penas que dejo aquí de expresar. La sentencia pronunciada, oída así platicar, el ilustre adelantado creyó la muerte excusar y llegóse ante su adverso, donde se ubo de humillar. Y puesto ante él de hinojos comenzóle a suplicar que el mando tan riguroso dejase de efectuar; que no solo a él mataba con esta muerte le dar, mas a otras muchas gentes pornía en necesidad. Y mostróle la cabeza cana con mucha humildad, guarnecida de heridas que de propia voluntad recibió, sirviendo a Dios y a la corona real. A lo cual el riguroso, mostrando reguridad, le dice al adelantado sin se mover a piedad: «No aquí Vuestra Señoría muestre tanta poquedad».

A lo cual dice el paciente: «Poquedad no es en verdad tener temor a la muerte, pues en cuanto humanidad Cristo la temió orando, aunque de su voluntad a la tomar se ofrecía para nos dar libertad. Así que, señor Pizarro, todo lo considerad. No pase más adelante esta vuestra crueldad. Haced lo que con vos hice estando en mi potestad».

Pizarro a todo responde: «Quisiera, mas no ha lugar».

Visto que no aprovechaba su importuno suplicar, a voces dice que apela para ante Su Majestad o para do de derecho convenga y deba apelar; y que esta su apelación la mande luego otorgar. Responde que la deniega y que no ha de aprovechar. Respondió el varón ilustre: «Pues así es, quiero testar. Mando mi alma ante todo a quien la debo mandar, que es aquel rey de los reyes, Redentor universal. Y mando el cuerpo a la tierra después del alma dejar, que quien de tierra es formado en tierra se ha de tornar».

Hizo otras mandas pías que no quiero aquí nombrar; y todo lo remanente lo herede Su Majestad, al cual hace y establece su heredero universal. Y no embargante que tiene solo un hijo natural, lo que ha ganado por César lo quiere a César dejar y quél ampare su hijo, cual con otros suele usar. Y hace sus albaceas para esto ejecutar: al buen don Alonso Enríquez del linaje de Guzmán, privado; buen caballero, de la persona imperial, con otros que aquí no expreso por no usar prolijidad. Acabado el testamento y sus hierros confesar, daban gritos los de fuera: «¡Salga, si lo han de sacar!». Y luego Alonso de Toro, alguacil de ejecutar, hace llegar el verdugo que este oficio suele usar. Con el cordel y garrote comienza luego apretar. Quiebra a la vuelta primera que no le puede ahogar. Luego Almagro a grandes voces, no sin falta de llorar: «Suplico a Dios que perdone a quien me manda matar, y a sus gentes y consortes sin cuenta les demandar».

Aprieta la vez segunda el cordel por le acabar, y murió naturalmente el que Dios quiera heredar de la gloria perdurable donde esperamos gozar. Así, después de ahogado, comienzan a pregonar. Dicen: «Esta es la justicia que mandan ejecutar el católico monarca y Pizarro en su lugar, porque ha tomado por fuerza con gentes esta ciudad, y por traidor, y otras cosas dignas de caluniar. En pago de su delito le mandan descabezar».

Llegados a la gran plaga do le habrían de justiciar, le cortan en la picota su cabeza con crueldad. Los indios hacen endechas; comienzan a lamentar. Dicen: «Muerto es nuestro padre. ¿Quién nos ha de reparar? Sepa estas cosas el rey; váyanselas a informar».

Otras palabras decían, mostrando muy gran pesar, tales que a los que entendían provocaban a llorar. Dejemos estar a ellos y al caballero sin par. Sepamos si sus amigos vienen a se querellar. Ahora esperan en Cortes que venga Su Majestad, donde está preso Pizarro, para haberle de acusar. Creo, según la justicia nuestro rey suele juzgar, que no quedará este hecho sin punir ni castigar.

Esto de adelante es el acusación que ante el Consejo Real presenté el autor, por las razones que habéis oído en el metro, contra Hernando Pizarro

«Muy poderosos señores: Don Alonso Enríquez de Guzmán, caballero de la orden de Santiago y gentilhombre de vuestra casa real y capitán de Vuestra Alteza, vecino de la ciudad de Sevilla, ante Vuestra Alteza parezco y por lo que a su real servicio toca y mi propio interese y bien, y como procurador, albacea y testamentario de don Diego de Almagro —que haya gloria—, y por poder que tengo de don Diego su hijo, y como uno del pueblo y por aquella vía y forma que mejor de derecho lugar haya, acuso criminalmente a Hernando Pizarro, preso que al presente está en esta Corte.»

Y contando el caso desta mi querella por verdadera relación, digo que, premisas las solemnidades del derecho, etc., siendo el adelantado don Diego de Almagro gobernador de Vuestra Alteza y teniente de capitán general en vuestro real nombre en el nuevo reino de Toledo en las Indias del mar del Sur en las provincias del Perú y andando en vuestro real servicio, habiendo conquistado y tomado y poblado muchos reinos y provincias de la dicha tierra y convertídolas al servicio de Dios Nuestro Señor y a nuestra muy santa fe católica, y sometiéndolas a vuestra corona real, y todavía continuando y procediendo en vuestro real servicio, el dicho Hernando Pizarro por envidia y odio y mala voluntad que tenía al dicho adelantado, movido por codicia y por su propio interese, tuvo formas y maneras de hacer que se alzase y revelase de vuestro real servicio Mangoyuga e Impanguy, grande rey y señor que era de aquella tierra y que el dicho adelantado había sojuzgado y reducido y hecho estar de paz en servicio de Dios y de Vuestra Alteza, juntamente con don Francisco Pizarro, también adelantado y gobernador en las dichas provincias y compañeros en el descubrimiento y conquista dellas.

Lo cual hizo el dicho Hernando Pizarro así por la enemistad que tenía al dicho adelantado, oscureciéndole su fama, como por pedir, como pidió, al dicho Mangoyuga Impanguy muy gran cantidad de oro y plata, más de la que le podía dar. Y a esta causa y por otros muchos malos tratamientos que le hizo y consintió que se hiciesen, así a él como a sus principales y naturales, el dicho rey Mango se reveló y alzó. Y a esta causa se perdió y asoló la tierra, y Vuestra Alteza perdió más de cuatro millones de oro de sus rentas y quintos e intereses reales. Y fue causa que matasen los dichos naturales más de seiscientos hombres españoles, yendo seguros por los caminos y en los lugares y estancias donde estaban, y otros que iban a socorrernos a mí y al dicho Hernando Pizarro que estábamos cercados en la gran ciudad del Cuzco del dicho rey y naturales della, y que muriesen asimismo en la dicha guerra cien mil indios que murieron, así de los que los cristianos mataron como de los que el mismo Yuga mandó matar.

Y no contento el dicho Hernando Pizarro con haber hecho estos daños y delitos tan feos y graves contra Dios y contra Vuestra Alteza y bien universal destos reinos, abajando y viniendo a socorrernos el dicho adelantado don Diego de Almagro con quinientos hombres españoles que había ido a descubrir otros muchos reinos adelante, y volviendo a descercarnos, como nos descercó a cabo de un año que había que estábamos cercados, y viniendo a presentar las provisiones reales de Vuestra Alteza que allá le habían llevado para que volviese a tomar la gobernación, y que entraba en la dicha ciudad del Cuzco, el dicho adelantado envió a decir al dicho Hernando Pizarro y a los que allí estábamos con él como venía a descercarnos y a ponernos en libertad y a presentar las provisiones que de Vuestra Alteza tenía.

A lo cual el dicho Hernando Pizarro respondió que si pensaba entrar como compañero del gobernador don Francisco Pizarro su hermano y como vecino de la dicha ciudad, que sería bien recibido; y que si pensaba aprovecharse de las dichas provisiones reales, que apretase los puños. A lo cual el dicho adelantado respondió quél había de usar de las dichas provisiones y le envió a requerir con ellas. Y el dicho Hernando Pizarro respondió que las obedecía; y en cuanto al cumplimiento dellas, que no hablaban con él sino con la justicia y regimiento, que a ellos las remitía. Y así fueron presentadas en el cabildo de la dicha ciudad.

Los cuales, viendo que eran bastantes y que de necesario se debían de cumplir, acordaron enviar a llamar al tesorero Alonso Riquelme de la gobernación del dicho Pizarro y al licenciado Francisco de Prado, letrado del dicho Hernando Pizarro, y al capitán Hernando Ponce de León y a mí, como a criados de Vuestra Alteza y que habíamos de mirar lo que convenía a vuestro real servicio y a la honra de los dichos Pizarros, para tomar la orden y parecer que más en este caso convenía. Lo cual fue que se recibiese el dicho adelantado por gobernador, con tanto que se concertase primero con el gobernador don

Francisco Pizarro su compañero, y fuese a su placer. A lo cual el dicho adelantado respondió que donde había mandado de Vuestra Alteza, no había de haber concierto de particulares; que pues la justicia y regidores le daban por recibido, que quería entrar a tomar la posesión en nombre de Vuestra Alteza.

A lo cual el dicho Hernando Pizarro le envió a decir con el capitán Gabriel de Rojas que le pedía por merced que dentro de tres días no entrase, porque en este tiempo se diese medio como fuese menos en perjuicio de su honra y que dello hiciese pleito homenaje el dicho adelantado. A lo cual el dicho adelantado respondió que era muy contento dello, con tanto que hiciese el dicho Hernando Pizarro pleito homenaje que no fuese para más fortalecer la ciudad para resistirlo, que no hubiese efecto lo que Vuestra Alteza mandaba por sus provisiones reales. Y así hicieron el dicho pleito homenaje ambos a dos en manos del dicho capitán Gabriel de Rojas, de mantener y cumplir ambas cosas.

Otro día luego siguiente en la noche el dicho Hernando Pizarro mandó secretamente romper las puentes de un río que pasaba por medio del dicho adelantado y la ciudad, y lo mandó a un mayordomo de su hermano don Francisco Pizarro, que se llama Cisneros, con dos negros. El cual lo efectuó y se rompieron las dichas puentes. Y estando yo aquella noche con el dicho Hernando Pizarro, vino el dicho capitán Gabriel de Rojas a le pedir el pleitomenaje que le había hecho. A lo cual soberbiamente respondió que se fuese y que no era verdad; y que en caso quél lo hubiese hecho, quél sabía lo que hacía. Y me dijo a mí: «Señor don Alonso, a un traidor, dos alevosos, que seremos vos y yo. Defendamos nuestra ciudad como mejor pudiéremos».

Y así, antes que amaneciese, o por aviso del dicho capitán o por sus espías, lo supo el dicho adelantado y por virtud de las dichas provisiones reales, porque estaba recibido, como dicho tengo, y por excusar que no hubiese muertes de hombres, con las fuerzas que el dicho Hernando Pizarro hacía y en haber quebrantado el dicho pleitomenaje, entró dentro de la dicha ciudad. Y el dicho Hernando Pizarro se le puso, en defensa con obra de cincuenta hombres de su tierra y criados en cierta parte de la ciudad, do fue combatido y preso. Y luego el dicho Hernando Pizarro fue suelto con muchos pleitomenajes y penas y seguridades de fianzas que se vernía a presentar ante Vuestra Alteza, como reo criminoso, con lo procesado.

Lo cual todo quebró y no cumplió. Y no contento con esto, contra el tenor y forma susodicha, hizo gente y volvió se contra el dicho adelantado y le dio batalla junto a las paredes de la dicha ciudad del Cuzco, en que le mató doscientos y veintidós hombres, después de rendidos y desarmados, y algunos dellos en las camas curándose de sus llagas y heridas que habían habido en la dicha batalla. Y a otros muchos hizo dar cuchilladas por las caras y manos y pies, diciendo: «De los enemigos, los menos», y apellidando: «¡Pizarro, Pizarro!», sin acordarse del nombre de Dios y de Vuestra Alteza.

Y con esta victoria entró en la dicha ciudad con su gente y la saqueó y robó y Vuestra real hacienda que estaba en poder del tesorero Manuel de Espinar. Y olvidando tan gran beneficio como recibió del dicho adelantado en soltarle cuand o le tenía preso, habilitada e ignominiosamente ahorcó al dicho adelantado don Diego de Almagro, deshonrándolo y afrontándolo, diciendo que no era él adelantado ni gobernador, sino moro retajado. Y por más le deshonrar, mandó que un negro fuese el verdugo, diciendo: «No piense hese morisco que le tengo de dar la muerte que él me quería dar a mí, que era degollarme».

Y acabando de hacer lo susodicho, dijo: «Si el repostero estuviera tendido y el verdugo con el cuchillo en la mano para cortarme la cabeza y las puertas del infierno abiertas para meterme el ánima y los diablos dentro para me recibir, no dejara de hacer lo que he hecho».

Estando tendido cabe la picota el dicho adelantado con el garrote y soga al pescuezo, por más deshonrarlo lo tuvo así por espacio de dos horas sin tener acatamiento ni atención a que Vuestra Majestad lo había querido honrar y que era su lugarteniente y que era mal ejemplo para los naturales de aquellas provincias que lo tenían y obedecían y amaban, como a teniente de Vuestra Alteza y en vuestro nombre. Lo cual hizo en figura de juicio, siendo reo sujeto y persona privada dentro del territorio y gobernación del dicho adelantado y gobernador, como a vuestra misma persona.

Y yo fui sacado al campo a media noche y me sacaron cinco arcabuceros y me dieron tormento de cordel, atándome las manos atrás y los pies hasta hacerme saltar la sangre por las uñas. Y yo, mirando que lo que hacía hacer al dicho Hernando Pizarro y a los que con él venían semejantes delitos era la codicia, por salvar mi vida me concerté con los que así me atormentaban y les di y pagué, porque me dejasen, 2. 000 castellanos. Y asimismo me saquearon mí posada, de la cual me llevaron y robaron 6. 000 castellanos en oro y plata y ropas de mi persona. El cual tormento e injuria que así se me hizo por los dichos cinco arcabuceros fue por mandado del dicho Hernando Pizarro y así es de creer, o por lo meno; fue él causa que la dicha injuria y robos se me hiciesen por ser, como fui, de voto y parecer que se obedeciesen las provisiones de Vuestra Alteza y que el dicho adelantado don Diego de Almagro fuese recibido por tal gobernador, y por ser capitán y autor principal de los dichos daños y delitos y promovedor dellos.

Y así después el dicho Hernando Pizarro me lo dijo, hablando en el tormento que se me dio, que debían burlar conmigo y que harta burla era no me haber llevado más de 2. 000 castellanos, teniendo 20. 000 y habiendo sido su contrario. La cual injuria que así se me hizo fue víspera de San Lázaro del año de 1538 años, que fue el mismo día que el dicho Hernando Pizarro dio la batalla al dicho adelantado don Diego de Almagro. Y por haberme el dicho Hernando Pizarro mandado dar el dicho tormento, o fue causa que se me diese, como fue, siendo como soy caballero y hombre hijodalgo de solar conocido y vengo de ilustres. Y no contento con lo susodicho, entendiendo el dicho Hernando Pizarro que yo, como leal criado y hechura de Vuestra Alteza, le había de escribir y decir todos los dichos delitos y cosas por él perpetradas, mandó a un soldado de su compañía que se decía Bosque, para lo excusar, que me matase, doquiera que me hallase. Y el dicho Bosque, cumpliendo su mandado, con otros cuatro de sus compañeros, escaló la casa de Felipe Gutiérrez, donde yo estaba, y me dieron tantas heridas y cuchilladas que me dejaron por muerto, de las cuales estuve a mucho peligro de muerte. Y dado caso que me querellé al dicho Hernando Pizarro y prendió al dicho delincuente, lo disimuló y lo soltó y no hizo diligencia ninguna, como persona que lo había mandado hacer. En lo cual gasté más de 1. 000 ducados y recibí de daño de mi persona y salud mucha estimación y cuantía de pesos de oro.

Y allende desto, en la dicha batalla que el dicho Hernando Pizarro dio al dicho adelantado, mató él y su gente a Juan Fernández de Silva, que me debía por esta obligación que presento 2. 500 castellanos de un caballo que le vendí que le robaron en la dicha batalla, después de le haber muerto. Y demás desto yo perdí 14. 000 castellanos, los 7. 000 que di a guardar al dicho adelantado que le robaron en su casa, de que me hizo escritura de que hago presentación, y los otros de hombres que mataron en la dicha batalla que me los debían y cosas que me robaron de mi casa. Y lo que el dicho adelantado me debía, me es obligado a pagar, así por le haber muerto contra toda justicia y sin tener poder ni autoridad para ello y estar protestadas las deudas contra el dicho Hernando Pizarro, como por razón de le haber saqueado y robado su hacienda y hechos y perpetrados los dichos delitos.

Siendo él camino para España por Tierra Firme, llamada Castilla del Oro, se vino huyendo por la Nueva España con mala intención y propósito. Do a mi pedimiento se dio mandamiento para le prender por vuestro virrey don Antonio de Mendoza. Y por ir yo en seguimiento suyo para pedir y procurar el servicio de Vuestra Alteza y mi justicia recibí de daño más de 2. 000 castellanos. Y por los dichos delitos tan atroces y nefandos, demás de haber cometido crimen lese majestatis, incurrió en graves y grandes penas civiles y criminales y capitales que han de ser ejecutadas en su persona y bienes para su castigo y ejemplo de otros.

Y así lo pido e incidenter de vuestro real oficio, que para ello imploro, pido le condene en todos los daños por mí desuso recontados y recibidos, y más en 100. 000 ducados que estimo la injuria de la fuerza y tormento que se me dio por causa y mandado del dicho Hernando Pizarro. Y juro a esta cruz, en forma de derecho, que esta acusación no la pongo de malicia, salvo porque pasa así y por alcanzar cumplimiento de justicia. La cual pido y el real oficio de Vuestra Alteza imploro y las costas pido y protesto.

Hase de enmendar aquí do dice que mató al adelantado don Diego de Almagro, que si no lo matara, como lo mató indebidamente, que pudiera y quisiera pagarme 14. 000 castellanos que me debía, como parece por las obligaciones que me tiene hechas. Y ado dice que yo, como su albacea y testamentario, que pido 500. 000 castellanos que él robó cuando le mató, para descargar su testamento y conciencia y deudas, especialmente que le fue hecho requerimiento, el cual tengo signado y autorizado, y estoy presto de lo presentar con todo lo demás que a mi derecho convenga; que hablé con el gobernador don Francisco Pizarro su hermano y el dicho Hernando Pizarro por parte del adelantado don Diego de Almagro, requiriéndoles no fuesen ni viniesen contra él, protestándoles los deservicios que contra Dios y Su Majestad se hiciesen y deudas que él y los suyos debiesen y todos los otros daños, como más largamente dice en el dicho requerimiento, al cual me remito.

Ítem: tengo otra fe como, queriendo yo, como albacea, despender en cosas de su conciencia del adelantado sus bienes y hacienda, me fue a la mano y me lo impidió el dicho gobernador don Francisco Pizarro, diciendo que eran suyos por parte de la compañía; y asimismo como, si no me matara a Juan Fernández de Silva y a mi caballo, ellos ganaran o hubieran en la tierra por lo que habían servido, y podían servir con que me pudieran pagar. Y asimismo se ha de poner los previlegios del adelantado y las penas que tiene el que le prende o mata.

Cómo, venido el emperador de Italia en el año de 1542 años, no me quiso ver ni oír

Débese se atribuir, según es católico Su Majestad, no haberme querido ver ni hablar parecelle que con prisiones y molestias me había agraviado sin culpa con mala información, como ello fue. Yo dejé al emperador visitase sus hijos y grandes e hiciese sus Cortes en estos reinos de Castilla. Y fue tan presto su vuelta para embarcarse en Barcelona para Italia que por prisa que me di, ya estaba en el puerto. Y como supo Su Majestad que yo estaba en Madrid para ir donde él estaba, con el serenísimo y muy excelente príncipe don Felipe su hijo, nuestro natural señor, hizo a don Hernando Álvarez de Toledo, duque de Alba, mayordomo mayor de su real casa y grande mi señor y amigo, como lo fue su abuelo de gloriosa memoria, don Fadrique de Toledo, de quien he tratado en este libro, y él es primogénito heredero, que me escribiese, como me escribió, una carta que el emperador le había dicho que me escribiese, que no fuese donde Su Majestad estaba.

Bien creo que lo hizo por no oirme la cuenta de los agravios susodichos, aunque viéndome penado desta carta y mensajería, el serenísimo príncipe su hijo me consoló con decirme: «No tengáis pena, don Alonso, deso, que el emperador mi padre no os quiere mal ni os envía a decir eso por vuestro daño, como vos pensáis, sino porque tiene mucho que proveer y hacer en su embarcación, y por no ocuparse con vuestra conversación».

Con lo que me consolé en gran manera. Y así pareció ser, porque luego escribió el comendador mayor de León a mi señora doña María de Mendoza su mujer, la excelente, como el emperador le había dicho que me estuviese con su hijo; por do parece no tenerme mala voluntad ni mala reputación.

Capítulo de mi quedada

El príncipe de España, don Felipe, desque hubo dieciséis años, que fue en el de 1542 años, afirmóse en ser el que habíamos menester en estos sus reinos y haber Dios oído a sus vasallos, porque es el más lindo de gesto, blancura y hermosura de gesto y manos y buena disposición que criatura ha hecho Dios: de muy gentil entendimiento, cordura y sagacidad, piadoso, honesto, y regocijado, cada cosa en su tiempo y lugar, sobre todo cristianísimo, que es lo principal. El cual, viéndome desmamparado y desagradado del emperador su padre, en mis prisiones y molestias, siendo de catorce años, de piadoso y generoso y cristianísimo me favoreció y abrigó, estando el emperador su padre fuera de los reinos de España, porque fue informado del tuerto que se me hacía y de lo que yo había servido al emperador su padre y aprovechado en su corona real contra moros y franceses con cargos de capitán.

Y en siendo avisado por la buena compaña que tenía, que son el muy ilustre don Juan de Zúñiga, comendador mayor de Castilla, que fue hijo segundo del conde de Miranda, el cual tenía a cargo al serenísimo príncipe; y tras éste, don Alonso de Rojas, camarero de Su Alteza, y don Álvaro de Córdoba, su caballerizo mayor. Fue hijo menor del conde de Cabra que le fuera mejor ser aquí mayor, porque fuera conde de Cabra y duque de Sesa, aunque en verdad os puedo certificar que es tal el príncipe que está casi tan contento con su privanza como estuviera con esotro; ítem: don Manrique de Silva, su mastresala, y Ruy Gómez, su trinchante, un caballero portugués de gran sangre. Los cuales todos me ayudaron y favorecieron con su príncipe en tanta manera que, desque hubo dieciséis años, que es cuando esto se escribe, me amó y favoreció el príncipe en tal manera que me tienen por privado.

A Dios doy las gracias y después a él y a ellos, especialmente al dicho comendador mayor de Castilla, aunque le obligó mucho a ello su gran nobleza, porque es uno de los honrados señores que hay en estos reinos y más bastecido de bondad. Es muy sabio y muy honrado en verdad, y como tal le fue encargado tan principal cargo. En el cual se gobernó tan bien que sin pesadumbre ni desacato; tuvo al príncipe bien doctrinado graciosa y agradablemente. Verdad es que el príncipe le ayudó mucho con su buen seso y gratitud, quitando las causas, como dice el filósofo, que han de ser los hombres para excusar los efectos y defectos; porque entrambos andaban a porfía sobre cuál agradaría más al otro, el comendador mayor con el bonete en la mano, dando a entender a Su Alteza y a todos que no se había de hacer más de lo quél quisiese, y Su Alteza, dándole a entender a él y a todos que había de hacer lo que el comendador quisiese. Por do parece que Dios ha proveído, así en el nacimiento deste príncipe para su conservación destos reinos como en su vida, la cual sea tan larga como él desea y nosotros hemos menester. Amén. Amén.

Capítulo. Cómo fue el príncipe a ver a las señoras infantas sus hermanas de Madrid Alcalá y cómo me llevó consigo y me favoreció

Sabía Su Alteza en el gran cargo que yo soy al comendador mayor de León, don Francisco de los Covos, y a la excelente su mujer, y que yo había de ir con Su Señoría a Zaragoza al desposorio de don Diego de los Covos, marqués de Camarasa, adelantado de Cazorla, su hijo. Y díjome: «Don Alonso, yo he por bien que vais con doña María de Mendoza la excelente, porque es razón. Mas pues no ha de partir tan aína, íos a Alcalá conmigo ocho días que tengo de estar con mis hermanas. Y esto quiero que sea con su licencia y voluntad».

Lo cual se efectuó, y fue con Su Alteza y todos estos ocho días estuve con él y con sus hermanas y sus damas, holgando y jugando a muchos juegos, yo solo con ellas. Hallé en la señora infanta doña María, la mayor, otro príncipe su hermano en persona y condiciones. De la cual no quiero decir más, porque por lo que tengo dicho en su hermano lo entenderéis, sino que será bienaventurado aquel rey, aunque lo sea de todo el mundo, que la llevare por mujer. Y así doy fin a este capítulo.

Apartándose del serenísimo príncipe en el Colmenar, que iba Su Alteza para Valladolid y yo volvía a Madrid para ir con la excelente a Zaragoza, apartéme de Su Alteza con gran pena suya y mía, aunque me fue gran socorro venir a la excelente y haber de volver presto al casamiento de Su Alteza. Del cual y del que ahora voy os daré cuenta sucesivamente por sus capítulos excesivamente en este libro y lo que me acaeció en ello. Porque no estamos aguardando sino que se embarque Su Majestad y luego partirá de allí el muy ilustre señor don Francisco de los Covos, comendador mayor de León, contador mayor de Castilla, y del Consejo Supremo del emperador, rey nuestro señor, don Carlos de Austria, y su secretario general. Y luego partirá de aquí su mujer la excelente.

Irse-án a juntar a la ciudad de Zaragoza en el reino de Aragón, do se celebrará el casamiento del dicho su hijo, con la voluntad de Dios, sin la cual no se puede hacer nada. Aunque por algunas palabras malsonantes que dije me mandó un inquisidor en Sevilla que estuviese treinta días en un monasterio o en mi casa y me dio por penitencia que diese 10 ducados al hospital de las Bubas y otros diez al del Amor de Dios, creyendo yo en Dios también como él y no habiendo en mi linaje raza de confeso. Lo cual fue muy bien hecho, porque en burlas ni en veras no se ha de descuidar naide con Dios. Y acabando este capítulo, lo cierro con creer que si algún bien tengo de haber con Dios o con el emperador o con el príncipe nuestro señor, el principal fundamento, después de quien ellos son, son el muy ilustre señor don Francisco de los Covos, comendador mayor de León, y la ilustrísima y excelente su mujer, a los cuales Dios los dé buen galardón.

Esta es una carta que luego que llegué a Madrid, antes quél partiese para Zaragoza, escribí al príncipe nuestro señor, porque me lo mandó que le escribiese y me encomendó el negocio en ella contenido:

«Muy poderoso señor: No es mal encomendar negocios a hombres sospechosos de firme juicio y buen seso, cuando no le tienen perdido, especialmente de los que exceden de viveza y elocuencia, que éstos, muy poderoso señor, no se pueden contar por locos ni descontar por cuerdos. Porque en las armas, que son mamparo de la honra, se suelen estimar más las espadas cuando se rompen por fuertes y agudas que no cuando se doblan por blandas y botas. Por donde se puede colegir que porque mi seso tenga más acero que el de don Gómez Manrrique y don Sancho de Córdoba, tan bien podía ser mastresala de Vuestra Alteza yo como ellos.

»Y porque este hablar en seso conturba y ocupa el pasatiempo de la vida humana, que sin perjuicio de nuestras conciencias es lícito pasalle alegremente, pues Dios hizo las cosas deste mundo para gozallas, quiero ocupar poco a

Vuestra Alteza en este capítulo primero y no fatigarme yo mucho, como hace Francisco Osorio, vuestro limosnero mayor, por ser obispo, y como hice yo en un tiempo que se me contó yo ser tan necio y tan reverendo como él y hacerme corregidor. Y anduve seis meses en parte del estío con un capuz frisado de terciopelo hasta el tobillo, que me ahogaba, y un pantuflazo de terciopelo de dos dedos en alto, con un corcho muy callente que me asaba hasta las entrañas. Y no me aprovechó poco, aunque no me hicieron corregidor, porque alargándome la cura, me vino la locura, para lo cual fue menester experiencia demás de mi buen natural, según me tenía engañado la necedad y gravedad del mundo.

»Por lo cual no veo la hora de acabar este mi razonamiento para venir a lo que hace al caso, para no datos, señor, pena con necedades, pues hay tantos que no os dejaré posar con ellos ni recibillas yo. Y doy fin a él con aquel dicho que dijo San Jerónimo sobre las devotísimas contemplaciones suyas y de otros santos católicos: que era bien no decillas por algunos ratos, comparándolo al tiro de la ballesta, que con más furia y mejor tira cuando está poco armada que mucho. Por lo cual quiero desarmar presto en esto que Vuestra Alteza me mandó que hiciese en seso, y envío aquí la medida bien y fielmente sacada, la cual dará el ligenciado Herrera, que va con ésta. El cual encomiendo a Vuestra Alteza le favorezca y no le digáis ahora lo que quisistes decir, que fuera la mejor cosa del mundo, aunque no para mí, porque me ahorcara según lo tengo por gran amigo, y tengo pocos, porque no hallo muchos que merezcan mi amistad, que habiéndolo yo encomendado a Vuestra Alteza en el monte, representándoselo en el pueblo de Colmenar, con decir que era en su presencia el que yo había hablado a Vuestra Alteza en su ausencia, que estuvo por responderme, que lo oyese él: "No me acuerdo tal don Alonso".

»¡O qué gran mal fuera!

»Y así ceso en esto, sudando, congojado. Por lo cual quiero venir a hablar en el alcaide del Pardo y en otros desvaríos apetitosos y sin pesadumbre. Luego que Vuestra Alteza se apartó del dicho alcaide y de mí, que yo nunca me aparto ni apartaré de vos, aunque este bellaco ladrón deste alcaide luego os olvidó, venimos al Pardo, do hallamos a su viejo casero medio derrengado de una piedra de las que derriban de la torre. Lo cual no apruebo ni repruebo, porque Su Majestad sabe lo que hace. Esto digo porque el alcaide Castilla dijo

—o se me antoja: "Si Su Majestad había de hacer otras torres, ¿para qué hacía derribar éstas?".

»Y díjome la comparación del moro, reprobando el pasear del cristiano: "Si has de ir allí, ¿para qué vienes aquí? Y si has de venir aquí, ¿para qué vas allí?".

»Y luego tras esto cantamos él y yo una canción que dice: "Mujer, mujer, dame acá un cuchillo", con otras cosas deshonestas que no son para nombrar ante Vuestra Alteza. Y por esto quiero más quedar corto y que no las sepa, que no largo y deshonesto con hacérselas saber.

»Y porque es muy largo el nombre del alcaide del Pardo y pienso nombralle muchas veces, por evitar prolijidad llamalle-emos aquí "Ladrón", que es muy breve y muy justo, pues en la verdad musiur de Hurreas es alcaide y no mi amor. Y el Ladrón me dio a comer dos quesillos asaderos y muchas aceitunas, por no haber otra cosa y túvome con palabras y no con manjares. Hasta echó mi caballo a dos yeguas suyas. Y de rato en rato decía el Ladrón: "Curen mucho aquel caballo de mi señor don Alonso".

»Y en algo decía verdad, que era lo postrero. Y preguntaba muchas veces si le habían echado de comer; [...] respondíanle: "Ya le echan".

»Yo pensaba que "comida" y ellos decían "echallo a las yeguas", porque vea Vuestra Alteza quién es este Ladrón. Sobre todo me rogó que me acordase dél, cuando escribiese a Vuestra Alteza, y no lo dijo a sordo ni lo dejo de hacer.

»Ahora quiero hacer saber a Vuestra Alteza el fallecimiento y dicha de mi mula y desdicha mía, que ella por dichosa se tenía, viendo como se pasaba toda la flor de su vida, viviendo muy descontenta de la vida que tenía, como yo no la dejaba descansar y la prestaba a todo el mundo. En llegando aquí dióle un torozón de que murió. Y no va nada en ello, porque no la he menester, aunque más me ha consolado que yo traía mi cama en ella, porque era crecida y de edad y para casar y no sabía si llamalla mula, si acémila. Siempre provee Dios, al cual encomiendo a Vuestra Alteza guarde y salve como el comendador de Castilla desea y yo querría. A don Álvaro de Córdoba, vuestro caballerizo mayor, y a mi compañero paje de Vuestra Alteza dé Dios salud. A mi señora doña María di el recaudo de Vuestra Alteza. Lo que ella os desea, eso os venga. Dios sea con todos. De Madrid, del vasallo leal de Vuestra Alteza, que sus reales pies besa. Don Alonso Enríquez.»

Esta es una carta que escribí a una señora en la villa de Madrid, sobrina del cardenal fray Francisco Jiménez, rica y hermosa y casada con un pariente suyo a quien ella menosprecia. Y tiene razón. Y llámase doña María Cisneros. Y por la carta se verá el propósito y lo demás; que es esta que se sigue

«Señora: Dijéronme que Vuestra merced había dicho a mi señora doña María de Mendoza, aunque Su Señoría me lo niega, que cuando yo dije a la señora doña María Zapata que era muerta su hija, que me había de responder: "si otro me lo dijera, pesárame".

»Quiero que sepa Vuestra merced que no se lo pudiera decir otro mejor que yo ni más cuerdo, aunque fuera el cardenal don fray Francisco Jiménez. Y pésame porque yo era muy servidor de Vuestra merced y no lo seré de aquí adelante. Y también dice que dijo Vuestra merced cuando entré: "¡Jesús, aquí está éste!".

»Cuando yo soy "éste", ¿qué hará otro que, porque no tiene culpa, no lo señalo aquí? Y así acabo, al cabo, besando las manos de Vuestra merced. Don Alonso Enríquez. Fue hecha esta epístola a 2 días de mayo de 1543 años. Dios sea con todos.»

Lo que me pasó con una dama en Madrid en el año de 1543, mes de mayo. Y porque es caso de admiración e indiscreción, está prohibido contarlo a los vivos. Y doy por testigo a la ilustrísima señora doña María de Mendoza y a la ilustre señora doña Francisca de Sarmiento su hermana y al señor don Álvaro de Mendoza

Tené atención al caso de admiración, porque representándolo el autor, que es al mismo que le acaeció, le tiemblan las carnes. Habéis de saber que en el mismo lugar está una señora de gran linaje y no menos fama de honrada y cristianísima que se llama doña María de Ulloa, viuda madre del señor conde de Salinas. La cual tiene en su casa tres nietas muy honradas y hermosas de tierna edad, aunque no tan niñas que no se podrían ya casar. La una es hija del conde de Ribagorza en Aragón; llámase doña María de Aragón. Es una dama que fue de la emperatriz nuestra señora —que está en gloria—, tan discreta y valerosa que en verdad yo no hallo a que la pueda comparar, si no es a la ilustrísima señora doña María de Mendoza.

Yendo yo a ver a su agüela y a estas señoras en Santo Domingo el Real, do real y santamente tiene hecha su casa y morada, ya que era noche, me dijo esta doña María, ángel o diablo o quienquier que es: «Señor don Alonso, ¿habéis visto los altares de mi señora doña María de Ulloa en esta su casa?».

Yo le dije: «No, señora».

Respondióme: «¿Queréis que os los muestre?».

Yo le dije: «Cuando Vuestra merced fuere servida», creyendo que fuera otro día.

Luego se levantó ligera y esparcida y dijo a un paje: «Toma ese candelero», y mandóle pasar delante y luego a mí y a ella no más. Y pasamos por muchas cámaras y recámaras y muchos corredores y ventanas por muy gran rato, andando cabe la lumbre muy gran viento, y en mi pensamiento, tormento, y la casa como encantada, sola y grande, considerando:

«¡Pecador de mí! ¿qué es esto? ¿O, qué ha de ser, si la vela se apaga? Porque si me desvío della, déjola sola y quedo necio y apocado, si me llego a ella, desacátome y desvergüénzome.»

Yo decía al paje: «¡Mira no se te mate la vela!».

Ella respondió: «No va nada en ello, señor don Alonso».

Yo, entre mí: «¡O pecador de mí! ¿qué es esto?».

Y así como llegamos a los altares, que son tres, fuime al de medio que me pareció más devoto y recé una avemaría, como oración más breve. Y dije a una imajen de la Madre de Dios: «Señora, por aquel gozo que sentiste cuando el ángel te trajo la nueva como el Señor era contigo, que me socorras en este trabajo y me des gozo y alegría».

Y entonces pareció una dueña, que juro por Dios que me pareció que bajaba del cielo y que no lo dejo de creer así, porque he mirado por todas las dueñas de la señora doña María de Ulloa y no vi aquélla otro día que fui con mi señora doña María a comer y estuve todo el día con ellas. Entonces dije: «O señora dueña, seáis muy bienvenida, que a fe que estábamos muy solos sin vos, como el diablo no duerme...».

Respondió la señora doña Marina, que como discreta conoció mi temor y como valerosa y generosa quiso gustar dél: «Mirá, señor don Alonso, hagóos saber que nunca se hizo mal recaudo sino con dueña».

¡Contemplá, hombres humanos de carne y de hueso, qué tormento tan extraño, qué miedo tan grande, qué vergüenza, qué corrimiento pasó por el pobre hombre!

Y luego di mucha prisa para volverme do estaba su abuela y primas y el señor don Álvaro de Mendoza. Y no fue menester poca prisa, según era lejos y yo estaba penado y congojado. De lo cual dimos luego cuenta a los dichos y después otro día a mi señora doña María y a la señora doña Francisca, tornándole a decir esta malvada esforzada que entraría otra vez y otras cien conmigo tan sola y más. De lo cual me guarde Dios. Amén. Amén.

Capítulo en que se tratarán tres cosas: llegada y estada de Alcalá; y un razonamiento que me hizo en Corte el arzobispo de Toledo; y una protestación que acerca dello yo hice al príncipe nuestro señor

Jueves 17 de mayo de 1543 años, en el viaje que os tengo apuntado de la excelente doña María de Mendoza que iba a casar su hijo, llegué con Su Señoría a Alcalá de Henares, do las señoras infantas doña María y doña Juana, hijas del emperador, rey de España, estaban. Hallamos a Sus Altezas muy hermosas y deseosas de ver a la excelente, la cual se fue a apear este día, a puesta del Sol, a su real palacio. Y allí fue bien recibida de las señoras infantas y muy acatada desa compaña, do había hermosas y generosas damas, conviene a saber: el conde de Cifuentes, que las tenía a su cargo, y la condesa de Faro con las damas que son siguientes: doña Ana de Zúñiga, doña Beatriz de Melo, doña Leonor Mascareñas, doña Isabel Osorio, doña Luisa de Viamonte, doña Catalina de Robles, doña María de Castro, doña Ana de Guzmán, doña Guiomar, hija de la condesa de Faro.

Y después de un par de horas, se retiró la excelente a una posada que Sus Altezas le tenían muy aderezada. Estuvimos hasta el lunes siguiente que partimos, prosiguiendo en nuestro viaje. Estuvimos todo este tiempo en mucho regocijo. Y por amor del príncipe su hermano y por el favor de la excelente y por la buena consideración del conde de Cifuentes para mí, no hubo puerta cerrada do Sus Altezas estaban, aunque no las había abiertas para ningún hombre humano, si no era al comer o al cenar de Sus Altezas. Y lo demás de los días entré con la excelente y jugamos Su Señoría y yo con Sus Altezas a los bolos y a otros juegos con mucha y amorosa y favorable conversación.

Ahora os quiero decir como la privanza que tengo con este príncipe don Felipe y sus hermanas es por amor que les tengo y no por interese que les codicio, por lo cual me ha favorecido el príncipe. Y viendo este favor, don Juan Tavera, cardenal y arzobispo de Toledo, el cual me ama, así por su infinita bondad como porque me crió un arzobispo de Sevilla de gloriosa y santa memoria que está en el cielo, fraile dominico que se llamó don Diego de Deza, con quien él también se crió, me dijo y apartó:

«Señor don Alonso, ya sabéis la obligación que tengo a vos y a vuestras cosas. He holgado mucho de ver que Su Alteza os tiene mucha y buena voluntad. Quiéroos acordar y avisar como es más sustentar que ganar, y que esto que tenéis entre manos es bien que salgáis con ello y miréis que vivirnos en mal mundo y que hay muchos envidiosos. No les deis armas para contra vos ni razón para que os quiten deste lugar donde estáis por desagradallos y murmurallos. Quered y tratad bien a todos. Especialmente con Su Alteza viví muy recatado en tratar cosas lícitas y honestas», y otras cosas muchas me dijo, que por evitar prolijidad ceso.

Y respondíle: «Señor, beso las manos de Vuestra Señoría Reverendísima por ese favor y voluntad, pero en verdad no pienso tener tanto cuidado en cosa que tan poco va».

Díjome: «¿Poco va en estar bien con el príncipe nuestro señor, especialmente estando mal con su padre, pues que me hacéis hablar?».

Yo le dije: «Señor, es tan corta la vida humana que ni el uno me puede hacer largo bien ni el otro luengo mal, aunque me quite todo lo que había de vivir en nuestra edad acostumbrada».

Y luego me fue al príncipe y le dije: «Señor, el arzobispo de Toledo me dijo esto y esto; yo le respondí estotro y estotro. Y quiero que sepáis de mí que os quiero mucho y que mientra me pagáredes en esta moneda y manera, os tendré por buen pagador. Y en otra, aunque sea en piedras y encomiendas, villas y castillos fuertes, ni otros ricos y codiciosos intereses, oficios ni cargos, pompas ni honores, tendré por mala paga, como si fuese en paja, y a Vuestra Alteza por mal pagador. Y apartarme-hé de vos con alegre voluntad, diciendo este cantar y tañendo castañetas: "A mi casa me voy, buen amor, do tengo una huerta y para el campo un azor, con quinientas mil de renta, chapacarta, Dios mantenga".

»Mirá que os aviso, si queréis que esté con vos, que os tengo de ser traidor, si me hacéis otra merced ni otro favor, sino quererme bien, mi amor, como yo y mi bien, os quiero, pues a ser otro yo y vuestro padre otro don García como el mío, me contentaría con otro tanto. Mejor lo debo de hacer, haciendo tan gran ventaja vuestro padre al mío y vos a todos los que nacieron de Adán y de Eva».

Su Alteza me abrazó y dijo: «Y quum spiritu tuo».

Lo que sucedió en el viaje y casamiento del marqués de Camarasa, hijo del comendador mayor de León y de la excelente su mujer, en la ciudad de Zaragoza, reino de Aragón

Fui de Madrid con la excelente. Estuvo veinte días en el camino con muchos banquetes y buenas comidas, así de ordinaria despensa y cocina como del duque del infantazgo, como del duque de Medinaceli, que estaban en el camino. Y en la entrada de la ciudad de Zaragoza hubo gran recibimiento cinco leguas antes. Salió el comendador su marido y el duque de Alba y después el virrey, el conde de Aranda, y el conde de Nieva y el conde de Luna y el arzobispo de Zaragoza y otras muchas personas principales, sin los que salían a ver, que era toda la ciudad. Y entrando en la plaza y mercado, había tres arcos triunfales y debajo una tela para justar. Tomóles el arzobispo las manos al marqués y marquesa de Camarasa aquella noche que llegamos. Hubo buena compaña de caballeros, damas hermosas, y saraos y danzas, comidas y cenas, justas y juegos de cañas y toros por tiempo de seis días. Velólos el mismo arzobispo. En todo lo cual les serví y acompañé como pude, debo y soy obligado.

Y así los dichos comendador mayor y duque de Alba y la excelente con su gran compaña venimos a la villa de Valladolid, do hallamos el muy mejor príncipe que nos dio Dios ni que lo supimos pedir, de quien tengo tratado en este libro y trataré adelante. Del cual yo fui muy bien recibido. Y por un caballero que se llama don Juan de Mendoza, hermano de la excelente, fue desafiado para un juego de cañas, diez a diez y que de su parte había de ser el duque de Alba y que yo convidase al príncipe nuestro señor para que lo fuese de la mía. El cual me respondió que no estaba ensayado ni diestro para ello, pero que lo aceptaba y quél sería uno de los de mi compañía; mas que en tanto, yo le respondiese con este cartel que deyuso irá aquí puesto sucesivamente.

El cual se aceptó por el dicho don Juan y sus consortes y se efectuó. En el cual ganó el príncipe nuestro señor la joya, de haberlo hecho mejor que todos, lo cual fue tan justo que, aunque fuera hijo de un zapatero, la merecía. Fue yo su padrino, vestido de sus colores quél me dio, morado y blanco; y Gutierre López de Padilla de la cuadrilla contraria, porque de la una parte era el padrino él, y de la otra yo, porque no hubo más padrinos. El cual y su cuadrilla iban vestidos de azul y colorado. No fui yo uno de los del torneo, que a mi escoger lo dejó Su Alteza, porue no hallé arnés que me armasen. Y en lo demás me remito al dicho cartel, que es este que se sigue:

«Yo, don Alonso Enríquez de Guzmán, digo que un cartel de desafío me fue presentado de parte de don Juan de Mendoza, quél con otros nueve caballeros a mí y a otros tantos jugarían a las cañas. Y como mi costumbre no sea rehusar cosas semejantes ni la valentía de mi corazón me da lugar para ello, cuanto al aceptallo yo y mis compañeros que serán, lo aceptamos con las condiciones por él y por los suyos puestas.

»Pues el campo y el día queda a mi señalar, seis antes del plazo para cuando hubiere de ser les mandaré avisar, porque se tengan por apercibidos y no puedan decir que no se les da tiempo y lugar para ello. Y porque entre tanto los unos ni los otros no estén ociosos, para el domingo que viene les terné el campo seguro a los caballeros que yo nombraré, para que uno a uno y después a la folla, de la manera que yo señalaré, se combatan de picas y espadas con las condiciones que abajo diré, do cada uno dellos podrán mostrar el valor de sus personas para que, cuando vengan las damas por ello, sean conocidos dellas y estimados y tenidos en lo que merecen. Y porque en esta Corte hay muchos y muy honrados y todos podrían y querrían entrar en este torneo, por ser el campo pequeño y allí no podrían ser muchos, por esto sello-án estos que yo aquí señalo de mi voluntad. Y los demás perdonen esta vez.

»El príncipe nuestro señor. Don Hernando de Castro. El príncipe de Asculi. Don Antonio de Toledo. Don Antonio de Rojas. Don Diego de Acebedo. Ruy Gómez. Duque de Alba. Don Luis Manrrique. El conde de Altamira. Don Íñigo de Guevara. El marqués de Camarasa. Don Juan Benavides. Don Juan de Mendoza. De la manera que aquí van señalados se combatirán uno a uno, dándose cuatro golpes de pica y dos de espada. Y después por la misma orden en la folla se darán otros tantos golpes de pica y diez de espada con las condiciones siguientes:

»El caballero que, uno a uno, se le cayere el espada no ganará precio della.

»El que de golpe de pica cayere, uno a uno, no ganará della. En la folla se guardan las mismas condiciones.

»El que diere golpes de pica por debajo de la valla, no ganará precio della.

»El caballero que mejor combatiere, uno a uno, del espada, ganará una espada.

»El que mejor, uno a uno, de la pica, ganará una docena de pares de guantes.

»El que en la folla con el espada en la mano mejor se mantuviere, ganará una adarga.

»El que en la pica mejor se mantuviere, ganará un ventalle.

»Yo señalo a los señores comendadores mayores de León y de Castilla y de Alcántara y de Calatraba y a don Sancho de Córdoba para que con estas condiciones sean jueces, juzguen y guarden su derecho a cada uno según lo hiciere. Y los unos y los otros piden a los señores jueces que juzguen y determinen cuál de las partidas mejor y más bien combatieren, y manden que los de la otra les den sendas plumas en señal de haberlo hecho mejor que ellos.»

Quiero deciros, discreto y curioso lector, sabidor de lo que aquí escribo, si lo sois, unas discretas y sustanciales palabras que hoy, que son a 15 días de julio de 1543 años, en su tierna edad dijo el serenísimo y excelente príncipe nuestro señor —que Dios nos mantenga—, al duque de Alba, don Hernán Álvarez de Toledo, pidiéndole licencia y suplicándole me mandase Su Alteza fuese con él a Alba, que iba a ver a la duquesa su mujer para volverse luego. El duque dijo: «Suplico a Vuestra Alteza mande a don Alonso vaya conmigo».

Su Alteza respondió: «No, duque, antes será para que os estéis más allá».

Respondió el duque: «Antes él me hará volver más aína».

Dijo Su Alteza: «Pues desa manera, id, don Alonso, y mirad que sea así».

Actor: «¡O cómo habéis de ser discretos los que esto entendierdes! ¡O vivas, o sabias, o sustanciales, o amorosas, o profundas palabras! A Dios muchas gracias por tanto bien como nos hizo. Amén. Amén».

Esta es una carta de don Alonso Enríquez, autor deste libro, que escribió a Juan Vázquez de Molina, secretario del emperador don Carlos y rey nuestro señor, estando Su Majestad, y él con él, en Flandes, sobre la muerte y vacante del conde de Gelves, de contraria opinión del autor y en su patria:

«Muy magnífico señor: Renegá del hombre que os escribe e importuna sin gran causa, porque el que lo hace, lisongea y no confía del hombre. Y no entiendo yo que sois vos el hombre de quien no se ha de confiar, sino el conde de Gelves, de quien pienso tratar en esta carta. El cual es fallecido desta presente vida y aunque lo hubiera hecho antes, no hiciera mucha falta, que era un hombre que prestaba poco en ella, a lo menos al señor don Hernando de Castro su sobrino, hijo de su primo hermano, que me dijo ayer: "Perdónele Dios, que 200 ducados le pedí prestados en una muy gran necesidad".

»Y respondióle que si le quería bien, no le demandase dineros prestados, pues no era el señor conde de los españoles que decía Jufre, que cuando le pedían 10 ducados prestados, respondía: "Mándame morir por vos, y no me pidáis dineros prestados", porque no era nada valiente.

»Y piden ahora para su hijo la tenencia del alcázar de Sevilla quél tenía, con quinientas mil de salario y otras tantas para la obra y dos casas reales y dos votos en el ayuntamiento de la ciudad, como veinticuatro, uno para él y otro para su teniente, aunque esté presente el uno y el otro. Y porque no se le debe de dar por las razones siguientes, suplico a Vuestra merced la pida para sí; y vos, mi amor, seréis alcalde y el señor don García mi hermano vuestro teniente. Primeramente porque, cuando las comunidades, le tomó el alcázar, no le defendió poco ni mucho; y en lo segundo, porque todas las cosas que tocaban al servicio de Su Majestad, él y su teniente eran contrarios, como el señor marqués de Cortes su asistente en la dicha ciudad ha informado al emperador: y en lo otro, que es lo postrero, bueno y verdadero, porque no es bien ni apruebo que estos oficios y mercedes que Su Majestad hace de por vida por servicios y merecimientos de personas sean perpetuas ni patrimoniales, dándolos a los muchachos que están comiendo rosquillas de alfeñique en las cuñas o poco más, quitándolo a los pobres viejos que están comiendo tasajos de caballo, con las armas que se les meten por los costados, aventurando las vidas y las almas y otras cosas singulares y trabajosas.

»Y si alguno de vosotros ante Su Majestad aprueba esto que yo repruebo, no le debe de dar crédito porque, como dice el sabio filósofo, no se le ha de dar al que se le sigue pro ni interese. Y los que pueden mucho con Su Majestad querrían hacer sus bienes patrimoniales para el suceso de sus casas, y a los otros que los ahorcuen. Y si me dijeren que los mismos sirven tanto que por sus méritos pueden gozar sus hijos, a esto os respondo esto: que sirven menos, sin trabajo, porque tienen más servidores y más regalos y favores para pederlos soportar, y por mucho que sirvan, no es tanto como lo que gozan. Y no es éste daño solamente para nosotros en general, sino propiamente para Su Majestad, que le importunan con este propio interese, diciendo que es justo haya el hijo lo que tuvo el padre, sin mirar otros inconvenientes para que la costumbre se convierta en ley.

»Y porque aunque tendría más que decir, doy fin a esto, suplicando a Vuestra merced, me haya de Su Majestad y desta vacante para mí un bosque con una casa siete leguas de Sevilla que se llama el Palacio, que tenía el dicho conde de Gelves sin salario, miembro apartado de la dicha su tenencia, porque después de haber mucho que la tenía, compró estotra tenencia en 500 ducados. Y atrévome a pedirla por dos cosas: la una, porque los del Consejo de las Indias informan ahora a Su Majestad que así en lo que yo he servido en el Perú como padecido sin culpa en las prisiones y molestias acá, merezco muchas mercedes de Su Majestad; y lo otro, porque os tengo por señor. Y si no basta todo esto, pídala Vuestra merced para sí y renúnciela en mí, y servirle-he con 1. 000 ducados para ayuda a su costa. Y recibiré muy gran merced de Vuestra merced. Por cuya muy magnífica persona y estado acreciente quedo rogando a Nuestro Señor. En Valladolid y en octubre, 6 días, de 1543 años, y del muy servidor de Vuestra merced. Don Alonso Enríquez.»

Esta es una carta que envía un caballero que se llama Pero Mejía, muy hidalgo y muy primo y muy sabio, al autor deste libro, don Alonso Enríquez, en respuesta de otras que le ha escrito. De las cuales no os hace mención por dos cosas: la una, porque no quiere poner en disputa la mejoría según viene de buena la de Pero Mejía; y la otra, porque ella misma va respondiendo a las que yo, el autor, le tengo escritas.

«Señor: Háceme Vuestra merced tanta merced con sus cartas y vienen tan bien acompañadas que me hallo confuso de ver que no merezco tanta merced ni puedo satisfacer a tan gran cargo. Pero pues lo hacéis tan liberalmente, contentaos con que agradezco y conozco el bien y favor que me hacéis. Vi las cartas del señor don Pedro de Córdoba y la que Vuestra merced escribió a la señora infanta y la que os escribió la señora doña Graida; y en verlas y leerlas recibí gran delectación. La de Vuestra merced me parece muy aguda y discreta y con la sal de donaire que era menester. La de doña Graida, muy avisada y de mujer del Palacio, con desenvoltura, grave y honesta. La de don Pedro, muy de amigo y que burla muy cuerdamente.

»Y de todas saco yo que Vuestra merced es tenido y preciado como es razón, y que lo merecéis así, aunque esto postrero gran tiempo ha que yo me lo sé; pero ahora sé que lo saben los otros. Vuestra merced se acuerde de agradecerlo mucho a Dios; catá que se lo debéis muy debido. A lo que Vuestra merced dice que os glosan acá vuestra privanza, digo que mal me haga Dios si no os mienten, porque acá no la entienden los que entienden sino verdadera y que carece de todo herror y falsedad. Que diga alguno que el príncipe nuestro señor comenzó a tomar gusto de vuestra conversación por vuestros donaires, el mismo se dirá que sois muy avisado, muy honrado caballero de persona y linaje y tenéis las otras partes que un caballero debe tener, con las cuales sin donaires suelen ser los hombres aceptos a los príncipes. Pero porque se juntaron éstos con ser graciosos, os hicieron privado, que suena más que acepción. Y la gracia y desenvoltura no bastaran, si faltara lo demás.

»Y más digo yo que, pues Dios os la dio e íbades a la Corte, no hérades obligado a dejarla en Sevilla, pues no está prohibida por premática, cuanto más que de la discreción y claro entendimiento que todos afirman del príncipe nuestro señor, presumo yo que ha tirado a lo mejor y más sustancial y que de aquello se sirve y agrada, no deshechando lo demás, pues todo es de comer. Y en esto no más, porque acá no hay más, y hácenlo mal los que escriben a Vuestra merced estas cosas, porque si dicen verdad y son amigos, como dicen, deberían entonces de responder. Y pues no lo hacen, hacen muy mal en decíroslo. Y si mienten, muy peor. A mí me haga mal Dios, si he oído hablar mal en la privanza de Vuestra merced.

»Yo he escrito dos veces a Vuestra merced después de otras muchas, de lo cual no me hacéis memoria en vuestras cartas. Temo no se pierdan las mías, lo cual no creo, porque las doy al contador Zárate. Lo que Vuestra merced manda que escriba al marqués de su solicitador no quiero yo hacer, porque sin nos haber visto, por cartas somos amigos Rodrigo de Baeza y yo. Y cualquier que él sea, que a lo menos yo téngolo por hábil, bastará donde el marqués tiene tales amigos como el señor Gutierre López y Vuestra merced que le daréis el favor y calor.

»En lo de la venida del señor marqués de Cortes y del licenciado Juan de Herrera, que Vuestra merced dice que será presto, digo que sea muy embuenora y cuando Vuestra merced mandare, porque desta manera cumplirse-ían los deseos de Pero Ponce y de muchos de los jurados más presto que ellos aun piensan. De la venida del alcalde no hay por que a mí pese porque, como otra vez tengo dicho, nunca me hizo pesar, antes me tenía por amigo. De la del marqués estoy dudoso, porque nunca se agradó de mis cosas, antes mostró alguna vez descontento. Pero si ellos han de gobernar bien, plega a Dios que traiga luego al uno y al otro; si no, que nunca acá vengan con salud y prosperidad que Dios les dé. En lo que Vuestra merced dice de Cardona, digo que no me parece mal lo que hace en zerrarse temprano y salir tarde, porque desa manera no le hará mal el sereno, que en Valladolid dicen que hay muy espeso, pues hago yo otro tanto con el calor de Sevilla. Lo que yo suplico a Vuestra merced es que, aunque le seáis contrario en sus negocios, que su persona en ausencia ni en presencia no sea ofendida. Y si no queréis o no aceptáis otra razón, sea porque es mi amigo.

»Nuevas de acá no hay sino la muerte del conde de Gelves, que será allá ya viejo, pero acá es aun nuevo todavía el pesar que dello se ha recibido, porque era muy honrado, muy virtuoso. Aquí esperamos cada día al almirante de Aragón que viene a casar con la otra hija de la virreina, porque así es la vida que la una ha de abrir las piernas y la otra cerrallas. Y por esto se dice: "Do una puerta se cierra, otra se abre".

»El duque parte de hoy en cinco o seis días de Sevilla. No va sino Hernando Arias y sus hermanos y Luis de Monsalve y los de su casa, pero de Jerez y de otras partes le viene gran compañía que no será menester contarlo yo, porque allá se sabrá mejor. No tengo más que decir y aun temo que se ha hablado demasiado. Nuestro Señor la muy magnífica persona de Vuestra merced guarde y ponga en aquel estado que desea y el príncipe de España le podría dar. De Sevilla, 28 de septiembre de 1543. Besa las manos de Vuestra merced. Pero Mejía».

Esta es una respuesta de don Alonso Enríquez, autor deste libro, a esta carta supraescrita del sobredicho Pero Mejía, como en ella veréis

«Señor: Aunque tengo respondido a una carta que Vuestra merced me hizo merced de consuelo y de favor, la cual leyó el príncipe nuestro Señor y con su parecer puse en el libro de mi vida, por mi vida y honra no dejaré de escribir estotra, porque sería yerro perderse y no que vayan entrambas a las manos de Vuestra merced ésta y la otra y otras cien, como merecedera de cien por una. Y asimismo había recibido otras dos o tres de Vuuestra Merced que me dio Antonio de Eguino, secretario del señor comendador mayor de León, que le envió el contador Zárate. Al cual beso las manos, y a las cuales tengo respondido a Vuestra merced y a esta postrera, no tan largo ni tan sabio como ella, porque no me atreví ni quiero dejar de conocer que sois más sabio que yo, pues el que más lo es en esta vida lo debería conocer.

»Mas a lo que Vuestra merced dice de ser el conde de Gelves —que haya gloria—, muy honrado y virtuoso, no quiero dejar de responder, porque es materia clara y verdadera ser el dicho conde muy honrado y virtuoso, como Vuestra merced dice. Señor, vuestra carta recibí, etc. Lo que sé decir a Vuestra merced de su alcaidía es que la han pedido muchos a Su Majestad y a ninguno darán sino con la mitad del salario, que serán 100. 000, porque dice que no eran sino 200. 000, y para la labor poco o no nada, y en cabildo un voto o no ninguno, porque no ha faltado quien lo diga acá al príncipe nuestro señor y lo escriba allá a su padre, el cual tiene tantas y tan justas necesidades en servicio de Dios Nuestro Señor y reparo y mamparo destos sus reinos contra el rey de Francia y Gran Turco y otros herejes que está más para vender que para dar.

»El príncipe nuestro señor me dijo que había suplicado el cabildo y ayuntamiento desa ciudad de la provisión que se hizo en el mariscal Diego Caballero de una de las veinticuatrías acrecentadas, y no le pareció mal, aunque no tienen mucha razón, pues hay otros regidores como él, y aun Dios y ayuda. El cual sea con todos y guarde y acreciente la magnífica persona de Vuestra merced, como desea y merece y yo querría. De Valladolid y de octubre 12, del servidor de Vuestra merced. Don Alonso Enríquez.»

Esta carta sucesiva me escribe el ilustrísimo señor don Pero Afán de Ribera, marqués de Tarifa, de quien yo tengo tratado mucho en este libro, que antes que heredase se llamaba don Pero Enríquez de Ribera. La cual y su repuesta que yo le envié pongo aquí juntamente, lo uno tras lo otro, porque sepáis la obligación que tengo con este señor en deudo y deuda y lo que me pasa con Su Señoría.

«Magnífico señor: Recibí una carta vuestra de 2 de septiembre y con ella la merced que siempre recibo con todas las que me escribís. La carta que os escribió don Alonso de Cárdenas, y el treslado de lo que vos, señor, le respondistes he visto y he holgado con ellas. Y así lo haré con todas las demás que me enviáredes. Yo salí de Sevilla habrá quince días, porque me daban mucha prisa que fuese a Granada a hallarme presente en la determinación del pleito del marqués de Montemayor. He parado en este lugar y danme todavía tanta prisa que seré allá dentro de doce días o quince. Acabado allí, iré a besar las manos al príncipe nuestro señor, que es cosa que deseo harto.

»Si vuestra venida fuere antes que mi ida, y quisierdes, señor, hacer vuestro camino por aquel lugar, haréisme mucha merced en ello y no faltará en que pasar algunos buenos ratos. Y así la recibiré con vuestros mandamientos; cumplirse-án con entera voluntad. Guarde Nuestro Señor vuestra magnífica persona y casa como deseáis. De Cañete, 3 de octubre de 1543 años.»

De su mano y letra del dicho marqués iba escrito y decía lo que se sigue:
«Espantarme-ía mucho de Pero Mejía no os respondiese, señor, a vuestras cartas. No he sabido nada de la que ahora le escribistes. Debe querer callarla a los amigos, y enemigos, si hay algunos, que en verdad yo no le conozco sino que todos os quieren mucho en aquel lugar y os desean ver en él. Y yo en el que estuviere, a lo que, señor, mandardes. El marqués.»

«Ilustrísimo señor: Recibí una carta de Vuestra Señoría de tres del presente. Y a lo que Vuestra Señoría dice que conozco de la voluntad que tiene de hacerme mercedes, no me quiero detener, pues Vuestra Señoría conoce la mía para serville. Ya la mostré al príncipe nuestro señor, y ha holgado en la venida de Vuestra Señoría a esta su Corte. Yo no podré ir por Granada, porque tengo de ir por Guadalupe a cumplir la penitencia que estos señores me comutaron en que pasase por allí, cuando fuese a mi casa, y dijese un avemaría con un a ti soli pecavi, y no al licenciado del Corro, que fue el que dio la sentencia. Y de allí iré a mi casa, donde obedeceré y cumpliré vuestros mandamientos, sin que sea menester perder la tina, como hizo el señor duque de Medina-Sidonia con Pero Ortiz de Sandobal.

»Pero Mejía me escribe que no diga lo que me dice en sus cartas, sin que las muestre por las añadiduras que de mano en mano o de boca en boca se hacen. Yo le respondo que así lo haré yo; que no lo haga él con las mías así, porque no se puede añadir tanto. Yo escribo, Dios sea con todos. Guarde y acreciente la ilustrísima persona de Vuestra Señoría, etc. De Valladolid y de octubre, días 15, de 1543 años. Del muy servidor de Vuestra Señoría. Don Alonso Enríquez.»

Aquí acabamos lo que hasta aquí y comenzaremos a tratar en el casamiento del príncipe nuestro señor con la princesa de Portugal, que Dios nos mantenga. Lo cual, mediante Él, se efectuará en el fin deste mes de octubre o en el principio del otro, porque ya han ido a recibir, a la raya destos dos reinos, a la princesa el ilustrísimo señor duque de Medina-Sidonia, con gran compaña, y el señor obispo de Cartagena, no menos acompañado. Y será la velación en Salamanca de Sus Altezas y serán los padrinos el ilustrísimo duque de Alba, capitán general destos reinos de España por el emperador su padre, etc., y la ilustrísima duquesa su mujer.

De cómo partí de la villa de Valladolid a la ciudad de Salamanca con el príncipe nuestro señor, do se casó

Salió Su Alteza de Valladolid viernes, a 2 días del mes de noviembre, año de 1543 años, y fuimos a Tordesillas, do estaba la reina doña Juana su abuela, nuestra señora, para tomar su bendición. Y luego que llegó, entró y los que íbamos con Su Alteza, que de grandes señores era el reverendísimo y honradísimo cardenal arzobispo de Toledo, don Juan Tavera, y el almirante de Castilla y don Juan de Zúñiga, comendador mayor de Castilla.

Hallamos a la reina en pie, vestida con una ropa de buriel redonda que llegaba al suelo y unas mangas a manera de ropa de fraile benito, con un tocado flamenco, con una mantellina del mismo paño buriel por cima de la cabeza, con un nudo debajo de la barba. Y llegó el príncipe a besalle la mano, con la rodilla en el suelo, y no se la quiso dar y díjole dos o tres veces que se levantase. Y así se levantó sin besalla, porque nunca la da a naide. Y luego llegó el cardenal y el almirante; y recibiólos y honrólos muy bien. Y asentóse y mandó ponellos sillas y sentarse el príncipe y cardenal y almirante.

Y luego preguntó al príncipe qué tal estaba Y qué sabía de su padre. Y el príncipe respondió que de su padre tenía buenas nuevas. Y preguntóle que dónde iba, si iba a casarse. Dijo el príncipe que sí y que venía a Salamanca. Dijo el truhán que llevaba el príncipe consigo: «Señora, y es muy hermosa la princesa».

La reina, mirando al príncipe: «Más que burlado os hallaréis, desque la veáis, si no os parece hermosa».

Y volvió la cabeza, riéndose de lo que había dicho. Y preguntóle qué tal estaba. El cual quitó su bonete y ella no se lo consintió tener quitado aquella vez ni otras dos o tres que le habló. Y respondióle que muy bueno, a servicio de Su Alteza. Y así se dio fin por este día en esta conversación y visitación.

Y otro día que tornó el príncipe a despedirse, la hallamos asimismo en pie. E hízolos sentar a los dichos y preguntó al príncipe si había de volver por allí con su mujer. Respondió que sí. Y estuvieron un poco, de buena conversación. Y porque el truhán le había dicho el día pasado: «Señora, éste es don Alonso Ennrríquez, privado del príncipe», por mí, el autor, preguntó la reina al príncipe, que se le acordó, aunque no de mi nombre por entero: «Este Enríquez anda siempre con vos».

Y así nos despedimos aquel día y fuimos a dormir a Medina del Campo, do también vinieron de Valladolid el duque y duquesa de Alba y el comendador mayor de León, don Francisco de los Covos, acompañando y sirviendo a la duquesa, lo que así acompaña y sirve el duque a su mujer, la excelente doña María de Mendoza, por íntima amistad que entrambos tienen y el emperador les dejó encomendado.

Y de allí venimos a dormir todos a un lugar que se llama Cantalapiedra. Y de allí el príncipe escojó doce señores y caballeros, quedando otros muchos desta su Corte, y tomó la posta para ir encubiertamente al camino a ver a su mujer, conviene a saber: fueron el duque de Alba y el conde de Benavente y el almirante de Castilla y el príncipe de Ascoll y don Álvaro de Córdoba, caballerorizo mayor de Su Alteza, y don Pero de Córdoba su hermano, mastresala de Su Alteza y don Manrrique de Silva, maestresala de Su Alteza, y don Antonio de Rojas, camarero de Su Alteza, y don Antonio de Toledo, primo hermano y cuñado del duque de Alba, y don Juan de Acuña, maestresala de Su Alteza, y Ruy Gómez de Silva, trinchante de Su Alteza, y yo, el autor. Y fuimos a dormir a Alba de Tormes, do el dicho duque nos hizo gran hospedaje y muchos regalos y servicios a Su Alteza y por todo el camino a su costa con sus oficiales. Fuimos al Abadía, un lugar y hermosa casa con un gran bosque del dicho duque. Pasado el puerto do acabaron de hospedarnos, su alcaide murió súpitamente, porque se acostó a las doce de la noche y amaneció muerto.

Y por allí pasó la princesa y la vio su marido y nosotros embozados. Y así nos venimos tras ella hasta que entró en Salamanca ella, donde se le hizo gran recibimiento. Y el príncipe entró otro día de camino. Y entró en su aposento y vistióse rica y lucidamente de sedas blancas y oro y se fue ado estaba la princesa con muchos cortesanos rica y lucidamente vestidos. El dicho cardenal los desposó luego. Y hubo sarao y danzaron algunos galanes con las damas que Su Alteza traía, moscateles porque pareciesen moscas. Y al deshacer del sarao, echaron el sello en bien danzar y hermosura al príncipe y la princesa. Retiráronse cada uno a su aposento y cenaron y descansaron hasta poco antes que amaneciese, que los veló el dicho cardenal. Y fue padrino y la madrina el duque y duquesa de Alba. Y luego se acostaron los novios y no estuvieron más de una hora o dos echados, por do se presume quél fue para mucho o para poco, pues tan presto concluyó.

La ciudad hizo muy grandes fiestas. No pongo aquí más, porque lo dejo para los que sobre ello escriben más largo, porque, como os tengo dicho, en este mi libro no pongo más de lo que me acaece a mí propio. Y para dallo bien a entender no puedo dejar de decir lo a ella anexo y concerniente y en suma, digno de saber, porque sin ello iría solo y sin propósito. Y porque soy obligado a decir lo bueno y lo malo, conviene a saber, apetitosos lectores, mis duelos y privanzas, que yo dije al príncipe nuestro señor si quería que besase las manos a su mujer en su presencia o en su ausencia... Y ella me dijo como yo era cuñado del ama que la había criado y mandó que me llamase. Y yo le respondí que yo llegaría con su marido, porque así me lo había mandado Su Alteza. Y como estuvieron los dos juntos en un alto estrado en dos sillas, yo le envié a decir al príncipe con un su paje y privado, que se llama don Rodrigo Manuel, que si quería que llegase luego; y que mirase no dijese mal de mí a la princesa su mujer, porque también tenía yo que decir dél. Y mandóme responder que ni yo tenía que decir dél ni él de mí de mal, y que le aguardase: para en acabando el sarao. Y yo, desque se hubo acabado, llegué; y acudióme tan mal que no habló más de la boca que del colodrillo. Por lo que debemos de confiar solo en Dios, porque Éste es solo Señor, sin mácula y nuestro sumo bien. Amén.

Después de lo susodicho y hecho, vinieron Sus Altezas a Medina del Campo, do fueron bien recibidos, y de allí a Tordesillas, do estaba la reina doña Juana, abuela del príncipe. Y desque le hubieron besado las manos príncipe y princesa, vinieron a Valladolid, do fueron muy bien recibidos. Y allí me dijo el príncipe nuestro señor que si algún descuido había habido en Su Alteza, como no había sido por falta de amor sino porque había sido todo casamientos y fiestas y caminos, y que no habló a la princesa cuando llegué a besalle las manos, por hacello en ausencia, como lo había hecho, porque las palabras en presencia eran cumplimientos, las cuales no había de tener conmigo. Y entonces, como, estábamos solos, no quiso dar lugar a la razón sino a la sensualidad y abrazóme muy reclamente.

Capítulo cómo salí desta Corte para irme a Sevilla, mi propia naturaleza, en cabo de un año que salí della. Y no me dejara Su Alteza, si no dierala palabra de volver a su servicio y conversación

En el año de 1543, por las guerras que movieron e hicieron el rey de Francia y Gran Turco, enemigo de nuestra santa fe católica, confederándose contra el cristianísimo Carlos, emperador, rey de España, etc., así para hacelles rostro en Italia y Flandes y Alemania con su propia persona y ejército como en reparar y preparar las fronteras y puertos de mar contra los franceses y turcos, entre otras muchas cosas que el emperador tuvo necesidad de vender y empeñar para cumplir los grandes gastos y defender sus reinos y vasallos como buen rey, fue menester vender ciertos oficios en Castilla y tres veinticuatrías que se habían de vender en Sevilla, donde yo soy natural. Dije al comendador mayor de León, que después del príncipe nuestro señor era el principal que tenía cargo desto, como de todo lo demás, que yo quería una destas veinticuatrías, que en otras partes se llaman regimientos, por el tanto que otro diese. Y él me respondió que yo pedía poco y él haría menos en hacello.

Y cuando no me caté, supe que estaban proveídos los oficios en otros. Y preguntéle que cómo había sido aquello. Y respondióme que yo me había descuidado y él también, porque uno se había dado al duque de Sesa su yerno para don Pero López Portocarrero y otro al cardenal de Toledo para Bernaldino de Saavedra y otro al cardenal de Sevilla para el mariscal Diego Caballero. Y agraviándome yo desto, enojado, y apartándome de su conversación, sabido por el príncipe nuestro señor, le envió a decir que cómo había sido esto. El comendador le envió a suplicar que me hiciese su amigo con el propio mensajero, que otra cosa habría en que Su Alteza me hiciese merced y él la solicitase.

Y así trataron Su Alteza y Su Señoría y el reverendísimo cardenal de Toledo de darme un corregimiento en una ciudad cerca de Sevilla. Y estándose para efectuar, contratamos a Hernando Arias de Saavedra, primogénito hijo del conde de Castellar, que es alguacil mayor de Sevilla, oficio muy preminente y el primer voto de cabildo, y la misma honra y nombre de alguacil mayor y poderes tiene su lugarteniente que el principal, que me diese este oficio y que tornase el corregimiento que a mí me daban para Melchior Maldonado de Saavedra, su primo hermano, que tenía el dicho oficio de su lugarteniente de alguacil mayor.

Porque como he yo andado fuera de Sevilla por el mundo, tenía deseo de acabar en ella y gozar de mi mujer y madre y parientes y de unas muy buenas casas que tengo en la dicha ciudad y otras en el campo encima de la ribera de Guadalquivir; lo cual no se podía llevar al dicho corregimiento ni gozar. Y así fuimos concertados y avenidos por mano e intercesión del reverendísimo cardenal arzobispo de Toledo. Lo cual plega a Dios sea para su servicio y para mi descanso y me dé seso y entendimiento y paciencia para que yo ejercite el dicho oficio y cargo sin hacer cosa que no debo, de manera que yo goce honrada y sabrosamente desta vida humana y después vaya a la que es sin fin para siempre, que es en el cielo. Amén.

De la villa de Valladolid, do a esta sazón estaba la Corte, fue en el mes de febrero del dicho año de 1544 a Nuestra Señora de Guadalupe, que está casi en medio del camino, y me confesé y comulgué y me encomendé a Élla para que fuese intercesora con Cristo su Hijo precioso y me diese gracia de vivir y morir en su santo servicio y me alcanzase perdón de mis pecados, los de hasta allí, y me diese gracia que no cayese en ellos ni en otros, como fiel y buen cristiano. Y de allí me fui a Sevilla donde fui muy bien recibido de mis parientes y amigos.

Esta es una carta que escribí yo, el autor deste libro, a un amigo mío, consolándole de la muerte de dos hijos suyos que se le murieron en dos meses

«Como supe que los trabajos de Vuestra merced procedan de causa tan justa, no renuncio con mi carta el dolor que el tiempo había comenzado a flojar. Y así estoy confiado que Vuestra merced con su cristiana prudencia lo había anticipado, aunque no se puede justamente reprehender la tristeza que Vuestra merced haya tenido por el fallecimiento de sus dos hijos, pues a varones de Dios, inspirados de Espíritu santo, les pareció que la causa de la gran tristeza de Job no fue la pérdida de toda su hacienda sino la muerte de sus hijos. Ca entonces rasgó sus vestiduras y, prostrado en tierra, lloró al Señor.

»Y así es costumbre humana y antigua llorar a los muertos. Abrahán de 117 años lloró a su mujer Sara, y Jacob a su hijo, Josepfe lloró a su padre Jacob; y cuando Arón, hermano de Moisén, murió, todo el pueblo le lloró por término de treinta días. Y a Moisés, siervo de Dios por cuyo mandado fue sepultado, también le lloró todo el pueblo de Israel. Y David lloró a su hijo Anión; y así lloraron la muerte del rey Josías y del profeta Samuel. Y el mismo profeta David, cuando supo que Saúl, era muerto, aunque había sido su adversario, rasgó las vestiduras e hizo gran llanto. Y María Madalena y Nuestro Redentor lloraron la muerte de Lázaro. Y cuando el protomártir Santistevan fue muerto y apedreado, los varones religiosos hicieron gran llanto por él.

»Esto he querido decir porque no le quede a Vuestra merced escrúpulo, creyendo que ofendió a Dios por haberse entristecido de la muerte de sus dos hijos. Piedad es, por cierto, y muy grande llorar los muertos, con tanto que en ello haya moderación, como la guardaron antiguamente no solo los que tuvieron lumbre y conocimiento de Dios, pero algunos filósofos usaron della.

Escríbese, como Vuestra merced sabe, de Foción orador, que viniéndole a decir la muerte de su hijo, respondió: "Ninguna cosa nueva me decís, porque en la hora que nació supe que había de morir, y ninguno se debe maravillar cuando le acaece lo que ve acaecer a muchos. Y si esto mirásemos, gran fuerza gastaríamos a los trabajos. ¿Y para qué entristecernos de cada adversidad? Pues toda la vida es de llorar y vemos muchas veces nacer nuevos dolores antes que los antiguos se quiten".

»Y por más que Vuestra merced quiera guardar en sí este dolor, se le quitará, y tanto más presto cuanto fuere mayor. Por cosa fea tuvieron los sabios antiguos el cansancio del dolor para el remedio dél, diciendo que era mejor dejar el dolor que no aguardar quél nos dejase. Y no sin causa nuestros mayores señalaron término a las mujeres para llorar por su flaqueza, no porque llorasen todo aquel tiempo, mas para que no excediesen dél. Pero a los hombres ningún término se les señaló, porque ninguno les era más honesto.

»El profeta David gran doctrina y ejemplos nos dejó, que cuando enfermó un hijo suyo que había ávido en la mujer de Urrías, ayunó y echado en tierra oraba a Dios por su salud; y no se quiso levantar del suelo a ruego de los ancianos de su casa ni comer con ellos. Y muerto el hijo, al septeno día venían sus criados a se lo hacer saber y decían entre sí: "¿Cómo le diremos la muerte del hijo, pues no nos quiso oír cuando estaba malo?".

»Y como David los oyó, entendía que su hijo era muerto y se lo preguntó. Y le respondieron que muerto era. Y luego David se levantó del suelo y mudó la vestidura y se lavó y entró en el templo del Señor y le adoró; y fue después a su casa y pidió pan y comió. Y los criados que vieron tanta novedad le preguntaron la causa della. Y les respondió: "Cuando el infante aún era vivo, ayuné y lloré, porque no sabía la voluntad de Dios, si era dejármele vivo. Pero ya que es muerto, ¿para qué tengo de ayunar? ¿Podrélo yo por ventura resucitar? Más cierta será mi ida a él que no su tornada a mí".

»Éste fue, señor, moderado y católico sentimiento y cual se debe tener por los muertos. Y esto es lo que nos amonestó San Pablo, que no nos entristeciésemos de los que duermen, y Nuestro Redentor por la muchacha y Lázaro verdaderamente muertos dijo que dormían. Y si cristianamente quiere Vuestra merced mirar el fallecimiento destos sus hijos, demás de la misericordia que Dios usó con ellos en llevarlos a su gloria en edad que no le habían ofendido, considere Vuestra merced cuántos beneficios recibe y qué tan consolado y alegre debe estar, porque haberle Dios dado este trabajo confórmese con el profeta David que decía: "Alegramos, Señor, por los días en que nos humillaste y años en que Vimos males".

»Desta vejación con que Dios Nuestro Señor os ha visitado os disporná a grandes bienes, Testimonio da desto el Apóstol cuando dice: "Castíganos Dios en este mundo porque no perezcamos con el mundo".

»Y esto sentía el mismo profeta David cuando decía: "Corregi-me-ha el justo en misericordia".

»Y Salomón afirma quél azota y corrige al que ama, y al hijo que quiere disponer para la vida eterna le castiga. Y sabiendo el profeta David que los trabajos desta vida le habían de aprovechar para la gloria, pedía al Señor que le probase y tentase. Y en otro Salmo confiesa que antes que Dios le abajase había pecado, y que por habello humillado, guardó sus mandamientos. Y en otra parte pedía a Dios ayuda de la tribulación: ca vana es la salud de los hombres; la salud verdadera y de los justos prende Dios.

»Y pues Vuestra merced, como Isac, ha recibido ayuda desta tribulación, alégrese y consuélese con el Señor y bendígale por ello, como lo hizo el profeta: "Bien es para mí, Señor, que me humillaste para que aprendiese tus mandamientos".

»Y en otra parte dice: "Tu vara y tu palo me han consolado".

»Mirad, señor, que cuando Dios azota a sus ovejas escogidas con verdasca, dándoles adversidades y tribulaciones, no deja de socorrer y sostenerlos con el palo, que es dándoles en ellas paciencia. Ésta suplico yo a Vuestra merced tenga, y pueda con verdad decir las mismas palabras del profeta, porque haber sentido sola la tribulación con la vardasca y no la paciencia con el palo sería de temer, porque Faraón y Çenachirido en el castigo de Dios sintieron el azote pero faltóles el palo; y así dejaron de ser consolados. No fue así en David, que cuando mandó contar el pueblo, le castigó Dios, y sostenido con el palo, se enmendó y fue consolado en la tribulación.

»Y aunque algunas veces da Dios tribulaciones en esta vida, como las dio a nuestros primeros padres por su desobediencia, y cuando se vieron los gigantes en la tierra y cuando, crecida la malicia de los hombres, envió Dios las aguas de los diluvios y cuando envió fuego del cielo sobre Sodoma y Gomorra por sus abominables pecados, no deja Dios otras veces de nos dar trabajos para probar nuestra perseverancia y nos tienta para más bien y perfición nuestra.

»Y así fueron las persecuciones del pacientísimo y justísimo Job y la tentación de Abraham, que no habiendo cometido pecado, oyó la voz del Señor y le dijo: "Toma tu hijo unigénito que amas, Isac, y llévale a la tierra de Visión y allí le ofrecerás en olocausto sobre un monte que te mostraré".

»¡O secretos grandes de Dios! ¿Por ventura no bastara que oyera: "Toma tu hijo", sin que añadiera, por más le lastimar "unigénito"? Y porque más le atravesase las entrañas, dijo: "unigénito que amas", y especificando su propio nombre de Isac. Y porquel dolor no fuese breve sino prolongado, mandóle Dios que hiciese olocausto, no luego ni en lugar do estaba sino sobre un monte que le demostraría.

»Pues si estos y otros muchos justos varones sintieron tan grandes angustias, y tribulaciones, ¿por qué nosotros hemos de maravillar ni entristecer, nosotros pecadores, de las que Dios nos da? Y pues Vuestra merced tantos bienes ha recibido de la mano de Dios, ¿por qué no sufrirá este trabajo con paciencia? Y pues, quiera o no, la ha de sufrir, haga Vuestra merced de la necesidad virtud y no tenga más tristeza ni llore por los hijos que están en gloria. El verdadero y provechoso llorar es el que dice David: "Mis ojos echaron abundantes lágrimas del corazón, doliéndose porque guardaron mal tus mandamientos, dando lugar con su vana vista que entrasen en el alma deseos y aficiones contrarias a tu voluntad".

»Y cuando él se veía en medio de alguna tribulación, no temía de salir, della y confiaba en el socorro de Dios y que con su mano derecha le libraría del peligro de la prosperidad y con la izquierda, de la adversidad. Y así confío yo que consolará y prosperará a Vuestra merced en esta vida y después de largos y felices días, en la otra. De Sevilla, en principio del mes de marzo del año de 1544, y del servidor de Vuestra merced. Don Alonso Enríquez de Guzmán.»

Quiero daros cuenta y razón, como en todas las cosas se debe hacer y hago, de cómo dejé de ser alguacil mayor de Sevilla, según vos tengo contado que trató el príncipe nuestro Señor y el reverendísimo cardenal de Toledo y el ilustre comendador mayor de León.

No se efectuó lo contenido en escrito en este libro antes de esta mi carta de consuelo al dicho mi amigo, porque se agravió Melchior Maldonado, primo de Hernando Arias, alguacil mayor, que era su lugarteniente, porque trató con el conde del Castellar, padre del dicho Hernando Arias y tío del dicho Melchior Maldonado, hermano de su madre, que escribiese a Hernando Arias, su hijo, que no quitase este oficio de su lugarteniente a Melchior Maldonado, su primo hermano, porque era mancebo y por casar y quería casarse con el dicho oficio que, en la verdad, es cosa de gran autoridad, en cabildo el primer voto y más principal, y en la ciudad asimismo y en su tierra.

Verdad es que hace mucho en este caso estar ausente el principal, como lo está siempre con cargos de corregimientos, no dejando en su presencia de ser mucha cosa y su igual. Solamente le excusa la entrada de cabildo, porque teniendo este oficio, como dicho tengo, pensaba casarse muy bien en Sevilla, su propia naturaleza, lo que no pudiera con el corregimiento en otra ciudad que le dábamos. Y porque en esto al presente por esto se pone impedimento y silencio, lo pongo en este libro en que os he dado cuenta dello, hasta que otra cosa haya sobre ello. De lo cual tarde que temprano se porná aquí, si algo hubiere. Sin el dicho cargo en verdad estoy muy contento, aunque bien creo lo estaría más con él. Mas como hombre, aunque sea rey, va adonde puede y no donde quiere, es menester recibir la paciencia y buscar contentamiento. Veinticuatro no le he querido ser hasta ahora. No sé lo que será adelante —porque es poca honra para quien tiene alguna ser uno de muchos, y menos provecho, si es cristiano; muy gran trabajo, levantándose de mañana a los cabildos y contentando a unos y descontentando a otros, y otros muchos peligros y inconvinientes, que por ser notorios yo, no prolijo, ceso.

Esta carta escribí al príncipe de España nuestro señor verdadero y natural señor, dende ocho o diez días que llegué de su real corte a esta ciudad de Sevilla, según veréis por ella; que es esta que se sigue:

«Muy poderoso señor de todos y más mío: Ya Vuestra Alteza sabrá lo que me acaeció hasta Madrid y en Madrid con las señoras infantas y familia suya, porque allí dejé una carta escrita para Vuestra Alteza a la señora doña María, vuestra propia y verdadera hermana, traslado bien y fielmente sacado en hermosura y en figura y condición. Y Su Señoría me dijo que por su parte le escribiría largo de mi llegada y estada allí.

»Do vine a Talavera, un lugar del buen arzobispo de Toledo, que hoy vive y viva muchos años, porque sé que Vuestra Alteza le quiere como yo le quiero y que en esto os lisongeo, según él y vos sois buenos. Y tengo entendido de Vuestra Alteza, entre las otras cosas muy virtuosas y santas, amar a este hombre, al cual conocen pocos, porque hay pocos buenos. Y no agradezco a Platón filósofo ser tan nombrado y alabado y a otros que en su tiempo lo fueron, porque fue en el siglo dorado. Mas éste, que lo es en este barnizado, do viven y reinan aquel que parece molina de viento y el otro que pide para San Antón y el otro, hombre de madera en casa del sastre para demoldar los vestidos, que con el licenciado Vernal no esté ni bien ni mal, es mucho de agradecelle.

»Y en este lugar llegué adelante de mis criados en la mi mula ruzia, que Vuestra Alteza bien conoce, por espacio de dos horas solo, porque como anda mucho y yo soy bullicioso, no puede aturar ninguno conmigo. Y pasé por la plaza y entré en un mesón, donde dejé la mula y fuíme a la iglesia, do hablé a don Cristóbal de Toledo, hermano del conde de Oropesa, tío del que hoy vive, que salía della. Y santiguóse de mí como del diablo y yo dél por la misma razón.

»"¡O! —díjome— ¿dónde vais, hombre?"

»Y yo dije: "A Guadalupe".

»Y me dijo mucho bien del duque de Alba y de algunos otros; no sé si lo hizo saber de mi condición que no es oír decir mal de naide. También me dijo mucho bien de Vuestra Alteza. Téngolo por mayor milagro que hacer hablar los mudos porque dicen que [...] de muerte. Y estos pecadores que están vezados a ser maldicientes es maravilla velles decir bien. No quisiera ser dellos por cuanto tengo.

»Y volviendo a mi arzobispo de Toledo, en este tiempo su corregidor en el dicho lugar fue al mesón a buscarme, y como no me halló, sacó la mula y llevóla a su posada. Y todos pensaron que era para matalla, conforme a la ley y premática, y yo también cuando me lo dijeron. Y después que hubimos comido el don Cristóbal y yo, entró el corregidor bien acompañado y hallónos sobre mesa, y no de seda peor que de guadamací, porque yo ya pensaba que mi mula estaba en la picota. Y díjome: "Yo he prendado lo mula de Vuestra merced y he mandado salir al camino las más bestias que trae, porque no es pequeño delito el que ha hecho, siendo tan amigo del cardenal mi señor, venirse a otra posada sino a la mía".

»Y yo le rendí gracias y fuíme con él, do hallé bien hospedadas mis bestias y criados. Y desque no pude detenerme allí aquella noche, allí dióme muy buena colación.

»De do me vine a Nuestra Señora de Guadalupe y allí me confesé y comulgué, aunque bien sé no faltará quien diga que ha sido más milagro éste que los dichos, Y aquí y en otras partes deste camino he sido precursor de Vuestra Alteza, disculpándole de haber hecho el torneo el primer domingo de cuaresma, diciéndoles y predicándoles y convirtiéndoles a frailes y legos como ésta fue una fiesta que Vuestra Alteza hizo a su mujer, aunquel inventor y mantenedor fue el almirante de Castilla, tan buena que por ella se dejaron de hacer otras muchas y sin ella se aviar, hubo pocas. La cual se dilató por la henfermedad de Vuestra Alteza y no sufría más dilatación por lo mucho que habían esperado y gastado los que en ella entraron y porque, demás de poderse recrecer inconveniente en la tardanza con el poco sosiego que da el rey de Francia, fuera mejor recibimiento a la princesa, etc.

»En este santo monasterio topé con un fraile bendito, el cual me dio dos imágenes redondas de plomo, de la una parte Nuestra Señora de Guadalupe y de la otra San Jerónimo. Y díjome que trayendo éstas siempre y rezando nueve avemarías, a los nueve meses que trajo en su vientre virginal la Madre de Dios a su Hijo precioso, por la mañana, y a la noche un paternoster y una avemaría al santo Jerónimo, que en este mundo ternían vida larga y en el de para siempre, gloria. Y yo, como quiero al alma de Vuestra Alteza tanto como a la mía y al cuerpo más que al mío, envíole la una que va metida en esta carta, tocada en todas las reliquias de la dicha casa. Aquí hallé al conde de Miranda y no supe dél hasta que me quise partir. Bien pensaba el comendador mayor de Castilla, su tío, que no pudiese haber en que yo pudiese murmurar dél. Pues mándole yo que solo Dios es sin esta sospecha, aunque no dejo de confesar que ya he echado el resto en todo lo que dél puedo decir. Y pues quedo sin caudal, ya no tengo por do decille, ni hallo —maldígale Vuestra Alteza— que quiero su amistad y que se vaya, esto por no haberme enviado a visitar en mi prisión, aunque más merecía según me lo debía.

»Y de aquí vine prosiguiendo mi camino a un lugar que se dice el Campanario. Cerca dél había una barca que pasa en un río fondo. Y tuve mala nueva de los que topábamos, que por no deber haber allí varca sino en tiempo de avenidas, le dejaban llevar cuanto quería a los que pasaban. Y yo le dije a un criado mío que estaba: "Si éste os pidiere más de a medio real por cada uno, no se lo deis".

»Respondióme el mozo: "No lo mande Vuestra merced, que no se lo daré yo".

»Yo le dije: "Si yo mandare dar más, entenderéis por palos".

»Y hallamos en la dicha barca un zagal de veinte años, sin barbas, gesto redondo y ojos grandes, de cuerpo crecido con un sayo de burel anesgado y sin cinto y en piernas con unas zaragüeles, mayordomeando la varca y mandando a dos criados que la remaban, que dice que era hijo del señor de la barca.

»Y desque hube pasado, parece que pidió al dicho mi criado un real por cada uno. Y no queriéndoselo dar, me dijo: "Señor, mandad a este vuestro criado que me pague".

»Y yo volví la cabeza y dije: "Dalde ahí".

»Él dijo: "Acabá, ya que lo manda vuestro amo que me deis lo que os pido".

»Dijo el mozo: "Mirá que son palos".

»Él dijo: "Pues andá con Dios, que no quiero vuestro dinero ni vuestros palos".

»Y desque hubimos andado media legua y holgádonos de no haber pagado barca el mucho ni el poco, vimos venir el dicho zagal en una yegua alazana frontina con una lanza que me pareció de ciento y cincuenta palmos. Y díjome: "Señor, ¿a quién mandábades vos dar palos?".

»Y dije yo: "A vos, por cierto, ni a naide".

»Y dijo al mozo: "Pues, ¿qué decíades vos?".

»Dije yo: "Hermano, ¿queréis vuestro dinero? Daroslo hemos".

»Y dijo él: "Sí que lo quiero".

»Pregunté yo al mozo: "¿Cuánto le dabas?".

»Y dijo él: "Cuatro reales por nueve que somos hombres y bestias".

»Dijo el zagal: "No me habéis de dar sino 9 reales".

»Yo dije: "Dáselos, que tiene razón".

»Él tomó sus dineros y díjome: "Mirá lo que habláis y agradecedme que me contento con ellos".

»Yo le dije: "Mas que os lo tengo en merced".

»Y así se fue. Y yo quedé muy corrido y mis criados pasmados; y no nos osábamos mirar ni hablar.

»Y de ahí a un poco de trecho yo me entré en un jaral y me apeé. Y tomé tres de mis criados, los más sueltos y esforzados, con espadas y puñales, y a pie volví a la barca, do lo hallé contando con salud su buena andanza. Y salté dentro en la barca y púsele el espada a los pechos desnuda. Y él me dijo: "¿Qué manda el señor? Ca aquí son sus dineros".

»Dije: "No quiero sino daros unas pocas de bofetadas".

»Y díle una muy grande e hice a cada uno de mis mozos que le diesen dos no pequeñas, que fueron siete. E hice salir de la barca, que junto a la vera estaba, él y un mozo que remaba, que el otro ya no estaba ahí, que me mostrasen la yegua y la lanza; si no, que los mataría. Y mostráronmela debajo de un árbol. Y medí la lanza y no tenía más de veintitrés palmos, porque la miré con mejores ojos. E hícela hacer de pedazos y fícele matar la yegua. Y trájelos conmigo, al zagal atadas las manos, hasta un lugar más adelante dos o tres leguas.

»Y allí los dejé en el campo y entré en el lugar y dije a un alcalde lo que el zagal me había hecho y no lo que yo le había hecho al zagal; y que había estado en puntos de volver y traérselo preso, por ver qué me dijera. Díjome: "Él hizo bien en cobrar su hacienda y vos hiciérades mal en haceros justicia".

»Y yo le dije: "Pues por eso hice bien, que no lo hice".

»Y volví do estaba el zagal con mi gente y pasé a otro lugar y torné a tentar otro alcalde, el cual pareció que me conoció. Y díjele: "¿Conocéisme, señor?".

»"Sí, que he visto a Vuestra merced en casa del señor Covos y sé que es muy querido de nuestro señor el príncipe." Apeé y díjele: "Pláceme que sois hombre de razón y discreto. Hame pasado esto y esto y llevo preso este zagal a Sevilla. Mas pues hallo tan buen juez aquí, os lo quiero dejar".

»Díjome: "Señor, recibiré merced; y ha sido muy bien hecho lo que habéis hecho".

»Fuimos un tiro de ballesta donde estaba y trajímoslo a la cárcel. Y allí le hice con juramento decir lo que pasó. El alcalde se consoló mucho y dijo que merecía muerte como salteador de caminos, que para eso estaba la justicia del rey, donde se pudiese quejar, sin por su autoridad haberse entrado y entregado y atrevido a un hombre como yo. Pero quél quería hacerme perder la queja y que le pagase su yegua. Y se lo agradeció y dijo que le había costado 8 ducados. Y yo díle 12, los 4 por la lanza, y fuimos amigos. Y aconsejé al alcalde que le aconsejase que, porque no se entremetiese otra justicia en algún tiempo en esto, consintiese sentencia suya; la cual fuese tres días en la dicha cárcel con una cadena, como quedó él y su criado, hasta que yo estuviese en Sevilla, por sí o por no.

»Y de ahí en otro río adelante, alcanzo un fraile de San Francisco, y al pasar del río toméle a las ancas de la dicha mula y díjele que no apretase las piernas. Y él entendió al revés y apretó tan reciamente que daba el salto la mula hasta el cielo. Y yo le dije que abriese las piernas y entendióme que no debiera y cae en el agua y llévame tras él, por decir entera verdad, en medio del río. Yo salí presto, aunque bien mojado. El fraile se fue río abajo. Creo que no se ahogaría, aunque no le he visto más, porque yo no soy obligado a dar cuenta dél. Opinión hay entre mis criados, unos que le vieron salir, otros que no le vieron salir. El negro es el que porfía que le vio salir; de creer es, porque es mayor de cuerpo que los otros.

»Aquí topé un correo que me traía esta carta de Pero Mejía con estas copias que se hicieron sobre la creciente y avenida del río. Pareciome enviallas a Vuestra Alteza. Daquí entré en Sevilla. Y hallé a mi mujer buena de salud y no de gesto, porque parecía pan casero. Y de allí al convento a cumplir mi penietencia, en la cual estoy y quedo. Y hallé a don Antonio Tavera en aprobación para hacer profesión. Y porque sobre esto que aquí estará habrá bien que escribir, según veo los principios, porque he hallado una prima muy gran bellaca y desabrida que me hace levantar en amaneciendo, que ya otra parienta que se llama Noroña es más amorosa, porque no me hace madrugar tanto y déjame dormir más, porque me llama la compaña más tarde con más de dos horas. Y así le niego el cuerpo a la primera muchas veces, diciendo que soy enfermo.

»Ceso en esto por no ser más prolijo, suplicando a Vuestra Alteza me haga merced de despacharme muy presto a mi amigo y vuestro muy gran servidor el licenciado Juan de Herrera, alcalde de la justicia desta ciudad, que está en residencia en esa vuestra real Corte, que ha dado mis cartas desde Zaragoza a Vuestra Alteza y dará ésta y las demás; porque acá le desea toda la ciudad como a buen juez, y los que han tenido pasión con él, que le pidieron residencia, están muy repentidos. Y Dios guarde y contente y acreciente a Vuestra Alteza sobre todas las cosas.

»Y a último de marzo yo he sido informado de un gran físico que, tomando cada mañana Vuestra Alteza un poco de conserva de hostiguilla y un poco de agua de palomina, no terná sarna ni comezón y que la sangre se caleficará y será sanidad para todo lo demás. Suplico a Vuestra Alteza que, así en lo que arriba digo para el alma como esto para el cuerpo, no lo eche en olvido. Hecha ut supra.»

De lo que me acaeció en Sevilla, mi propia naturaleza, después desto en los meses de agosto y septiembre en el año de 1544 con mi propio señor y amigo, juez asistente en ella

Conviene a saber como —don Pero de Navarra, mariscal del reino de Navarra, marqués de Cortes, asistente de Sevilla, después de habello sido una temporada y por el ayuntamiento y regimiento de la ciudad pedídole residencia y concedídolo por el emperador don Carlos, rey de España, etc., nuestro señor, fuéle acusada parcialidad, la cual en la verdad, si en algo della hubo —en lo cual no me determino— fue por adquirir y traer a sí regidores para que pasase en el cabildo lo que convenía al servicio de Su Majestad y a sus intereses reales, a causa de los grandes y justos gastos que tenía, con grandes y muchos ejércitos y otras guarniciones de guerra que en este tiempo tenía en defensión de la cristiandad, de sus reinos y señoríos contra el rey de Francia y Gran Turco, enemigo de nuestra santa fe católica, los cuales contra él y contra ella se habían alzado y confederado.

Entre estos que fue acusado de parcial fue yo nombrado uno entre ellos, aunque entonces no era regidor sino grande su servidor y amigo y él mucho mi señor, porque demás de creérselo, servía a Dios y al rey, él era de sangre real, muy sabio y sabroso, muy gran gobernador, justo y justiciero, honrador de caballeros, mamparo de república, trabajaba y oía mucho, tanto que parecía demasiado. Y por ser yo tan su amigo y servidor y parecerme tal como os tengo dicho y él tenerme buena voluntad en la ciudad, cuando él se fue a la Corte y residencia, amorosamente rogó a mi mujer visitase y acompañase, sirviese y agradase la suya, que en la ciudad quedaba, y así lo hizo. Verdad es que ella lo merecía, porque asimismo era de sangre real, bien hermosa y generosa y bien honrada, tanto que ella se contentó de lo que mi mujer la visitó, sirvió y agradó, y no menos contenta quedó mi mujer de habello hecho.

Y yo, sustentando lo susodicho de su marido, perdí muchos señores y amigos que sus contrarios fueron, especialmente don Pero Portocarrero, persona
muy principal en la ciudad, como quien tenía 20. 000 ducados de renta, y alcalde mayor de Sevilla, primogénito heredero del marquesado de Villanueva, y él y
yo de la orden de Santiago, muy honrado señor. El marqués de Tarifa, su primo
hermano, no pude perder por dos cosas: la una, porquél es tan valeroso, junto
con gran señor, que no hace caso principal sino de muy pocas cosas, y désta,
por el parentesco dicho, mostraba afición de ver contento el primo y desposeí-
do al marqués asistente del asistentazgo de Sevilla, y no mostraba determinada
pública voluntad; la otra es porque yo lo tengo a él por tan señor y él a mí por
tan amigo y servidor que disimulaba con él y el conmigo, no queriéndonos
entender en este negocio por cifras ni por aparencias. Otrosí perdí Alonso de
las Roelas, veinticuatro de Sevilla y a Diego López de las Roelas su hermano,
mis íntimos amigos, con toda su parentela, que es mucha y muy honrada en la
dicha ciudad. Los cuales se apartaron de mí y se juntaron y aliaron con los otros
mis contrarios que pidieron residencia al dicho marqués.

Al cual el emperador convidó y dio a escoger con esa villa otros mayores
cargos en calidad y en cantidad. Y él no quiso sino volver a Sevilla, porque se
hallaba bien en ella y dejaba ahí a su mujer, como os tengo dicho, y porque
viesen que no le habían hallado en residentia falta por do hubiese de dejar de
volver. Y volvió para estar otra temporada, como la voluntad del emperador
fuese y suya. Para lo cual no fui yo poca parte con el príncipe su hijo que quedó
por gobernador en España, que a la sazón el emperador estaba en Alemania,
porque luego fue yo a la Corte de Su Alteza y le informé y prediqué y a los
de su Consejo lo que en el principio en este capítulo os he contado del dicho
marques y marquesa su mujer. Verdad es que la dejaba en buena tierra, porque
el príncipe nuestro señor y los demás estaban llenos y empapados de la buena
y justa y santa gobernación del dicho marqués, y la residencia que le habían
pedido había sido por pasión, etc.

Entonces el dicho marqués estaba en Navarra, así sirviendo a Su Majestad
en la guerra que por allí le podía hacer el rey de Francia como esperando lo que
negociaba un criado suyo en la residencia y yo que le ayudaba, según dicho
he. Y desque se proveyó para que viniese por asistente de Sevilla, podréis oír
lo que me acaeció con él si no os parezco prolijo.

Yo determiné de no dalle causa para que me pagase en paja lo que me debía, en tan subido precio como os tengo dicho. Y como el diablo no duerme ni tampoco se ocupa en cosas livianas sino donde ve que puede hacer mayor daño, ofrecioseme cierta cosa que sería larga de contar, de lo cual se emprendió tan gran cosa en comparación de lo que tenía determinado, como con una pequeña ascua se podría encender y derribar una gran fortaleza, por do no me pude excusar palabras a uno con quien las tuve, y pudieron levantar que había dicho blasfemias en ellas. Y atrevióseme uno a quien dicen que dije: «¡Matálo!» a mis criados. Y con ser mentiras las blasfemias, como parecio, pues fue asolvido dellas, y no haber matado al hombre, que era un oficial mecánico, me tuvo preso en las Atarazanas veintinueve días muy doliente, sin haber de mí mancilla. Hizo a su teniente que me sentenciase en 10. 000 maravedís y diez meses de destierro de Sevilla. Y aunque lo pudiera y debiera excusar y no lo tuve yo por bien, tomélo en paciencia, porque en la verdad parecía que hacerme mal parecía bien y mostraba parcialidad conmigo como en la primera vez fue acusado, por que yo tomé por más bien el de mi amigo que no el mío.

Y dende pocos días antes de cumplir el dicho destierro, por sacarme de las Atarazanas, do yo estaba, y estallo en mi casa, una trapaza que se nombra el jurado Alfaro, hombre vil y de baja suerte, hizo una carta en mi nombre, a su parecer aguda y buena —y después que la vimos y se publicó, al mío y al de todos fue necia y mala—, tocando en libelo difamatorio contra la justicia y algunas personas desta ciudad, dando a entender que todavía había parcialidad. Por la cual carta sin información alguna más de decir el dañador que lo era yo y ser en mi nombre, mandóme el dicho marqués asistente prender por un licenciado gordo, su lugarteniente, y llevarme desde mi casa a pie y doliente, flaco y amarillo y no galán, porque llevaba una turca vieja de por casa y una capa de un carpintero que labrando estaba en mi casa y un paño de lienzo en la cabeza, que carpintero parecía más que don Alonso, aunque la gente de la ciudad no me desconoció, que todos salían a mirarme como cosa de admiración, hasta la torre de la puerta de Carmona, do suelen prender a los malhechores por una poca de más honra que en la cárcel pública, no embargante que hay otra cárcel más honrada que la una y que la otra, que se llama las Atarazanas. Do me dejó preso en la dicha torre que es lo más lejos que en la ciudad se podría decir desde mi casa a ella, do íbamos con mucho lodo y tres alguaciles y ocho o diez hombres, yo muy espantado, que no sabía la causa y vía este alboroto. Y no menos lo estaban los que nos vían ir, hasta saberse la verdad, do se supo la verdad.

Desta manera hasta ahora lo he pasado, y no creo que pasaré más en esta guisa porque ya veo que este hombre quiere ganar honra conmigo y castigar a otros, metiéndoles conmigo en la cárcel carnicería, haciéndome buey manso para metellos o para que, matándome a mí, se justifique la muerte de los otros. Y quiérome salir de la ciudad, alzándome, aunque sea con pérdida, por no perder más, que mas vale perder poco que no mucho, aunque sea a los naipes. Así lo haría yo, si fuese jugador. Solamente se juega hacienda, y en estotro, demás désta, la vida y la honra, etc. Todo lo cual y la dicha carta o libelo aprovechará para la buena gobernación de Sevilla, porquel marqués asistente, demás de su gran rectitud, terná aviso que le cuentan los bocados, porque no comerá más ni menos de lo que le han de menester los que le pidieron residencia. Él mucho guardará sus viñas, los que se la defendimos el miedo y lo que conmigo se ha hecho. Y andarán todos derechos. Amén.

Esta cuenta os he dado de veras, sosegado en mi seso. Y ahora de burlas quiero dejallo retocar un poco, diciéndoos lo que pasó con el dicho teniente y desto que os tengo contado, lo cual será verdad en verdad.

Este dicho teniente que, según vos tengo dicho, me prendió por el señor marqués de Cortes, asistente de Sevilla, se llamaba el licenciado Palacios. Y había tan poco que era recibido por teniente principal de cabildo y de lo demás en la dicha ciudad, y como yo estaba enfermo que no salía de casa, que no le había visto ni conocía. Víle entrar por mis puertas con tanto alguacil y gente como os tengo contado en las veras. Y aquí os diré la verdad, sino que será muy regocijadamente. Húbele miedo, aunque no tanto como después. Y díjome un alguacil que venía adelante: «Señor, aquí viene el señor teniente a vos hablar».

Y le respondí: «Plega a Dios, señor, que no sea a más».

El cual tornó a decir: «Pues, ¿de qué ha miedo Vuestra merced? ¿de la justicia?».

Yo le torné a responder: «No le he miedo sino a la sinjusticia», y esto riendo sin malicia ni sospecha por mi parte. No sé si el alguacil incurrió en alguna cosa déstas, porque para solo Dios pertenece saber lo invisible.

Y luego llegó el dicho teniente y me dijo que fuese bien, fablando con nueva cortesía, que nos sentásemos. Yo le respondí que sería muy bien así y que se hiciese lo que Su Merced mandase. Y entonces mandó apartar toda la gente y quedamos el escribano y yo y él solos. E hízome poner la mano en la cruz e hízome tomar juramento en forma de derecho y que iría con él donde me llevase. Y desque lo hubo asentado, el escribano me tomó pleitomenaje a uso y fuero de España y que fuese con él donde me llevase. Y yo dije que sí haría. Y mandó al escribano: «Asentaldo luego sucesivamente».

Y me puso pena de 10. 000 ducados, los 5. 000 para la cámara y fisco de Su Majestad y los otros 5 para gastos de justicia, los cuales desde entonces da por condenados, si no fuese con él donde me llevase. Y mandólo asentar al escribano y a mí que lo firmase.

Y yo firmé, como os tengo dicho en el capítulo antes déste, para ir con él, bien alborotado y con algún miedo, porque me parecían términos no usados en justicia ni en razón. Esto que os tengo dicho como yo tengo muchas personas que me quieren mal y otras que me quieren bien, temí lo que me podían levantar, porque en la verdad así han de ser los hombres, porque no se debe de agradecer al hombre que amigo de todos es el amistad, ni al que dice bien de todos, que lo diga de vos. Háse de agradecer a su costumbre que es buena o a su bestialidad y generalidad, no teniendo habilidad ni esfuerzo para particularidad en esta vida humana.

Y díjele al salir de la posada al dicho teniente: «Entrambos vamos fuera de orden, porque Vuestra merced me tomó juramento que fuese donde me llevase, y luego pleitomenaje, y luego puso pena de 10. 000 ducados. Y estas tres cosas no se permiten de derecho ni en razón, porque cada cosa solamente fuerza y liga, y todas tres cosas por sí contradicen la una a la otra. Y aun parece falta de fe, porque sobre juramento no ha de haber añadidura ni con pleitomenaje compañía, porque trae consigo tanta presumptión de caballería que no sufre mezcla su fortaleza, porque cualquiera que le pongan parece defecto y desconfianza que hacen dél. Y por el mismo caso no lo debe mantener el que lo hiciere. Y la pena pecunial también ha de ser sola. Y yo voy fuera de orden porque voy sin hábito de Santiago, so cuya religión vivo».

Y luego fuimos por el barrio del duque de Medina-Sidonia y muchas calles a hora de nona, antes que se pusiese el Sol, hasta una iglesia que se llama San

Alfonso, ado arremetieron los alguaciles, nome entrase dentro, como malhechor y hombre que no podía pagar con menos de la vida. Y entonces la carne sintiólo muy reciamente y el cuerpo se me cansó y el espíritu se me conturbó. Y paréme y dije al teniente: «Ya no puedo ser yo más caballero de lo que he sido hasta ahora, y no pienso que he hecho poco, según ha gran rato que me habéis dado lugar con vuestra flaqueza y bajeza. Es menester que me digáis por qué me lleváis preso, porque soy un hombre sospechoso y no puede ser tanto cuanto me pueden levantar los que me quieren mal y yo no quiero bien. Porque en verdad hasta ahora yo no tengo entendido porqué me lleváis, si por espía del rey de Francia o del Gran Turco. Yo os ruego, señor, que me digáis el por qué. Si habéis miedo que me huya, que me asgan bien estos hombres destos brazos, aunque cierto me aprovechará más para que no caiga que no me huiga, según estoy de doliente y cansado y medroso».

Y entonces me respondió el teniente: «No es nada».

Y yo le dije: «No puede ser sino mucho, pues no lo puede pagar mi hacienda, que no es poca, según el recaudo que ponéis en mi persona y poca autoridad que dais a mi linaje».

Entonces miré al escribano Martín de Morales, una persona muy honrada a quien yo soy mucho en cargo, el cual algó la cabeza e hincó los ojos en el cielo; por donde entendí que el teniente hacía mal o yo. Y por cualquiera destas dos cosas acordé de esforzarme y caminar.

Y desque llegamos cabe la iglesia de San Sebastián, hicieron lo mismo que en San Alfonso, para que no me entrase dentro. Llegó un escudero mío a mí, anciano fidalgo que se ha visto en mucha honra, que se llama Rodrigo de Montemayor, y díjome: «Señor, están mirando en la flaqueza que Vuestra merced muestra, que parece ser más de poco esfuerzo que de poca salud».

Y yo le dije que se lo agradecía. Y pasamos adelante a la torre de la puerta Carmona, ado nos sentamos en un poyo el teniente y el escribano y yo e hizo apartar la gente. Y llegó un caballero a verme, al cual mandó que so pena de 1. 000 ducados que se fuese y que no me volviese a ver sin su licencia y mandado.

Luego sacó una carta —que es el dicho libelo— y mostrómela, con juramento si lo había hecho. Entonces le respondí, airado y confiado de la vida: «Pues, ¿cómo, señor? Aunque esto fuera verdad que yo lo hubiera hecho, ¿no sabéis que a toda crueldad pudiérades juzgarme en seis meses de destierro y 200 ducados de pena; y a no sello, como no es, porque yo no suelo hacer estas bellaquerías y necedades, que hacerme preguntas en mi casa sobre ello me hacíades agravio y deshonor, cuanto más aquí? Juro a Dios y a esta cruz, si el asistente no os castiga, de no entrar en esta ciudad mientra él fuere. Y dádmelo por testimonio vos el escribano que presente estáis».

Y al tiempo que dije mi dicho sobre ello, entre las otras cosas dije que si iba a decilla en latín, que me disculpaba porque yo no lo sabía pronunciar. Me dijo: «Señor, ¿indicio es ése para un hombre tan discreto y sabio como siempre y oído que Vuestra merced es?».

Yo le respondí: «Señor, en romance más sé que vos en latín, y aunque haya otros que saben más que vos, yo sé menos».

Y así me dejó allí preso, debajo de mi palabra, y ya casi noche con mucha tempestad de agua y viento. Por lo que envié a suplicar al marqués asistente su amo, si había de pasar adelante la prisión, me dejase venir a dormir a mi casa aquella noche, que estotro día volvería donde me fuese mandado, aunque no había por qué ni sobre qué; porque mi mujer quedaba desconsolada y sobre-saltada y el tiempo era lleno de agua e invierno y la cama no se me podía traer enjuta y la cena callente. Y acabada esta carta que escribo al príncipe nuestro señor en respuesta, se dará fin a este capítulo.

Yo tenía determinado de no poner más cartas aquí escritas de mí ni respon-didas de otro, especialmente siendo de mal en mejor y en estas cartas se os da cuenta de lo para que es hecho este libro, que es los acaecimientos de mi per-sona y vida. Comello-éis cocido y asado y como os lo dieren, porque refrán ver-dadero que «Al que dan no escoge», porque aunquel stilo dellas no sea tal que se deba gustar, sello-ha la sustancia, para que sepáis mis acaecimientos y lo a ello anexo y concerniente, sabiendo de los con quien he tenido conversación, no embargante que tras las epístolas de San Jerónimo no había de haber otras.

Esta es una carta que escribí al príncipe de España don Felipe, de quien este libro os da cuenta

«Muy poderoso señor: Ya tendrá Vuestra Alteza entendido de mí, oído por mis palabras y visto por mis cartas, como os quiero como a hombre y no como a rey, que es más originalmente firme y valedero, pues primero fue el hombre que el rey, y aquí no puede haber codicia ni abaricia porque no solamente no la quiero ni la tengo, mas no y menester nada para en este mundo, pues tengo años y dineros más de los que y menester; y para con Dios, tanto aprovechará mi avemaría con entera deboción y corazón como la vuestra, muy poderoso y amado señor mío, pues hijos no los tengo sino unos cuñados que se llaman Añascos, muy altos de cuerpo, hidalgos y pobres, que como alcatraces están aguardando que me muera para comer mi hacienda, alegando la mitad de lo multiplicado. Y no sé si me ha de valer alegar yo ser vienes castrences, porque el mismo peligro hay muriéndome yo para dejallos a mis sobrinos que muriéndose primero mi mujer para gozarlo yo. Lo cual sea como Dios sea más servido, que no diría más don Juan de Zúñiga, comendador mayor de Castilla, con su bondad y cristiandad y mucho saber. Al cual dé Vuestra Alteza mis encomiendas, aunque sean las mejores del maestrazgo, que no soy yo como don Sancho y otros tales que quieren a Vuestra Alteza por vuestros oficios y beneficios, sino que me queráis como os quiero, si quisierdes; si no, dejaldo, que ahí está mi Dios que no me puede faltar por su infinita bondad y misericordia.

»Los días pasados, muy poderoso señor mío más que de todos, por vuestra persona y no por vuestros reinos ni intereses, envié este propio mensajero a Vuestra Alteza con seis conejos del Perú y un papagayo. Y sobre los conejos, que dice que se le murieron, hemos traído gran pleito ante el marqués de Cortes, asistente desta ciudad, como dél puede saber, que no será malo porque retuve en mí parte de la paga por los dichos dos conejos muertos o vendidos. El asistente mandóme pagallo a mi pesar, en un pie a la francesa, porque amigos y enemigos nos labran haciendo justicia, y mi demanda hízola ordinaria y pleito pendiente.

»No tuve otro remedio, por vida de Vuestra Alteza, sino vengarme del dicho mensajero desta manera, como dél puede saber aunque no sabe lo que lleva ni lo que escribo contra él: tomélo en parte donde no había testigos y vañéle los dientes en sangre con ciertos mojicones. Y él dio voces: «¡Sedme testigos, sedme testigos! Y no podía sello sino Dios, por quien lo abracé y peché, y fuimos amigos. Torna este viaje y tornará otros cien. Y recibió los mojicones y recibirá otros.

»Lo que pasa en esta ciudad, muy poderoso señor, es que el asistente ha andado a caza de putos desta manera: prendió un bonetero que se llamaba Calderón por cierto indicio que tuvo, el cual era rico y honrado y buen cristiano, afuera deste enorme pecado, porque andaba pidiendo limosnas para pobres y hospitales y haciendo otras buenas obras. El cual fue sentenciado y quemado, y murió católicamente, pidiendo justitia a Dios en su cuerpo y misericordia en su alma, manifestando y creyendo que las buenas obras que había hecho, como tenemos por fe, le habían traído a que confesase su pecado y hiciese penitencia y se salvase. Luego cantaron los muchachos por las calles, cuando van a comprar rábanos y aceite y otras cosas para cenar sus amos y padres: "Caballeros de Sevilla, aparejad leña y romero, que llevan ya a quemar a Calderón el bonetero".

»Otrosí:

»Boneteros de Sevilla, guardad vuestros traseros, que quemaron a Calderón y ahogaron en el madero.

«El cual confesó de otros muchos, los cuales se ausentaron y huyeron y escondieron. Y el propio asistente por las casas y por los cerros con muy buenos ventores porquerones los buscaba y hallaba. Y quemó en tres días antes de Pascua, a cuatro el primero —el dicho— y el segundo tres, y el tercero ocho, y el cuarto uno. De lo cual estaban las mujeres muy ufanas, murmurando de los hombres. Y el postrero confesó que había pecado este pecado con dos mujeres, las cuales tienen para quemar. De Madalena de la Cruz no he sabido nada, en sabiendo su auto, lo voy a ver por escribir a Vuestra Alteza.

»Aquí envío a Vuestra Alteza un espada valenciana de las más finas que valen a 10 ducados en Valencia, muy liviana y de buen tamaño y do buen anchor, aunque no me costó a mí este precio, que el marqués de Tarifa me la dio, de dos que le trajeron. Al cual dije como había oído a Vuestra Alteza decir que, en viniendo vuestro padre a reposar a España, había de ir Vuestra Alteza a Italia, que queda muy alborozado. Os ama y dice que allá o adondequiera que fuéredes, irá y gastará vida y hacienda. También envío aquí a Vuestra Alteza seis potatas. Y juro a Dios que, si lleva alguna menos el mensajero, que tiene de sacarme por pleito la resta de lo que le doy por el viaje. Y si me condenan, que tengo de sacalle sangre de los hocicos de manera que no habrá menester barbero ni morirá por no ser sangrado.

»Mande Vuestra Alteza a don Álvaro de Córdoba que me escriba con lo que huelga Vuestra Alteza más, porque ando a tiento, porque aunque me escribió que holgó Vuestra Alteza con los conejos y el papagayo, no me hizo saber particularidades: si había Vuestra Alteza visto otros conejos, si los mandó guardar o si los dio; porque si los dio, o parte dellos, a don Sancho de Córdoba, luego me ahorco. Alande Vuestra Alteza que me escriba muy claro y muy bien. Y si Vuestra Alteza da esta espada a alguien, sea a mí, porque no la envío porque me parece mal sitio porque me parece bien. A Vuestra Alteza por cuya vida quedo rogando a Dios Todopoderoso más que por la mía. En Sevilla, principio del mes y año de 1545, del vasallo que más que naide ni a sí os ama, que los reales pies de Vuestra Alteza besa. Don Alonso Enríquez de Guzmán.»

Esta carta es en respuesta desta susoescrita al autor y de otra que antes habéis visto en este libro del autor para el príncipe nuestro señor, que de parte de Su Alteza escribe don Álvaro de Córdoba, su caballerizo mayor, hijo legítimo tercero del conde de Cabra.

«Su Alteza ha recibido dos cartas de Vuestra merced y mándame responder a ellas, que no lo tengo por pequeña privanza y merced. Y asimismo lo tendré en que lo hayáis, señor, por bien que yo sea vuestro solicitador. Y con la primera holgó mucho en saber lo que os acaeció en el camino y la llegada a esa ciudad, aunque no le faltó pena en vuestros trabajos. Y con la segunda recibió los conejos del Perú y el papagayo y la espada, la cual mandó luego guardar para... Y ruega mucho a Vuestra merced siempre le escriba, porque demás de querer saber cómo os va de salud y contentamiento, huelga de todo lo que en ellas Vuestra merced le dice en sus cartas. Y aunque holgó mucho con el presente, holgamos con ellas de manera que, aunque vengan solas, las recibirá como si viniesen acompañadas.

»Y por hacer del buen solicitador, nuevas de acá no hay otras sino que esperamos a don Bernaldino, hermano de nuestra señora doña María, que las traiga de Flandes. Mucho se ha sentido en esta Corte la muerte de don Juan, su hermano. Su Alteza está muy bueno y su mujer muy preñada. Razón será que al parir —que será presto, mediante Dios— venga Vuestra merced acá a conocer señor nuevo, do os certificaréis bien recibido. Guarde Nuestro Señor, etc.»

Brevemente vos quiero hacer saber como, aunque he visto mucha parte del mundo, como habéis entendido en este mi libro, y he visto y andado lo más de Italia; vuelvo allá en el presente año de 1545 por las razones siguientes. Aunque no soy mozo, no soy viejo. Como estoy vezado a la inquietud, hállome malsano con el reposo. La gente de Sevilla, que es mi propia naturaleza, o por mi mala condición o por no me entender, no se hallam bien conmigo ni yo con ellos por la mayor parte, que algunos hay suficientes y bastantes que me entienden y me quieren y yo amo. Y admito que de los que al presente vos puedo contar son el duque de Medina-Sidonia, don Juan Alonso Pérez de Guzmán, y el conde de Niebla su hijo, don Juan Claros, el marqués de Tarifa y don Hernando Enríquez su hermano, y Juan de Torres, veinticuatro de Sevilla, y Pero Ortiz de Sandoval y Martín Hernández Serón, alcalde mayor de Sevilla, los hijos del señor de la Algaba, de quien larga cuenta vos tengo dada en este libro, y Per Afán de Ribera, hijo de Rui López de Ribera, y Luis de Monsalve y Gonzalo de Saavedra y Melchior Maldonado y Antonio de Guzmán y Gonzalo de Cueva y el señor don Pero López Portocarrero, primo hermano del marqués de Tarifa.

A la postre, porque no se queje naide, y porque no tengo hijos a quien dar cuenta, o a Dios por ellos, de mi hacienda, ni heredero forzoso, y porque los parientes de mi mujer me han salido desobedientes y desconocidos, a la cual no se le ha dado mucha pena dello, tanta cuanta debiera y yo quisiera, aunque no le ha faltado alguna, determino de gastar 1. 000 ducados, que —a Dios gracias— no me harán pobre, y ver la dulce Francia y aquel país que no he visto, y de paso como garza, si no me matan o muero, pasaré adelante a la Corte del emperador, rey nuestro señor, que al presente está en Flandes.

Ado personalmente le daré la cuenta y descargo que he dado en su Consejo Real de las Indias, do por sentencia definitiva me han dado por libre y quito, siendo braba y diligentemente acusado por su fiscal, en pasión de los que en el Perú se levantaron contra Su servicio o por resistillos yo; Su Majestad de allá me mandó traer preso; en que he gastado mucho de la honra y de la hacienda y de la vida humana, con prisiones, molestias y acusaciones; y dalle cuenta de la ignominiosa muerte que dio el tirano Hernando Pizarro al ilustre señor adelantado don Diego de Almagro, gobernador de Su Majestad, en cuya compañía yo estaba, de quien en esta muerte yo quedé por albacea y testimentario con su poder para que yo informase a Su Majestad de la limpieza y agravio.

Ítem: Suplicaré a Su Majestad me deje volver al Perú a poner en cobro la hacienda que dejé por traerme preso, mandando que se me dé el premio conforme a lo que he servido en el repartimiento de la tierra y cargos que he tenido.

Y si me teme o no quiere, porque todavía me temo que le queda resto de la mala información en su real pecho, creyendo que le tengo de revolver la tierra, que me dé acá cargos y oficios en que pueda honrar y aprovechar mi persona, en España o en Italia, donde Su Majestad fuere servido, de guerra o gobernación, pues en todo le he dado y daré buena cuenta. Y si no fuere contento y servido, irme-he al papa, nuestro muy santo padre. Y si tampoco tuviere lugar con él de poner mi persona en buen lugar, haré lo que me pareciere: volverme-he a España a acabar la vida lo mejor que pudiere, como decía Boscán: «Ahora acabaremos, que es acabada».

La prisión que vos he contado antes destas dos cartas, en qué paró y quién lo hizo y cómo pagó

Como yo no había hecho la dicha carta ni libelo difamatorio, no tuve miedo, aunque no dejé de tener pena de la prisión que fue según vos tengo contado. Que adelante, como vos tengo dicho, estuve tres o cuatro días en las Atarazanas, prisión de caballeros, hasta que fue descubierto y pareció quién lo había hecho, porque como dicho tengo en este caso y libro, «la verdad adelgaza, pero no quiebra», como dice el Evangelio: «Nihil occulto, etc.», y un refrán antiguo verdadero: «No le hagas y no le temas».

Y así como fue descubierta la verdad, quedé yo libre, y condeñado quien lo hizo en la guisa siguiente, que no fue poca novedad y admiración. Que así como el caso fue enorme y admirable por ser difamatorio y pecado contra la justicia y otros caballeros regidores y jurados y dueñas de gran precio desta ciudad de Sevilla, echándolo y levantándolo al próximo —que fue yo— contra cristiandad, así fue el delincuente que lo hizo de oficio preminente y libertado en la ciudad. El cual fue y se llamaba el jurado Alfaro. Y condeñáronle, después de habelle tenido mucho tiempo preso en la cárcel Puca del consejo de la ciudad, en perdimiento del oficio y cargo de jurado y en cien azotes por las calles acostumbradas y diez años de destierro. «Quien tal hace, que tal pague», porque ya que esto se hace sin echallo a puerta ajena, es menos daño y menos malo. Y así quedé yo libre y honrado, para poder facer otro tanto, sin que crean que yo lo hice, aunque mejor será no lo hacer. Amén.

Carta del autor al príncipe nuestro señor

«Muy poderoso señor: Ayer despaché un hombre con un espada y unos barriles y jarros vedriados de dentro y de fuera, por que son buenos para beber en invierno, que no hace tan fría el agua. Y el espada es ligera y fina, hecha en Valencia. Y aunque es buena, por mejor tengo la otra que di a Vuestra Alteza cuando me partí para acá, por ser de las viejas de maestre Juan de Zaragoza, un maestro que fue muy mentado. También querría saber en qué pasaron los conejos del Perú que envié a Vuestra Alteza, y si han hecho casta y si es menester enviar más. Mande Vuestra Alteza a don Álvaro de Córdoba que me escriba largo; y pregunte Vuestra Alteza a don Bernaldino de Mendoza, capitán general de las galeras de España, de mí lo que quisiera saber, porque es tan humilde como valiente y hemos conversado mucho en esta ciudad. Y también dirá de mi caballo Blanquillo que yo loaba a Vuestra Alteza, que si por su relación es servido dél, luego lo enviaré. «También le pregunte Vuestra Alteza si sabe aquel cantar de «Ah mi fara», porque cuando yo se lo mandé cantar, no dijo la mitad. Y suplico a Vuestra Alteza me mande hacer saber qué tal está la señora infanta doña María, vuestro traslado, a quien yo casi tanto amo, y la buena doña Leonor Mascareñas, telas de vuestro corazón, yo sus entrañas y su amor, porque cree que Vuestra Alteza me quiere bien; y Dios le dé buen galardón y San Jerónimo sea su abogado. Y suplico a Vuestra Alteza envíe a Su Alteza esta carta en que le beso sus reales pies y manos. Y saludando, porque yo soy saludador, a esas bellacas, hermosas, rabiosas —que hacen rabiar— doña Luisa de Viamonte y doña Isabel Osorio, si por dicha o por desdicha Vuestra Alteza se acuerda della.

»Al comendador mayor de Castilla y al obispo de Cartagena y a don Antonio de Rojas y a don Francesquillo de Mendoza y a los Manuelejos de Vuestra Alteza mis encomiendas; y aun a la camarera mayor, y aun a la menor de vuestra mujer. Al diablo que parecen brujas. Acá se dice que Su Alteza está preñada. Paréceme que sin tomar Vuestra Alteza el consejo del conde de Salinas, lo habéis sabido hacer por do fuera excusado. Don Álvaro de Córdoba me escribió que mi compañero el fraile de la Granja está bueno; y otras bellaquerías y civilidades me escribe que no son para mi condición ni para mi honestidad. De lo del fraile holgué, por la compañía y proximidad. En esotro de la frailesa, no sé lo que se dice. Mande Vuestra Alteza, cuando me escribiere, que sea honesto, porque demás de mi propia condición, como creo el mundo sabe, mi relisión desta estrecha orden de Santiago no lo consiente. Y con tanto ceso, rogando, a Dios Todopoderoso guarde y contente y dé salud a Vuestra Alteza por largos tiempos, y después le haga santo. Amén, amén, amén. Hecha en Sevilla, último del mes de enero de 1545 años, del vasallo que más que nadie ni que a sí vos ama, que los reales pies de Vuestra Alteza besa. Don Alonso Enríquez.»

Carta-respuesta de don Álvaro de Córdoba por mandado del príncipe nuestro señor al autor

«Su Alteza me ha mandado que escriba a Vuestra merced haciéndole saber como se ha holgado con sus cartas, y que a don Bernaldino de Mendoza ha dicho cuánto holgó con la que le trajo, para que os lo diga, porque está de partida para esa ciudad. Las espadas trae Su Alteza muy estimadas consigo, y en las vasijas ha bebido y holgado con ellas. Y Vuestra merced siempre le escriba, porque huelga mucho con sus cartas, las cuales yo no os puedo loar, ni creo que naide, porque. naide está tan privado que Su Alteza dé parte dellas, y no porque tiene poca parte él, porque las lee cada día y tiénelas muy guardadas. Creo que quiere hacer otro libro dellas, como el que Vuestra merced hace. No hay que hacer saber a Vuestra merced desta Corte que ya no sepa en esa ciudad, según van cada día muchos correos, pues por cosa vieja tendréis haceros saber cuán vuestro servidor soy, que en verdad no hay naide que me haga vantaja ni cosa que me encomiende que yo no haga, como buen solicitador y servidor. De Valladolid, etc.»

Esta es una carta que escribe el autor a doña María de Mendoza, la excelente, mujer del muy ilustre señor el comendador mayor de León

«Ilustrísima señora: Ondarza vino aquí a visitar de parte del comendador mayor y de Vuestra Señoría a la señora duquesa de Béjar, con un capuz hasta el suelo y una caperuza hasta el cielo, su lindo gesto mostrando ser más triste que solía. Algo parecía mono embajador. Y aunque la señora duquesa había venido desde Benalcázar, do quedó muerto su marido, y ha visto y hablado muchos hombres por los caminos y mesones, no lo quiso ver a él ni se deja visitar de hombres sino de mujeres. Cremos que la dejó tan empalagada y enojada que no quiere oír su nombre ni ver hombre, porque dice que la tenía allí por fuerza en el lugar donde murió y no la dejaba venir a este lugar, donde ella nació y deseaba venir y vivir, ado luego vino en pudiendo.

»Mejor lo hizo Luis de Medina que se tornó loco y no quiso comer desde que se murió su mujer doña Isabel de Velasco, hasta que como loco come, y aun esto por fuerza y con engaños. Por do hallo que todo es locura este mundo. ¿Y echáisme culpa vosotros a mí? Porque de una cosa tan vista como es la muerte no se había de hacer caso de la vida y quien más lo hace y extremos muestra, loco o loca se puede llamar. Pues nacimos con esta condición, antes nos deberíamos de holgar y dar gracias a Dios cuando mueren primero que nos nuestros maridos y mujeres y hermanos, porque nos deja vivir Dios a los que quedamos para que lo veamos y quedemos a rogalle por sus ánimas y enmendemos las nuestras.

»Yo, ilustrísima señora mía, he estado muy doliente, porque así se usa en esta ciudad, cuatro o cinco meses ha, sin haber sido visitado de vuestra acostumbrada virtud y misericordia. Mejor lo ha hecho vuestro marido, aunque todo es paja según lo que debe a mi voluntad, que ha escrito y mandado al contador Zárate que lo haga, como lo ha hecho, de su parte. Dios os guarde a entrambos como deseáis y merecéis y yo querría, aunque de lejos vos pienso saludar, según me aprovecha poco. Ir a esa Corte y gastar mi hacienda. Más le aprovechó a don Nuño de la Cueva con haber estado en cadenas, que lo hicieron gobernador del reino de León. Puede decir éste que "más vale al que Dios ayuda que al que mucho madruga".

»¿Qué me aprovecha a mí hacer del cuerdo, si vuestro marido no ve ni el presidente oye ni el arzobispo de Toledo cree?

»Al duque de Alba diga Vuestra Señoría que le beso las manos de cortesía y no de amor, porque ya no le quiero como solía, que solía responderme a mis cartas, que no eran pocas, con cada correo desde Barcelona y su camino, y aquí no quiere ni ahí hizo nada por mí. Guarece Dios, que poco ha de durar esta vida. Iremos a la del cielo, do será otro mundo y le conocerá quién es cada uno. Doy gracias a Dios que para ir allá no le he menester a él ni a vuestro marido ni a estotros dos, arzobispo y presidente, ni aun al emperador, aunque todos son muy excelentes. Dios sea con todos acá y allá. De Sevilla y del mes de diciembre 8 o 10 días de 1544 años.»

Respuesta de la excelente doña María

«Recibí vuestra carta y bien creeréis que holgué con ella. Y bien creo que me escribís para consolarme de las muertes de mi madre y hermanos que Dios ásido servido de darme, y como discreto y quien bien me quiere habláis por semejas en otras comparaciones. Y yo estoy muy consolada porque Dios sabe lo que hace y no me da tantos trabajos como yo merezco por su infinita bondad y misericordia. El comendador mayor y yo estamos muy buenos y tan en vuestro deseo que será ingratitud e inhumanidad dejarlos de ver. El señor duque de Alba dice que os besa las manos y que os favorecerá, señor, sino que estas amenazas son más amores que otra cosa, que bien sé que no habéis de salir a campo sobre ello pues está tan visto que os queréis entrambos como es razón y como más no puede ser. Y porque os dé algún deseo de verme, no quiero escribiros más largo. Guarde Nuestro Señor.»

Esta es una carta que yo el autor escribí al conde de Olivares, hermano del duque de Medina-Sidonia, a quien yo tengo tanto deudo y deuda y obligación con en la dicha carta veréis y sobre lo que en ella se trata, que es la siguiente:

«Esta es para que sepa y vea Vuestra Señoría como estoy agraviado de Vuestra Señoría sin causa ni razón ni sin merecello yo. Y no la envío con criado mío, porque no hay necesidad de respuesta ni disculpa donde hay tanta, habiendo sido yo el mayor servidor que Vuestra Señoría ha tenido, que más le ha querido en Corte y fuera de Corte. Y fuera bien que, si Vuestra Señoría había tenido queja de mí, como a tal me lo dijera y riñera de mí a él y supiera la verdad, porque no había de creer que yo lo había de deservir ni enojar, porque yo no lo suelo hacer a quien debo servir y hacer placer.

»Y es que en muchas partes do se ha hablado en Vuestra Señoría en su ausencia, diciendo que se espantan estar Vuestra Señoría y vivir fuera de Sevilla, he respondido yo lo que dijera a Vuestra Señoría, que teniendo tantos hijos y esperando más, era justo lo hiciese para facellos maestres de Santiago y cardenales. Lo cual representa a Vuestra Señoría por lisonjalle y aproballe, porque quizá estaba alguien allí ante quien lo había dicho. Y Vuestra Señoría no me respondió como yo le merecía, porque me dijo estas palabras formales: "Señor don Alonso, no han menester los hijos de los señores nada deso, porque nacen señores. Los hijos de los escuderos que se tienen por caballeros lo han menester".

»Lo cual yo no entendí que se decía por mí porque ni yo lo merecía a Vuestra Señoría ni soy escudero ni presumo de tanto cuanto soy ni el don tengo postizo ni dejo de venir de grandes señores por mi padre. Se llamó don García Enríquez que casó con una hija del maestre de Santiago que se llamaba doña María de Guzmán y venía de los reyes de Castilla muy cerca. Y don Juan mi abuelo era hijo del conde de Jijón, de los reyes de Portugal muy más cerca, porque era hijo o nieto. De manera que vengo de los reyes de Portugal y de Castilla por entrambas partes. Y aunque esto no fuera, como es, por haber sido mi padre criado del de Vuestra Señoría, me había de tener por tal, especialmente habiéndolo tenido por deudo, como es verdad, y yo no habiendo sido criado de naide, después que me crió el arzobispo desta ciudad, sino del emperador y rey nuestro señor en el estado de los gentiles hombres de su casa.

»Hasta que después, salidos de con Vuestra Señoría, me dijo Melchor Maldonado en presencia del tercero, Gaspar Antonio de Solís: "Mal me pareció lo que el conde os respondió".

»Y aunque me pesó, le dije: "Ni lo entendí ni lo entiendo así porque yo no he hecho al conde ni soy hombre por do me trate así".

»Después acá se ha publicado por esta ciudad que Vuestra Señoría dijo aquello y aun mucho más por enojarme y afrentarme. Y aunque Vuestra Señoría ha dicho que lo hizo porque lo fui yo a revolver con el duque su hermano, está Vuestra Señoría engañado, porque lo que pasó es esto: que estando con Su Señoría en Sanlúcar, nos dijo a Melchior Maldonado y a mí que estaba enojado de haber desmentido el comendador Tello al conde de Castellar, que es su primo hermano, en la petición o escrito que dio en Consejo Real; y que si el conde tuviese pendencia con el comendador y con sus deudos, que enviaría cien barcos y bateles de Sanlúcar a Sevilla, cargados de gente, y a su hijo para ayudar al conde; y que si fuese menester, también vendría él. Y como Melchior Maldonado es primo hermano del conde, rindió las gracias al duque y díjole: "Pues dicho me han, aunque yo no lo creo, que el señor conde de Olivares se ha ofrecido a sostenello, y aunque Vuestra Señoría ha escrito a Alonso de las Roelas de la parcialidad dellos, que le dará el voto para prcurador de Cortes".

»Yo, creo, también hablé en ello, pero ni Melchior Maldonado ni yo no lo dijimos por revolver a Vuestra Señoría con Su Señoría, sino para que hubíese alguna enmienda, si había habido algún descuido. Y como digo, yo digo y firmo de mi nombre que no fui yo el primer movedor desto, y platicándolo ayer con Melchior Maldonado, dice que cree que pasa así y que Gaspar Antonio de Solís se lo dijo lo uno y lo otro y que no lo negará. A lo cual respondió el duque que se espantaba dello. Esto es lo que pasa y aunque no hubiera pasado otra cosa, y por haber llegado yo a pedir las manos a Vuestra Señoría y los que iban conmigo y yo con ellos no haber hecho más de una reverencia, no había Vuestra Señoría de tratarme peor que a ellos. Dios sea con todos. En Sevilla, postrero día de Pascua. Beso las manos de Vuestra Señoría. Don Alonso Enríquez.»

Yo el autor y parte envié la presente carta al conde en el año de 1545, estando con su mujer la condesa en el monasterio de San Isidro Extramuros desta ciudad, con un mozo de espuelas mío. Y mandéle que luego que se la diese, se volviese sin respuesta, porque no la quise aguardar ni recibir buena ni mala, porque mala era mal sobre mal y buena era hacerme hacer bajeza, volviendo a su amistad, porque no podía ser tan buena como mala la causa principal para sinfavor, que afrenta no hable, en la verdad no fue.

Y es mi opinión que la injuria que no se perdona no es injuria ni está injuriado el que así la recibió, pues está en su tiempo para se vengar; y si no puede ni ha lugar, no es su culpa ni su poquedad, pues su voluntad está aparejada, aguardando el tiempo y lugar. Que de sabios es no facer las cosas sino en tiempo aparejado y justo para salir hombre con su intención, por no herrar el tiro y ñadir mal a mal, que sería peor, que aun Celestina dice: «Buena es la tardanza cuando asegura la carrera», y con señores semejantes háse de tratar de escribir y hablar con todo acatamiento aunque estén airados y enojados contra ellos y aun agraviados, y estoy por decir, afrentados, que en los hechos ha de ser la venganza. Y más quiero y es mi parecer morir sin restaurallo que por restaurallo empeorallo; que los que quedaren y tuvieren buenos entendimientos dirán: «Si éste viviera, él se vengara, pues no había perdonado a el caballero que con él tan grande tuvieron pasión y sinsabor».

El mejor remedio que a mi parecer se debe tomar y el que yo para mí aguardo, especialmente no siendo la injuria formada ni declarada sino un sinsabor como este que a mí me dio el conde, con una ligera satisfación y recompensa que adelante en este propio capítulo veréis que me dio, es bien aguardar a que riña en dicho o en hecho con otro tal grande y entonces en dicho o en hecho decille o hacelle cosa que le pese.

Y recibida la dicha carta del señor conde, habiéndose venido el dicho mi mozo sin respuesta, dende en dos días envióme un hombre honrado y a decir con él que había recibido la dicha mi carta y que sabía y creía lo que en ella decía de mi linaje y naturaleza, y quél no me había dicho las palabras de que me quejaba ni agraviaba por injuriarme, sino por manera de respuesta competente a lo que yo le había dicho y para entretener la conversación; y que si algún desabrimiento había tomado, le perdonase, que no había sido su intención hacérmelo; y que no me respondía por escrito, como otras veces solía, porque se vino sin pedillo ni querello el mi mozo de espuelas, dándole a entender que yo no lo había gana. Y luego tras esto ofreciose contratación que tuvo un caballero amigo mío con el conde, al cual ayudé y acompañé para poner por él mi persona y mi hacienda. De lo cual se enojó mucho el dicho conde y lo encareció y afeó tanto cuanto pudo, tanto que dijo que me quería hacer matar. Y yo dije que no mataría. Y así quedó esto. Creo que su poco a poco vendrá a parar en bien, porque como vos tengo dicho, yo soy deudo y deudor del conde y no me ha hecho cosa que me quite el sueño, ni de dejar de ser su servidor como él y yo queramos, como creo que sera y querremos.

Esta es una sentencia dada por el emperador don Carlos, rey de España, nuestro señor, como por ella veréis. La cual me pareció poner aquí porque es cosa notable y digna de saber. Y tras ella vos diré lo que me parece y debéis saber

«Don Carlos, etc. Habiendo nos mandado haber información en el negogio y diferencia que entre don Pedro Portocarrero y don Juan de Acuña ha habido, así sobre palabras que don Juan de Acuña dijo a don Pero Portocarrero como sobre lo demás que a causa de las tales palabras don Pero, queriéndose vengar de don Juan de Acuña, hizo; la cual se hubo con toda diligencia. Y della y de todo lo del hecho pasado se nos dio entera y cumplida relación; la cual entendida, discutida y altercada, acordamos de facer la declaración siguiente:

»Primeramente: declaramos que don Pero Portocarrero por las palabras que don Juan de Acuña le dijo delante de algunos caballeros en el estado no fue ni quedó desmentido ni perjudicado en su honra ni tuvo causa de se tener por injuriado; ni el dicho don Juan de se guardar ni recatar del dicho don Pero. Y en consecuencia desto, que lo que después don Pero Portocarrero hizo, dándole con un palo por detrás, hizo mal y no conforme a ley de caballería, así porque no había precedido causa que legítima fuese a hacer lo que hizo, como después que el dicho don Pero dio con el palo al dicho don Juan y el dicho don Juan de Acuña se apeó de la haza en que estaba y puso mano a su espada y con ella fue tras don Pero, llamándole que esperase, y el dicho don Pedro no quiso volver ni esperar.

»Ítem: declaramos que el dicho don Juan hizo lo que debía y respondió por su honra como buen caballero, y haber quedado honrado sin excepción alguna en su buena fama y nombre; y por tal lo declaramos y ponemos perpetuo silencio para que jamás sobre este caso no se trate. Y por la más culpa que contra don Pero Portocarrero resulta por haber cometido tal delito en nuestra Corte, le privamos del salario y merced que de nos tiene de gentilhombre de nuestra boca y lo mandamos raer de nuestros libros y que sea llevado preso a la casa del convento de Calatraba, donde esté preso perpetuamente. Hecha en Bruselas, 29 de marzo. Pronunciose a 2 de abril de 1545 años.»

Autor

La ley divina y humana está puesta en razón. ¡O cuán bueno es Dios para dar a cada uno el galardón según lo merece para siempre jamás sin fin! ¡O cuán justos son sus mandamientos y artículos de fe! Paréceme que, aunque Dios no me hubiera de dar premio ni pena, le amara sobre todas las cosas, porque no me manda ni me pide sino cosas virtuosas, santas y buenas, como quien Él es. ¡O cuán bueno es el rey! ¡Qué justos son sus mandamientos y premáticas, sentencias, autos y declaraciones, imitando al soberano rey, que es Dios! Bien empleado sean los diezmos a Dios y las alcabalas al rey y todos los más servicios y pechos que les debemos, porque le somos muy en cargo.

Y dejando las cosas de Dios aparte porque para esto no hay número ni basta juicio a decir ni dalle lo que merece, y digamos del rey que nos mampara y nos guarda y mantiene justicia. ¿Cómo pudiera este caballero don Juan de Acuña quedar honrado, si con tan buenas y verdaderas palabras no hubiera rey que en dicho ni en hecho le satisfaciera su honra? Porque en la verdad no hay hecho bien hecho si no va sobre cimiento y fundación de buena razón. Que los hechos y valentías fundados sobre vicios y sin causas legítimas son malos hechos y de hombres locos; y la tal honra que piensan que ganan en las ofensas que hacen es en sí ninguna, y de mal miramiento por inocente o loco caso se debe tener. Siempre vi y entendí que los hombres sufridos son valientes y honrados, y es porque dan lugar y tiempo para pensar bien su hecho y para airarse y enojarse en él, porque el hombre airado cobra mucho esfuerzo y fuerzas, demás de fundar bien su hecho. Y los hombres que presto se enojan y que presto ejecutan su enojo no pueden hacer buen hecho. Y así en buena razón y entendimiento general de todas gentes se quiere saber luego de dó ha procedido el hecho, como especialmente los reyes y jueces, así en suma como en pláticas, para sentenciar o loar el hecho, miran la razón que tuvo y sobre qué fue hecho.

Por ende mira lo que haces, que por mejor tendría sufrir injuria y disimulalla que vengar injuria, no teniéndola, sino haciéndola tú, con vicio y con liviandad o con gana que tienes de te honrar, porque así en la ley de Dios como en la del mundo, en conciencia y en honra hay pecados que, por tenellos tú por pecados, son pecados. Y si no los tuvieses por pecados, no lo serían. Y hay cosas que haces casos de honra y de injuria que, si no los hicieses, no lo serían. De buen cristiano es no ser escrupuloso ni traer tan ligera ni liviana la conciencia que por demasiado te pierdas, porque tanto es lo de más como lo de menos. De buen caballero es no traer la honra tan delantera que se te caya ni se te pierda sin sentillo, que el que venga injuria, no recibida levántase testimonio y afréntase y da pena a quien no la tiene, contra Dios y buena razón. Ni la debes de hilar tan delgado que se te quiebra muchas veces, que aquel que hila delgado su honra, tráela quebrada y anudada por muchas partes. Naide tenga con hombres escrupulosos de conciencia y de honra, porque no dejará el uno de ir al infierno y el otro de ser afrontado y los de su compaña. Amén.

Esta es una carta que escribí yo el autor al príncipe de España nuestro señor don Felipe y la respuesta por su mandado de don Álvaro de Córdoba su caballerizo mayor:

«Muy poderoso señor de todos y más mío: Pues estoy ausente de Vuestra Alteza, en esto conocerá el pesar que tengo y el deseo de alegrarme. Nunca pienso sino cómo serviros. Y entre tanto que no estoy presente, en lo que entiendo a mi ver se puede atribuir a ejercicio virtuoso, escribo algunos ratos estas figuras que envío a ser corregidas y enmendadas de vuestro muy poderoso, sagaz y claro juicio, tan satisfecho de mi voluntad como de conocer la de Vuestra Alteza tenerme por vuestro leal vasallo y muy amoroso servidor, y en señal que, aunque ausente, no dejo de pensar que estoy presente, acordándome de vuestra presencia, la cual estará más ocupada en hechos y en derechos que no en dichos.

»Y porque me parece que los dichos sin vísperas y figuras de los hechos y dechados para sacallos más al propio, especialmente siendo de tan buen pintor como Vuestra Alteza —que a mi ver después del pintor del mundo no hay otro que os haga ventaja—, yo, como más desocupado, pues no tengo que facer, tenga que decir y con que servir a Vuestra Alteza. Porque aunque de vuestro natural y buen juicio podáis sacar desto por discreción, no le darán tanto lugar los muchos negocios y ocupaciones, que he tomado atrevimiento de presentaros, muy poderoso señor, estos dichos, dellos de muy buenos filósofos y dellos me hiciera yo, que aunque no sean sino para leerse a ratos, son mejores que los de Juan Bocacio.

»Y asimismo recibirá Vuestra Alteza estas tres vasijas de palo y calabazas que, por ser extranjeras de Indias y de más adelante, creo que son cosas para ver. Ya mi libro ha pasado muy adelante del traslado que dejé a Vuestra Alteza. Ahora quiero ir al Concilio que hace nuestro muy Santo Padre a consentimiento de vuestro cristianísimo padre el emperador mi señor. Pienso irme por donde Vuestra Alteza estuviere y besaros las manos y trasladar en el dicho libro lo que falta. Aunque los príncipes más quieren ser servidos que aconsejados, según un filósofo dice, yo quiero facer lo uno y lo otro.

»La ley de Dios es áspera para los malos y muy ligera para los buenos.

»El buen rey ha de oír a muchos y creer a pocos.

»La muerte a todos iguala.

»La honra más vale merecella que no tenella.

»El buen rey olvida sus injurias; venga las de Dios.

»Nunca venga injuria sino el que la disimula.

»El hombre bien afortunado puédese, acabar mas nunca vencerse.

»El bueno más quiere morir que vivir sojuzgado.

»Mejor es vencer al enemigo con buen consejo que no con hierro.

»Más se ama lo que se gana a ruego que no por fuerza.

»Hombre ha de perder la vida y no la fama.

»Más vale un capitán discreto que no un ejército poderoso.

»Un vicio solo infama a un hombre.

»La ingratitud tarde o nunca se perdona.

»El que venga injuria no recibida levántase testimonio y afréntase y da pena a quien no la tiene, contra Dios y buena razón.

»Do hay amor no se siente trabajo.

»Las hijas no se envejezcan en casa.

»La mala nueva nunca llega tarde.

»La buena sangre obliga ser virtuoso.

»En ninguna cosa quiere tasa sino el predicar.

»El buen caballero debe imitar a sus pasados.

»Edad y habilidad son madres de buen consejo.

»El amigo generoso más teme huir que esperar.

»En el peligro súpito no se ha de esperar largo consejo.

»Ningún hombre casado puede vivir sin trabajo.

»Mala ventura tiene el que con mujer necia popa.

»Quien recibe carta obliga a responder a ella.

»Descuido y presunción dos cosas son que pierden a los amigos.

»En cualquier persona es cosa muy enojosa la mala crianza.

»Ado bulle dinero hay alegría y desempacho.

»El escribir demuestra prudencia y élocuencia.

»La muerte hace que la temamos más que nos enmendemos.

»La carta ha de ser alegre para leella y discreta para notalla.

»Dios sabe lo que nos da, y no nosotros lo que le pedimos.

»Más cosas sufre el cuerpo que disimula el corazón.

»Más aplace la buena compañía que no la buena comida.

»El contentamiento no está en lo que vemos.

»Las damas, muchos las quieren por señoras y pocos las toman por mujeres.

»Naide debe de vivir pobre por morir rico.

»De pocos tenemos compasión y de muchos envidia.

»A los enamorados no han de cometer negocios.

»El hombre airado es de todos malquisto.

»Más lastima la palabra al bueno que no la herida.

»La ira ha de ser contra el pecado y no contra el pecador.

»El hombre airado no admite consejo.

»La mudanza de la tierra es ocasión de mudar la vida.

»La mucha libertad para después en servidumbre.

»El hombre de buena condición todas las cosas tiene por buenas.

»Las escrituras importantes no se han de fiar a naide.

»Entre amigos nunca naide sea juez.

»El hombre dice lo que quiere y no lo que debe.

»Mal parece el hombre ser mentiroso.

»Enojos y manjares matan los hombres.

»Los necios por la mayor parte viven sanos y por esto tengo hermano para toda mi vida.

»Los hombres resabiados de todos son malquistos.

»El hombre alegre vive sano y el triste vive enfermo.

»El hombre cansado o hambriento no es bueno negociar con él.

»El contino trabajo causa al hombre desesperación.

»El pecado de la ingratitud es muy malo.

»No hay mayor trabajo que meterse hombre por puerta de otro, aunque sea de Covos.

»Las armas con que pelea el pobre son las lágrimas.

»El mejor remedio para vengar el injuria es olvidalla.

»En caso de libertad naide no tiene con otro amistad.

»Mucho va de la ciencia a la experiencia.

»Las armas de las mujeres es la lengua.

»El caballero ha de ser cuerdo y donoso.

»Algunas veces atina mejor el corazón que los ojos.

»De a siete años muda hombre la complisión.

»Los hombres chequitos siempre son mal sufridos.

»Los coléricos no deben hablar cuando están enojados.

»Los vicios en la vejez son muy peligrosos.

»El viejo más querido es por la hacienda que no por su persona.

»Más vale la compañía de un hombre seguro que de mil sospechosos.

»El amigo de su amigo, remedio mas no consejo.

»El hombre retraído le acortan la vida.

»El malo de ninguna cosa tiene contento.

»El hombre ha de llorar la pérdida de su amigo y no la de bienes.

»Los que viven muchos años han de ver muchos trabajos.

»El importuno y el necio son hermanos.

»En nuestros negocios hemos de rogar y por los del amigo importunar.

»Más trabajo es sufrir a un señor pesado que a un liviano necio.

»Fidalgo prove no ha de presumir mucho.

»Las cartas de los amigos no se han de comunicar con todos.

»Naide no quiere que le descubran su secreto.

»El hombre descontento no puede decir cosa apacible.

»El juez no ha de ser bravo.

»El juez sufrido nunca se pierde.

»El rey no ha de ser cruel.

»Los viejos siempre son más celosos que los otros.

»Hombre necio nunca fue buen enamorado.

»El hombre que quiere ser temido, de necesidad ha de temer.

»En cosas hay que engaña la fortuna a los hombres.

»La mujer entonces y alaga.

»El mozo loco es just do.

»El que mal hace en.

»La reprehensión no ha de ser para naide se quejar sino para se enmendar.

»El corazón con las dádivas se quebranta.

»El hombre abariento no tiene parte en el que es honrado.

»Con el dar se ganan las voluntades.

»Las mujeres siempre son enemigos de los castrados.

»El que mal habla háse de poner a lo que viniere.

»La sangre generosa no sufre facer malicia.

»Los príncipes han de ser rogados y nel forzados.

»De las juntas nacen escándalos.

»La mucha abundancia trae consigo necesidad.

»La necesidad acarrea tristeza.

»El amigo se alegra con el bien de su amigo.

»La honra y la vida no se ha de poner en disputa.

»Temprano llorarán los que temprano casan.

»La mujer ha de ser bien tratada y no regalada.

»Nunca será bien casado el que desprecia a sus suegros.

»El mal nacimiento nunca se acaba de llorar.

»La hija del mercader no debe procurar de estadó.

»El casamiento debe de ser sobre amor y no con interés.

»El que presto se casa presto se arrepiente.

»La mujer, la menor gracia es la hermosura.

»La mujer desvergonzada no merece ninguna honra.

»La vergüenza muchas cosas encubre.

»Más vale en la mujer la vergüenza que no la hacienda.

»El amor no se ha de manifestar sino al amigo.

»La pobreza en los casados acarrea muchos vicios.

»El hombre ha de confiar la hacienda del amigo mas no la mujer.

»Las mujeres porfiadas en la cabeza.

»Los malos siempre los buenos.

»La mujer honrada no ha de consentir que la sirvan ni que la sigan.

»Las mujeres honradas aun con sus deudos han de ser recatadas.

»El hombre ha de ser de su mujer más amado que temido.

»El marido ha de usar con su mujer de cautela.

»El marido cuerdo más cosas debe disimular que no castigar.

»Para la mujer gran injuria es tenella por fea.

»La mujer quiere ser siempre vista.

»El rey que no es Dios ha de oír a muchos para saber mucho, y no a pocos porque sabrá poco, y no nada que toque a estos que remediarse deba.

»Y con tanto, que no es poco, ceso, suplicando a Vuestra Alteza no me tenga por prolijo, pues es mucha más mi voluntad que mis palabras para serviros y amaros. Yo estoy bueno de salud. Labro una casa vividera porque me parece que lo más de la vida se pasa en ella, pues son tantas las noches —y lo más de los días se está a bien librar— que a mal y dolencias se ha de estar. Siempre suplico a Vuestra Alteza mande a don Álvaro vuestro caballerizo mayor me escriba largo de Vuestra Alteza, porque aunque lo hace, quiero más. Dios Todopoderoso sea en vuestra guarda con entera salud y contentamiento; y la princesa vaya y venga, porque no soy hombre que engañe a naide. Hecha en Sevilla, postrero día de abril de 1545 años. Don Alonso.»

Esta es la respuesta de don Álvaro de Córdoba, caballerizo mayor de su alteza, al autor y a la sobredicha carta para Su Alteza:

«Recibió Su Alteza la carta que Vuestra merced le envió, de muy buenos dichos y consejos de filósofos, aunque los más y los mejores parecen ser vuestros, de los que en principio de la carta Vuestra merced dice: "dellos me hiciera yo".

»Sin que esto le dijera, se viera. Su Alteza me mandó respondiese a ella, agradeciéndola mucho, y las vasijas de palo y calabaza y de barro, así del Perú como de Marchena, que con ella Vuestra merced le envió. Y aunque ha holgado mucho con todo ello, holgaría más con vuestra persona, y que lo que le hace no recibir tanta pena es desconfiar en vos, señor, que no le queréis tanto como él os quiere, pues está en vuestra mano velle y no lo hacéis. Y dice que ya que sois filósofo en los dichos, que no lo seáis en los hechos, y que ya que no os dais nada por él como por rey, que os debéis de dar como por compañero. Y respondiendo a la que Vuestra merced me hizo merced, doña María y sus hijos y sus perros están muy buenos. Y todos y yo os besamos las manos. Nuestro Señor, etc. De Valladolid.»

Ahora vos quiero dar cuenta cómo los parientes de mi mujer no la han dado buena a mí, para heredarme. Mucha razón sería, quien tiene honrada mujer, como otorgo y conozco que la tengo, aunque no tuviésemos los dos hijos, fuese ella mi heredera y después de sus días quien ella quisiese, y por cierto más por su mucho merecimiento que por las leyes que disponen en mitad de multiplicados y otras cosas que le ayudan. Yo sería dello muy contento y lo tendría por cosa muy razonable y justa. Mas como los dichos sus deudos a ella ni a mí no han tenido el acatamiento ni respeto que por muchas razones sería razón, especialmente despreciándome y desacatándome y enemistándose conmigo, ayudando uno a todos y todos al uno contra mí, queriendo heredarme y gozar de mis bienes y hacienda que con muchos trabajos y peligros yo he adquirido y ganado, más por fuerza y por amenazas y menosprecios que por obediencia y alagos y cortesías que los herederos y los hombres comedidos suelen tener con sus mayores, que no solamente no es mi voluntad dejallos por mis herederos, ni a ella por respeto dellos, mas antes alegar en lo multiplicado y en las otras cosas que el derecho le favorece, ser bienes castrenses, ganados en guerras y por mi persona, como es verdad. Y aun, de cualquier manera que ayudarme pueda, porque si ella ha sido contenta y alegre de los desaguisados que sus parientes me han hecho, no será justo que yo ya no tome venganza por mi conciencia, y por su respeto haya beneficios ni gratificación. Y si ellos lo han hecho a su pesar della y en mi vida no lo muestra, como no lo veo ni lo entiendo, será porque después de mis días, ya que no sea a su placer, a su pesar lo gocen. De manera que si yo lo dejare de hacer con ella tan bien como al mundo parece por su gran fama y verdadera bondad, será por esto y no porque habrá otro mal en ella ni en mí. Amén.

Capítulo de lo sucedido que en este libro he comenzado y tratado en las diferencias de los gobernadores del Perú y sentencia contra Pizarro

Ya os tengo contado los hechos de Hernando Pizarro por do en ley divina y humana él debería ser deshecho por haber sido hombre mal cristiano y mal servidor del rey, facineroso y revoltoso, revolviendo al gobernador su hermano, don Francisco Pizarro, y don Diego de Almagro, hasta que con poder del dicho gobernador su hermano mató al gobernador don Diego de Almagro, como ya habéis oído. Sobre lo cual ha estado preso hasta ahora cinco años ha, en la Mota del castillo de Medina del Campo. Y por sola esta muerte deste buen gobernador don Diego de Almagro, de que sucedió la muerte del dicho gobernador don Francisco Pizarro su hermano, que lo mató el hijo del gobernador don Diego de Almagro, por haber muerto a su padre tiránicamente el dicho gobernador Pizarro que ya estaba en España con poder y mandado del dicho su hermano, dióse esta sentencia definitiva, piadosa en fin del mes de diciembre del año de 1545, con lo que daremos fin a este artículo.

Sentencia contra Hernando Pizarro

«Visto el proceso que Hernando Pizarro presentó ante nos con que mató con color de justicia al adelantado don Diego de Almagro, gobernador del Nuevo reino de Toledo en el Perú, porque las partes que le acusaron no quisieron hacer otra probanza contra él sino rimitirse, como se rimitieron, al propio proceso que el dicho Hernando Pizarro hizo contra el dicho adelantado, fallamos que no fue hecho en orden de derecho y parece ser con odio y enemistad, por lo cual le condenamos en que perpetuamente en toda su vida no tenga cargo de justicia y que esté todos los días de su vida en una frontera, cual Su Majestad le señalare, sin sus armas y caballo, cumpliendo la voluntad del capitán que allí estuviere por Su Majestad, so pena de muerte natural, por solo la muerte del dicho adelantado don Diego de Almagro.

»Y por lo demás, que esté preso y a buen recaudo en la Mota de Medina de ahora hasta que sea hecha justicia a los particulares a quien ha ofendido y agraviado, que le tienen pedido. La cual sentencia fue dada y pronunciada por tres del Consejo Real de la Justicia que Su Majestad señaló para ello, que aquí van nombrados, por haber sido recusados los del Consejo de las Indias: el licenciado Alderete, el doctor Escudero, el licenciado Galarza.»

Bien creo que podré yo creer que si viviera el magnífico y honrado caballero Diego de Albarado, que acusó a este gran tirano como caballero y honrado, diciendo al rey: «Señor, hacénle justicia y dadme campo con este Hernando Pizarro, pues yo fui causa que atase y amenguase al ilustre adelantado don Diego de Almagro nuestro gobernador, porque por creerme de su palabra que me dio, lo hice soltar», que esta sentencia no fuera tan piadosa, aunque bien creo que pues que por sola la muere del dicho adelantado fue tal y dejaron su derecho a salvo a los demás dañados, robados y afrontados para que le pidan, que fue para que no quede nada de su vida y hacienda, como creo que veréis y oiréis según de los que yo, el autor, vi y oí de lo que este tirano hizo, como en este libro vos tengo contado.

También creo que le sanó desta recia enfermedad, que no muriese, el ungüente amarillo quél trajo del Perú y robó a los que mató y tiranizó, aunque también está incierto que los jueces que lo sentenciaron fueron rectos. Y tuvo gratos, pechados y halagados a los que le pudieron hacer daño, y pudieron hacer provecho lo que pudo y quiso dar a gentes que, como piadosos más que como codiciosos en sus muestras y hablar, decían y escribían bien al rey y a los dichos jueces dél; y también como hubo tiempo y dilación, ayudó aquella melecina obrase. Y con tanto doy fin a esto en el año de 1545 años, por 10 de mayo del dicho año.

Esta es una carta que escribí al príncipe de España nuestro señor de Sevilla en 23 de junio de 1545; y otra sucesiva tras ella para el Consejo Real de las Indias del autor deste libro sobre las cosas sucedidas en las Indias, como por ellas veréis

«Muy poderoso señor: Beso las manos de Vuestra Alteza por lo que don Álvaro de Córdoba vuestro caballerizo mayor me escribió como holgáis con mis cartas. Dios os dé buen galardón y Vuestra Alteza a él, pues me quiere bien como al conde Beltrán. Aquí envío a Vuestra Alteza una docena de patatas, fruta de las Indias, de do yo so natural, pues hallé allí mi hacienda y patrimonio. Las cuales han de guisar asadas en rescaldo, que se vayan asando poco a poco hasta que estén blandas; y después se han de comer entre calientes y frías, porque también consiste la virtud en ellas como en las otras cosas.

»Tres o cuatro días ha que se hizo auto de la inquisición desta ciudad. Reconciliaron muchos, y quemaron dos rapaces que aun no eran bautizados, de cada ochenta años, que esperaban el Mejías este año que pasó de 1544 años con las grandes aguas y avenidas que hizo. Dícenme que tienen presas dos beatas que con la una tenía conversación y amistad el diablo, muy gentilhombre sino que traía los pies de gallo. El cual hizo encreer a la otra su compañera que había de morirse y resucitar hecho hombre y casarse con la compañera manceba del diablo. De lo cual holgaba mucho, tanto que después hubo grandes celos del diablo y de la que había de ser su mujer y por que aquí se vino a descubrir.

»De Madalena de la no he sabido más. Tengo deseo que se haga su auto para yllo a ver a Córdoba y escribillo a Vuestra Alteza; y aun podrá ser que lo vaya a decir. Con este mensajero que escribo a Vuestra Alteza, escribo y aviso largo al Consejo Real de las Indias cosas sobre lo que ha acaecido en el Perú. Creo que es sabroso y provechoso. Vuestra Alteza mande al secretario Juan de Samano que se lo muestre, que aunque yo lo envío al obispo de Calahorra, a sus manos ha de venir. Dios sea con Vuestra Alteza en este mundo y en el otro. Amén. Es hecha en Sevilla en 20 días de junio de 1545 años.»

Esta carta escribe el autor del presente libro al Consejo Real de las Indias, de que es presidente el reverendísimo señor cardenal y arzobispo de Sevilla don fray García de Loaisa, y el doctor Bernal, obispo de Calahorra, y Gutierre Velázquez, licenciado, y el licenciado Salmerón y el licenciado Gregorio López, oidores

«Muy poderosos señores: Bien tengo entendido que tengo de hacer y decir milagros para ser entendido y creído. Y a mí paréceme que bastarían los que he hecho, pues he sido tan atestigado y Vuestra Alteza acreditado de habelle hecho deservicios en el Perú, escándalos y revueltas, por los que lo hicieron, echándome su culpa a mí por eximirse della y quitarme el crédito ante Vuestra Alteza, que de lo que dellos podría decir e informar, especialmente de Hernando Pizarro, que ha sido la levadura deste amasijo que Gonzalo Pizarro su hermano tiene ahora entre manos, liudo y dañado en vuestro servicio y acatamiento, señoríos, rentas e intereses reales. En lo cual se ha visto yo haber dicho verdad y los que me han atestiguado mentiras, pues a Hernando Pizarro han condeñado por ello en graves penas —aunque no tantas como merece y sería justicia y razón— y a mí por sentencia en juicio contradictorio, acusándome vuestro fiscal regurosísimamente, me diste por libre y quito, por hombre que fue falsamente accusado y que no hizo cosa que no debía.

»Por lo cual en lugar de premio por lo mucho que he servido, como vio el licenciado Salmerón del Consejo de Vuestra Alteza, a quien fue cometido que lo viese y supiese, y yo mostré mis testimonios y probanzas, demás de todos los que han venido y podían venir, de quien se ha sabido y podrá saber la verdad y mi limpieza y mi gran cargo en que me es Vuestra Alteza, porque yo he probado y me obligo a declarar y lo juro a Dios so pena de perjuro que los gobernadores compañeros don Diego de Almagro y don Francisco Pizarro que comenzaron bien y acabaron mal, descubrieron, ganaron y poblaron el Perú y lo perdieron. Y yo lo sustenté porque con sus diferencias y propios intereses, olvidando el servicio de Dios y de Su Majestad, dejaron, alzar el Yuga, cacique mayor, como rey de la tierra del Perú. Y yo, siendo capitán y maese de campo, lo defendí so cargo del juramento. Del cual quiero recibir castigo, si es falso, como hombre que jura el santísimo nombre de Dios en vano; o se me dé el premio y galardón que mis peligros y trabajos y gastos merecen y Su Majestad suele y acostumbra y es obligado en ley divina y humana hacer, como quien bien le sirve, semejante para lo cual encargo, la conciencia a Vuestra Alteza en general y en particular.

»Y bien sabe Vuestra Alteza los buenos consejos y pareceres que yo le he dado de que se pudiera excusar los inconvenientes sucedidos, como hombre de experiencia, deseoso de acertar en vuestro real servicio, los cuales acordaré aquí nuevamente; avisaré de otros, reparando lo pasado y en enmienda de lo por venir. Lo primero: que dije, muy poderoso señor, que no fue creído y muy claramente se ve ahora que fuera bien sello, como dije y tiene firmada de mi nombre, con quien se puede probar, el licenciado Chaves vuestro relator, que para sabello me envió Vuestra Alteza a la prisión en que estaba a la sazón en esa vuestra Corte, de lo cual no pareció mal a Vuestra Alteza, antes me respondió con el dicho mensajero que era muy bien dicho y que se me agradecía y que avisarían dello a Su Majestad y que no lo proveían así porque estaba a proveer a la persona de Su Majestad —y era que lo que había hecho Hernando Pizarro y sus consortes había sido diciendo públicamente que habían de ser perdonados por ruego y pecho, como cosa tan mal hecha que otra cosa no bastaba, y que habían de ser perdonadas y disimuladas las muertes y robos y desacatos, como cuando mató en Indias el gobernador Pedrarias, como con color de justicia, al adelantado Blasco Núñez de Balboa por tomalle unos navíos que hacía y empresa que tenía—. Y uno que se llamaba Villafuerte a puñaladas mató al gobernador de Santa Marta; y Fulano de las Casas mató a otro gobernador a puñaladas, el cual vive y reina hoy día en la Nueva España, con buen repartimiento de indios, el cual es pariente destos Pizarros.

»Y decían públicamente que como esto y otras cosas se habían perdonado y disimulado, harían las suyas; que me parecía que se debía luego de cortar la cabeza al dicho Hernando Pizarro en castigo, en pena de sus maleficios y declaración y miedo de sus dicípulos que quedaban en el Perú esperando su venida, predicando sus falsos y malos milagros, para lo cual todavía hay sazón y necesidad. Y que no fuera el licenciado Vaca de Castro, que entonces estaba para embarcarse en Sevilla por gobernador del Perú, así porque lleva una provisión y poderes enconosos y peligrosos para que se juntase a hacer justicia con el gobernador Pizarro y su compañía, siendo delincuentes. ¡Cuántos daños y desacatos han hecho, estando como estaban, los servidores de Su Majestad! De la parte del gobernador Almagro que pedían justicia a Su Majestad, muerto y ahorcado su gobernador y otros muchos de su compañía, y los que esperaban venganza y remedio robados y afrentados, y los demás cuchillados por las caras. A los cuales yo había excusado al dicho gobernador Pizarro, como después mataron, porque les dije que no hiciesen ellos lo que Su Majestad había de mandar hacer, haciéndoles mercedes por lo que habían sufrido. Con lo cual los dejaba amansados y consolados.

»Y como vi proveído el contrario de lo que ellos esperaban y que en confesión me dijo un hombre que se llamaba Platas que por la parte caída venía a pedir justicia, que, pidiéndola y agraviándose de la dicha provisión y poderes, le había respondido el doctor Bernal de vuestro Consejo: "Venciérades vosotros, porque el rey no ha de sostener a los vencidos sino a los vencedores".

»Y como el dicho licenciado Vaca de Castro mostraba, antes que se combatiese, grandes vanidades, sacando por condición a los que asentaban con él que se habían de vestir de paño verde con botones de plata, que enviasen otra persona y otros poderes; si no, que matarían al dicho gobernador Pizarro y se alzarían los de Almagro, como se hizo.

»Ítem: cuando se proveyó por virrey Blasco Núñez Vela, dije que era hombre de poca autoridad y de mucha presunción y más valiente que templado. Y, así se echó ha perder, diciendo: "No me llamen virrey sino Blasco Núñez Vela, que con una cuera y una pica tengo de ganar el Perú".

»Ítem: requerí que no dejasen pasar a Diego Martín, clérigo desbarbado y no por falta de edad, criado de Hernando Pizarro, el cual se había hallado en todas las alteraciones y excesos que el dicho Hernando Pizarro dejaba hechos en el Perú, delinquiendo en ello y aprobándolo temporal y espiritualmente con la ballesta en el hombro en el campo y batalla, y predicando desde el altar contra ley divina y humana. Al cual enviaba y tornaba el dicho Hernando Pizarro al Perú con cuatrocientas cartas suyas para que se levantase, como se ha levantado, creyendo que por ser sus hermanos, parientes y amigos los levantadores, obligándose él a apaciguallos sin gente y costa y muertes de hombres, Su Majestad le perdonaría lo que había hecho y enviaría a perdonar a los otros malos como él.

»Y así requerido, con todo esto, después de embarcado el dicho clérigo, a vuestros oficiales y jueces de la Casa de la Contratación de Sevilla, respondiéronme que diese información de lo susodicho copiosa y bastante, por cuanto él tenía cédula de Su Majestad y licencia del provisor desta ciudad para pasar. Y yo di tal información y probanza que enviaron por el dicho clérigo y lo sacaron del navío a él y a su ropa. Y él se soltó y huyó, y la ropa y las dichas cartas se vieron y embargaron. Y paréceme que el clérigo no ha dejado de pasar al Perú, no sé cómo, aunque los dichos oficiales y jueces quieren ahora quemar al monasterio y al navío que lo llevó, según uno dellos me dijo ayer delante del asistente de esta ciudad y de otros muchos. El cual clérigo ha efectuado lo que digo y Hernando Pizarro lo enviaba a hacer. Y dice que anda hecho soldado haciendo su oficio. Todo lo cual, muy poderoso señor, podéis creer, porque digo verdad y lo juro a Dios y me obligo a la prueba y a la pena y lo firmo de mi nombre, para que Vuestra Alteza crea como en dicho y en hecho, en Indias como acá, siempre os he servido.

»Y ahora quiero decir lo que me parece que debe hacer, como hombre experimentado y vuestro leal servidor: hagan cuartos a Hernando Pizarro, porque lo merece —júrolo a Dios— y porque no puedan decir éstos ni otros lo que dijo: "Como se ha disimulado la muerte de otros gobernadores en las Indias, se disimulará la que di al gobernador Almagro".

»Y si este consejo que yo do a Vuestra Alteza, que di al gobernador Almagro, que tenía preso a Hernando Pizarro, tomara de mí, hubiera hecho bien. Porque yo le dije: "Mataldo; si no, él os ha de matar, pues conforme a justicia lo podéis hacer".

»Y respondióme el cuitado de don Diego de Almagro: "Temo a Dios y al rey que me ha hecho del polvo de la tierra. Y éste viene a hacer negocios de Su Majestad".

»Otrosí: dejar estar un poco a Gonzalo Pizarro y a esotros tiranos que se han levantado con él, según las bellaquerías que han hecho, pecados y desacatos en tiempo de Hernando Pizarro. Y ahora cierto creo que es provisión divina que se maten los unos a los otros, como dice el Salmo: "Verme-he vengado de mis enemigos por mano de mis enemigos".

»Crea Vuestra Alteza que ellos mismos se han de matar y castigar y no se han de poder sustentar, porque demás de lo susodicho y andar fuera de ley divina y humana, el dicho Gonzalo Pizarro es necio y no se ha de saber gobernar ni esotros borrachos del capitán Carabajal su maese de campo tampoco se puede sustentar. Es un hombre desatinado, y teniendo aquí la encomienda de Heliche, que es cerca desta ciudad, por un comendador que entonces la tenía, extranjero capitán de alemanes, andaba tan borracho que era una cosa perdida. Y después me espanté cuando le vi en el Perú. Estos tales, muy poderoso señor, se habían de estorbar de ir a las Indias, que veo pasar hombres que desde acá veo que van alzados, así delincuentes como mal acondicionados, como de ruin suelo y linaje, digo de hombres que en su linaje hay revoltosos y banderizos, como esos de Trujillo, etc.

»Otrosí: hasta que Su Majestad provea el castigo y remedio, debe mandar que no pase hombre ninguno al Perú de aquí ni de ninguna parte de las Indias ni armas ni otra mercadería ni refrigerios, porque los hombres que ahora pasaren de necesidad han de hacer lo que ellos hacen, porque yo sé de allá que como los quiten la conversación de acá, se afligirán. Y mande Vuestra Alteza pregonar en esta ciudad y en todos los lugares de las Indias este mando, para que vaya a sus oídos, dándoles por traidores a los que en cierto tiempo no se reducieren en vuestro servicio, que desta manera yo fiador que ellos se apacigüen, porque todos tienen parientes acá en España con quien se piensan gozar presentes o ausentes. Y por esta misma razón los de acá les escribirán lo que han de hacer.

»Y tras desto, muy poderoso señor, envíe Vuestra Alteza a mandar a don Antonio de Mendoza, vuestro virrey en la Nueva España, que vaya al Perú. El cual es un hombre abundante, bienquisto y acreditado y de gran linaje, porque crea Vuestra Alteza que esto es menester más que todo, porque allá hay criados suyos y de sus padres y antepasados que les favorecíesen. Y ayudan y obedecen, y cuando algunas palabras u obras dicen o hacen con riguridad, sufrirselo-án por su acatamiento y parecelles justo. Y donde no paréceles que es dicho de otro tal como ellos o poco más, respóndenles y desacátanlos, como hicieron a Blasco Núñez Vela, que aunque en verdad es buen caballero, no tiene el autoridad y poder que un señor de título.

»Y con el dicho don Antonio de Mendoza o con quien a Vuestra Alteza pareciere, yo iré por su alguacil mayor, si os sirvo mucho en ello, pues necesidad de honra ni de hacienda no tengo, gracias a Dios, ni hijo a quien dejallo. Y no solamente como hombre experimentado le diré lo que ha de hacer, pero obligarme-he de traelle de paz al Mangoyuga impangue, cacique mayor que está levantado, con mucha gente de la tierra, porque lo tienen por hijo del Sol, a quien ellos adoran como nosotros a Dios del cielo. Del cual traigo creencia y certificación, como es grande mi amigo, y que de su parte diga a Su Majestad quél vendrá de paz, yendo yo de su parte a perdonalle lo pasado, y que los góvernadores no le pidan oro y plata, porque lo atormentan sobre ello, sino los oficiales de Su Majestad aquello que buenamente él puede dar. Y con tanto acabo, por no ser más prolijo, aunque si me quisiesen oír, más diría. Iré personalmente a hacello a esa Corte, si Vuestra Alteza es servido; para lo cual envío este mi mensajero. Y sobre todo encargo a Vuestra Alteza que provean presto se venga Blasco Núñez Vela, porque ya anda de manera que no puede acertar, antes como desesperado se ha de perder y dar lugar a más desacatos. Dios sea con todos. De Sevilla, a 23 de junio de 1545 años.»

Aquí se vos hace saber como vino nueva a esta ciudad de Sevilla que era nacido el infante don Carlos de España y como por alegría entre otras fiestas que el cabildo y ayuntamiento desta ciudad concertó me encargó a mí mantuviese una sortija y pusiese este cartel, como puse, en 18 días del mes de julio de 1545 años. Y dende dos días en adelante, puesto con mucho regocijo y solemnidad, pompa y autoridad, vino la triste nueva como era muerta la princesa su madre nuestra señora. Y las telas de oro y sedas de color que yo para esto y muchos para jugar cañas que tres días antes habían de salir, se convirtió en luto y cumplió el refrán que «No hay risa sin lloro» en esta triste vida ni placer sin tristeza, hasta que vamos a la otra que es sin fin y toda gloria, por lo cual juro de ir a ella. Y cesó la fiesta y no el cartel de ponerse aquí por muchas causas. Que es este que sigue:

«Un caballero llamado don Alonso Enríquez de Guzmán, natural desta grande y nombrada y sobre todo leal ciudad de Sevilla, estaré el día de Santiago del presente año de 1545 años en la plaza de San Francisco dende las tres después de medio día hasta una hora después de noche, esperando de correr sortija. Y mantenerse-án los precios y condiciones siguientes. Lo cual hago en comemoración, alegría y deuda de servidumbre al emperador y rey nuestro señor y el príncipe su hijo y el infante su nieto, de que hemos tenido nuevas que a nacido, y por servir y contentar al que gobierna esta ciudad en nombre de Su Majestad, que es el muy ilustre señor don Pero de Navarra, marqués de Cortes, marichal, etc., y a la propia ciudad, la cual da la sortija puesta y precios siguientes.

»Y así los caballeros y hombres honrados, naturales y extranjeros, deben solemnizar esta fiesta y regocijarse en ella, todos los cuales serán admitidos y bien recibidos, con máscaras, sin ellas, con tanto que vayan a presentarse primero y darse a conocer por sus personas o por sus padrinos, en fe de los cuales serán creídos, ante los jueces que son el muy ilustre señor marqués de Cortes, asistente de Sevilla, y los señores Martín Cerón y Pedro de Pineda y don Juan Hurtado de Mendoza, regidores deputados de la dicha ciudad para las dichas fiestas y las demás que se harán.

»Al que saliere más galán, le darán una joya de plata de hechura de porcelana con su sobrecopa dorada.

»Y al que mejor lo hiciere de todos, una águila, armas del imperio, de plata dorada.

»Y para todos los aventureros que salieren, estará puesto un aparador de piezas de plata de muchas maneras y hechuras para que cada uno que entrare a correr y corriere con el dicho mantenedor cuatro lanzas, o con quien el mantenedor señalaré, si algún desastre o necesidad le acaeciere; si ganaré el aventurero, le den una pieza, cual él señalar del dicho aparador; y si perdiere, se obligado a dar al mantenedor una pluma la cual ha de traer y depositar, antes que corra, en poder de los señores jueces.

»Al que mejor invención sacare o disparate, se le dará una pieza de plata cual a los señores jueces pareciere.

»Ítem: han de correr por su orden como fueren entrando en la plaza. Y si en tanto que no vienen otros de los que en la plaza estuvieren, pueden correr aunque hayan corrido, si el mantenedor quisiere y algunos se lo pidieren, porque no estén parados.

»Ítem: que el que ha de ganar, para hacello mejor ha de ser corriendo como buen hombre de armas y mejor puntero. Y si perdiere lanza o hiciere fealdad notable en las cuatro carreras, no gane precio, aunque la una sea mala y las tres buenas. Don Alonso Enríquez.»

Esta es una carta que escribió el autor deste libro al príncipe nuestro señor a ruego y recomendación de Pero Mejía y un libro que hizo como en ella se contiene

«Un caballero desta ciudad que tiene por nombre Mejía, sagaz y sustancial de juicio y buen entendimiento en latín y en romance, en metro y en prosa, curioso y deseoso de ver y leer, entender y dar a entender, así entendidas de otros libros de sabios varones como sacadas de su entendimiento discreto y virtuoso, las cosas que aprovechar puede con buen gusto y provecho a los que quisieren sabello y entendello, y por esto sacó de muchos libros famosos y muy excelentes la sustancia y mejor dellos, y con las circustancias de su claro y discreto y virtuoso entendimiento hizo un libro cuyo título es Libro llamado: Silva de varia lición, dirigida a la Cesárea Católica Magestad del emperador nuestro señor don Carlos, quinto de este nombre, compuesto por un caballero de Sevilla llamado Pero Mejía, en el cual, a manera de silva, sin guardar orden de los propósitos, se tratan por muchos capítulos muchas y diversas materias, historias, ejemplos y quistiones a varia lición y erudición.

»Y después, entendido cuán entendido sois, muy poderoso señor, por muchos que lo saben, especialmente por mí que por mucha conversación que con Vuestra Alteza he tenido —las gracias a Dios y a vos— ha sabido, metiendo las manos como Santo Tomás en escrito, que sois sabio, etc., ha querido hacer otro libro, dirigido a Vuestra Alteza, el cual os envía y, como salutación, esta mi epístola, porque ha sabido que Vuestra Alteza por su infinita bondad me quiere bien.

»Por tano desde acá yo, allá mis amigos, fincamos las rodillas en el suelo y rogamos a doña Leonor Mascareñas, ella que es digna de rogar, devota de Santo Jerónimo, ruegue o quiera rogar a Vuestra Alteza, de quien es asceta, lo quiera leer y entender, pues puede y sabe, y lo favorezca, haciéndole mercedes al que lo hizo por la mucha voluntad y ocupación que de serviros y hacello ha tenido, muy poderoso señor, aunque a mi parecer mejor fuera haberse ocupado en hurtar que en dejallo en virtud de reyes, porque sois los que yo conozco sin perjuicio de vuestros acatamientos. Por lo cual fui yo al Perú, y no solamente pasé una muerte sino a más de treinta, porque en verdad creo que fueron más.

»El representador deste libro será don Álvaro de Córdoba vuestro caballerizo mayor, a quien lo envía un caballero muy honrado y principal desta ciudad y muy amigo y servidor suyo, que se llama Garci Tello de Deza. De manera que ha de ser muy necio y desdichado el señor libro, si no agrada a Vuestra Alteza y aprovecha al que lo hizo.

»A quien suplico me mande hacer que cosa y cosa; y si ha recibido Vuestra Alteza doce patatas y tres barriles y seis brincos de barro de Marchena, que no pudo llevar más un peón, que habrá seis días que os envié. También me mande hacer escribir Vuestra Alteza, pues don Álvaro me lo escribe de buena gana, si piensa todavía don Sancho de Córdoba que es buen cortesano y vuestro privado, y don Gómez su compañero cómo anochece en vuestro real palacio una hora antes por amor dél. Dios sea con todos y guarde a Vuestra Alteza por largos tiempo. Hecha en Sevilla en 5 de julio de 1545 años. Del vasallo que más le ama y le desea complacer y servir, que los reales pies a Vuestra Alteza besa. Don Alonso Enríquez.»

Esta carta que se prosigue es de consuelo, que escribo yo el autor del presente libro a una señora cuñada que se llama doña Mencía de Andrada, a Corte y reino de Portugal, que fue ama y haya de la princesa de Castilla nuestra señora, hasta que se casó con el príncipe nuestro señor. Y no la dejó el rey de Portugal venir con ella; de lo que usó ingratitud y crueldad, diciendo que la había de gobernar. Lo cual suele dios castigar, porque es rey de los reyes. Y por la misma carta entenderéis el caso; Que es esta que se sigue:

«Muy magnífica señora hermana: Vuestra merced tiene mucha razón de tener mucha pena y dolor en habérsele muerto, aunque fue para el cielo, la princesa nuestra señora y el señor don Per Enríquez, hijo de Vuestra merced y sobrino mío, de lo cual me ha alcanzado a mí la parte que es razón. Y no presumo yo de consolar a Vuestra merced de tan gran pérdida y tanto mal junto, mas esto no ha de ser mucho tiempo, pues es tan corto el que habemos de vivir en este mundo ni de manera que hagamos daño a nuestras ánimas que han de vivir para siempre en el otro sin fin. También quiero acordar a Vuestra merced como la princesa nuestra señora está en la gloria; y el señor Pero Enríquez su hijo no había de vivir para siempre, tan poco como nosotros, pues con esta condición nacimos; y que ha habido muchos príncipes y princesas y solos hijos, como era el de Vuestra merced, que se han muerto de su edad, mayores y menores y así será hasta que se acabe este mundo, en el cual ya vivimos de gracia, que son pasados los 1500 años.

»Y pues por Su Alteza Vuestra merced perdió su marido mi hermano y su hijo y tantos cuantos años pasaron desde que nació hasta que se casó, criándola y sirviéndola, apartándose dellos ya el tiempo que había de gozar, cuando se casó ella, y sus padres dieron tan mal pago a Vuestra merced, habed paciencia, pues solo Dios es el bueno y a quien habemos de contentar, teniendo por bien lo que hace y poniendo en cuenta de nuestros pecados nuestros trabajos y adversidades, dándole gracias porque se acuerda de dárnoslos en este mundo de burla para que tengamos descanso en el otro de veras. Yo fuera luego a ver a Vuestra merced, si pensara con mi persona dalle algún descanso, como lo haré, si Vuestra merced me responde con este mensajero que le envío que holgará dello, porque por tan hermana y señora tengo a Vuestra merced ahora y terné siempre como cuando era vivo mi hermano y sobrino. Mas como Vuestra merced sea tan discreta y buena cristiana, confío en Dios y en vos, señora mía, que cualquier consuelo bastará.

»Yo no supe de la muerte de mi sobrino hasta dos o tres días ha, que de parte del príncipe me lo escribió don Álvaro de Córdoba su caballerizo mayor, y como la princesa había dejado en su testamento a Vuestra merced 100. 000 maravedís cada año de por vida y al señor don Pero LXXX, los cuales no gozó ni supo. Plega a Dios goce y gocemos todos del juro para siempre divino de la vida eterna. Y así quedo. En Sevilla en 5 días del mes de agosto de 1545 años.

»En esta ciudad do al presente es asistente y gobernador el marichal de Navarra, marqués de Cortes, se hacen las más solemnes, devotas y suntuosas honras por la princesa nuestra señora que nunca se hicieron ni se han visto ni leído. An sido mucho, mucho más de la emperatriz su tía, entre otras cosas, muchas devotas y suntuosísimas y gigantes... por maceros. Y porque más despacio haré saber a Vuestra merced lo demás o iré en persona yo a decillo, ceso en ésta. Hecha ut supra. Del menor hermano y mayor servidor de Vuestra merced, que sus manos besa. Don Alonso Enríquez.»

Este libro, aunque en vida no lo muestro a naide, aunque al crédito dél convendría, porque todo lo más saberse podría de hombres vivos que lo vieron y supieron, todavía lo presté a un hombre sabio, curioso y honrado, el cual me envió, después de haberlo visto, esta carta que se sigue, la cual pongo aquí para autoridad del libro y crédito del autor, aunque hago más en su caso que en el mío. Amén.

«Muy magnífico seño: Cuándo leía la vida de Julio César, la cosa que más admiración me puso es tener en la una mano para escribir la pluma y en la otra la lanza para pelear, dos cosas tan contrarias y con tanta dificultad en un tiempo poder ser hecha, porque la quietud y sosiego del escribir en los bullicios de la guerra parecen ser ajenos de los trabajos della. Y por eso parece cosa digna de tal príncipe y ser estimado negocio por cosa heroica entre sus hechos. Lo cual Vuestra merced imitando, sin ser César, ha querido imitar y con justo título hacer en nuestros tiempos, siguiendo sus mismas pisadas en hechos en las armas y en elocuencia e historia con la pluma.

»Testigo es desto un libro que Vuestra merced me mandó prestar de sus hechos y acontecimientos, dignos por cierto de ser sabidos y en memoria puestos, porque la historia y escritura es la cosa que hace a los hombres inmortales. Que si se miran cuantos emperadores y personas notables dejaron sus memorias en supremos edificios, en tablas de metal y en mármoles curiosos y vemos que el tiempo todo lo ha consumido y acabado, y los que lo dejan en flacos papeles duran y durarán para siempre, así será la historia de Vuestra merced, la cual, como esté tan llena y abundante de sus heroicos hechos, así en vencer batallas como en tener cargos y oficios tan valerosos y preminentes, sus consejos tan provechosos, el servicio a su rey tan de veras, atantos peligros por bien servir a cada paso, que se puede bien decir haber dado testimonio de la ilustre sangre y progenie donde Vuestra merced desciende. En todos estos trabajos y ejercicios militares no olvidó que la pluma facunda y elegantemente así ejercitase su oficio que siendo un César en pelear, fuese un Demóstenes en escribir y que el peso de las armas sin el trabajo dellas dejasen hacer a la pluma tan dignamente oficio como lo hacía la lanza.

»Gran cosa es; en mucho lo tengo. Y más en escribir de sí propio, porque escribir lo de otros es poco el trabajo, mayormente siendo de persona en quien parecen los hechos y dichos más de lo que son y le está bien al autor ensancharlos y engrandecerlos, como hizo Africano de Alejandro, Virgilio de Eneas, Homero de Ulises, Tohorus de Galieno emperador. Pero de sí propio y cosas tan insignes y tan dignas de ser sabidas, notable cosa es; porque allende del aviso que se da a los de la profesión militar, hay en el libro de Vuestra merced cosas que imitar, obras que alabar, cargos y oficios que llevar, prosperidades que notar, adversidades e infortunios valerosamente sufridos, cartas de que tomar dechado, dichos graciosos, obras donosas. De modo que se puede decir de su libro de Vuestra merced lo que dice Oracio del que acierta bien a escribir, que aquél es escribir bien que mezcla lo dulce con lo provechoso, agradando el lector y conmoviéndole a lo que quiere.

»Cuando me paro a pensar que Dion filósofo hizo un libro muy autorizado de lo del cabello, lo que ahora con tanta gana deshechamos, y Ensencirus otro de la risa, y un Silio de la pulga, y Demoarco se estuvo quebrando la cabeza con un libro que trata del número de cuatro, tengo el libro de Vuestra merced en mucho, pues en él trata cosas tan dignas de saber y obras tan propias para imitar. Yo he gastado menos tiempo en leerlo que Vuestra merced me dio la comisión, porque la obra es tal que no da libertad a quien la comienza. Dios dé a Vuestra merced vida para que después de largos años lo acabe, y que sea poco lo escrito y mucho lo que queda por escribir. El que las muy magníficas manos de Vuestra merced besa. El licenciado Monardes.»

Esta que se sigue es una carta que yo el autor del presente libro escribí a Roma al cardenal de Burgos, don Juan de Toledo, hijo del buen duque de Alba de gloriosa memoria que está en la gloria, de cuya vida y muerte en este libro vos tengo contado. Pareciome ponella aquí por ser epístola en que concurre cuenta de mi vida. Para en fin de la jornada daré cuenta del suceso, si se efectuare; y si no, lo que lo estorbó

«Reverendísimo e ilustrísimo señor: Este título no es para todos cardenales. Solo "reverendísimo señor" es su avocación; el "ilustrísimo" es el que nació del ilustrísimo lomo y vientre, como al que dije en el sobre escrito désta, que es ya anatema, porque ya tengo escritas otras dos: una di a un canónigo en esta ciudad que se llama el doctor Gasco, el cual quedó de envialla a Vuestra Señoría y traerme respuesta; y la otra di al marqués de Cortes, asistente, que me prometió lo mismo. Los cuales echan la culpa al cardenal de Burgos. Lo cual no creo, porque a él le costará poco responder a ésta y a mí mucho querelle tanto, a quien suplico a ésta me responda, porque ni bastará paciencia ni crédito de tenerle por grato y agradecido y buen pagador, pues no ha Vuestra Señoría conocido hombre a quien tanto deba como a mí en amor y buena voluntad. Y pues no quiero otra moneda, ésta no se debe negar, porque sería inhumanidad y crueldad. De lo cual estoy seguro pues cuando lo había menester, me lo pagaba Vuestra Señoría en trigo y en dineros. Y por no desear paga tan penosa y trabajosa para el que la da y para el que la recibe, fui al Perú, do pasé muchos trabajos y peligros, y estoy ahora para podelle dar antes que tomar —las gracias a Dios, no dejándolas de dar a vos, reverendísimo e ilustrísimo señor, pues cuando no lo tenía, me lo dábades. Amén.

»Ahora falta mandar y servir a Vuestra Señoría. Haga lo suyo, que yo cumpliré lo mío en lo a mí posible en vuestro servicio. A quien hago saber que yo partiré en fin del presente, mediante Dios, a la Corte del príncipe para besalle las manos y dalle el pésame de la muerte de su mujer. Y con consejo y saber de Su Alteza podrá ser ir a la del emperador su padre, nuestro señor. Y presentalle-he haberme mandado Su Majestad traer preso desde el Perú con falsa relación y sospecha, al tiempo que por mi industria, diligencia y autoridad le tenía apaciguada aquella tierra, porque los gobernadores don Diego de Almagro y don Francisco Pizarro, hmbres de baja generación y condición, bastos de personas y rudos de entendimiento, inocentes de lealtad, la descubrieron y no supieron sustentalla. Y alzáronse los naturales contra ellos. Y yo con oficio de capitán y maese de campo la sustenté.

»Y cuando se me habían de hacer mercedes por ello fue traído, dejando mi hacienda perdida y gastando en España, con prisiones y molestias, mucha parte de lo que pude traer, hasta que los del Consejo Real de las Indias, siendo muy acusado por el fiscal, me han dado por libre y quito y merecedor de grandes mercedes, restituyéndolo y gratificandolo a Su Majestad y lo que sin culpa me hacen pasar y penar y los grandes servicios que yo he hecho. Le suplicaré a Su Majestad haga conmigo una de dos cosas: o me dé una carta para su virrey en el Perú me dé cargos y repartimientos de indios conforme a los servicios quél halla que he hecho yo a Su Majestad en lo susodicho y cuenta que yo he dado dello, que he sido en cargo por los dichos gobernadores; o me dé en España cargos con que yo me pueda honrar y ayudar, recompensando lo que he perdido en honra y hacienda, por haber dado crédito Su Majestad a los que me querían mal y querían quitar de mi crédito lo que a Su Majestad dellos podría informar. Lo cual se ha parecido ahora bien, pues me han dado por libre en juicio contraditorio y a Hernando Pizarro tienen preso, para hacer cuartos. El cual y sus consortes fueron los dañadores de la tierra y los que me quisieron dañar a mí. Justo será que pues me habían de dar la pena, me den la gloria, como creo que hará Su Majestad, imitando a Dios. El cual sea con él y con todos.

»Y si Su Majestad no quisiere hacer una destas dos cosas, tomaré cuidado del alma y quitaré lo del cuerpo, quitando de baldas y puniendo en mangas, iré sin cerpas a ganar perdones a ese palacio sacro y besaré los pies a nuestro muy Santo Padre y las manos a Vuestra Señoría y a mi señor Juan de Vega; y volverme-hé a esta ciudad, do en un aldea cerca della, encima de un río, pasaré mi vida diciendo este cantar:

»"Solíades venir, amor, y ahora no venides, no", rogando a Dios Todopoderoso guarde y salve la reverendísima e ilustrísima persona de Vuestra Señoría en este mundo y en el otro de gloria, que ha de ser para siempre, y a mí no olvide, rezando aquel Salmo de Miserere mei Deo gracias en manus tuas, domine, etc. De Sevilla en 3 días del mes de octubre de 1545 años. Del muy servidor de Vuestra Señoría. Don Alonso Enríquez.»

Porque es grande apetito y curiosidad al curioso lector ser verdad la lectura, he acordado poner aquí en lo que se podría poner alguna duda y dificultad, con autoridad y mandado del supremo juez por Su Majestad en esta gran ciudad de Sevilla y su tierra, suplicándole lo cometa al escribano en ella más legal, para que dé fe en testimonio de verdad, firmado y signado y autorizado en pública forma, etc., de algunas cartas y cédulas y otras provisiones que en este libro tengo trasladadas de los originales del cristianísimo emperador y justísimo rey don Carlos nuestro señor, escribiendo y haciendo mercedes a mí el autor, trasladándolas verbo ad verbum y letra a letra. Y no serán todas las que de Su Majestad tengo, por evitar prolijidad.

Serán una carta misiva que me envió luego que llegué a Ibiza; y otra después que di la batalla a los turcos y moros y la vencí; y la cédula para sus contadores mayores en que, por ello y otros servicios que allá van expresados. Y en este libro vos tengo contados, por lo que le daréis fe, me hizo merced de 70. 000 maravedís cada un año por todos los días de mi vida, librados en esta ciudad dicha, do es mi propia naturaleza; y otra cédula en que me dio licencia para vestir más ropas de las que puedo conforme a mi orden, y porque me pareció digna de saber; ítem: una carta misiva que el serenísimo y muy excelente príncipe don Felipe su hijo, luego que se casó, conmigo escribió a la serenísima y excelente infanta doña María su hermana desde Valladolid a Madrid, mandándome que de camino me viniese por allí, porque de su Corte me venía a mi casa a Sevilla, no muy sabroso con Su Alteza por no haberme mandado visitar en una prisión que en su Corte tuve; y cuando me fue a besarle las manos para venirme, acabada la prisión, diciéndole mi enojo, me rogó que lo perdiese y que llevase la dicha carta, por la cual me mandó y rogó lo mismo la señora infanta, mostrándome la carta. La cual le supliqué me diese, y dio, por lo que no dejé de amar a él y a ella sobre todas las otras cosas deste mundo, dignamente porque demás de quererme entrambos mucho, son tales que vasallos de otros reyes los deberían de amar y servir. Amén y cierto.

Y en esta sazón en esta ciudad de Sevilla el asistente juez supremo, don Pero de Navarra, marichal y marqués de Cortes, asistente es, porque asiste con todas las justicias y jurisdiciones civiles y criminales, porque hay audiencia real que dicen «de Gradas y en su tierra que hay muchas villas y lugares, todo lo cual manda y gobierna como el rey con su poder real, dignamente por cierto porque es gran gobernador».

Al cual en escrito, evitando prolijidad, le pedí lo contenido en esta relación que adelante veiréis, y de palabra le dije y requerí lo siguiente —porque en este mi libro alargarme-he y contaros lo que he hecho y dicho, pues está en mi mano escribillo y en vuestra voluntad leello, por lo cual no se me imputará a prolijidad— y supliqué y requerí a Su Señoría señalase y mandase escribano verdadero, principal sacase y autorizase las dichas cédulas y cartas de Su Majestad y Alteza, de manera que se diese firmado de su muy ilustre nombre y signado con el sino del escribano, con otros escribanos, cétera.

Y así lo mandó luego a Martín de Morales, escribano principal de justicia desta ciudad por todos los días de su vida, y de los del número de Su Majestad, como veréis en su signo adelante desto, y de otros escribanos que se lo ayudaron a sacar y autorizar, para que verdaderamente no tengáis escrúpulo, pues en la verdad de lo que lo podíades tener había de ser en estas cédulas y cartas del emperador nuestro señor y príncipe su hijo, porque haber visto cartas y cédulas simples sin firma de Su Majestad y Alteza ni signo de escribano de tan poderosos y grandes príncipes para un hombre tan poco ratificado y tan hablador como os parece en este libro o si me conociésedes, parecería imposibilidad o compostura.

Y quiero que veáis como no es lo uno ni lo otro sino que unos tienen ventura y otros no, aunque verdaderamente yo tengo por cierto que lo que hace al caso es tener al lado de los príncipes los que informen de los hechos, porque éstos son creídos, aunque sean añadidos, y no tanto ni agradecidos, los que de hecho verdaderamente pecan, aunque lo hagan de manera que ha de haber muchas cosas para alcanzar hombre el bien, que es ventura y diligencia, parientes y amigos y lo de más, poner la vida en aventura. Por lo que hallo que no se debería hombre de ocuparse en alcanzar bienes en este mundo pues cuesta tan caro y lo dais tan barato con un soplo de vida, sino para aquella vida eterna sin fin para siempre con quien no habéis menester nada de lo susodicho sino a solo Dios omnipotente.

Comienza el escribano:

«En la muy noble y muy leal ciudad de Sevilla, a viernes, 9 días del mes de octubre, año del nacimiento de Nuestro Salvador Jesu Cristo de 1545 años, ante el muy ilustre señor el marichal don Pero de Navarra, marqués de Cortes, asistente en esta ciudad de Sevilla y su tierra por Su Majestad, y en presencia de mí, Martín de Morales, escribano de Su Majestad y su notario público en su Corte y en todos sus reinos y señoríos, pareció don Alonso Enríquez de Guzmán, comendador de la orden de Santiago, vecino desta ciudad, y presentó un escrito y una cédula de Su Majestad, firmada del rey nuestro señor y refrendada de Ugo de Urrías; y otra cédula firmada de Su Majestad y refrendada del dicho Hugo de Urrías; y otra cédula de Su Majestad refrendada de Francisco de los Covos con ciertas señales de firmas y cierto asiento en las espaldas firmado de Lope de Ribera; y otra cédula de Su Majestad y refrendada de Francisco de los Covos; y una carta misiva que dijo ser del príncipe nuestro señor y dijo ser firmada y escrita de su letra de Su Alteza, su tenor de lo cual, uno en pos de otro, es esto que se sigue:

»Muy ilustre señor: Don Alonso Enríquez de Guzmán, vecino desta ciudad, parezco ante Vuestra Señoría y digo que yo tengo en mi poder dos cartas-cédulas de Su Majestad y otras dos cédulas suyas, firmadas todas, cuatro de su real nombre, y una carta misiva del príncipe nuestro señor, escrita y firmada de su nombre. Y porque me temo que se podrían perder facilmente por cualquier caso y conviene a mi derecho sacar y tener un testimonio de dos o tres autorizados de las dichas cartas y cédulas, a Vuestra Señoría suplico mande dar un testimonio autorizado y sinado de las cédulas y carta misiva y dos o más, si los pidiere, interponiendo en ello su autoridad y decreto judicial, y mande volver originalmente las dichas cédulas y cartas, dejando su traslado concertado en el registro del testimonio. Y para ello imploro el muy ilustre oficio de Vuestra Señoría y pido justicia. Don Alonso Enríquez.»

«El rey
»Don Alonso Enríquez mi criado y capitán: Vi vuestra carta y plúgome saber que hayáis quedado en guarda desa isla con la gente de vuestra compañía. En que hicistes lo que debíades y yo me tengo dello por muy servido. Y como quiera que luego he mandado proveer que se envíe alguna gente de socorro a esa dicha isla, pero porque podría ser que, antes que llegase, os viésedes en alguna necesidad, yo vos ruego y encargo que en tal caso no dejéis de hacer aquello a que vuestra condición y naturaleza os obliga en defensión de esa villa y fortaleza y della no partáis vos ni la dicha gente que con vos se halla hasta que crece la necesidad, que al presente socorro, que yo escribo al gobernador y jurados de esa dicha villa para que os paguen a vos y a ellos de sueldo acostumbrado por el tiempo que ahí estuvierdes, y vos provea de lo necesario, certificándovos que con estó me haréis señallado servicio y para que vuestras cosas yo me acordase dellas. Hecha de Valladolid, a 30 de mayo de 1523 años. Yo el rey. Por mandado de Su Majestad, Ugo de Urríes. Por la Cesárea y Católica Majestad. A don Alonso Enríquez, su criado y capitán de infantería.»

«El rey
»Don Alonso Enríquez, mi criado y capitán general: Vi vuestra carta de 28 de junio y holgué con ella y con lo que el gobernador de esa isla me escribe de cuán bien y esforzadamente lo hicistes vos y los de vuestra compañía que ahí

tenéis en socorrer la iglesia de San Antón al tiempo que los cosarios turcos y moros la combatieron. Y de todo ello me tengo por muy servido y vos ruego y encargo que no ceséis de trabajar y servir en la buena guarda y defensión de esa isla, como hasta aquí lo habéis hecho, pues no tardará, Dios mediante, a ir el socorro y provisión que conviene según que más largamente lo escribo al dicho gobernador. En lo cual vos ganaréis mucha honra y el buen servicio que hasta aquí me habéis hecho y hacéis vos y los de vuestra compañía no quedará olvidado. Hecha en Valladolid, a 31 días del mes de julio de 1523 años. Yo el rey. Por mandado de Su Majestad, Ugo de Urrías. Por la Cesárea Católica Majestad: a don Alonso Enríquez, su criado y capitán.»

«El rey

»Contadores mayores de la Católica reina, mi señora, y míos: Sabed que nos, acatando y considerando los muchos buenos, leales y señalados servicios que don Alonso Enríquez de Guzmán, gentilhombre de mi casa, nos ha hecho en la toma de los Gelves como en la de Tornay y en prender al capitán Machín, que andaba por la mar en nuestro deservicio, y en la reducción de Mallorca, siendo nuestro sargento mayor y capitán de infantería, y en la defensión de la ciudad de Ibiza contra moros y franceses, siendo capitán general della, y en lo que se ha ofrecido en estos reinos; y porque deja su asiento y quiere retraerse, es nuestra merced y voluntad de que haya y tenga de nos por merced en cada año para en toda su vida 70. 000 maravedís, librados de tres en tres años en las rentas de estos reinos.

»Por ende yo vos mando que libréis al dicho don Alonso Enríquez este presente año de 526, desde el día que por fe de nuestro maestro deja cámara os costare, que esta testado de los nuestros acroyes, para no le ser más librado el dicho su asiento en adelante hasta en fin dél. Y los dos años venideros de 527 y 528 juntamente y en cada uno dellos los dichos 70. 000 maravedís. Y aquéllos cumplidos, se los librad por la misma orden de tres en tres años para en toda su vida, señaladamente en las rentas de la ciudad de Sevilla. Y para la cobranza de los tres primeros años, le dad y librad desde luego las cartas de libramiento y otras provisiones que hubiere menester. Y aquéllos cumplidos, desde en adelante en cada un año para en toda su vida por la dicha orden de tres en tres años, solamente por virtud desta mi cédula, sin esperar en ningún año otra mi carta ni mandamiento alguno, Y entiéndase que si el dicho don Alonso Enríquez falleciere antes de seer cumplidos los tres años que así le librades, que sus herederos no han de gozar de esta merced sino por rata hasta el día que falleciere. Y asentad el treslado desta mi cédula en los vuestros libros que vosotros tenéis y esta original sobreescrita y librada de vosotros volved al dicho don Alonso Enríquez para que él la tenga. Y no fagades ende al. Hecho en Granada, a 14 de septiembre de 1526 años. Yo el rey. Por mandado de Su Majestad, Francisco de los Covos.

»Esta cédula se asentó en los libros de las mercedes de Sus Majestades. En la ciudad de Granada en el año de 526 años. Lope de Ribera.»

«El rey

»Por cuanto según el establecimiento de la orden de Santiago, cuya administración perpetua yo tengo por autoridad apostólica, los comendadores y caballeros y freiles de la dicha orden no pueden vestir sino vestituras blancas y prietas y pardas y otras de poco precio, sin licencia del maestre o mía, como administrador susodicho, por ende por la presente doy licencia a don Alonso Enríquez de Guzmán, caballero de la dicha orden, para que pueda vestir y traer las vestituras y enforros de pieles y cadenas de oro y joyas y piedras preciosas que quisiere, sin que por ello incurra en pena ni desobediencia alguna. Hecha en la villa de Madrid, a 13 días del mes de marzo de 1528 años. Yo el rey. Por mandado de Su Majestad, Francisco de los Covos.»

«Señora: Don Alonso Enríquez se va a Sevilla y anle ya sentenciado sus pleitos. Y porque ha estado preso, no le envié a ver. Va enojado conmigo. Vuestra Alteza le desenoje. Y porquél dirá a Vuestra Alteza todo lo que quiere saber de mí, no diré más sino que fue el domingo el torneo. Y después escribiré a Vuestra Alteza lo que en él pasó. De Valladolid, a 7 de marzo. Beso las manos a Vuestra Alteza. Yo el príncipe. A mi señora la infanta doña María mi señora.

»Y así presentado el dicho escrito y cuatro cédulas de Su Majestad y carta misiva del príncipe nuestro señor, según dicho es, luego el dicho don Alonso Enríquez pidió a Su Señoría lo contenido en el dicho su escrito y sobre todo pidió justicia. Y luego Su Señoría del señor marqués asistente mandó a mí, el dicho escribano, saque en pública forma, de manera que haga fe, las dichas cédulas y carta misiva del príncipe nuestro señor, con todo lo demás; y sacado, se le den los originales al dicho don Alonso Enríquez, quedando el traslado en poder de mí, el dicho escribano, y se le dé al dicho don Alonso Enríquez testimonio de las dichas cédulas de Su Majestad y carta misiva del príncipe nuestro señor, uno o dos o más, cuantos quisiere. Y por todo lo susodicho Su Señoría dijo que interponía e interpuso su autoridad y decreto judicial en cuanto puede y de derecho ha lugar, para que vala y faga fe en juicio y fuera dél. El marichal y marqués.

»En la dicha ciudad de Sevilla, lunes, 12 días del dicho mes de octubre del dicho año 1545 años, fueron corregidas y concertadas las dos cartas misivas de Su Majestad y las otras dos cédulas de Su Majestad, firmadas todas cuatro de su real mano, las dos cartas misivas selladas con su sello real y refrendadas según por ellas parecía, y la carta misiva del príncipe nuestro señor, firmada de Su Alteza, que son los originales, que son los que el dicho don Alonso Enríquez presentó con los traslados que dellos fueron sacados y corregidos. Y concertados los traslados con los originales por mí, el escribano susodicho, y por Fernando de Aguilar, escribano de Su Majestad, el dicho don Alonso Enríquez llevó en su poder los dichos originales y de como los recibió lo firmó de su nombre. Testimonios: el dicho Fernando de Aguilar y Cristóbal Sánchez. Don Alonso Enríquez.

»De lo cual que dicho es, según que por lo susodicho contenido parece, a que me refiero, por testimonio de Su Señoría del marqués asistente y de pedimiento del dicho don Alonso Enríquez, yo, el dicho escribano, di el presente testimonio, firmado de mi nombre y signado con mi signo, que es hecho y sacado en la dicha ciudad de Sevilla, sábado 24 días del mes de octubre de 1545 años. Mariscal y marqués.

»Yo, el dicho Martín de Morales, escribano de Sus Majestades y su notario público en su Corte y en todos sus reinos y señoríos y escribano que soy de la justicia en esta dicha ciudad de Sevilla y su tierra, lo escribí según que parece por el dicho testimonio e hice aquí este signo aquí en testimonio de verdad. Martín de Morales, escribano de la justicia.

»Yo, Pedro de Coronado, escribano público del número desta muy noble y muy leal ciudad de Sevilla, doy fe y verdadero testimonio a todos los que la presente vieren, que la firma susocontenida que está firmada al principio desta plana, donde dice "El marichal y marqués", él la firmó, en nombre del muy ilustre señor don Pero de Navarra, marqués de Cortes y marichal de Navarra, asistente desta dicha ciudad y de toda su tierra por Sus Majestades. Y la subscrición y signo y firma que está debajo de la dicha firma del dicho señor marqués, asistente, es de Martín de Morales, escribano de Sus Majestades y de la justicia y crimen desta dicha ciudad y su tierra, proveído por la dicha ciudad. Y a los autos y testimonios que antél pasan y él da firmados y signados de su nombre y signo se da entera fe y crédito, como a escribano legal, en juicio y fuera dél. Y porque esto es así, verdad, di la presente fe y testimonio, firmado de mi nombre y signado con mi signo de pedimiento del dicho don Alonso Enríquez de Guzmán, caballero de la orden de Santiago, natural desta dicha ciudad y vezmo della en la collación de San Miguel, que es hecha en Sevilla, martes 27 días del mes de octubre, año de 1545 años, siendo presentes por testigos Francisco de Meneses y Gaspar Ortiz de Vitoria, vecinos de Sevilla. Yo, Pedro Coronado, escribano público, lo escribí e hice aquí mi signo por testigo.»

Capítulo de lo que me acaeció, pasó y pasé en el viaje correspondiente presente, de que vos tengo dicho, para las dichas cortes del emperador y su hijo

Yo salí de Sevilla por el mes de diciembre del año de 1545 con cuatro criados y tres caballos de camino y 1. 000 ducados en polizas y 200 en escudos. Y salí a dormir aquella noche con Gonzalo de Cueva, un caballero de Sevilla, grande mi amigo, el cual amigable y valerosamente me hospedó y dio muy bien de cenar aquella noche y otro día a comer a mí y a mi familia, en una aldea cuatro leguas de Sevilla que se llama Villaverde, do se sale a tener los inviernos, como es uso y costumbre de los semejantes en la dicha ciudad, para poner cobro en sus haciendas y recojerse de los fríos y aguas y lodos, etc. que con el mucho tráfago y gente en Sevilla se padece.

Y de allí vine a Zafra, donde fui bien recibido y hospedado del conde de Feria, que también ha de ser marqués de Priego después de los días de su madre, que se llama don Pero de Córdoba de Figueroa y es casado con una hermana del duque de Arcos; la cual es joven, bella y sabia, etc., muy bastecida de los bienes y mercedes de Dios, a quien plega el fin sea como el principio. Amén. Con quien estuve dos días, porque son mis señores y amigos y tengo deudo, especialmente con ella. Y para tan largo y peligroso camino determiné, conforme a razón y a sensualidad, confirmándolos en esto, de visitar y despedirme de todos mis señores, parientes y amigos.

Y así llegué a Alba de Tormes, víspera de día de año nuevo de 1546 años y hallé a la duquesa en su palacio, que real os podría decir, con su persona hermosa, sabia y graciosa, que reina se podría llamar, con muchos caballeros viejos, ancianos y dos o tres locos truhanes viejos, mancos. La cual me recibió los brazos abiertos. Y yo finqué la rodilla en tierra y pedíle la mano, bajando la mía para tomársela. Y ella se puso en pie, diciendo: «¡Dejaos deso y abrázame!». Y yo entonces dejé a la sensualidad hacer y aparté a la razón de mí, abrazando a Su Señoría muy reciamente. Hallé con ella a una hermana suya, hija del conde de Alba su padre y de la condesa su madre, de nombre doña Juana de Toledo, casada en Ávila con un caballero muy principal y de mucha renta, bella, moza, sabia y bien criada. Y no se lo agradezco, porque desta casta nunca erró ninguna ni ninguno. Y por tanto alabo y apruebo los casamientos entre parientes cuando son castizos. Y aun entre las bestias en nuestra Andalucía, donde hay muy buenos caballos, acostumbramos habérnoslo mostrado la esperiencia echar las yeguas a padre de la misma casta.

Este duque y duquesa son primos hermanos, el uno se llama don Hernando Álvarez de Toledo, como vos tengo dicho y loado en este mi libro, y ella se llama doña María de Toledo. No pueden ni deben reñir sobre cuál es mejor ni de mejor parentera, pues toda es una y entrambas nietos del glorioso y gran señor, el duque don Fadrique, de quien vos tengo contado en este libro su vida y su muerte. Cada uno tiene por pariente y amigo al pariente del otro, como lo son; ninguno les enfada ni a ninguno pesa que el otro le haga mercedes. Estando con ella, entró un hijo bastardo del duque su marido, a quien amorosamente trata. Y yo le dije: «Señora, nunca vi tal cosa y no lo desloo, que vino a ser el hijo bastardo de vuestro marido vuestro sobrino. Estos son casamientos que hace Dios».

Y díjome: «Así es verdad, gracias a Él».

Estuve con esta gran señora tres días, comiendo y cenando en su propia mesa y de la dicha hermana, aunque su hijo el mayor comía en otra con muchos caballeros muy honrados. Y mandóme luego en un aposento hacer una cama en su propio palacio con valeroso y animoso ánimo. Yo le dije: «Señora, no me aposentéis en vuestra casa. Catad que el duque vuestro marido que está en Flandes con el emperador os ha dejado peligrosa guarda y compaña, que es viejos y locos, porque son sospechosos y envidiosos y chismeros, así los viejos como los locos, y sobre todo lisonjeros».

Díjome: «¿Qué os parece? Con todo eso vivo muy a mi placer y sin cuidados».

Del aposento de mis criados y bestias no vos quiero decir, porque en esta casa de Alba y de los más señores de España se suele mirar y proveer muy bien. Y como cosa que se usa no la loo, aunque no quiero dejar de decir que cuando los maridos no están en la tierra, las mujeres no se estienden a tanto como a dar raciones y posadas. Mas esta casa y mujer precede en esto, como en otras cosas, a todas las de España y aun del mundo, con consentimiento del dicho su marido. Que en verdad que me dicen mis criados que de lo que les ha sobrado de las raciones han proveído y hartado a sus güéspedes y aun a sus vecinos. Daquí fui a Zamora, do está el buen prior de San Juan, su tío, de quien tengo tratado en esté libro, y el conde de Alba de Lista, padre desta señora, porque son mis señores y amigos. Amén.

Capítulo de lo que me acaeció en Zamora

Llegué a Zamora martes, víspera de Pascua, día de los reyes, principio del año de 1546. Y apeéme en las casas del buen prior de San Juan, don Diego de Toledo, de quien vos tengo contado en este libro. El cual me recibió honrosa y amorosamente, aunque no hubo falta de quejas por no lo haber visto en después que del Perú vine en España, que fueron cinco o seis años, con otros tantos que allá estuve. El cual me mandó luego aposentar dentro en su casa, como otras veces solía, y dar posadas y raciones a mis criados y bestias. Aunque el lugar es del rey, mandó alquilarles posadas. Tenía en su casa gran compaña, demás de sus deudos algunos caballeros y muchos escuderos. De los cuales escuderos os tengo dicho y representado en este libro sus maneras y condiciones, a lo cual me remito. Y ahora concluyo en decir dellos esto poco que veréis: no se puede vivir con ellos ni se puede vivir sin ellos, porque por la una parte son necesarios y por la otra son innecesarios. Porque diligentemente sirven y acompañan, y también yeden y emportunan y aun son peligrosos. Les habéis de llamar «Merced» y sobre eso «Mi señor».

Si los tratáis mal, desafíanos, y si bien, son muy pegajosos, especialmente si es tiempo de chimenea que, como los pecadores el vestido de verano, traen de invierno, que siempre se visten de una manera, han frío, y como son desvergonzados y locos, ponen el hombro aunque sea a su señor.

Luego me dijo el buen prior que fuese a ver al conde de Alba de Lista, su cuñado, que fue casado y al presente lo es con su sobrina. No he podido saber si es legítima, aunque lo he preguntado, pero sé decir que es fantástiga, según he oído y visto. Porque así como llegué a su casa, la hallé en una silla, y no se levantó a mí ni aun creo que me mandara sentar, si yo no me sentara. No me llamó «Merced» ni me la hizo. Y el señor o señora que no la dice ni la hace: «Quítala dende, como la dama que ni mata ni prende».

Luego vino el dicho conde su marido, que en otro cuarto estaba, el cual es un señor muy honrado y muy sabio y muy buen caballero y muy gran señor. Y le dije que si me quería dar las manos para besarlas.

Y él me dijo que besaba las mías, y llamándome muchas «Mercedes» y ofreciéndose a hacellas, como otras veces solía.

El dicho prior, el segundo día que llegué, me apartó y me dijo: «Señor, vos me mandastes, habrá quince años, que diese a vuestra madre cuatro raíces de trigo cada un año por toda su vida en la mi villa de Lora, cerca de Sevilla, adonde ella vive y mora. Y así lo hice hasta habrá un año por toda su vida, que mandé revocalle esta merced y servicio por daros a entender el enojo que de vos he tenido en no haberme venido a ver tanto tiempo ha. Mas ahora que lo habéis hecho, mandaré que se le tornen».

Yo, besándole las manos, le dije: «Ha de ser con condición que la cédula no diga que Vuestra Señoría se los pueda quitar cuando fuese servido, como fue dicho y hecho en la primera. Y por cuanto mi madre queda doliente en la cama, demás de ser de ochenta años y don Hernando mi hermano no ha muchos menos, que después de muerta mi madre, los ha de gozar él por todos los días de su vida los dichos cuatro caíces de trigo».

El me respondió: «Que soy muy contento dello».

¡Así plega a Dios lo sea él en el cielo con su ánima!, que creo que así será, porque en el suelo vemos grandes muestras y señales, viviendo en él caballerosamente y santa. De don Enrique Enríquez de Guzmán —que es su sobrino, hijo del dicho conde y de la dicha su hermana— y de su mujer, doña María de

Toledo, hija de su hermana, que son primos hermanos marido y mujer, que han de ser conde y condesa de Alba de Liste y el dicho prior tiene por hijos, no vos quiero contar más de que en verdad son merecedores de todo loor, etc.

Todavía acuerdo no dejar a Pero Borreguero en el tintero, al cual vide en Zafra desta manera, vendiendo cabritos en su casa. Y es viejo y pequeño de cuerpo, cojo de una pierna. Y luego me pareció hombre con quien me podía holgar. Y mirando a los cabritos gordos, y a él, que era flaco, le dije que cómo se llamaba. Díjome que Pero del Castillo, y que era de Alba, do había sido rico y honrado. Yo le dije, por tener que hablar con él: «Pues yo voy allá por corregidor».

Dióme una silla cabe el fuego y quiso darme cuenta de su vida, y yo de oílla.

Y díjome: «Señor, yo le hago saber que soy el que dicen en los cantares Pero Borreguero».

Queriendo saber cómo había sido, dijo: «Yo tenía una mujer galana más que pertenecía para mi oficio, que era carnicero. Y reprehendiéndoselo, cantaba al fuego: "Mal haya quien a vos casó, la de Pero Borreguero", porque tenía borregos en casa. Después puse por obra su aparencia y cortéle la cabeza. Pésame que quité ánima donde no la puse. Y después los copleadores cantaron y descantaron muchas más coplas sobre Pero Borreguero. Después he casado con esta mujer que es muy honrada».

Entre los dos habría cerca de doscientos años. Buenaventurado el contentamiento, el cual les haga buena pro.

Lo que me acaeció en Medina del Campo, viniendo de lo que dicho es de Zamora

Llegué una noche a un mesón y envié a don Juan de Toledo, sobrino, hijo de su hermano, del duque de Alba don Fadrique de Toledo, de quien vos tengo largamente contado en este libro, el cual siendo clérigo heredó muchas villas y lugares de don Pero de Toledo, su hermano el mayor, que murió en Bormes en Alemania, antes de ser casado, en Corte y servicio del emperador y rey de España. El cual ha tornado, de ser hermano de don Fadrique de Toledo, a don Enrique, hijo de su padre. y de su madre cuanto pariente, y según el dicho Enrique merecía y merece, porque como he dicho en este mi libro y apuntado, no se puede decir tanto cuanto él es tal por su persona, gentil, sabio, franco y esforzado, afable y conversable, alto con los altos y bajo con los bajos en su trato y conversación, que aunque fuera hijo de zapatero, que no tuviera deudo con él, fuera justo dalle su hacienda, memoria y sucesión, etc.

El cual dicho don Enrique casó con doña Isabel de Mendoza, hija de don Diego de Castilla, al cual no le faltaba sino título para ser uno de los grandes de Castilla en linaje y en renta y en persona. Y ella fue tal que aunque pudiera casar con un señor de título, no quiso sino con el dicho don Enrique, porque conoció lo susodicho. Y lo mismo hizo el emperador, que lo hizo gentilhombre de su cámara, etc. El cual con todo esto me tomó y juró por hermano y por tal me tiene.

Y tornando al principio deste capítulo, lo que le envié ha decir al dicho don Juan fue que quería ir a cenar con él. Y él me envió a decir que fuese mucho denorabuena con un par de hachas al mesón; quél y la dicha doña Isabel me esperaban de buena gana; que el dicho don Enrique su hermano estaba con el emperador en Flandes. Y hallé con ellos a doña Teresa de Toledo, mujer de don Diego del Águila, hija de don Hernando de Toledo, comendador mayor de León, hermana del dicho duque, la cual parece a su padre y no quiero decir más. Don Juan me recibió los brazos abiertos y los pies tuertos, y asimismo la dicha doña Isabel su cuñada, la cual es tal que hace ventaja a su marido, aunque no puede ser mucha y poca es de espantar, digo en todo lo que le ha loado a él, loo a ella, porque un día y dos noches que comí y cené con ella, lo vi y lo entendí. Éstos son los casamientos que hace Dios, y si alguno hace el diablo, fue el de Pero Borreguero. Y si así es, «Mal haya quien a vos casó, la de Pero Borreguero».

Y de cómo llegué a Madrid a Corte del príncipe nuestro señor y lo que me acaeció allí

De Su Alteza fue muy bien recibido, bien así como solía, asimismo de la ilustrísima señora doña María de Mendoza; y de su marido el comendador mayor de León tivia y mesuradamente, no como otras veces solía. De lo cual yo fui descontento, aunque la excelente su mujer me contestó y me consoló, diciendo: «No se os dé nada, don Alonso, que aquí estó yo. No dejéis de hablar al comendador mayor, que viendo vuestra voluntad, aréis dél lo que quisierdes, que es bien acondicionado, como vos sabéis, que ha veinticinco años que le conocéis».

Y yo con el calor y favor desta gran señora, otro día en la noche, estando el comendador solo, entré a hablalle. Y él con grandes cortesías me hizo sentar en una silla, su bonete en la mano tan bien como yo el mío, Y yo le dije: «Señor, yo escribí una carta a Vuestra Señoría, de que está enojado de mí; la cual fue regalándome con vos, confiando en vuestra vondad y sufrimiento. Y paréceme que no lo habéis tenido conmigo, enojandóos de mí, teniéndome por ingrato, imputándolo a ingratitud. No soy tan necio ni tan malo como eso, que bien sé y siempre me he acordado que me habéis regalado y siempre yo no creo que he herrado. Pero si Vuestra Señoría lo cree, pídole perdón por la causa que para ello le he dado».

Él me respondió: «Engañado está Vuestra merced, que ni me acuerdo desa carta ni he tenido ni tengo enojo de Vuestra merced».

Yo le dije: «Pues, ¿cómo me llamáis «Merced»? y estas mercedes, «iA, tan largas para mí, no solían ser así!». Tornóme a llamar otras muchas veces.

Y yo enojéme y afrentéme, porque más quiero el amor de quien bien quiero que la cortesía. Y díjele: «Pues, icuerpo de Dios!, señor, halláisme loco para no darme corregimientos y cuerdo para no sufrir mis desatinos».

Y salíme y fuíme al príncipe nuestro señor, muy enojado, dándole cuenta dello. Su Alteza me dijo: «Callá, don Alonso; no recibáis pena, que yo os haré amigo del comendador como de antes».

Yo le dije: «Señor, no se me da nada. Haga lo que quisiere. Todo será aguardar a que el tiempo lo haga y quél vea que ya no le queda otro amigo más antiguo que a mí».

Y luego me envió a llamar la excelente; y díjome: «Mirá, don Alonso; no dejéis de venir a comer y a cenar cada día con el comendador y conmigo. Y confiad en la bondad del comendador mayor y en mi diligencia y voluntad».

Yo le dije: «Señora, no sé si lo podré acabar conmigo ni si le dé más enojo en ello».

Ella dijo: «iCómo sois necio, don Alonso! Hacé lo que os digo».

Y así lo hice, porque esta tal señora con decir necio —que es lo peor que se pueda decir— queda hombre contento y honrado.

Y así ella tuvo tales man eras con que dentro de dos días el comendador mayor de León partía conmigo sus bocados y con su propia taza me hacía beber sus escamochos, porque se juntó la bondad dél y la voluntad della y mi intención. Amén. De manera que torné como de antes, que mejor no podía ser. De lo cual el príncipe nuestro señor se alegró mucho y todos los más, aunque no faltó a quien les pesó. Y luego que llegué, de ahí a quince días, Su Alteza me envió con cartas suyas a las señoras infantas sus hermanas, que están en Alcalá, seis leguas de Madrid. De las cuales fue muy bien recibido amorosa y honrosamente, porque me mandaron sentar, aunque onores hay que ofenden. Verdad es que estaban retiradas en su retraimiento. Y de allí volví a la Corte con mi respuesta, otro día que llegué, porque con esta condición me dio Su Alteza un cuartago que llevé, esperando caiga un poco esta privanza para partirme a Flandes, mediante la voluntad de Dios, sin la cual no hay nada hecho ni derecho.

Esta es una carta que vino de Flandes, donde está Su Majestad, al comendador mayor de León, en que, como veréis, el correo mayor le da cuenta de razón de la orden del Tusón que Su Majestad tuvo; la cual me pareció poner aquí porque hay cosas dignas de saber y nuevas

«Ilustrísimo señor: Desde la villa de Bomel, tres leguas de Bolduque, a los 29 de diciembre escribí a Vuestra Señoría lo que se ofrecía con un portugués que despachó el embajador de Portugal. Y después llegó Su Majestad a esta ciudad de Utreque a los 30 muy bueno como lo está ahora, gracias a Dios. Y otra cosa de nuevo no hay, salvo que para comenzar la fiesta del Tusón estaba la iglesia mayor desta ciudad en orden y el coro della bien entapizado y cercado de las armas de Su Majestad y de los cincuenta caballeros vivos y difuntos de la dicha orden después del capítulo de Tornay, y las armas de cada uno en su tabla con su rétulo y nombre. Estaba el asiento de Su Majestad cubierto de brocado con un dosel de lo mismo. Y luego a la mano derecha estaban las sillas de los reyes de Inglatierra, el de Romanos y Dinamarca, y de la otra parte la del rey de Francia y del de Polonia y del de Escocia, cubiertas de brocado con sus cojines. Los tableros de las armas de los reyes eran más altos que los de los caballeros. Y así iban después las sillas y asientos cubiertos de terciopelo carmesí con cojines de lo mismo.

»Estaban en la iglesia, vestidos de pontifical, cuatro obispos y cuatro abades: los obispos eran los de Utreque, Cambray, Torrnay y Niza. Vino Su Majestad el sábado a vísperas, acompañado de todos los caballeros que aquí había, y el señor duque de Alba delante, como mayordomo mayor, y los mayordomos. Venía vestido Su Majestad de una ropa larga de terciopelo carmesí, aforrada en raso blanco, guarnecida de hilo de oro, ceñida, y sobre ella un manteo de lo mismo, largo hasta en pies. Llevaba sobre la cabeza una manera de capirote con un rodete gruesa a la greciana y sobre él unos pliegues altos, abiertos por encima, de terciopelo carmesí, aforrado en tela de plata, y encima su cadena y tusón de la misma manera.

»Iban delante ocho caballeros de la orden del Tusón, de dos en dos; los primeros y más modernos eran musiur de Bura y musiur de Lelen, y tras ellos musiur de Bosuyalon y señor de Bredero, de ahí luego musiur de Rus y musiur de Pimov. Y los últimos y más cercanos a Su Majestad iban musiur de Trecey y el duque de Ascote. Iban delante de los caballeros cuatro oficiales de la orden, grefiel, tesorero, y canciller y tusón de oro, vestidos de la misma manera, salvo que las ropas no iban guarnecidas, y sus cadenas. El tusón de oro llevaba una gran cadena de slavones dobles, ancha de más de cuatro dedos, con las armas de todos los sobredichos de la orden. Iban cuatro reyes de armas y dos maceros y las trompetas, que sonaron muchas hasta ser entrados. Iglesia y coro hicieron su oración y sentóse Su Majestad y después cada caballero debajo del tablero de sus armas y en su orden y ancianidad. Hizo las ceremonias el obispo desta ciudad.

»Salió Su Majestad bien tarde de las vísperas. Y el domingo siguiente vino Su Majestad a misa con todos los oficiales y caballeros de lo orden, vestidos a manera del día pasado. Fue la misa de San Andrés y díjola el obispo de Utreque muy solemne. A la ofrenda, ofreció Su Majestad; después dél, todos los caballeros presentes. Y por los ausentes, desta manera: el conde de Bura se sentó en la silla del rey de Inglaterra y salió a ofrecer por él y asimismo por el de Francia; y el duque de Ascote por el rey de Romanos y por el de Polonia; musiur de Buar salió a ofrecer por el príncipe nuestro señor y el mismo por el condestable de Castilla y duque de Calabria y duque de Alburquerque, y así otros por los demás caballeros ausentes. El canciller de la orden hizo una plática sobre las cosas y constitutiones de la orden a los vivos.

»La misa se acabó tarde y Su Majestad se volvió con los caballeros, como vino, a comer. Estaba en una gran sala, puestas nueve mesas grandes todas en una hila, juntas, unas de otras iguales, la de Su Majestad en el medio, cubierta primero de unos manteles. Sobre ella y todas las otras mesas se puso una gran tabla de manteles, labrada de todas las armas de los caballeros de la orden, vivos y difuntos y ausentes. Hubo gran banquete, y fueron servidos los caballeros de la misma manera de Su Majestad, cada uno por sí y vestidos como fueron a la iglesia. Su Majestad estuvo muy regocijado toda la comida, riendo y hablando con todos los que con él comían. Los cuatro oficiaies comieron aparte en una mesa, tan bien vestidos y servidos como los caballeros. El duque de Alba sirvió aquel día a Su Majestad toda la comida.

»En la tarde este día volvieron a vísperas, vestidos de paño negro de la misma manera que lo pasado. Y ayer, lunes, a misa fueron a las vísperas y misa de difuntos y con las mismas ceremonias pasadas. Y comieron como el día de antes, salvo que Su Majestad comió en mesa aparte y los caballeros en otra mesa en la misma sala y los oficiales en otra mesa en la misma sala. Ayer, lunes, a las vísperas vinieron vestidos de damasco de la misma manera como los otros días. Y hoy a misa salieron de la misma manera; fueron las vísperas y misa de Nuestra Señora. Y con esto se ha acabado la fiesta.

»Hasta ahora no se ha podido saber quién son ellegidos a la orden. Los que faltan son veintidós. Cuando lo supiere, lo avisaré a Vuestra Señoría. Mosiur de Pranta y mosiur de San Pipor están maldispuestos aquí y no han ido a la fiesta. Ésta hago por vía de Ámberes para que, si alguno fuere de allí, la lleve, principalmente para que Vuestra Señoría sepa la salud de Su Majestad y cómo se ha hecho la fiesta del Tusón. Otras nuevas no sabría que escribir a Vuestra Señoría, aunque creo que debe haber artas a las manos. Dicen que estaremos aquí poco y que Su Majestad partirá dentro de ocho días, no se sabe cierto para dónde. Creo que presto despacharán para España. Yo lo deseo por ir a servir a Vuestra Señoría, cuya ilustrísima persona y estado guarde y acreciente Nuestro Señor como Vuestra Señoría desea. De Bolduque, a 5 de enero de 1546. Beso las manos de Vuestra Señoría. Muy cierto servidor y criado, Imondo de Tasis.»

Parecer del autor.

Los sagrados doctores, demás de lo que vieron y oyeron, escribieron cosas sacadas de su juicio y entendimiento natural, especialmente los sabios filósofos, que fueron hombres como nos. Y aunque yo no sea tan doctor ni tan filósofo que quiera presumir de tanto entendimiento, no quiero dejar de escribir, juntamente con lo que tengo escrito en este mi libro que he visto, oído y entendido, pasado y trabajado, alguna cosa de lo que entiendo, pues me ayuda para ello el tiempo y experiencias.

De que hallo que ningún rey debe encargar cargo de confianza, especialmente de justicia y gobernación, de que tanta cuenta es justo que se haya de dar a Dios y al mundo, a hombre que juegue a naipes y a dados y a otros juegos, ni bebe vino ni aun, si ser pudiese, poco, cuanto más mucho; ni a un su igual lo debe de tener por amigo ni fiarse dél por la razón y razones siguientes. El jugador, cuando gana, desea ganar y cuando pierde, desea robar. Y daquí nacen las codicias, hechos y cohechos e intereses, robos y descuidos, pérdida de honra y vergüenza y conciencia y de hacer bien sus oficios y de guardar hacia su igual el amistad, porque tiene tal fuerza y esfuerzo el juego que desque se da a él un poco, se dan mucho y no tienen otro Dios ni otro rey ni otra alma ni otra honra ni otra ocupación sino a él y al propio interese para él, etc.

Pues el que bebe vino embriágase, y si no, calléntase de manera que ni teme a Dios ni al rey ni se da 2 maravedís por todo lo demás, el que bebe mucho y el que bebe poco. De manera que se ha de mirar que el hombre de que se ha de confiar beba el vino moderada y aguadamente y, si ser pudiese, que no bebiese ninguno. De manera qúe estos dos vicios embriagan, así el uno como el otro; favorecen a la sensualidad contra la razón tan reciamente que la sensualidad queda señora, y la razón desechada y olvidada. Para lo cual no hallo remedio ni medio sino cabo, y es: dejallo del todo, porque el que bebe poco bebe mucho, Y el que juega menos juega más. Verdad es y otorgo y conozco que hay muchos doctos, grandes y justos varones que de cada vicio déstos tienen poco y son muy rectos, lo uno por pasar el tiempo, el juego, el otro por su salud y esforzar el estómago, que es el vino. Pero son pocos los esmerados y los escogidos a quien no sojuzguen los vicios.

Otrosí, tanta dificultad, cristianísimo rey, y a ti, amigo, pongo para administrar y gobernar justicia y pueblos y guardar el amistad al amigo, al hombre pobre y necesitado por las razones siguientes, conviene a saber: que sin hacienda y haberes no puede sustentar la vida ni la pompa deste mundo, siendo legos y no menos que frailes franciscos. Y estos haberes y hacienda se adquieren forzosamente, cuando no hay renta ni hacienda, como mejor pudieren y no como mejor debieren, haciendo hechos y cohechos y no teniendo ley con Dios ni con el rey ni con el amigo, mas os digo, aunque sea hombre honrado y cristiano, conforme a aquel refrán: Necesitas non habet legem, etc. Porque en cuanto a la conciencia, confía en la misericordia de Dios, y en cuanto a la honra, piensa que no se ha de saber y, ya que se sepa, quieren ser más tiranos que no ganapanes.

Ítem: Cristianísimo rey, no has de permitir ni consentir que el privado ni el de tu Consejo tenga hijo ni yerno ni pariente, aunque sea rico y honrado y sabio y concurran en él todas las calidades necesarias para ello, que sea gobernador ni corregidor por muchas razones que aquí no expreso por no ser prolijo y porque alcanza poco el que no las entiende. Solamente que si el inferior juez sabe que el superior que le ha de castigar, se a de doler dél, no se duele él de los otros; y donde no hay temor, hay descuido, especialmente aquel juez de residencia que contra el tal va.

El autor.

Los malos casados no es por culpa del varón sino de la mujer, porque «Cuando uno no quiere, dos no barajan», y es razón que ella no quiera barajar por muchas razones que, sin ponerse aquí, se pueden entender. Y este libro no es para necios, aunque no quiero dejar de decir que es más honra a la mujer sufrir que al marido consentir.

El autor.

Mientras estoy doliente, no vos puedo contar hechos ni acaecimientos míos ni participaciones ajenas de que se trato en este mi libro, porque la dolencia me tiene encerrado en fin y principio de los meses de abril y mayo de 1546. Que desque me dieron la herida en Jahén en los pechos, que os tengo contado, yendo a acompañar a la ilustrísima señora doña María de Mendoza la excelente, que iba a dejar a su hija la duquesa de Sesa en su tierra ha cinco años se me derramó la sangre por el cuerpo. Y hasta ahora he tenido comezón, hasta que se me bajó a las piernas. Y con trabajo y cuidado y con consejo de los físicos del serenísimo y muy excelente principe don Felipe nuestro señor en Madrid en su real Corte, después de haberme hecho otras muchas curas, me puse en una que es la siguiente: sangréme de un brazo un día cuatro onzas; el segundo del otro, otras cuatro; el tercero del tobillo otras cuatro; y el cuarto del otro tobillo, otras cuatro; y el quinto en una pantorrilla dos ventosas de que me sacaron otras cuatro; y el noveno me purgué.

De lo cual no os quiero decir más sino que los físicos y las físicas humanas no aprovechan para dar vida al hombre, porque si bastaran, ningún hombre cuerdo y poderoso muriera sino muy viejo. Mas bastan para quitar las comezones y dolores y quedar más bien sano de la enfermedad sin mal de bazo ni de hígado, etc. Que con la mala regla y no purgarse ni sangrarse y beber muchas aguas y desreglarse suelen quedar malas disposiciones. Porque siendo yo capitán en Indias y en parte que no había físicos ni físicas ni barbero para sangrar, que es la cura que al dolor de costado remedia, un hombre con este dolor y grande calentura y mucha gordura y mocedad dejé en su tienda para expirar, y todos creímos que por falta de sangrar partía desta vida antes de tiempo y más de edad. Y natura proveyó como no había de morir ni eran sus días cumplidos: reventó sangre por las narices y sangróse y sanóse, aunque no tan bien y tan presto como si le sangraran y curaran.

Ya que os he dicho una experiencia, quiéroos decir una razón notable que oí en consecuencia de mi experiencia y opinión. Y es que un gran señor se curaba con un físico; y apretándole la enfermedad, le pidió licencia para llamar otro físico y dalle acompañado. Respondió el físico: «Señor, bien podéis, aunque si esta vuestra enfermedad es apercibimiento, basto yo; y si es definitiva y anatema, no bastarán cien».

Y dando fin a esto, dandóos cuenta de mis contemplaciones y pensamientos de esta mi enfermedad, he resumido y sacado en limpio que ningún hombre cuerdo debe de pensar ni contemplar en cosas pasadas por estas tres cosas: la primera, porque si pensáis en vicios y prosperidades y otros gozos y vanidades, pecáis; la segunda, si pensáis en trabajos y fatigas y otras asperezas, es gran tristeza y pena; la tercera, que gastáis tiempo en balde, pues pensáis en cosas pasadas y sin remedio en honra ni en salud, etc., habiendo confesado lo que en ello habéis herrado contra vuestra conciencia. Anse de pensar cosas por venir, que va hombre poniéndolas como desea, y aprovecha para gozarlas y efectuallas, en el cual efecto se puede remediar el defecto pasado, pensando en él para efecto y no para pasar el tiempo y holgura en ello. Aunque en la verdad en lo que se ha de pasar en esta vida humana es barbechando y sembrando para la vida eterna que ha de ser sin fin, no haciendo cuenta désta, como hizo don fray García de Loaisa, general de los dominicos y obispo de Osma.

Y murió, estando yo en esta dolencia en esta Corte y en este tiempo, cardenal y arzobispo de Sevilla, de quien tengo tratado mucho en este libro. El cual ha parecido en su muerte hacer más cuenta del otro siglo que déste, pues mientras vivió, aplacando sus dolores, excusándose de hipocresías, conformándose con las grandes y justas necesidades de Su Majestad, conociendo su manifiesta y católica intención, en confesión y fuera della. Porque en la verdad Carlos, emperador y rey de España, dos cosas excelentes tiene para todos muy visibles, que son cristiandad y justicia. Algunas otras le deben de saber los que más le tratan, especialmente este cardenal. El cual por lo susodicho no tenía la muestra, porque no se quería vender por tan bueno como lo de dentro, y hacía y decía cosas que parecían de no tan cristiano como después ha parecido, ni tan católico ni tan amigo del reino como después ha parecido en su fin y muerte, pareciéndose sus cosas, memorias, servicios hechos a Dios y al reino y al rey, grandes limosnas de hombre generoso y animoso y misericordioso. Sino que me parece que hace el rey agravio a las ciudades de proveer los arzobispados de personas tan desnaturados y lejanos dellas que no hacen memoria ni limosnas ni gastan sus haciendas en sus diócesas entre sus ovejas, de quien han el fruto, etc. Y por eso dejó hecho grandes cosas en Talavera, do era natural este arzobispo, y perpetuas, así un monasterio de su orden, en que se entierra, con mucha renta perpetua para los pobres públicos y secretos.

Este cardenal y yo nos quejamos muy mal, como en este libro habéis entendido, por no entendernos, y cuando nos entendimos, nos amamos. Y demás de otras cosas que en su vida y nuestra amistad os tengo contado, hos diré ahora lo que me acaeció con él treinta días antes que muriese con sus ordinarias enfermedades, y nuestra grande amistad. Fue a comer un día con su sobrino y familia. Y estando comiendo, sentéme a la mesa y díjele que no dijese nada al cardenal, porque yo no venía a su servicio sino a mi provecho. No pudo ser sino que se lo dijesen luego. Y envióme muchas gracias y regalos a la mesa, y acabado de comer, que fuese a dalle mi pasto, pues él mehabía dado el suyo. Y cuando llegué, me dijo: «Señor don Alonso, pues Dios no quiere que coma con vos y con mis amigos manjares con que pudiésemos holgar, dóle gracias por ello, pues dello es servido. Y porque podré comer con los oídos, los vuestros que son divinos, dádmelos».

Y allí con sus dolores y descontentos me hizo mil regalos y favores. Dios le ponga do todos nos ha parecido que él merece, que será la gloria: «ad cuam nos perducada, quia ventus est vita mea et deus veritas».

De cómo hice saber al príncipe nuestro señor, que a la sazón estaba en Alcalá seis leguas de Madrid con las señoras infantas, mi enfermedad

Escribí una carta al ilustre y muy magnífico señor don Antonio de Rojas, camarero de Su Alteza, ilustre de linaje y muy magnífico de condición, la cual no pongo aquí porque era muy larga y daba cuenta de mi enfermedad, la cual vos tengo contada pocas hojas antes désta, evitando prolijidad. El cual don Antonio toma ahora en lugar, por su gran bondad, de don Álvaro de Córdoba, caballerizo mayor de Su Alteza, que es difunto. El cual por su infinita bondad y porque sabía que hacía placer a Su Alteza, me respondía a mis cartas como en este libro habréis visto, en lo que quería saber de Su Alteza y que supiese de mí. A lo cual me responde el dicho don Antonio esta que se sigue:

«Muy magnífico señor: Su Alteza vio la carta de Vuestra merced y otro tanto como holgó con ella, le pesó de saber su indisposición y que ella hubiese sido la causa de no haber venido a velle estos días. Y las damas han gran piadad de la sangre derramada, cuanto más las que saben que tan buena era para tratalla mal. Todas se conciertan en holgarse de la sospecha que se tiene de que sea gota, porque les parece que siendo cierta, se atajarán los desvíos de Vuestra merced. Y pesándoles a los que he dicho que Vuestra merced no está bueno, puédese creer que lo siento yo mucho, pues hay tanta razón para que sea así. El príncipe será allá el jueves y pues nos veremos tan presto, no diré aquí sino que la señora doña Leonor Macareñas, para quien se enviaron las encomiendas, besa las manos de Vuestra merced y lo mismo dicen todas estas señoras y yo. Que Nuestro Señor guarde su muy magnífica persona. De Alcalá, a 4 de mayo. Servidor de Vuestra merced. Don Antonio de Rojas.»

De lo que le parece al autor de la gente y naciones que a visto, tratado y conversado y peleado

Los alemanes son como bestias, de recias fuerzas, y perezosos y codiciosos. Van donde los llevan y muchas veces se vuelven, aunque no los envían desta su voluntad. Son muy amigos con torpeza. Los suizos son buenos hombres de guerra porque lo tienen por oficio. Los franceses son hombres honrados y esforzados, sino que les tura poco. Los moros, alharaquientos y arremetedores y con gran ventaja osan tirar su piedra y lanza. Los turcos son valientes y no determinados. Los indios son importunos, cobardes, que desde lejos con voces, tiraderas y pedradadas con hondas fatigan sus contrarios. Los italianos son honrados, valientes y esforzados; no les tienen otra ventaja los españoles —de los cuales no quiero hablar porque soy español—, sino tenellos sujetos. Los portugueses son valientes en palacio y escaramazadores en el campo.

Y con tanto me parto a Alemania, do está Su Majestad, y doy fin a este libro hasta que, mediante la voluntad de Dios, haya otras cosas, etc., en el tiempo y manera que veréis por esta cédula de paso que se sigue.

«El príncipe.

»Don Sancho de Leiva, capitán general de la provincia de Guipuzca y alcalde de la villa de Fuenterrabía, y alcaldes de sacas bedadas, desmeros, aduaneros, portazgueros, guardas y otras cualesquier personas, así de los que están en la guarda del puerto de Fuenterrabía y paso de Beona como los de entre estos reinos y los de Aragón y Navarra, y cada uno y cualquier de vos: Porque don Alonso Enríquez de Guzmán, caballero de la orden de Santiago y gentilhombre de la casa del emperador y rey mi señor, va a Alemania a los ervir y lleva un caballo español para sacar de los dichos reinos, yo le he dado licencia, como por la presente se la doy, y un rocín y una acémila cargada con ropa de vestir y otros aderezos de su persona y en cosas de oro y plata labrada 600 ducados y 200 escudos para su gasto, por ende yo vos mando que le consintáis y dejéis pasar con lo susodicho libremente por cualquier desos dichos puertos y pasos, sin le pedir ni llevar por ello derechos ni otra cosa alguna, no embargante cualquier prohibición, vedamiento y cartas nuestras que en contrario hayan para que no puedan sacar caballos destos dichos reinos, que para en cuanto a esto yo dispenso con él, presentándose primeramente en la casa del aduana del puerto por do pasare y jurando que todo lo que así lleva es suyo y que no lleva otra cosa alguna ajena ni encomendada ni de las por nos vedadas y defendidas. Y mando que al tiempo que se sacare el dicho caballo se asiente a las espaldas desta cédula como se saca, para que por virtud della no se pueda sacar otra vez. Lo cual quede originalmente en vuestro poder y dure por término de ciento y veinte días primeros siguientes que se cuentan dende el día de la data della en adelante y que vala siendo señalada del nuestro contador mayor. Hecha en Madrid, a 6 días de junio de 1546 años. Yo el príncipe. Por mandado de Su Alteza. Pedro de los Covos.»

De cómo salgo, mediante Dios, de la villa de Madrid, do está la Corte del príncipe nuestro señor, para la del emperador su padre en Alemania

Cuanto a lo primero, mal dispuesto con un letrero: Si acertare o si errare, si viviere o si muriere, contento con lo que fuere. Esto escribo por las paredes y respondiendo a los que quieren dar consejo y dicen que me tengo de morir en el camino, como si no hubiese muerte en nuestras casas, sin saber la razón y obligación que hombre tiene para no poder reposar en ellas, etc. Llevo una carta del príncipe nuestro señor para su padre en mi favor de su propia mano y letra, la primera que por naide escribió, después que nació, a Su Majestad, suplicándole me oiga y orea más mi verdad que la mentira de los que le han informado contra mí, como se parecerá por la sentencia y declaración que dieron e hicieron los del Consejo Real de las Indias, queriéndolo saber.

Ítem: llevo una carta del comendador mayor de León y otra del comendador mayor de Castilla para Su Majestad. Luego que llegué a esta Corte escribí dos cartas a don Enrique de Toledo, de quien en partes vos tengo contado en este libro, gentilhombre de la cámara de Su Majestad, etc., en que la sustancia dellas es esta que se sigue y su respuesta. Por las cuales veréis quién él es, demás de lo que vos tengo dicho, y la confianza que en él tengo y razón para ir muerto o vivo, por do digo: «Si acertare o si errare, si viviere o si muriere, contento con lo que fuere».

Amén.

«Ilustre señor: Yo he, salido de Sevilla y mi casa por entender en mi caso. Voy donde está Su Majestad a informalle de mi verdad y desengañalle de la mentira que le han dicho los que me han querido mal y quitar el crédito con Su Majestad, para que no le informase de sus culpas y pecados, como se ha parecido en la prisión y sentencia de Hernando Pizarro, que fue el principal, en qué fue condeñado, y la mía, dado por libre y quito y buen servidor de Su Majestad, para que en este mundo me restituya en honra y provecho, pues en todo me ha ofendido contra justicia con falsa información, pues en el otro no tendrá tanto aparejo.

»Véngome despidiendo de mis señores y amigos: por Zafra del señor conde de Feria; por Alba de mi señora la duquesa; por Zamora del señor prior de San Juan; por Medina del Campo de mi señora doña Isabel de Mendoza vuestra mujer. Voy en vuestra confianza, pues sois mi verdadero señor. En tanto, eche Vuestra merced el capirote a Su Majestad y hécheselo muchas veces. Téngamelo manso, manso, el molino manso, mientras llego. Nuestro Señor la ilustre persona, etc. De Madrid. Don Alonso Enríquez.»

«Muy magnífico señor: Con dos cartas vuestras me hallo tan ufano que no os lo sé dar a entender, sino que os espero cada día con un colchón de raso y un cuartago viejo en que paséis. Y si alguna noche nos echáremos con cuidado dónde habemos de comer otro día; otras, no. Mucho he holgado que hayáis venido y hayáis visto a todo cuanto bien yo tengo en este mundo. Bien creo que doña Isabel se holgaría con la merced que nos hicistes en vella, porque es tan vuestra servidora como yo. Nuestro Señor, etc., De Bolduque.»

Otras tres o cuatro cartas en respuesta de otras mías me escribió el dicho don Enrique con muchos amores y cortesías que aquí no vos pongo por ser más breve y querer más sus amores que no sus favores, especialmente que es tan público su honrar a todos que bien se creerá, sin que yo lo diga, que lo hará a mí. No vos pongo aquí cartas del ilustrísimo duque de Alba su sobrino del dicho don Enrique, hijo de su primo hermano, porque ni son tales como las destotro ni él es tal, aunque mejor que el dicho duque no lo hay en el mundo ni me ha dejado de responder a cuatro veces que le he escrito, mas no tan a propósito de mi honra y provecho como estotro. No sé si querrá satisfacerme en obras. Yo vos lo diré —amén, amén— o este libro, después de yo muerto.

El cual hasta aquí ha sido trasladado por los siguientes por importunación dellos y obligación mía: una, el príncipe de España, nuestro señor; otra, mi señora la duquesa de Alba, mujer deste galán; otra el conde de Salinas; otra, don García de Toledo, hijo del virrey de Nápoles, marqués de Villafranca, etc., capitán general de galeras. El dicho don García preso vino a esta Corte por Su Majestad, porque habiendo a un gran señor de Italia tomado la palabra de amistad contra otro, lo ofendió, y él, don García, quedó obligado a volver por su misma honra y por la del ofendido; y mandóle matar por unos arcabuceros. No sé en qué parará su hacienda. Os sé decir que no puede dejar de parar presto, según la gasta largo, porque vive y gasta como un valeroso príncipe y gran señor, así en arreos y aderezos de su casa y palacio como en gran compañía de señores de título y caballerajes, con gran mesa abundante y sabrosos manjares con la más pequeña persona que decir podría.

Y si con esta condición, libro mío, sacarte quiere Su Señoría, sin quitar letra ni enmendarte ni dañificarte, sea hecho en buenora, dada su palabra como caballero. Este don García es nieto legítimo del buen duque de Alba don Fadrique de Toledo de gloriosa memoria humana y divina, de quien en su muerte y vida os tengo aquí contado. Es primo hermano de su nieto don Hernando Álvarez de Toledo, duque de Alba que al presente vive, de quien también os tengo hecha intención.

Copia de carta de don Alonso Enríquez a doña María de Mendoza, mujer de Covos, de la victoria del emperador y presión de duque de Jasa, escrita en la provincia de Sajonia a 26 de abril de 1547

Ilustrísima señora: Por estar tan alborotados y ufanos, y haber yo escrito a Vuestra Señoría muchas cartas y cosas de acá, no será ésta para más de hacer saber a Vuestra Señoría la batalla y victoria que anteayer, domingo 24 del presente, hubo Su Majestad y los que en su servicio nos hallamos, con el hereje y rebelde y vano y vicioso Juan Fadrique de Sajonia, que es uno de los siete electores del Imperio, que con este título y los vicios heréticos que le mostró Martín Lutero se levantó contra Su Majestad e hizo gente, etc.

Después que se retiró con su ejército, como Vuestra Señoría habrá sabido, del de Su Majestad a los 22 de noviembre, y se desavino de Lanzgrave, su cuñado, capitán general suyo y de la Liga de Germania, y se fortaleció en sus lugares, Su Majestad vino contra este duque con grueso ejército; estaba en esta provincia de Sajonia. Y llegamos a tres millas tudescas, que son como seis leguas de Castilla, a un río que se llama Albes, do estaba alojado y hecho fuerte. El cual es hondo y ancho por esta parte y no pudieren pasalle los romanos antiguos que conquistaron esta tierra.

Madrugamos antes que amaneciese y llegamos al dicho río a las once horas antes del mediodía. Y adelantóse del ejército el duque de Alba, su capitán general, con algunos arcabuceros españoles de a pie y de caballo. Llegamos a tiempo que los enemigos cortaron y quemaron un puente de barcas que en el dicho río estaba, donde tenían muchos arcabuceros. Dimos tal prisa con los nuestros que le matamos la gente que dentro estaba y ganamos el puente. Y desque esto vieron los de la parte del duque de Jasa, comenzaron a alzar sus tiendas y bagar y retirarse en orden con sus escuadrones hechos, así de caballería como de infantería, haciendo altos, defendiéndose y ofendiéndonos con su artillería y arcabucería.

El duque de Alba, como sospechó que se retiraban, aunque no lo supo bien sabido, dijo al emperador —que no lo oyó sino yo, que nunca me quité de su lado, que quiero mucho yo a este señor y a su mujer—: «Señor, yo quiero pasar este río con alguna caballería y arcabucería en grupa. Vuestra Majestad se quede aquí, haciendo pasar la gente en grupa de los caballos, si no se pudiere echar tan presto nuestra puente, pues estotra está quemada».

El emperador dijo: «Duque, enviemos primero a saber el salidero deste río qué tal es».

Y envió luego al conde Landriano, italiano, para que lo viese. Mas el duque no quiso aguardar y metióse al río. Su Majestad le dijo: «Pues, andad, que yo iré tiras vos».

El duque le replicó: «¡Por amor de Dios! ¡Vuestra Majestad no cure de pasar, que se mojará mucho y no hay para qué!».

El emperador le dijo: «Yo lo haré así».

El duque pasó el agua y los que con él fuimos, a los bastos de las sillas de los caballos. El duque, entre tanto que rehacía los que pasaron con él y tras él envió doscientos arcabuceros de caballo y otros tantos caballos ligeros que escaramuzasen con los enemigos para entretenellos, y él fue esperando su ejército cuerda y esforzadamente. El emperador se dio tanta prisa al paso que alcanzó al duque ya cerca de los enemigos una milla italiana, poco más o menos. Tomóle por el brazo con mucha risa, diciendo: «¡A, duque, con el bagar me queríades dejar!».

El duque le dijo: «Quiero ir a reconocer los enemigos con aquella gente nuestra que está escaramuzando con ellos por el otro lado. Se venga Vuestra Majestad a buen paso, sin que salga de la orden».

Y no quiso que fuesen con él sino Juan Batista Gastaldo, maestre de campo general, y Pirro Colona, italianos, y el capitán Luis Pizaño y yo.

Y así llegados bien cerca de los enemigos, se defendían con muchas pelotas de arcabuz que nos saludaban. Reconocida la gente, envióme el duque al emperador a decille que ellos se daban gran prisa a meterse en el bosque y dejaban cuatro piezas de artillería en el campo, que era señal que no las llevaban todas consigo. Su Majestad, desque lo supo, se alegró, y animó su gente y se dio prisa; y el rey de Romanos grita de placer. Díjome el emperador: «Don Alonso, volved al duque y decidle que, aunque entren en el bosque los enemigos, no dejaremos de hacer lo que se ha de hacer, porque nuestra arcabucería se aprovechará más dellos».

Yo que llegaba con la respuesta, y el duque quedaba dentro dellos, y luego el emperador con la gente que traía. Do fueron rotos los contrarios, presos y muertos muchos dellos. Turó el alcance hasta cerca de una villa donde Martín Lutero fue enterrado y tienen sus huesos como de santo. Prendieron todo su bagar, que no fue poco rico. Fue presa la propia persona del duque Juan Fadrique de Jasa que en la retaguardia iba para volver al abanguardia a pelear, como lo hizo, con una pequeña herida en el rostro.

Es un hombre muy gordo y alto de cuerpo; parece animoso. Trajéronle ante el emperador. Quitóle el bonete el duque, aunque no mucho. Y como Su Majestad no se le quitó, como otras veces solía, tornóselo a poner y díjole: «Sacra Majestad, trátame como a vuestro prisionero y como yo merezco».

El emperador le dijo: «Solíades me llamar Carlos de Gante. ¡Andá! ¡Llévenos! que yo os trataré como merecéis».

A estas palabras no me hallé, mas fui certificado por personas de fe y de creer. Dicen que su mujer viene a entender en su libertad.

Ha sido la mayor victoria que Su Majestad ha habido, porque la cristiandad y su honra estaba en muy gran peligro. El duque de Alba dice que el emperador ganó esta victoria con su saber y esfuerzo; el emperador dice otrotanto del duque. Yo no sé cuál dice verdad, mas creo que entramos mienten, porque no lo hizo sino Dios. De aquí creo que se irán a Ulma o a Ratisbona o Agusta a tener la dieta y a entender en las cosas de la fe, para que se remitan al santo Concilio.

Yo he dado cuenta a Vuestra Señoría Ilustrísima deste hecho, caminando por el camino real, sin apartarme por senda alguna. Cómala Vuestra Señoría sin salsa de donaires ni otras buenas razones, porque si no fuese sabroso, será sustancial, contando la verdad, que no hay cosa más desabrida. Vi lo que escribo y escribo lo que vi. Al comendador mayor, vuestro marido y mi señor, escribí con el correo antes déste. En ésta beso las manos a Su Señoría y le suplico haya ésta por suya, como yo lo soy.

Suplico a Vuestra Señoría que envíe esta carta, después de habella leído y mostrado a Su Señoría, con persona que se la dé en su mano a mi señora la duquesa de Alba, vuestra grande amiga, cuyas ilustrísimas manos besose contente con ella pues entrambas sois una cosa, y la mande trasladar en el Libro de mi vida que Su Señoría tiene, y después la envíe a Sevilla a mi mujer, que aunque tarde vale más que nunca, porque cuando le escribo, no es tan copiosamente como esto, sino amores, como han de hacer los buenos casados; y también para que me la tenga guardada para cuando, placiendo a Dios, allá vaya, se ponga en el dicho libro que yo tengo. Que son tantos los trabajos y enquietudes de los de acá que si no fuera con el amor y acatamiento y obligación que yo tengo a Vuestra Señoría, no pudiera escribir esto, y fue menester ponerme en mucho trabajo para ello.

Bien creo que con esto que he servido y favor del duque, encima de lo que se me debe, negociaré bien presto, para ir a veros a entramos, y luego a mi casa, que es la cosa del mundo que más deseo. Y no a quebrar costilla con abrazos a mi mujer, como dice el duque que ha de hacer a la suya, porque no la quiero tan mal. Decíame estotro día: «¡O, don Alonso, si yo tomase a mi mujer, qué abrazo le daría, que le quebrase un par de costillas!». Y con tanto ceso, rogando a Nuestro Señor, etc. Del campo y Corte del emperador en la provincia y Sajonia, a 26 de abril, 1547. Criado y buen servidor de Vuestra Señoría. Amén. Don Alonso Enríquez.

Copia de una carta que escribió don Alonso Enríquez de Guzmán, caballero de la Orden de Santiago, a otro caballero de Sevilla que se dice Pero Mejía, en que le daba aviso familiarmente, como amigo, del progreso de la guerra de Sajonia y de la victoria que hubo el emperador nuestro señor en la batalla que dio al duque Juan Federico cuando fue preso

Señor: Ésta es para hacer saber a Vuestra merced las cosas de acá. En verdad que mis trabajos y peligros aun no me quieren dejar ni me parece que la fortuna contentarse quiere ni cansarse de tantos como me ha dado. Falta paciencia, aunque no tanta cuanta falta a los que me los dieron, pues no los pudo sufrir mi amigo y señor el Marqués, asistente, y el licenciado del Corro, inquisidor en esta ciudad, en mi honra y hacienda, queriendo honrarse y acreditarse de buenos, jueces y amigos conmigo en el contrario de la razón, por ser yo tan conocido y nombrado en parte do ellos quieren que sepan sus hazañas, prendiéndome y condenándome por palabras malsonantes —mirad; ¿cómo quien habla mucho puede templarlas todas?— y testigos malentendedores, siendo yo tan buen caballero y cristiano como el que más. Antes esto me da consuelo a estotro, que es lo siguiente.

Yo llegué a Ulma en Alemania cuatro o cinco días antes de Carnestoliendas deste presente año con trabajos, peligros y gastos, tomando gentes con ellos para defenderse la persona y guías para mostrarnos los caminos dudosos y oscuros, porque los claros y derechos par peligrosos estaban, por estar el emperador y rey don Carlos, nuestro señor, con grande ejército contra el duque de Sajonia, uno de los siete electores del Imperio que eligen el emperador, muriendo el que han heligido. El cual tenía otro tan grueso ejército y tanta y más artillería, hecha liga con las villas francas del Imperio y otros señoríos libres comarcanos y con parte del reino de Bohemia y el Landgrave, su primo hermano, gran príncipe de Alemania, por su compañero, capitán general, queriendo hacerse el dicho duque emperador y rey de Bohemia y el Landgrave rey de Romanos, que es como electo emperador, a vista los unos de los otros en campaña, fortificados cada ejército en su fuerte, haciendo las trincheras y fosos a golpe de pica el emperador y el duque de Alba, su capitán general, tan junto a los contrarios que los hicieron retirar.

Y si no fuera porque fue el día muy nublado y de gran oscuridad, que cuando supieron que se iban estaban muy desviados, fueran presos y fatigados, que era lo que la Católica Majestad del emperador quería, como a caudillos y sustentadores de los heréticos vicios y erróneos que contra nuestra Santa Fe Católica Romana Martín Lutero en esta gente bárbara emprendió y dello el duque de Sajonia, Juan Federico ya susodicho, sustentando esta ruin y herética opinión por su propio interese y vicio, según dicho es, y general contentamiento desta gente viciosa, con título de no querer ni creer más de lo que fuese ordenado por la primitiva iglesia, dando más crédito al dicho Martín Lutero, habiendo sido apasionado y enojado con nuestro muy Santo Padre el papa, y vicioso y casado una vez y otra, después de viudo, con dos monjas profesas como él, que era fraile agustino.

Por lo que cree esta gente que es la profecía que dejó profetizada un falso profeta hereje que quemaron en el Concilio de Vasillea mucho tiempo ha estas mismas herejías que un día había de venir a resucitar y predicar lo que entonces cesaba con su muerte, y este cisne piensan y creen ser el dicho Lutero, con sus hábitos agustinos y sermones, santificando por tanto el dicho hereje que pasó martirio, queriendo más a estos herejes viciosos con sus engaños que a tantos doctos, castos y limpios y santos doctores como ordenaron nuestra madre, la Santa iglesia Romana, añadiendo virtudes a lo positivo, de que heste elector, según dicho he, y que ha ordenanza que cuando el emperador quisiere damnificar la tierra y gente del Imperio, cualquier de los electores junte gente para defenderlo y heligir otro emperador, tomando por daño el provecho que este emperador Católico y Cristianísimo les hace con su esfuerzo e ingenio.

Y así estuvieron mucho tiempo sin ofenderse sino con algunas escaramuzas de a caballo y con el artillería de campo a campo, hasta que, como dicho he, los contrarios se retiraron. Y luego vinieron a la obediencia y clemencia de la Católica Majestad las villas y lugares y príncipes del Imperio que rebelados estaban y aliados con el duque de Sajonia y Landgrave sobre vicios luteranos. Y el emperador, no pudiendo reformarlos por el presente en nuestra Santa Fe Católica, por no alborotarlos y con el interese de sus vicios castigar a los ausentados con ellos mismos, cinco mil españoles infantes que entre ellos en tanto peligro estábamos y algunos capitanes, caballeros españoles y borgoñones e italianos de su real Casa y Corte, especialmente que aprovecharía poco querellos reformar, hasta tenerlo todo llano que no haya en que estropezar y llame a la Dieta, que es como Cortes en España, y se ponga en razón esta sin razón, dando orden como se celebre el santo Concilio que está comenzado y en él se declaren sus herrores y haya enmienda, si algún descuido hay en la vida de los hombres, pues por nuestros pecados no sabemos, que vivan santos en esta vida humana y sean alumbrados de su oscuridad.

Ellos no se confiesan; dicen que basta con Dios. Mirá; ¿cómo Dios les dirá lo que han de hacer para remediarse y enmendarse de sus culpas y pecados, robos y vicios, especialmente teniéndole enojado? No tienen por pecado la gula, comiendo y bebiendo demasiado, no ayunando ni dejando de comer carne. Son tan contentos desta vida y vicios que, aunque otros próximos parientes y vecinos, hijos ni padres, señores ni siervos, superiores ni inferiores dejen de hacer esto, añadiendo o quitando, no se lo riñen ni castigan, aunque sean católicos cristianos, de los cuales hay muy pocos, como no les digan ni predicuen en público ni en secreto contra estos dichos sus vicios. Y así en cada villa hay unos más herejes que otros. Aunque en la mayor parte hay herejes luteranos, en algunas villas son católicos.

El duque de Sajonia se ha recogido a su tierra do tenía el ejército, para guardar la que el rey de Romanos había hido a tomársela, y desde allí rehacerse más con el reino de Bohemia, que confina con su Sajonia y tiene cierta alianza antigua. Al cual halló el rey de Romanos fuerte, que había tomado una villa y preso al marqués Alberto de Brandenburg, alemán, capitán del emperador. Y desquesto supo el emperador, que en Hulma estaba para purgarse y curarse de su gota con el agua del palo, mandóse poner en una litera y que el rey de Romanos se fuese a juntar con él, tal que decían los de las villas por do pasábamos que iba muerto y embalsamado, no con falta de razón porque lo parecía. Juntóse con el dicho rey a tres leguas de Elguer, tierra de católicos y de Bohemia. Detuvieron con su ejército y cortes la Semana Santa y Pascua Florida.

Y de allí partirnos, el emperador algo mejor de su dolencia, la cual no le excusaba de armarse como buen soldado, y por nuestras jornadas, contadas en días, fuimos hasta un río llamado Albi, hondo, ancho, y corriente, domingo en 24 del mes de abril deste año de 1547 años, antes de mediodía, habiendo caminado —desde después de la media noche que oyó misa el emperador— tres leguas tudescas que son cinco españolas. Do hallámos el dicho duque de Sajonia de la otra parte del río con tres mil de a caballo y cinco mil infantes. Y como el emperador y duque de Alba fuesen de los primeros que llegasen a reconocer el río, después de los corredores y descubridores, que eran don Antonio de Toledo, primo hermano y cuñado del duque de Alba por capitán de cuatrocientos caballeros ligeros —los doscientos arcabuceros, con cada cien su capitán.

Halló el emperador y el Duque, cuando llegaron al dicho río, que los contrarios habían roto el puente y tomado las barcas dél para llevarlas río abajo, en ellas algunos arcabuceros, y de la parte de la tierra muchos con mucha artillería favoreciendo a los que iban en las barcas.

El emperador con hasta mil arcabuceros españoles, poco más, que de presto hizo llamar, su persona y la del duque de Alba delante dellos, a la lengua del agua —en lugar do en verdad yo no me osara poner ni otro más valiente, porque yo estaba mucho más atrás ino con poco miedo— combate tan regiamente con los que llevaban las barcas y las favorecían de tierra, que así las voces como el sonido del arcabucería y artillería, como las balas y pelotas y polvo que levantaban los que no acertaban en ropa sino en tierra de una parte y otra, que parecía el Día del Juicio en temor y ruido y escándalo y humo y polbo, fuego y agua, muertes de unos que caían, otros que se levantaban, hasta que se echaron a nado algunos españoles y cobraron las barcas, aunque ardiendo, porque desque más no pudieron los que iban dentro les pusieron fuego. Y con esta calor, aunque creo era más la divina, según sucedió, el emperador andaba alegre, alentando y esforzando, porque en verdad el mejor dicho y hecho fue el suyo. ¡Mirá qué hiciera el que esto escribe, si lo quisiera bien! Mas en esto, como hay tantos testigos, no puedo quitarle mucho de su loor, aunque lo que puedo déjolo en el tintero. Séos decir que no hes Dios, y si me preguntáis en qué lo deja de ser, yo os los diré, si sois tan necio que no lo beís: por lo que dejó de hacer, aunque no dejaré de deciros por lo que podría hacerlo, porque en parte es crueldad y parte es donaire.

Yo llegué a Hulma, según dicho he, cansado, doliente y gastado. Y entré con mucho peligro de la vida en su Corte y ejército porque pocos entraban que no mataban villanos y soldados, enemigos y aun amigos alemanes. Y díjele que le suplicaba a Su Majestad me diese a quien diese cuenta de mis negocios. Díjome: «Don Alonso, no es tiempo de negocios».

Los cuales eran que Su Majestad me había mandado venir del Perú por una carta suya y por orden que dejó. Y los de su Consejo de las Indias me prendieron en la Corte del príncipe su hijo en España y con muchas molestias, gastos y afrentas me habían sentenciado y dado por libre, con tanto que no volviese al Perú sin licencia de Su Majestad, por haberme llamado, según parecía por la dicha carta presentada en el proceso, que viese qué me mandaba que más quería de mí, que me diese licencia para volver al Perú a gozar de mis cosas y lugares y hacienda y poner cobro en ello, o me diese acá recompensa de mucho menos. Y después que le hubiese servido, como adelante veréis, y que no me hubo menester, envióme a decir con Francisco de Heraso, su secretario —sin pedirle yo nada más, porque sabía a lo que venía— que yo me podía ir cuando quisiese y él se daba por satisfecho de mí.

Y habéis de saber que no se apartaba un hombre ni aun veinte juntos que no los hiciese pedazos villanos y soldados alemanes, amigos y enemigos. Esto me pareció como el capitán Galarza de nación vizcaína que cuando reñían dentro los pasajeros, aunque fuese en golfo, les decía: «Pasajeros, ¡fuera de mi nao, que no quiero ruido en ella!». Mirá, ¿qué haría el que no supiese nadar o el que supiese, no habiendo tierra en cien leguas?

A esto fue respondido a Su Majestad que no vengo a satisfacerle sino a lo susodicho y que esta respuesta me había de haber dado antes de ser más servido de mí ni gastado con lo que me pudiera volver de Hulma. A esto no me ha respondido. Con lo que respondiere yo os lo diré.

Y volviendo al efecto de la jornada, el duque de Alba dijo al emperador: «Hallado hemos el vado para pasar el río, y lo pasaré con la gente de a caballo y algunos arcabuceros soldados en grupas. Y en tanto, Vuestra Majestad mande poner el puente».

El emperador dijo: «Duque, no habéis de pasar vos sino los caballeros ligeros, para que descubran los enemigos, que yo creo que se van retirando, porque beo pocos».

Y así paso el dicho don Antonio de Toledo con sus compañías de españoles y el príncipe de Salmona, flamenco, con hasta trescientos caballos ligeros, italianos, borgoñones y españoles.

Y el duque de Alba no se le cocía el pan; dio prisa a Su Majestad le dejase pasar. El emperador le detenía con regalos y con risas. Díjole un cuento (aunque quedo, yo ohí que no estaba lejos): «Don Pedro de Cueva me dijo —yo creo que me mintió— que el Almirante de Castilla, siendo capitán general en España, habiéndoles tocado un alarma dijo: "Salid y ved qué es eso, que es la primera guerra en que me hallo"».

Y esto decía Su Majestad con la voz delgada, contrahaciendo al dicho Almirante. El duque de Alba dijo: «Vuestra Majestad me deje pasar y aga lo que le he suplicado de no pasar sino por el puente y en la retaguardia, porque se mojará y no habrá orden».

El emperador le dijo: «Andá con Dios».

Pasamos el dicho río, el agua encima de los bastos de las sillas de los caballos grandes alemanes, que el dicho duque de Sajonia con sus tres mil de a caballo y los cinco mil infantes se iban retirando con mucha artillería, hechos sus escuadrones, marchando en orden de batalla, haciendo altos y rostro a los enemigos. Y el duque de Sajonia iba en la retaguardia para que, si nosotros llegásemos a pelear, haciéndose de su retaguardia banguardia, quedase él delante, como fue.

El duque de Alba marchó recogiendo la gente que a gran prisa pasaba tras él el río. Envió a los dichos príncipe de Salmona y a don Antonio de Toledo con la mayor parte de su caballería y hasta quinientos húngaros de a caballo que escaramuzasen con ellos y los detuviesen hasta en tanto que llegaba alguna copia de gente para darles la batalla. Ya que estaban cerca de los enemigos que se podían contar los estandartes y banderas y el polbo de la escaramuza, aunque por eso no dejaban de ir su camino, el duque de Alba se daba prisa por llegar a ellos, porque ya tenía hasta dos mil caballos alemanes y españoles y al duque de Castrovilla, italiano, capitán de trescientos hombres de armas italianos del reino de Nápoles, los cuales fueron de los primeros que rompieron.

El emperador, muy bien armado, con el rey de Romanos, su hermano, y dos hijos suyos, el primero y el segundo, y el príncipe de Piamonte, hijo del duque de Saboya, y don Luis de Zúñiga, comendador mayor de Alcántara, y otros caballeros españoles, borgoñones, italianos, flamencos y alemanes. Diré algunos españoles y no todos, porque el cronista que sobre esto escribiere tenga el cuidado general que es obligado, conviene a saber: don Fernando de

Toledo, hijo del duque de Alba de antes que se casase, que ha de ser uno de los priores de San Juan, y don Juan Manrrique de Lara, hijo del duque de Nájera, y don Alonso de Aguilar, hijo del marqués de Pliego y conde de Feria, y don Juan Pimentel y don Alonso su hermano, hijos del conde de Benavente, después de viudo, y don Juan de Figueroa y don Francisco de Toledo su hermano, hijos del conde de Oropesa, y don Juan de Mendoza, hijo del mariscal Pais de Ribera, y don Antonio de Zúñiga, hijo del duque de Béjar, y Garcilaso de la Vega, hijo de don Pedro Laso, señor de Arcos, y Hernando de Vega, hijo de Hernando de Vega, comendador mayor de Castilla, y don Diego de Guzmán, hijo del conde de Teba, y don Pedro de Toledo, hijo de don Fernando de Toledo, comendador mayor de León, y don Bernardino de Granada, hijo del infante de Granada, y don Francisco de Mendoza, hijo del conde de Coruña, y don Francisco de Córdoba, hijo del conde de Alcaudete, y con hasta otros dos mil de a caballo.

Y llegó el emperador al duque de Alba animosa y graciosamente, con gran risa, y hasióle del brazo derecho con ambas manos —que según el Duque venía gentilhombre bien dispuesto y armado no le debió de parecer hombre de una mano sino de dos—. Dijo al Duque: «En la retaguardia con el bagaje me queríades dejar. ¿Día era éste, Duque, para dejarme con las putas y el bagaje?», con mucha alegría y esfuerzo, que cierto nos ponía mucho ánimo y esfuerzo. El Duque le dijo: «Señor, ya Vuestra Majestad be la escaramuza que buestros caballeros ligeros con otros que salen de los escuadrones de los enemigos train. Yo quiero adelantarme un poco para reconocerlos y contarlos. Vuestra Majestad traiga la gente en orden, porque yo querría saber si hay tiempo de esperar a nuestra infantería, porque vuestra persona no se querría aventurar en duda».

El emperador dijo que fuese así.

El Duque no quiso que fuese con el más de Juan Bautista Gastaldo y Pirro Colona y Césaro de Nápoles y don Pedro de Guzmán —el cual no nombré con estos otros caballeros que he dicho, el cual es hijo de don Luis de Guzmán, porque venía con el emperador que se había adelantado a la escaramuza— y el capitán Luis Pizaño y yo. Y llegó el Duque tan cerca de los enemigos que las balas de los arcabuces que cabo él daban eran tantas que parecían granizo. Allí supo como los enemigos iban dejando el artillería, que era señal que no la llevaban toda consigo.

El Duque me envió al emperador a decírselo. Y holgóse con ello y conmigo, como había hecho y después hizo, con algunos recaudos y buenas nuevas con que el Duque me enviaba a él más que ahora. Y animó con ello su compañía y díjome: «Don Alonso, volvé al Duque y decilde que digo yo que aunque se le entren los enemigos al bosque donde se le van retirando, no se le dé nada, porque allí nos aprovecharemos más dellos».

Cuando llegué al Duque con esta respuesta, vio que los caballeros ligeros en la escaramuza apretaban a los contrarios y que ya tenían junto a sí la gente de armas de Nápoles y otra caballería. Dió dentro en ellos delante de todos denodada y esforzadamente como buen capitán y gentilhombre, de armas doradas y una celadura pequeña, sin tener tiempo para la atar por bajo de la barba, dando muy fieros golpes en los contrarios y recibiéndolos de ellos. Llegó el emperador animosamente ni más ni menos y esforzádamente, donde con su llegada fueron muchos dellos muertos y presos y rotos. Empezaron de huir; duró nuestro alcance hasta la media noche y más de cuatro millas tudescas.

Fue preso el duque de Sajonia con una herida en el rostro. Y traído ante el emperador, antes que llegase, llegué yo adonde Su Majestad estaba, al cual allé con una rueda de los que dicho tengo a caballo y él a pie, diciendo estas palabras formales a los dichos hijos del rey de Romanos y príncipe de Piamonte, su sobrino: «Veis aquí vosotros sois mozos y habéisos hallado en una batalla. Yo soy viejo de cincuenta años y no me he hallado sino en ésta».

Luego el dicho comendador mayor de Alcántara, que es gentilhombre de su cámara, llegó al emperador, estando Su Majestad a pie y él a caballo, y díjole quedo (aunque yo lo oí): «Señor, hoy es día de consentir atrevimientos y sufrir desatinos. Suplico a Vuestra Majestad el ímpetu desta victoria y enojos del duque de Sajonia no os hagan hacer con él lo que nunca habéis hecho con naide, diciéndole malas palabras».

El emperador se rió, diciéndole: «Así, lo haré».

Y luego llegó el dicho Duque preso y quitó el bonete. Y como el emperador no se lo quitó a él, como otras veces solía, tornóselo a poner y dijo: «Gracioso señor —(ques el mayor título que en su lengua le podría decir)— yo soy vuestro prisionero. Por eso no tengo de ser maltratado. Vuestra Majestad me trate como merezco».

El emperador dijo: «Así lo haré. No soliades llamarme así, sino "Carlos de Gante"» —todo esto en la lengua alemana. Y así mandó al duque de Alba le llevase de allí y poner preso, como fue hecho y adelante veréis.

No quiero dejar de deciros que, todo este loor que digo del emperador no me ha de estorbar, si quisiere decir mal dél, porque esto, Dios es el que lo hizo y no él. Tenemos por muy gran cosa y obra de mano de Dios ésta, por industria, saber y esfuerzo de sus ministros que es la católica intención del emperador y duque de Alba su lugarteniente, porque cierto, si fuera otra cosa, mucho se perdiera en servicio de Dios y sustentación de su Fe Santa Católica e iglesia Romana, y en la vida y honra del emperador y de los españoles que con él estamos, que no quedara hombre a vida. Ahora llama a la Dicta Su Majestad para que se remitan al santo Concilio, para que allí se discierna en lo que aquéstos están errados y engañados por aquel falso hereje Martín Lutero; y por enemistad con el papa, recia cosa quieren estos borrachos que sea él papa de ahora, tan santo como San Pedro, gobernando San Pedro ánimas de justos y este otro de pecadores.

Y por dar cuenta general a Vuestra merced, por su curiosidad y por deseo y obligación que yo tengo de serviros y agradaros, y porque la copia desta epístola se ha de poner en el Libro de mi vida, le hago más saber, aunque sea de admiración y prohibido y fuera de propósito y buen estilo, pues la materia es diferente y manjares comunes suelen dar buen gusto mudándose de lo mejor a lo no tal, que vi y supe en realidad de verdad que en una gran villa de Alemania que se llama Nuremberg hay depósito de trigo de doscientos y seis años, sano y bueno, sin mal olor ni sabor, porque comí pan dél en la mesa del señor duque de Alba. Queriendo saber cómo se sostiene, dijeron que cada mes lo desarriman de una pared de tabla y lo arriman a otra, revolviéndolo con palas. Es un trigo menudo y tanto calor hace allí en verano como en Sevilla.

También supe que la leche se sostiene sin acedarse quince o veinte días poniéndola en una olla en agua que llegue hasta donde llega la leche. He sabido como en esta ciudad se han tornado los caballeros de autoridad y que mostraban ser muy cuerdos y quellos y otros que también vernán a declararse por locos, reprevendían mi bulliciosa condición, llamándola locura. ¡Peceador de mí! pues tantos roban con tantos navíos, ¿por qué me quieren matar a mí con una barquilla?; cuanto más que nunca dejé de merecer principal asiento en la casa real y el hábito de la honrada y santa Orden de Santiago con el rey y emperador más honrado que ha sido ni será.

Y tornando a la jornada, el duque Mauricio, alemán, mancebo, primo hermano del duque de Sajonia, al cual el emperador tiene hecho elector, quitando esta dignidad al dicho su primo y gran parte de su estado y hacienda, porque mucho la tenía usurpado el dicho duque de Sajonia al Mauricio —el cual tampoco es católico sino luterano— ha respondido a Su Majestad a esto que nació en ello, o casi, y que no ha sabido ni entendido otra ley, pero quél quiere remitirse y convertirse al Concilio, que es lo que querríamos, hiciesen los luteranos; los cuales no quieren, por no estorbar sus vicios, que han sostenido y sostienen el dicho duque de Sajonia y Landgrave, capitanes y caudillos desta gente bárbara, pecadora y viciosa, haciéndose señores dellos y de los vicios y mirando a Mahoma.

Este duque de Sajonia es de cuarenta años, muy alto de cuerpo y de muy hermosa persona, muy gordo y bien acondicionado, fuera de sus herejías. En su prisión ha mostrado mucho ánimo y no tanto mal como le ha venido, no como a inocente sino como a habisado. Otro día que le prendieron le envíaron a decir que se confesase porque Su Majestad le mandaba quitar la cabeza. Respondió como hereje quél no se había de confesar porque él no lo tenía por ley, ni le pesaba de morir, tras lo que había perdido. Por lo cual se hubiera ahorcado, sino por perder su ánima.

Tomámosle un rico bagaje, muchos carros cargados de plata labrada y moneda y cadenas de horo y otras joyas y preseas, muchos estandartes de caballería y banderas de infantería y artillería, lo cual pertenece y hubo el duque de Alba, capitán general. Del dicho saco no hubimos nada los caballeros y gente de honra ni nos ocupamos en prisioneros, sino en pelear, como los semejantes deben hacer, interesando la honra y no el provecho, el cual no se pretendió sino de Dios y del rey. La otra gente baja hincheron las manos y algunos se hicieron ricos, no conociendo a Dios ni al rey, ni el rey y emperador a ellos.

En sus enseñas y banderas traían los enemigos letras santas y buenas, no siéndolo ellos. En una degía la letra: «La palabra de Dios permanecerá para siempre».

En otra: «Si Dios es con nos, ¿quién contra nos?» —esto iba escrito en letras latinas—. En cada lugar que se le venía a rendir a este dicho duque Juan

Federico les daba para salvaguardia un papel, en él muy bien pintado un escudo con sus armas y así se tomó un carro a su secretario cargado destas salbaguardias. Hallábamos los clérigos casados y con muchos hijos y en todas sus casas pintado en un papel de la marca mayor a Martín Lutero, en las principales piezas de sus casas, muy reverendo con sus hábitos de clérigo, como Santo Padre, muchas personas a los pies, comulgando con pan y vino y un sacerdote que se lo da. A la mano derecha de Lutero, Nuestro Señor crucificado, señalándolo y demostrándolo con el dedo; y a la mano izquierda en el infierno a nuestro muy Santo Padre el papa con los cardenales.

Su Majestad envió un trompeta a Wittenberg, seis millas adelante donde se venció la batalla, una villa fuerte del dicho duque, do se habían recogido sus hijos y otros soldados, que es muy fuerte y cabeza de su estado, para que se rindiesen. La cual respondió que si acá teníamos preso al Duque, que allá tenían otro duque y señor, su hijo, el cual estaba dentro y su madre la Duquesa. Cerca este gran lugar hallamos otros más pequeños del mismo Duque, en el cual había una muy hermosa casa, dentro y de fuera. En una muy hermosa pieza della había muchas pinturas en las paredes muy bien pintadas de buenos colores y durables, en que estaba un Cristo con la cruz a cuestas y el papa en una litera, Jesu Cristo lavando los pies a los pobres y besándoselos y el papa asentado y besándoselos a él.

Todo su negocio déstos, en suma, es negar lo positivo, lo cual no hicieran, si fueran vicios. Preguntándole al duque de Sajonia por qué se había retirado, respondió que el corazón de los reyes guiaba Dios. Debajo destas católicas palabras y otras que dicho tengo hacían sus herejías.

La Duquesa, su mujer, que ha por nombre Sevilla, hija del duque de Cleves, gran príncipe en Alemania, puso luego luto por su pérdida y todas sus muchas y hermosas y generosas damas. Luego que llegamos sobre la dicha villa de Wittenberg, envióle refrigerios de ropas y camisas y cosas de comer y de beber, con una carta que es esta que se sigue, al campo de Su Majestad, que éramos cinco mil españoles y los otros alemanes. La dicha batalla no se venció sino con la gente de a caballo, y aun no toda, porque no hubo lugar de pasar el río.

Carta

Señor y muy amado marido mío: De algunos capitanes y comisarios he sabido que Vuestra excelencia se debe hallar bueno de salud, lo cual no me ha dado poco consuelo y alegría a mi triste, turbado y aflicto corazón. Mas pues que a placido así a Dios, ruego a Su Omnipotencia le quiera conservar en sanidad y darle esfuerzo al cuerpo y al ánima. Lo demás que yo, mísera y afligida mujer, podría escribir, Vuestra excelencia lo podrá consigo mismo considerar. Señor y muy amado marido mío, yo encomiendo siempre a Vuestra excelencia en gracia de Nuestro Señor Cristo. Amén. Dada en Wittenberg, miércoles después de la fiesta de San Felipe y Santiago.

De Vuestra excelencia carísima mujer Sevilla, duquesa de Sajonia, en su mano propia.

Esta carta venía en medio pliego de papel doblado, sin cerradura ni sello, como mujer considerada que su marido estaba preso y se había de ver y leer, antes que se la diesen, aunque viniera cerrada, ni traía sobreescrito, porque lo de dentro se podía ver como era della para su marido. Y los capitanes y comisarios de quien dice, que supo la salud de su marido fueron los que del ejército imperial salieron a hacer rendir y proveer de vituallas para el dicho ejército a los lugares, villas y aldeas de en torno y tierra de la villa de Wittenberg, que se lo vernían a decir los naturales y vecinos, que no lo sabían de los dichos capitanes y comisarios ni porque los tales entrasen donde él estaba. Mi prolijidad se tome con paciencia por la duda que con ella se saca, la cual sería mayor trabajo que mi prolijidad, sin la cual no se puede dar ni recibir cuenta cabal.

Su Majestad mostró, acabada la batalla, especial y general alegría espiritual y temporal, dando gracias a Dios por ello y haciendo mercedes como la razón requería, porque a la verdad hasta entonces no habían ganado nada, antes había perdido mucho, que las rebeldes sus inferiores le habían tenido igual competencia y se habían retirado mal de su grado. Perdonó a don García de Toledo, hijo del virrey de Nápoles, que en Madrid estaba preso y sentenciado duramente, y a don Pero Portocarrero, que estaba en el convento perpetuamente por la pendencia que tuvo con el de Acuña, y los hermanos de Garcilaso, que perpetuamente estaban desterrados en Orán. Hizo otras muchas mercedes. Yo espero las mías, como se las hizo Dios a él, que entre nosotros fue no matarnos después de vencida la batalla los unos con los otros, porque los que prendíamos en batalla y matábamos de los contrarios eran hermanos, parientes, y amigos vecinos, herejes, de la mayor parte de nuestra compañía. Hallamos muchos libros de molde en latín que quemamos, que hizo Felipe Melantonio, compañero y sucesor y sustentador de Martín Lutero en sus erróneas herejías, el cual se nos huyó y estaba con la mujer e hijos de Martín Lutero y los suyos, que era casado y lego y presume de letrado.

Iré contando este caso lo más breve que pudiere, sin nombrar las villas y fuerzas y cómo se repartieron, porque no va mucho en sabello, salbo que se repartieron a contento de las partes que pretendían acción y derecho a estas tierras del duque de Sajonia y por lo que en esta guerra a servido a Su Majestad entre el rey de Romanos y el duque Mauricio. Y en suma, conviene a saber que Su Majestad Católica del emperador, usando de su clemencia, y esta duquesa de Sajonia su necesidad y peligro de su vida y riesgo de sus lugares, mujer y vasallaje que dentro estaban y el gran poder y ejército imperial que sobre esta villa de Wittenberg estaba desde 3 días del mes de mayo hasta los 18, que se concertaron desta manera que entregue a Su Majestad este dicho lugar de Wittenberg, el cual cabe al duque Mauricio en su parte, y otras tres fuerzas, castillos y grandes villas, que son cuatro, con cuatrocientas piezas de artillería de bronce, las más gruesas. Este despojo ha de ser de este elector, que sucesivamente era anexo a su casa, para que Su Majestad lo dé, como lo ha dado, al dicho duque Mauricio; y que estaba preso toda su vida o lo que Su Majestad fuere servido y que para los bienes y frutos de las iglesias quél haya habido para sí, que no confiesa ser algunos, se somete a la justicia imperial, para que se lo haga volver, porque todos dicen que los ha destruido en casar huérfanas y en hospitales y predicadores desa palabra de Dios y de su Santo Evangelio; y en lo del santo Concilio hará lo que Su Majestad le mandare, porque según lo que entiendo y tengo creído Su Majestad no quiere que esto vaya a mate ahogado ni con el hierro en la lanza sino hallanarlos y sosegarlos, para que entiendan y crean lo que deben y les conviene en nuestra Santa Fe Católica e iglesia Romana.

El día siguiente, que fueron 19 días del dicho mes de mayo, por mandado del dicho duque de Sajonia, con licencia del emperador y salvoconducto del duque de Alba, que llevó un atambor del campo y ejército imperial a la dicha villa, salieron della un hermano y un hijo del dicho duque y cuatro de su Consejo para celebrar y efectuar estos conciertos. Y volvieron a dar parte a la Duquesa y a los de la villa y tierra. Don Bernardino de Granada y yo, este dicho día, que fue de la Santa Ascensión de Nuestro Señor, en acabando de comer, fuimos a la tienda del dicho duque de Sajonia y vimos salir al dicho su hermano e hijo y los cuatro de su Consejo para volverse a la tierra, según dicho es. Y paramos un poco con ellos. Y entre otras cosas yo dije al hijo, el cual es mancebo de die-ciocho o veinte años y gentilhombre: «A lo menos aprovechará vuestra armada para que no tiréis con la artillería a este cuartel donde está vuestro padre», casi en latín, porque no lo sabía, ayudándome el compañero. Respondióme: «Más vale que mi padre esté en el cielo que no en la tierra mal».

Y así se fue.

Y don Bernardino y yo entramos a ver el Duque su padre. Allámosle muy contento y desafióme a jugar al ajedréz. Y estando jugando tomóme cinco o seis peones, sin tomarle yo más que uno; él muy gran risa con ello. Yo le dije: «No os va tan bien con peones para que os olguéis tanto con ellos».

El cayó que le decía porque le habían huido los suyos el día de la batalla y no quisieron defender el paso del río, queriendo él y la caballería. Rió mucho más y díjome: «Quiero estos latrineques —que así llaman los soldados— para vengarme dellos».

El día siguiente, que fueron 20 del dicho mes, volvieron los dichos mensaje-ros, hermano e hijo del dicho Duque y los cuatro de su Consejo con la respues-ta, concluyendo y aceptando. Y en veintitrés salieron tres mil y tantos soldados de la dicha villa, infantes con sus capitanes y armas y atambores, sonándolos, hasta la puerta do estaba el duque de Alba, don Hernando Álvarez, de Toledo, capitán general, asegurándoles el paso y camino que se salbasen y fuesen donde Dios les ayudase, con hasta cien de a caballo. Fuéronse en orden a cinco por hilera a dormir cuatro leguas, hasta do les fue hecha escolta con trescientos caballeros ligeros de nuestro campo, asegurándoles el paso. De allí se dividieron para ir a sus casas.

Entró luego el coronel Madruc este día en la villa con tres banderas de alemanes para estar de guarnición en ella. Yo entré y otro día vi en medio de la iglesia la sepultura do estaba enterrado Martín Lutero sin más señal de una piedra pequeña. A los treinta se partió el rey de Romanos para su casa con su gente; dicen que a castigar los que de su tierra y reino han favorecido las cosas del Duque y a prepararse del Gran Turco. Deja con el emperador a su hijo mayor, el príncipe, archiduque de Austria.

Murió el dicho Martín Lutero de sesenta y tres años. Hay retablos y pinturas en altares y en otras partes dél, como santo, vestido como clérigo y no como fraile agustino en que había hecho profesión; do él era fraile agustino en este dicho lugar de Wittenberg le fue dado a él y librado a su voluntad y para sus sucesores por el duque de Sajonia, padre déste. Está puesto en sus títulos y retablos, por vanidad y porque es verdad, que era de gente llana, plebeya y se llamaba su padre Juan Lutero y su madre Margarita, y su nacimiento y como comenzó a disputar desde el año de 1517 años y a predicar desde el año de 22. Murió el primer domingo de cuaresma del año de 46, gordo y fresco, como hombre que trocaba la vida angélica por esta infernal. Está tan sembrada y arraigada en esta Alemania y su comarca, especialmente en mucha parte de Bohemia, la predicación y vicios erróneos deste demonio que ha de ser muy gran maravilla y misericordia divina reformarse del todo, aunque para Dios y su bondad todo es posible.

A los 24, después de mediodía, salió de la dicha villa la Duquesa con tres carros de a cuatro ruedas cubiertos de negro y en su compañía muchas damas y caballeros. Traía por la mano el segundo hijo del rey de Romanos y esperó al emperador en la gran sala de su tienda. Estaban con Su Majestad el rey de Romanos y el duque de Alba y el duque Mauricio. Llegó la Duquesa, vestida de negro y asimismo las damas. Y el emperador salió a ella cuatro o cinco pasos, quitando el bonete. Y ella incó las rodillas en el suelo y besó su mano y tocó la del emperador. El cual la levantó y estando en pie entrambos, ella con muchas lágrimas hablóle pocas palabras. Y luego que acabó, comenzó un caballero suyo que para ello traía a razonar de manera que todos le oímos... Aunque no le entendimos porque fue en lengua alemana, hubo quien nos declarase. Fue:

«Gracioso y clementísimo señor: La Duquesa, que si sus lágrimas y vuestro acatamiento la estorbaron, yo os diré loque ella os digera. Y es que bien sabéis la antigüedad de la casa de su marido y cuántos emperadores ha habido en ella y los servicios y provechos que han hecho al Imperio. Y también sabéis quién ella es. No permitáis que queden tan pobres y abatidos como en los capítulos que en la prisión su marido ha otorgado, y que no le enviéis a España porqué es, doliente. Que le traigáis en esta vuestra Corte o en esta su naturaleza en prisión, hasta que sea vuestro placer.»

Y el emperador le respondió que procuraría lo quél pedía. Y así se salió y se vino a las tiendas del Duque su marido. Y él salió a la puerta a recibirla; y tocáronse las manos y abrazáronse y sin lágrimas se asentaron, aunque no con risa. Y él pidió cerveza y bebió e hizo beber a la Duquesa. Y se levantaron sin más apartarse y ella se volvió a la villa, quedando él en su prisión.

Preguntáronle a este duque de Sajonia, luego que le prendieron, si tenía hecha liga con el rey de Francia o con el rey de Inglaterra o con otro rey cristiano o con alguna señoría o con el Gran Turco. A esto postrero se rió y dijo que no; y que si con los demás había algo, no lo quería decir, porque el daño todo viniese sobre él y no sobre otro.

Desde este campo el último de mayo partió Su Majestad y vino a un lugar que se llama Halla, ocho leguas de allí y ado se concluyeron los tratos y presentaciones de Landgrave con Su Majestad, de lo que fueron intercesores el dicho duque Mauricio y el marqués de Brandenburg, electores, porque este duque Mauricio es yerno, casado con su hija del dicho Landgrave. Y fue que viniese ante Su Majestad a su voluntad y misericordia, con tanto que no le diese muerte de su persona ni prisión perpetua, y que le vernía con la obediencia y con las palabras que puso Su Majestad, que fue y hes ordenado, y daría orden y daría o dejaría tres fuerzas, gruesas villas, con que le dejase una de cuatro que tenía en que estaba su mujer e hijos y que pensaba estar, si le dejan, con su mujer e hijos y parientes y vasallos. Prometerá de dalla a Su Majestad cada vez que la quiera y que si algo hubiese usurpado a las iglesias o a otro caballero o persona, que lo volverá, sometiéndose a la justicia de Su Majestad. A lo cual dice un duque alemán de Brancuiz que lo más que tiene su estado le fue dado por una herencia que de un señor de su casa tuvo, que pues en la de Landgrave que al presente tiene tantas y el dicho Duque es católico, que vuelvan su hacienda, aunque le habían de dar la del mismo Landgrave.

El cual vino un día a las tres después de mediodía y trajéronle en medio muy acompañado los dichos electores, duque Mauricio y marqués de Brandenburg. Hallaron a Su Majestad en una gran sala, asentado en una silla encima de una alombra y almohadas debajo de un dosel de brocado, acompañado del duque

454

de Alba y estos señores y capitanes alemanes, italianos y españoles y embajadores de Francia y de otros reyes y señorías, en que estaba un moro por embajador del rey de Túnez.

Y a tres pasos del emperador incó la una rodilla en el suelo el Landgrave con su bonete en la mano, y asimismo su canciller. El cual leyó un escrito quél le había dado de lo que había de decir, de manera que todos lo oían, en lengua alemana —y tardó buen rato, tanto que mudó las rodillas el Landgrave— en que decía que conocía sus hierros y desatinos y él venía a la voluntad y clemencia de su Majestad. Su Majestad llamó a un canciller del Imperio que le respondiese. Lo cual fue tan regio que le oyeron todos: «Su Majestad dice que os recibe de la manera que os han dicho los electores, duque Mauricio y marqués de Brandenburg, y por respecto dellos no os da la muerte ni prisión perpetua, aunque lo merecíades por vuestros motines, levantamientos, inquietudes y alborotos contra el servicio y acatamiento de Dios y de Su Majestad».

Y dijo otras muchas cosas a propósito déstas y declarando y publicando la capitulación y condiciones con que lo había recibido a su voluntad.

Todo esto duró casi media hora. Levantáronse los dos descansados, amo y criado. El emperador llamó al duque de Alba y díjole que llevase al Landgrave en prisión a su casa. Y sin llegar más al emperador se le llevó el Duque, y fueron a acompañarle sus padrinos —aunque no de pila, porque ni él ni ellos no son bautizados— que son los dichos duque Mauricio y marqués de Brandenburg, electores, con su gran compañía. Y en casa del duque de Alba estuvo su gran cena ordinaria. Y sentáronse a cenar el duque de Alba y los electores y el prisionero y otros caballeros y capitanes y yo.

Casi al cabo, que había durado mucho, entró un capitán de infantería con cincuenta arcabuceros, las cuerdas encendidas, en la misma cuadra, que era grande, donde estábamos. ¡Mirá qué olor y qué sabor y fruta de postre para quien no lo pensaba así, según lo veréis! Quedan en la sala hasta trescientos soldados destos que venían a guardar el dicho Landgrave. El cual se volvió demudado a su yerno el duque Mauricio y al marqués de Brandenburg, inobándose y maravillándose de aquello, y no menos ellos. En alzando las mesas, apartaron al duque de Alba y al obispo de Arras, que allí estaba, que es hijo de musiur de Grambela, borgoñón, padre e hijo del Consejo de Su Majestad, y el hijo, aunque mancebo, es capaz y merecedor de que el emperador por su mano trate sus arduos negocios, como lo hace (habla muy bien español). Y dijéronles que el Landgrave y ellos estaban agrabiados y afrentados de Su Majestad; que la prisión como no había de ser tan grabe y con tantas guardas como la del duque de Sajonia, que había sido preso en batalla; que no habían entendido él ni ellos que había de ser sino sobre su palabra y aun paseándose por la Corte.

En lo cual estuvieron toda aquella noche sin dormir todos cuatro, el duque de Alba y el obispo de Arras, duque Mauricio y marqués de Brandenburg, y la hija gritando, por lo menos suspirando. Y así estuvieron otro día hasta la noche, comiendo y cenando de mala gana. El emperador los concluyó con su rectitud y verdad y determinada voluntad y necesidad, que todo el Imperio supiese su prisión y a los que había engañado y levantado y con las mismas capitulaciones firmadas y afirmadas de los mismos Landgrave y sus padrinos, tanto que se dieron por concluidos.

Y así quedó y creo que será por mucho tiempo, porque cierto es locura natural. No se le parecía con la prosperidad, porque a la verdad un hombre próspero y rico muchos defectos encubre, atribuyéndose a desenvoltura y descuido. Y el pobre preso es abatido por mucho que sepa. ¡Guay dél! que si mucho habla y aunque bien, dícenle que es loco, por lo menos, retórico; y si poco, que es bobo o necio.

Y así traemos presos a los dos, duque de Sajonia y Landgrave, por todas las villas y lugares grandes. Cuando íbamos, no nos lloraban sino reían nuestra perdición; y ahora, como crecen viciosos, con espanto no pueden encubrir la tristeza de verlos presos en la infantería española, a sombra de sus banderas y a son de sus pífanos y atambores y al paso de los soldados, corridos como monos, el duque de Sajonia en un carro, como es muy gordo, y el Landgrave en una aca de portante que no corre paso. Y cuando alguna vez alcanza licencia del capitán que le lleva a cargo» —el cual es don Juan de Guevara— para que por un prado o lugar llano lo deje andar un poco aprisa, no lo tiene en poco.

¡O próspero suceso! ¡O glorioso contentamiento a la honrada victoria, gozo singular, bienaventuranza celestial que con la ayuda de Dios trae Su Majestad!

De aquí vamos a Agusta a hacer la Dieta que celebra el Santo Concilio para reformar las cosas de nuestra Santa Fe Católica. De dos cosas quiero alabar al emperador: la una de cristiano, la otra, de caballero. Y si pelea como caballero y no como rey, os lo loo de caballero y no de rey, porque lo de caballero he visto y lo de rey no entiendo. Querría entenderlo y por eso me daré a ello.

Vuestra merced me perdone si en esta relación, principio, medio y fin desta jornada, en esta epístola he sido corto, habiendo mucho más de lo que se podía contar, aunque a la verdad ésta es la sustancia. Habíaseme olvidado de poner con los caballeros españoles, hijos de señores, a Rodrigo de Guzmán, hijo de Ramiro Núñez de Guzmán, gentilhombre de la boca de Su Majestad, y a don Luis Cortés, hijo del marqués del Balle. A mí me queda especial cuidado de escribir lo demás que sucediere y lo que ha sucedido que dejé de poner por la prisa del correo.

Nuestro Señor, etc. De Tanabert en Alemania. Último de junio de 1547.

A servicio de Vuestra merced.

Don Alonso Enríquez de Guzmán.

Impreso en Milán por Inocencio Deciago Gusta, a instancia de un caballero amigo del dicho don Alonso.

FINIS

Libros a la carta

A la carta es un servicio especializado para

empresas,

librerías,

bibliotecas,

editoriales

y centros de enseñanza;

y permite confeccionar libros que, por su formato y concepción, sirven a los propósitos más específicos de estas instituciones.

Las empresas nos encargan ediciones personalizadas para marketing editorial o para regalos institucionales. Y los interesados solicitan, a título personal, ediciones antiguas, o no disponibles en el mercado; y las acompañan con notas y comentarios críticos.

Las ediciones tienen como apoyo un libro de estilo con todo tipo de referencias sobre los criterios de tratamiento tipográfico aplicados a nuestros libros que puede ser consultado en www. linkgua-digital. com.

Linkgua edita por encargo diferentes versiones de una misma obra con distintos tratamientos ortotipográficos (actualizaciones de carácter divulgativo de un clásico, o versiones estrictamente fieles a la edición original de referencia).

Este servicio de ediciones a la carta le permitirá, si usted se dedica a la enseñanza, tener una forma de hacer pública su interpretación de un texto y, sobre una versión digitalizada «base», usted podrá introducir interpretaciones del texto fuente. Es un tópico que los profesores denuncien en clase los desmanes de una edición, o vayan comentando errores de interpretación de un texto y esta es una solución útil a esa necesidad del mundo académico.

Asimismo publicamos de manera sistemática, en un mismo catálogo, tesis doctorales y actas de congresos académicos, que son distribuidas a través de nuestra Web.

El servicio de «libros a la carta» funciona de dos formas.

1. Tenemos un fondo de libros digitalizados que usted puede personalizar en tiradas de al menos cinco ejemplares. Estas personalizaciones pueden ser de todo tipo: añadir notas de clase para uso de un grupo de estudiantes, introducir logos corporativos para uso con fines de marketing empresarial, etc. etc.

2. Buscamos libros descatalogados de otras editoriales y los reeditamos en tiradas cortas a petición de un cliente.

www.ingramcontent.com/pod-product-compliance
Lightning Source LLC
Chambersburg PA
CBHW030911050726

47498CB00003BA/691